제2판

비교정치론

김 창 희

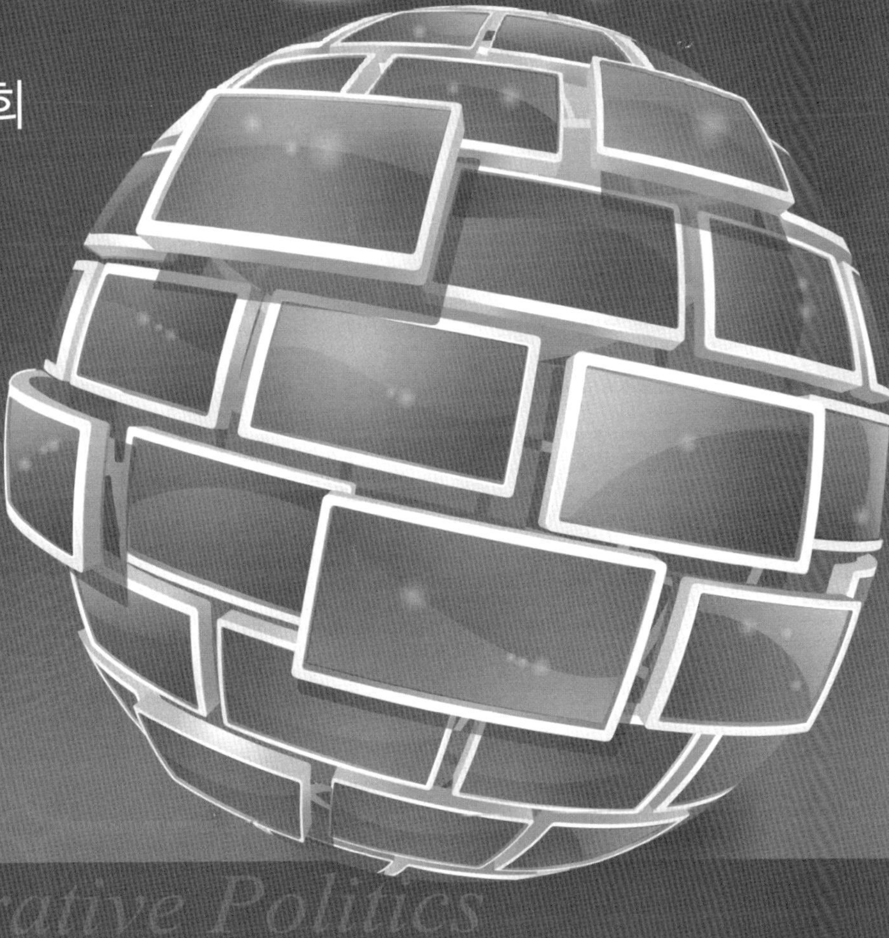

Comparative Politics

삼 우 사

■ 제2판을 내면서

『비교정치론』 초판이 2005년 8월에 출간되어 나온 지 벌써 7년 6개월이 지났다. 그동안 학부와 대학원 수업을 하면서 부족한 부문이 많이 눈에 띄었고, 또한 새로운 것을 정리해 보겠다는 생각으로 제2판 집필에 착수하였으나 시간이 너무 많이 지난 것 같다. 교수가 연구에 몰두해야겠지만 현실이 그렇지 못하고, 솔직히 내 자신의 능력에 대한 회의도 있었다. 몇 년에 걸쳐서 조금씩 기술하고 작성해 놓았던 것을 이렇게 결과물로 내놓을 수 있어서 그나마 기쁘게 생각한다.

제2판은 12장으로 되어 있던 것을 한 개의 장을 추가하여 13장으로 구성하였다. 그리고 각 장마다 짧게는 몇 줄 길게는 몇 개의 절을 보완하였다. 제1장은 비교정치 연구방법에서 그동안의 추세와 연구경향 그리고 최근의 국내외 비교정치 저서들을 살펴보았다. 제2장은 알몬드(G.A. Almond)의 제8판을 참조하여 구조기능주의 분석을 이해하는데 도움을 주고자 보완하여 설명하였다. 제3장에서는 역시 알몬드가 분류한 정치문화 유형의 내용을 보충하였고, 정치문화 변화에서 기존의 인위적 변화 외에 현대정치문화 변화 추세를 규명해 보았다. 제4장은 정치사회화의 변화 부분을 몇 줄 기술하였고, 제5장 정치커뮤니케이션에서는 초판에서 부족했던 커뮤니케이션 모델체계를 도이치(K. Deutsch)의 저서를 참조하여 설명을 덧붙였다. 제6장 정치발전이론은 한국 정치발전의 논의방향을 부가하였다. 제7장은 베버의 계급의식에서 설명이 부족한 부분을 보완하였고, 제8장은 한국의 예를 간단하게 언급하였다.

제9장은 새로운 내용으로 정치리더십에 관한 것이다. 현대정치에서 리더십의 문제는 매우 중요하게 여겨졌지만, 비교정치론에서는 잘 다루고 있지 않은 부분이다. 여기에서는 다섯 개 절로 구성하여 정치리더십의 유형을 분류하고, 이 분야의 권위 있는 저서의 내용을 분석하고 축약해서 설명하였다. 제10장 집단이

론에서는 시민사회 부분을 조명하였다. 제11장 정치체제의 유형과 비교는 정치체제와 정부형태로 바꾸고, 기존의 남북한 정치체제와 정부형태를 완전히 삭제하고 제4절과 제5절을 추가하였다. 제4절은 대통령제 · 내각제 · 이원정부제를 기술하고 있는데, 신명순 교수의 저서 내용이 많은 도움이 되었다. 제5절은 한국의 정부형태를 분석해 보고 정치권에서 제기되고 있는 개헌문제도 짚어 보았다. 제12장은 SNS 정치참여 문제를 규명해 보았으며, 마지막 제13장의 환경문제와 환경정치에서는 국제환경회의를 정리하고 한국에서 제기되는 문제도 간단하게 언급하였다.

이렇게 나름 고민하면서 분석하고 보완하여 보았지만, 초판을 내놓을 때의 기분과 별반 다르지 않다. 과연 이것을 다른 학자들이나 학생들이 어떻게 받아들일지 걱정이 앞선다. 어려운 여건에서도 새로운 판으로 이 책을 출간해 주신 도서출판 삼우사 조병철 사장님께 감사드린다. 이제 나이를 먹어가니 더욱 가족의 소중함을 느낀다. 사랑하는 아내 그리고 딸과 아들에게 고마움을 전한다.

2013년 2월

건지벌 연구실에서

저자 **김 창 희**

■ 머리말

비교정치를 전공하는 정치학자들은 세부전공을 기입하는 란에 정당, 선거, 지방정치, 미국정치, 유럽정치, 중국정치, 북한정치 등이라 적고 있다. 국제정치나 정치사상을 전공한 사람을 제외하고는 모두 비교정치를 전공한다 해도 과언이 아니다.

이 책을 정리한 필자도 전공이 뭐냐고 물어보면 비교정치라고 서슴없이 대답한다. 그리고 그 중에서 주로 무엇을 연구한다는 식으로 덧붙이곤 한다. 비교정치를 전공한다며 대학강단에서 학생들에게 강의를 시작한 지도 벌써 20년이 넘었다. 그러나 아직도 부족하여 비교정치이론들 중의 어떤 부분은 선뜻 이해가 가지 않는 것도 있다.

한국의 대학사회에서 인기없는 학문분야의 하나가 정치학이다. 물론 정치학뿐만 아니라 기초사회과학을 기피하는 경향이 있다. 이유는 여러 가지가 있을 것이다. 우선 정치학이 어렵다는 선입견을 학생들이 가지고 있다. 또한 접근하기 쉽고 실제로 이용할 수 있는 실용적인 학문을 선호하고 있기 때문이기도 하다. 여기에 하나 더 한국의 정치상황을 바라보면서 정치학마저도 같은 부류로 치부하지 않나 하는 생각이 든다.

정치학자로서 그리고 비교정치를 전공하는 사람으로서 어떤 사명감과 의무감 같은 것을 느끼곤 한다. 조금은 학생들이 쉽게 접근할 수 있고 실용성도 가진 그러한 책을 써야겠다는 책무 같은 것 말이다. 나만의 독특한 이론은 내놓지는 못할지라도, 그 동안 나름대로 연구한 것들을 정리해 보고 싶은 마음에 이 책을 세상에 내놓게 된 것이다. 그렇기 때문에 이 책에 수록된 내용은 이미 누군가에 의하여 기술되었고, 또 어느 책엔가에서 다루었던 내용들이다. '비교정치' 라는 과목을 학부와 대학원에서 강의하면서, 이러한 내용들은 다루어야 하지 않겠느냐 하는 것을 한곳에 모아서 정리한 것뿐이다. 그렇기 때문에 이 책의 내용에는 필자가 박사과정 수학중에 제출했던 리포트를 다시 개작한 것도 있고, 학회지에 이미 발표한 논문도 책이라는 특성에 맞추어 다시 작성한 것도 있다.

책의 제목을 '새로운 비교정치론' 이라 붙이려고도 했지만, 그 내용이 새로운 것이 아니어서 앞의 수식어는 빼기로 했다. 다만 그 동안 필자가 비교정치를 강의하면서 가장 크게 느낀 것은 일반적으로 책의 내용들이 '이론 따로 실제 따로' 라는 것이었다. 그래서 이 책을 세상에 내놓으면서 다른 비교정치 저서에서 시도하지 않았던 것을 시도해 보았다. 각 장의 마지막에 한국 정치사회의 상황과 앞에서 제기했던 이론들의 일부를 결부시켜 설명해 본 것이다. 이것은 우선 학생들의 흥미를 불러일으킬 수 있을 것이고 또한 정치현상을 이론이라는 도구로 조명해 봄으로써 제기될 수 있는 의문이라도 공유해 볼 수 있을 것이다. 그래서 처음에는 책의 제목을 '비교정치의 이론과 실제' 라고 고답적으로 붙일까 생각도 해보았다.

이 책은 총 12장으로 구성되었다. 제1장 비교정치의 연구와 방향에서는 비교정치가 무엇이며, 어떻게 연구되어 왔는가를 다루었다. 행태주의 대두 이후 정치학의 과학화에 가장 기여했고 근접한 이론이 체계이론이라 생각하고 이것을 제2장에서 설명하고 있다. 제3장 정치문화, 제4장 정치사회화, 제5장 정치커뮤니케이션과 여론은 서로 연관성을 가지는 것으로, 정치체계로 정치현상을 설명할 때 가장 핵심이 되는 사항이다. 이같이 제2장에서 제5장까지는 비교정치의 체계론 측면을 살펴보았다.

제6장 정치발전은 확산이론에서부터 종속이론과 종속적 발전을 설명하였다. 제7장 계급과 계층이론이나 제8장 엘리트이론은 정치사회 내의 현상을 체계나 제도에서가 아니라 구조적 차원에서 분석한 것이다. 제9장 집단이론은 이익집단과 특히 우리 사회에서 강력한 힘을 발휘하고 있는 NGO 문제를 짚어보았다. 제10장 정치체제의 유형과 비교는 이러한 체계 · 문화 · 사회화 · 발전 · 계층 문제를 현실로 나타낼 때 어떻게 표출되고 있는가를 살펴보았다.

마지막의 두 장에서 다룬 것은 '사이버정치와 환경정치' 이다. 비교정치라고 해서 현재 유행하는 것이면 다 붙여 놓느냐라는 비판도 있을 수 있으나, 이는 앞으로 비교정치의 주요 범주가 아닐 수 없다고 생각한다. 모두에서 밝힌 바와 같이 많은 경우 정치학이 어렵고 실생활에 도움이 되지 않는다는 생각을 가지는데, 이러한 분야에 대하여 나름대로 체계화해서 가르치는 것은 중요한 일이 아닐 수 없다. 그리하여 제11장에서 정치참여와 전자민주주의, 인터넷 그리고 제12장에서의 환경문제와 환경정치를 비중 있게 다루었다.

그 동안 이러한 내용을 정리하여 강의록으로 만들어 몇 년 동안 학부와 대학원 수업에서 사용해 왔다. 그러나 이를 좀더 내용을 보강하고 심화시키고 다듬어서 저서로 세상에 내놓게 되었다. 항상 책을 마무리하면서 생각하는 것이지만, 이미 기존 서적의 복사판을 내는 우를 범하지는 않나 하는 걱정도 해본다.

이 책이 나오기까지 많은 분들의 도움을 받았다. 항상 힘을 주시는 은사님이신 김재영 교수님께 감사드린다. 그리고 마지막 교정을 열심히 보아준 석사과정의 이경희 대학원생에게도 고마움을 전한다. 또한 출판계의 어려운 여건에도 불구하고 기꺼이 출판해 주신 삼우사 조병철 사장님과 정성들여 책을 만들어 주신 편집부장님께도 감사드린다.

다른 책을 출판할 때 머리말에는 항상 부모님의 이야기를 썼는데, 어머님마저도 하늘나라로 가셔서 더 쓸 말이 없다. 나의 가족들에게 진심으로 사랑한다고 말을 전하고 싶다. 정말로 사랑합니다.

2005년 8월
건지벌 연구실에서
저자 **김 창 희**

■ 차례

제 1 장
현대 비교정치의 연구와 방향

제 2 장
정치체계론과 구조기능주의

제 3 장
정치문화

제 4 장
정치사회화 이론의 분석

제 5 장
정치커뮤니케이션과 여론

제 6 장
정치발전이론

제 7 장
계급이론의 비교

제 8 장
엘리트이론

제 9 장
정치리더십

제 10 장
집 단 이 론

제 11 장
정치체제와 정부형태

제1장
현대 비교정치의 연구와 방향

정치학을 분류할 때는 정치사상 및 정치이론, 비교정치, 국제관계, 한국정치(지방정치 및 공공정책 포함)로 크게 나누고 있는 것이 일반적이다. 이 중 비교정치를 제외한 다른 하위분야들은 그 명칭에서 볼 수 있듯이 연구하는 분야를 지칭한다. 예를 들면 플라톤의 사상이나 마키아벨리 이론은 정치사상에서, 한 국가의 대외정책이나 각 국가간의 관계는 국제관계에서 다루어지므로 무엇을 연구하는 분야인지를 비교적 쉽게 이해할 수 있다. 이에 비해 비교정치는 연구할 대상이 명칭에 반영되어 있지 않고, 연구할 대상을 분석하는 비교라는 방법을 하위명칭으로 지칭하고 있다. 그러므로 정치학의 하위분야간의 명확한 경계를 정하는 것은 어려움이 있다. 어떤 연구는 그 영역을 명확하게 구분할 수도 있지만, 많은 경우 영역들이 중복되어 구분을 하는 것이 오히려 무의미한 경우도 있기 때문이다.

그러므로 비교를 본질로 하는 비교정치의 경우 어떤 하위분야보다도 광범위한 영역과 다양한 연구주제들을 포함하고 있다. 비교정치는 '정치학의 모든 것' 이며, '아무것도 아니다' 라고 말했던 학자들의 주장을 다시 한번 음미할 필요가 있는 것은 이런 이유에서이다.

비교정치는 이러한 애매성에도 불구하고 지난 60여 년 동안 괄목할 만한 성장과 성과를 거두어 왔다. 특히 서구 정치학자들을 중심으로 진행된 비교정치에 관한 연구는 정치학이 과학적 학문(political science)으로서 자리잡아 가는데 중심적 역할을 했다. 그러면 좀더 구체적으로 비교정치가 무엇이며, 어떻게 발전되어 왔고, 또 발전되어 나갈 것인가를 살펴보자.

제 1 절 비교정치의 본질과 발전

1. 비교정치란?

비교정치(comparative politics)라는 명칭이 어떻게 탄생하였는가를 살펴보면, 비교정치가 무엇을 연구하는 학문인가를 명확히 할 수 있을 것이다. 세계에는 여러 가지의 정치체제와 다양한 정부형태가 존재하고, 이들에 관한 연구 · 분석과 비교(comparison)가 필요한데, 비교정치는 바로 비교한다는 데서 연유한 것이다.

비교정치는 정치체계의 패턴, 과정, 규칙성 등에 대하여 탐구하고 이들간의 비교를 통하여 세계의 정치체계들을 체계적으로 이해하기 위한 것이다. 비교정치는 세계정치체계의 체계적인 연구와 비교를 포함하고, 국가들 사이의 유사점뿐만 아니라 상이점도 설명하려고 시도한다.[1] 그러므로 정치체계들이 내포하고 있는 정부제도들이나 정치조직체들, 예를 들면 정당이나 이익집단, 시민단체의 행태와 활동들도 비교정치에서 중요하게 다루어진다.

비교정치에서 비교의 목적은 추세와 패턴이 어떻게 변화하는가를 찾는 것이다. 동일한 정치현상을 야기하는 요인들 중에서 공통점이나 유사점을 밝혀내고, 이러한 과정을 통해 정치현상의 규칙성을 찾아 내는 것이다. 그리하여 정치현상의 추세를 묘사하고 설명할 수 있는 일반적인 가정과 가설을 발전시키려 노력한다. 정치현상의 발생에 대한 규칙성이 있다면, 우리는 그것을 바탕으로 하여 동일한 상황이나 여건에서는 그러한 정치현상이 다시 발생할 것이라고 예측할 수 있다.[2]

비교정치는 개인적 · 당파적 혹은 주입하려는 이데올로기적 무기 없이 엄밀하게 그리고 체계적으로 비교하려고 시도한다. 비교정치는 다양하고 광범위한 정치제도나 활동들을 연구함으로써 정치학에서 언제나 추구해 온 연관된 일반화를 도출해 내려는 데 관심을 둔다.

결국 비교정치는 모든 정치현상을 비교방법을 사용하여 분석하는 것이며, 이를 통해 정치현상에 대한 보다 더 일반화된 지식을 체계적으로 획득하고 축적하는 데 목적을 두고 있다. 그리고 비교정치는 이러한 목적을 가지고 다양한 정치현상들을 비교 · 연구하는 데 중점을 둔다.

위아더(H.J. Wiarda)는 그의 「비교정치란 무엇인가?」라는 논문에서 비교정치의 연구수준과 형태 그리고 연구이유를 다음과 같이 여섯 가지로 나누어 설명하고 있다.[3]

첫째, 한 국가에 대한 연구는 특정한 한 국가의 정치제도(정당, 군, 의회, 이익집단)와 정치과정(정책결정) 그리고 공공정책(노동, 복지 등) 등을 연구한다.

둘째, 두 개 이상의 국가에 대한 연구로서 비교 · 분석의 맥락에서 이루어진다.

---

1) Howard J. Wiarda, "What is Comparative Politics," Howard J. Wiarda(ed.), *Comparative Politics: Critical Concepts in Political Science*, Vol. I, New York: Routledge, 2005, pp. 16-17.

2) 신명순, 『비교정치』, 박영사, 2001, p. 3.

3) Howard J. Wiarda, 앞의 글, pp. 17-21.

셋째, 지역연구로, 세계지역을 몇 개의 그룹으로 묶어서 연구하는 것이다. 이러한 연구는 그 지역의 국가들이 가지고 있는 역사, 문화, 언어, 지리적 위치, 법체계, 종교 등의 공통점 때문에 유용하다.

넷째, 지역간 연구는 비교분석의 의미는 있지만, 그 범위가 너무 광범위하고 준거틀을 도출하는 데 어려움이 있다.

다섯째, 세계적 비교연구는 세계은행이나 유엔 등의 통계자료를 사용하여 세계적 기준을 정하고 비교분석하는 것이다.

여섯째, 주제별 연구는 특정한 주제를 중심으로 연구한다. 그는 비교정치를 연구하는 이유를 ① 다른 나라를 아는 것에 대한 재미와 흥미, ② 인종주의 극복, ③ 현존하는 국가의 변화와 패턴, ④ 지적인 자극, ⑤ 엄밀하고 유효한 방법론의 존재, ⑥ 국제정치와 외교정책의 올바른 이해로 들고 있다.

2. 비교정치의 역사와 발전

비교정치의 역사는 정치학의 역사만큼 오래된 것이다. 이것은 지식 자체가 비교를 통해 얻어질 수 있다든지 또는 정치학의 모든 것이 비교될 수 있다는 점에서 잘 나타나고 있다. 아리스토텔레스는 비교정치 분야에 있어 최초의 학자로, 당시의 정치유형들 그리고 그 유형들을 형성 · 결속 · 결정하는 사회경제적이고 정치 · 문화적인 조건들에 대해 해박한 연구를 수행하였다. 마키아벨리도 이탈리아 도시국가의 권력과 정치를 비교 · 고찰하였고, 홉스나 몽테스키외도 비교학자로 간주할 수 있다. 그러나 우리는 일반적으로 이들을 비교정치학자라고 하지는 않는다.

정치학이 사회과학 내에서 독자적인 학문적 분야로 발전했던 것은 19세기 말엽부터였다. 이와 마찬가지로 비교정치학도 정치학의 중요한 분야로 정착하기 시작한 것은, 정치학이 미국에서 완전히 자리잡은 이후이다. 그러나 비교정치학이 언제부터 정치학의 한 분야로 분류되기 시작했는가는 불분명하다. 여기에서는 현대적 의미에서의 비교정치학이 어떻게 발전되었는가를 중심으로 과거와 현재를 다루어 본다.

1) 비교정치의 본격적 대두

(1) 비교정치영역 확산과 정치학의 과학화

제2차 세계대전은 비교정치 연구의 대상을 확산시켰다. 이는 미국을 세계 영역으로 끌어들였으며, 학자들은 다른 정치체제들에 대한 관심을 가지게 되었다. 미국의 학자들에게 다른 국가들의 연구와 이해의 필요성을 확대시켰고, 유럽으로부터 이주한 많은 학자들이 이 연구에 많은 영향을 미쳤다.

전후에 등장한 냉전과 신생국의 대두는 비교정치 연구에 강한 영향을 미쳤다. 연구대상면에서는 냉전체제의 시작과 더불어 미국의 적대세력으로 등장한 소련과 동유럽 공산권에 대한 관심이 증가한 것이다. 또한 식민지시대가 종식되면서 새롭게 독립한 수많은 신생국들에 관한 관심이 증가하였다. 이에 따라 서구의 주요 국가들에만 집중되었던 연구관심의 지역적 편협성이 해소되기도 하였다.

연구주제에 대한 관심도 법이나 제도에 대한 관심과 더불어 개인이나 집단의 행태에 관심을 두기 시작했다. 즉, 과거의 헌법적이고 형식주의적 측면에 역점을 두기보다는 정치적 행위의 비공식적 측면과 이익집단들의 행태연구에 주안점을 두었다. 그리고 정치체계나 구조, 기능 등 인접학문 분야에서 사용하는 용어와 방법론을 받아들여 정치현상을 설명하려는 새로운 시도들이 시작되었다.

비교정치의 발전은 전체적인 정치학의 관심이 되었던 행태주의 대두와 시기적으로 일치하였으며, 이러한 행태주의는 특히 비교정치 분야에 집중적으로 적용되었다. 행태주의 연구는 이전의 정치학이 국가나 공식적 국가기구의 제도적인 면에 중점을 두고 연구한 것의 한계를 지적하면서, 정태적인 방법인 법이나 기구 · 제도보다는 이러한 것들을 운용하는 인간에 초점을 맞추어 분석하였다. 여기에서 추구했던 것은 정치학의 과학화와 일반이론의 정립이었다.

비교정치는 정치학의 과학화를 강조하고 있는 일정한 분석방법들을 적용함으로써 경험적인 정치이론을 수립하는 데 기여했다. 1960년대에 발전된 비교정치는 많은 조사연구, 통계자료 분석, 내용분석, 체계분석 그리고 수많은 접근방법 등 일단의 방법론을 결합했다. 비교정치의 이러한 연구경향의 성장은 보다 일반적으로는 행태주의 혁명과 동시에 일어났는데, 양자는 상호 보완관계를 유지하였다. 정치학의 중요한 하위분야인 비교정치의 발전은 한편으로는 정치학에 있어 체계이론의 성장과 밀접히 연관되었다. 그것은 연구되고 있는 보다 새로운 정치체계들의 상호 연관된 측면들에 관심의 초점을 맞추는 데 도움을 주었다. 이러한 방법과 접근법은 통계자료의 상당한 집적으로 이어졌고 많은 새로운 개념과 관계들을 제시했다.

정치학을 과학적으로 연구하려는 가장 중요한 목적은 확실한 이론을 정립하려는 것이다. 정치현상을 단순히 설명하는 차원을 넘어 인과관계를 규명함으로써 과학적으로 이를 증명하려는 것이다. 비교정치학에서 많이 사용하고 있는 과학적 연구방법에는 사례연구, 설문연구, 간접적인 계량분석 등이 있다.

이같이 정치학은 주로 비교정치 분야를 중심으로 하여 다양한 분석방법의 개발, 연구범위의 확대 및 이론화의 측면에 있어서 혁신적인 진보를 거두었다고 볼 수 있다. 지금까지 논의된 여러 접근방법들도 전통적인 방법에서 도외시했던 새로운 분야들에 관심을 집중시켜 정치학 연구에 하나의 혁명적 변화를 가져왔다고 해도 과언이 아니다.

(2) 체계이론과 기능주의

비교정치에서 많은 초기의 저작들은 기능주의와 연관되어 있었다. 기능주의적 접근법은 인류학과 사회학, 특히 파슨스(T. Parsons)의 저작으로부터 유래한 것으로, 1950년대에는 사회과학의 가장 유력한 접근방법으로 여겨졌다. 왜냐하면 이 접근법은 학자들로 하여금 주로 서구에서 유래된 전통적 접근방법으로는 불가능했던 신생국을 검토할 수 있는 분석틀을 제공해 주었기 때문이다.

사회학에서의 파슨스적(Parsonian) 혁명의 강력한 영향이 정치학을 강타한 것이다.[4] 이것이 정치학에 도입되면서 '이론발전에 가장 가능한 접근'으로 간주되었다. 막스 베버의 저작들에 대한 파슨스의 해석과 재생에 의해서뿐만 아니라 파슨스의 구조기능주의, 발전에 관한 보편적인 사회과학에 대한 그의 가정들, 특히 '체계'라는 개념과 비교 유형변수들은 비교정치 연구에 강력한 영향을 미쳤다. 이같이 사회학자인 파슨스의 기능주의나 심리학에서 영향을 받은 정치문화와 관련된 이론이나 연구가 비교정치의 주류를 이루었다.

이 시기에 가장 유행하였던 이론은 체계이론과 기능주의이다. 이는 정부를 하나의 '체계'로 보면서, 체계를 구성하는 다양한 정치제도들이 유기체적으

4) Howard J. Wiarda(ed.), *New Directions in Comparative Politics*, Boulder and London: Westview Press, Inc., 1985, p. 3.

로 상호 연관되어 있는 구조들에 관심을 가졌다. 그리고 이러한 구조들이 수행하는 '기능'에 대한 분석을 통해 정치체계에 대한 설명이 가능하다고 보았다. 이 시기에는 또한 모든 정치현상에 골고루 적용될 수 있는 일반이론을 찾아야 한다는 견해가 주를 이루었다.[5]

이스튼(D. Easton)과 도이치(K. Deutsch)에 의해 소개된 정치현상의 체계론적 시각은 종래의 정치학에서 사용하는 용어와는 다른 생소한 용어변화와 다양한 모형정립을 제공하였다. 특히 이스튼은 1953년 내놓은 『정치체계론』(*Political System*)에서, 정치생활에서 야기되는 사건들을 설명하기 위하여 정치학자들은 정치행태이론을 발전시켜야 한다고 주장하였다. 그는 정치체계가 안정과 변화로 특징지어지는 세계 속에서 어떻게 존속하는가, 그리고 체계가 존속하는 데 필요한 기본적인 기능과 전형적인 대응형태는 무엇인가에 기본관심을 가지고 연구하였다. 이러한 것은 『정치분석틀』(*Framework for Political Analysis*)과 『정치생활의 체계분석』(*A System Analysis of Political Life*)에서 잘 설명되고 있다.

알몬드(G.A. Almond)와 콜먼(J.S. Coleman) 등이 집필한 『개발도상지역의 정치』(*The Politics of the Developing Areas*)의 서장을 집필한 알몬드는 비교정치학 분야에서 구조기능주의를 크게 보급시켰다. 정치체계의 7개 기능을 제시한 그의 구조기능주의는 전후 정치학의 새로운 주류를 형성하였으며, 비록 많은 문제점이 지적되고 비판의 표적이 되면서도 '이익표출', '이익집적', '충원' 등 그가 만들어 낸 기능적 용어들은 정치현상의 기술에 폭넓게 활용되고 있다.[6] 알몬드의 이러한 일련의 논문들은 비교정치학 분야에 새로운 유형론을 제시했다는 의미를 가진다.

(3) 발전론의 대두

비교정치학이 비국지적이고, 비형식적이고, 비법률적이며 순수하게 비교분석적인 것이 되어야 한다는 견해는 학자들 사이에 공감대를 형성하였다. 특히 알몬드 등의 '개발도상지역의 정치'는 주요 정치학자들이 참여하였을 뿐만 아니라 공통적이고 세계적인 분석틀을 사용하여 아시아 · 아프리카 · 남미 지역의 정치를 분석하였다. 이 문헌은 이러한 분석을 통해서 신생국들에게 발전과 민주주의를 가져다 주는 데 도움을 줄 수 있을 것이라는 생각으로 미국 정치학

5) 신명순, 앞의 책, p. 11.
6) 오명호, 『현대정치이론』, 박영사, 1992, p. 165.

자들을 고무시켰다.

발전이론은 체계이론과 파슨스-알몬드의 발전모델과 조화되어 '과학적' 으로 타당한 것이었으며, 윤리적으로도 올바른 것이었다. 이 이론은 분명한 과학적 타당성과 보편성에다 도덕적으로 건전한 기여를 한다는 규범적 확실성이 결합되어, 발전에 관한 연구를 매력적인 것으로 만들었다.[7]

이렇게 발전이론의 성장으로 비교정치학의 방법론은 보다 정교해지고 더욱 융통성을 갖추게 되었다. 많은 연구들이 여론조사나 통계분석과 같은 계량적 방법을 사용하고 있으며, 시계열(time-series) 자료의 사용도 역시 증가되어 왔다. 비교정치학은 질적 및 양적인 자료를 결합하는 데서 오는 유용성에 대한 인식도 증가시켰다.

2) 비교정치의 부침

정치학의 중요한 분야의 하나인 비교정치 분야는 최근 몇십 년 동안 부침을 계속해 왔다. 비교정치는 정치학 분야에서 아마도 가장 흥미있고 혁신적인 분야였다. 그러나 1970년대에 들어서 침체에 빠져들었다. 이 기간 동안에 카터(Jimmy Cater)의 말대로 비교정치는 미국의 사회 · 정치 · 경제적인 제도들이 그러했던 것처럼 말라리아에 걸렸다.

이들 접근방법은 오늘날 급격하게 변화하고 있는 정치적 현실, 특히 제3세계의 실제 정치를 체계화하고 이들을 이론적으로 분석하기 위한 도구로서는 기대에 미치지 못하고 있다는 비판을 받았다. 비교정치의 매개변수는 정확한 개념규정을 하지 못하고 있으며, 그 방법론 역시 신랄한 비판을 받았다. 모든 학자들이 동의할 수 있는 하나의 통합적 이론체계를 개발하지 못했으며, 연구자들도 명확한 초점을 찾지 못하였다. 따라서 그 동안 일반적으로 말하여 온 것처럼 비교정치가 정치학 분야 내에서 주도적인 분야이며, 비교정치가 곧 정치학이라는 주장은 이제 좀처럼 나오지 못하고 있는 형편이 되었다.[8]

이렇게 비교정치 분야의 부진과 비판의 이유가 어디에서 연유한 것인지는 명확하지 않다. 그러나 이 분야를 초기에 주도했던 학자들의 과도한 주장들과 높은 기대감과는 달리 실제의 결과는 이를 충족시키지 못한 데 대한 실망감이

7) Howard J. Wiarda(ed.), 앞의 책, 1985, p. 16.
8) 위의 책, p. 5.

가장 주된 이유였지 않나 생각한다.

비교정치에서 주장했던 강력한 이론화와 연구방법론에 대한 비판이 제기되었고, 발전모델이 모든 신생국에 적용되리라 생각했으나 이에 대한 많은 문제점이 제기된 것도 비판을 받은 이유였다. 정확한 원인들이 무엇이건 간에 이 분야에 대한 기대의 충족치가 낮아지고 실망이 시작되었다. 그리하여 비교정치학은 정치학 분야에서 과거에 향유했던 주도적인 혹은 중심적인 위치를 확보하지 못했다.

3) 비교정치의 새로운 활력

비교정치 분야의 부진은 오래 가지는 않았다. 정치문화-사회화, 발전-종속-상호이론, 관료적 권위주의, 개체주의-국가주의, 민주주의로의 이행, 이념의 비교연구 등 새롭고 도전적인 주제들이 비교정치에 흡수되었기 때문이다. 그러한 배경에는 탈식민지화에 따른 다수 신생국가들의 등장, 강대국들의 제3세계에 대한 관심, 개발도상국들의 정치 · 사회적 변동 사례, 새로운 접근법 등의 대두 등이 자리잡고 있다. 이렇게 되면서 비교정치에 대한 연구는 다시 활력을 찾기 시작했다.

특히 1970년대 초반에 일어난 발전주의 모델에 관한 비판은 지적인 측면뿐 아니라 정치 · 사회적 측면에서도 행하여졌다. 지적인 면에서 발전론적 시각은 너무 선진국 중심의 편파적인 것이어서 보편성이 부족하다. 또한 이론적인 명확성도 없고 계급갈등, 계급의식, 국가시장, 경제적 세력관계와 국가간 종속관계 등을 도외시하고 있다는 것이다.

발전주의 이론은 개발도상국가들에 관한 편견이나 고정관념에서 헤어나지 못하고 있는데, 이러한 생각들은 개발도상국가의 역사상 전해 내려온 전통적인 제도들을 철저히 파괴할 뿐만 아니라 상투적인 수단들을 영속화시킨다고 비판받았다. 가령 그 동안 전통사회의 윤리적 기반을 유지해 왔던 가족적 유대나 집단협동, 상하적 권위관계에 대한 존중 등은 그들 사회의 맥락에서 보면 충분히 체제에 순기능할 수 있는 제도적 관례였다고 보이는데, 이러한 것이 전혀 무시되었다.

구미에서 발전한 패러다임이란 결국 제3세계에서 가능한 대안적인 발전패턴의 가능성을 부정하고, 그들을 자신들의 영향하에 묶어 두려는 하나의 제국주의적 학문태도라는 비판을 받고 있는 것이다. 서구의 발전모델이 제3세계의 상황과 조건에 부적절하다는 위와 같은 비판은 이에 대한 새로운 대안을 모색하는 단계에 이르렀다. 그 동안 구미에서 발달한 패러다임이란 결국 서구의 민주화 경험이나 발전모델을 기초로 제3세계 신생국들의 체제변화를 예측하고자 했던 것이나, 제3세계의 상황과 조건에 부적절하며 하나의 제국주의적 학문태도란 비판을 받았다. 이에 대한 대안적 이론으로 1970년대에 종속이론, 조합주의 등이 등장하였다.

1970년대 말과 1980년대 초기에는 관료적 권위주의, 유기체국가론, 변동에 대한 토착적 개념 등이, 그리고 후에 민주주의 이행, 신자유주의 등의 새로운 주제들이 전면에 부각되었다. 그 후 비교정치는 정치학의 가장 흥미 있는 분야의 하나가 되었다. 동유럽과 구 소련처럼 새롭고 자극적인 연구지역들이 있고, 조합주의·종속이론과 같은 혁신적인 어프로치와 방법론이 있고, 세계의 많은 지역에서 민주주의로의 전이와 같은 새로운 테마와 주제, 지역이 있다. 세계는 우리의 실험장이기 때문에, 비교정치에 둘러싸일 수 있는 연구의 형태는 폭이 넓어졌다. 그러나 종속이론 등 제3세계를 설명하고자 하는 이론들이 너무 일반적이고 단순하다는 비판이 대두되었다.

이즈음에 비교정치학자들이 관심을 가진 또 하나의 분야는 정치기구들 중 국가에 초점을 맞추는 국가론이었다. 과거의 제도주의적 접근법과 다른 점은 이들 정치기구나 국가를 그 자체로서만이 아니라 현실과 관련된 맥락에서 분석한 것이었다. 이러한 국가론에 대한 관심은 소위 마르크스주의자에 의하여 시작되었고, 마르크스주의 정치경제론자들과 비마르크스주의 정치경제론자들 간에 '국가의 상대적 자율성'을 포함한 다양한 주제들의 논쟁이 있었다.[9]

4) 비교정치의 새로운 방향

1980년대에 각광을 받은 민주정치이행론은 제3세계나 남부유럽 국가들이 겪은 그간의 경험을 토대로 기존의 발전론적 시각을 재평가하고 심화시키려는 노력을 반영한 것이었다.[10] 민주정치이행론은 1970년대 중반부터 남부유럽을

9) 신명순, 앞의 책, p. 12.
10) 이인성, "비교정치발전론과 사회주의체제의 민주화과정," 『한국정치학회보』, 제27집 제2호(하), 한국정치학회, 1993, p. 211.

시작으로 중남미와 아시아 지역의 독재국가들에서 진행된 체제변동을 분석한 것으로, 권위주의적 독재체제의 민주화과정 분석이 주를 이루고 있다.[11] 1980년대말 이후 탈냉전의 환경이 조성되면서 이러한 추세는 더욱 강화되었다. 우선 전 세계적 차원에서 민주주의가 승리함으로써 이념 및 체제논쟁이 정치적으로나 경제적으로 거의 종지부를 찍게 되었다. 이는 1990년대에 '민주주의 이행에 대한 이론적 고찰의 틀'을 마련하는 연구로 이어져, '완성된 민주주의 이행'(completed democratic transition)과 '공고화(consolidated)된 민주주의'에 대한 논의가 활발해졌다.[12]

1990년대에 서구와 제3세계의 민주화 경험에 이어 구 사회주의국가들에서 진행되고 있는 민주개혁에 대한 연구도 계속 이어질 중요한 분야이다. 즉, 군사적으로 바르샤바조약기구와 경제적으로 코메콘 산하에 속해 있던 모든 나라들에 대한 연구를 전부 망라하여 '후기공산주의 연구'라 칭하는데, 이들 국가들에 대한 공통성과 다양성 그리고 향후 개혁방향에 대한 분야도 정치학의 새로운 연구과제이다.

특히 2000년대에 정치학에서 집중적으로 논의·연구되어야 할 분야는 소위 전자민주주의와 시민단체인 비정부조직(NGO) 그리고 환경정치학이다. 현대사회에서 뉴 미디어 또는 멀티미디어를 기술적 기초로 한 정보사회에 적응하는 정치의 모습이 전개되고 있다. 정보사회의 총아라고 할 수 있는 인터넷은 정치·경제·사회·문화 등 다양한 분야에서 위력을 떨치고 있을 뿐만 아니라, 인간들의 삶의 형태까지도 변화시키고 있는 실정이다. 정치분야에서 인터넷의 영향력은 점점 확대되고 정치과정에서도 중요한 매체가 되고 있다. 인터넷이 정치에 미치는 영향은 정치적 정보와 의사의 유통, 즉 정치적 의사교환을 하거나 의사를 결집하는 데 기존의 매체보다 더욱 효과적으로 사용될 수 있고 그 결과 정치과정의 양태를 바꾸어 놓을 수 있다는 것이다.[13] 사이버정치에 대한 연구는 비교정치에서 새로이 다루어져야 할 중요한 분야임에 틀림없다.

선진국에서 민주주의 공고화를 위한 그리고 권위주의 사회로부터 민주화로의 이행을 위한 중심세력으로 자리매김하고 있는 것이 시민사회이다. 이러한

11) 위의 글.

12) Juan J. Linz & Alfred Stepan, *Problems of Democratic Transition and Consolidation: Southern Europe, South America, and Post-Communist Europe*, The Johns Hopkins University Press, 1996.

13) 강원택, 『한국의 선거 정치: 이념, 지역, 세대와 미디어』, 푸른길, 2003, p. 385.

시민사회의 발전에서 중요한 행위자는 국가를 중심으로 하는 정부조직이 아닌 NGO이다. 향후 제반 사회적 쟁점과 과제들에 대한 사회운영에 NGO를 중심으로 하는 제3부문인 시민사회의 영향력이 크게 확대될 것이다.[14] 이에 대한 연구의 비중도 높아가고 있다.

또한 21세기에 환경문제는 국가의 생존과 직결된 문제가 될 것이다. 이는 환경파괴가 우리 사회와 경제, 국민건강에 심각한 폐해를 끼친다는 사실뿐만이 아니다. 이제 선진공업국에서는 환경문제가 단순한 과학 · 기술상의 과제로만 취급되지 않고 세계정치의 중심과제들인 남북관계의 장래, 세계무역화 그리고 동서관계와 국가안전보장 등과 마찬가지의 비중으로 대두되기 때문이다. 그러므로 환경정치 내지는 국제환경정치에 대한 연구는 이미 상당부분 이루어져 있고, 앞으로 계속 연구되어야 할 분야이다.

제 2 절 비교정치 연구방법

비교정치학의 범위와 방향이 너무 극적인 변화를 겪었다. 그러므로 여기에 관심 있는 사람들은 변화하는 이론적인 강조점들과 생소한 방법론들, 그리고 난해한 용어들에 직면할 때 불가해한 미로 속으로 빠져드는 기분을 느끼게 된다.[15]

전통을 고수하려는 학자들과 새로운 것을 정열적으로 수용하려는 학자들 사이의 격렬한 논쟁은 정치의 정의에서부터 다양한 이론적 접근방법에 이르기까지 여러 가지 문제들을 둘러싸고 계속되었다. 여기에서는 비교정치 연구방법을 전통주의적 연구와 행태주의적 연구로 단순화시켜 접근해 본다.

1. 비교정치의 전통적 연구

미국 정치학에서 비교정치의 연구패턴은 19세기 말과 20세기 초에 가장

14) 김영래, "제11장 21세기 새 정치의 화두—시민운동," 윤형섭 · 김영래 · 이완범, 『한국정치 어떻게 볼 것인가?』, 박영사, 2003, p. 320.

15) James A. Bill & R.L. Hardgrave, *Comparative Politics: The Quest of Theory*, 김기우 역, 『비교정치이론』, 박영사, 1993, p. 13.

확고히 정립되었다. 이때에는 정치학 연구의 주체성의 발전과 동시에, 정치분석이 역사 · 철학 그리고 법학의 연구와 맞물렸다. 그러므로 비교정치 연구는 철학적, 기술적, 법 · 제도적 방법이 주를 이루었다.[16]

1) 철학적 · 규범적 방법

철학적 · 규범적 방법은 정치의 본질이나 현상을 형이상학적 당위적 관점에서 규명하고 설명하려는 데 있다. 정치학의 주된 관심은 시민의 의무와 책임에 대한 지식과 정치철학에 모아졌다. 규범적 정치이론 혹은 정치철학에 대한 관심은 전통적으로 경험적 이론의 출현을 저해하는 주된 요소로서 정치학 분야를 지배하였다. 도덕철학 · 윤리학 · 법률학 등과 같은 주제들은 '과학'으로 간주되고, 명백히 '과학'이라고 불렸던 것이다. '윤리과학'이 존재하는 것과 같이 동일한 의미에서 정치과학이 존재한다.

2) 역사적 · 기술적 방법

이 방법은 과거에 일어난 사건들이나 사태들을 정확한 자료에 근거해서 기술해 나가는 것을 특징으로 한다. 즉 사실을 있는 그대로 연대순으로 기록하고 후세에 전달하려는 데 관심을 쓴다. 사실을 기록하는 데 있어서는 가능한 한 주관적인 가치판단이나 편견이 배제되도록 하는 것을 원칙으로 한다.

정치학에서 역사의 중요성을 특히 강조한 학자는 실리(J.R. Seeley)이다. 그는 "정치학 없는 역사는 과실이 없고, 역사 없는 정치학은 뿌리가 없다"라고까지 주장했다. 특히 정치제도의 비교연구 등에서는 역사적 방법이 유용성을 가진다. 역사적 · 기술적 방법은 특정한 정치제도들이나 관행들의 기원과 그들의 형성과정에 관한 자료들을 수집 · 정리하는 데 관심을 갖는다. 여기서는 그러한 것들이 생겨난 역사적 시기를 확인하고 기술하는 것뿐만 아니라 그들을 발생하고 변화시켜 온 어떤 구조적 원칙들을 규명하려고 시도하기도 한다. 이런 역사적 규명이나 사실규명은 후에 정치분석에서 필요한 경험적 자료로 활용될 수

---

16) J.A. Bill과 R.L. Hardgrave는 전통적 어프로치의 특징을 형태상의 기술(configurative description), 형식적 법률주의(formal-legalism), 국지주의(parochialism), 보수주의(conservatism), 비이론적인 강조(nontheoretical emphases), 방법론적 침투성(methodological insensitivity) 등 여섯 가지로 나누어 설명하고 있다. 위의 책, pp. 14-24.

있다.[17]

3) 법 · 제도적 방법

유럽에서 종전에 성행했던 역사주의가 각 분야에서 비판의 대상이 되자 비교정치 연구에서 법률학적 및 제도론적 접근방법이 압도적인 비중을 차지하게 되었다. 이 접근방법은 법 · 제도의 권한을 소유한 구체적인 조직으로서 국가를 중요시하고, 국가의 법적 · 제도적 규칙을 정치의 독립변수로 보는 근본적인 가정이 전제되어 있다. 인간의 본성이란 어느 사회에서나 비슷한 것이므로 이를 일정한 상수로 간주하고, 정치제도가 인간의 행태에 영향을 미치는 적극적인 요인으로 중요시되었다. 이 접근방법에는 국가야말로 어떤 사회영역이나 집단과 다른 독특한 현상이며, 주권적 의지를 가진 실체로서 전 사회적 영역을 포괄하고 있다는 가정이 깔려 있다. 그러므로 모든 정치적 행동이나 정치체제의 활동을 알려면 그 체제를 뒷받침하고 있는 법적 · 제도적 규칙이나 절차를 이해해야 한다는 것이다.

이렇기 때문에 연구의 중점을 합법적으로 구성된 정부에 두고, 그 자료의 근거로는 정부의 공식적인 문서나 이의 해설을 중요시했다. 비교정치 연구는 형식적 구조와 법률적 비판에만 몰두하였다. 정부의 조직화되고 확실한 제도가 강조되었으며, 여러 연구들은 헌법 · 내각 · 의회 · 법정 그리고 관료에만 거의 배타적으로 관심을 집중시켰다.

그렇기 때문에 정확하게 말하면 정부형태론이며, 한 권의 책 속에서 네댓 개의 유럽 정부를 형태적으로 기술하였다. 예를 들면 각 국가의 내각간의 비교, 선거제도의 비교, 헌정적 주권과 헌정적 왕권의 대비처럼 비교정치의 전통적 연구는 비교적 기술에 관심을 집중하였다.[18]

이 방법으로 정치현상을 파악하려는 학자들은 대부분의 비서구사회는 명백히 공식적 정부구소를 결여하고 있으므로, 많은 사람들은 실체적인 연구대상이 거의 없다고 생각했다. 그러므로 미국과 영국의 정치구조는 이상적인 모델

17) 신정현, 『비교정치론』, 법문사, 2000, p. 76.

18) 1920년대 중반의 미시간 대학교 정치학과는 "Charter and Ordinate Drafting"(헌장과 조례의 기초)을 개설하였고, 다른 대학들도 성문법과 관세문제 등을 개설하였다. 이때의 주된 분위기는 비교정치는 '연방주의, 사법절차, 의회의 운영, 행정, 지방정부' 등의 문제에 특히 관심을 가져야 한다는 것이다.

이 되고, 여타의 정치체제들은 이 모델로부터 이탈한 것이 되었다.

이상에서 볼 때 비교정치학의 전통적 연구의 지배적인 특징은 규범적 이론(normative theory)이 경험적 이론(empirical theory)보다 더 중요하게 여겨졌다는 것이다. 체계적인 방법론은 전통적 비교정부론자들에게는 별로 큰 관심의 대상이 아니었다. 제도에 대한 기술적이고 형식적이며 법률적인 연구는 행태적이고 과학적인 연구기술을 요구하지는 않았다.

이러한 전통적 방법들은 비교정치에 많은 영향을 미쳐 정치현상에 대한 비교분석의 연구범위를 제한시켰을 뿐만 아니라, 국가제도들의 공식적인 조직들에 대한 연구에 초점을 두게 했다. 그리고 이런 연구에서는 기술적이고 역사적이며 정태적인 지적 경향이 강조되었다.[19]

2. 비교정치의 행태주의적 연구방법

비교정치학의 전통적 연구에 대한 초기의 반작용은 1920년대에 시작되었다. 캐틀린(G. Catlin), 메리엄(C.E. Merriam) 등의 저서들이 바로 그것이다. 1950년대 중반에 이르러서야 현저히 새롭고 체계적인 경향이 나타나기 시작했다. 이즈음 정치학자들은 진지하고 체계적으로 정치발전과 사회변동 문제에 관해서 초점을 맞추기 시작하였고, 급기야 근대화 · 변동 · 발전 · 혁명 · 개혁 · 변혁 · 과정 등과 같은 용어들이 문헌 어디에서나 나타나기 시작하였다.

주도적인 비교전문가들은 곧 이러한 쟁점들을 비교하였고, 그들의 분석은 정치변동 연구에 대한 지대한 공헌으로 남아 있다. 비교정치학은 이론적이고 방법론적인 연구에 대한 깊은 관심을 갖는 것으로 특징지어진다. 여기에는 행태주의라는 문제가 첨예하게 관련되어 있다.

1) 행태주의의 태동

행태주의는 정치의 실태를 생생하게 파악하고 정책결정에 이바지할 수 있는 새로운 지식을 얻으려는 실천적 요구에서 나온 새로운 접근방법이라고 볼 수 있다. 메리엄(C.E. Merriam)은 1924년 『정치의 새 국면』(*New Aspects of Politics*)에서 정치심리 분석의 길을 모색하였는데,[20] 그 때 이미 2차대전 이후에

19) 신정현, 앞의 책, pp. 76-77.

일어날 정치학의 발전방향을 예상하였다고 볼 수 있다. 그는 정치학에 과학적 방법을 도입할 것을 강조하였으면서도 크게 실적을 남기지 못한 채 세상을 떠났지만 유명한 많은 제자들을 길러 냈다. 라스웰(H.D. Lasswell), 키(V.O. Key), 트루먼(D. Truman), 사이먼(H. Simon), 알몬드(G. Almond)와 같은 행태주의자들이 그들 스승의 영향을 받아 정치학 연구방법의 발달에 크게 기여하였다.

이들 학파가 행태주의 접근법의 발달에 미친 영향은 다음과 같이 정리할 수 있다. 첫째, 정치적 이념과 제도로부터 개인과 집단행위로 강조점을 전환하고, 둘째, 규범적인 것으로부터 과학적 패러다임을 옹호하고, 셋째, 행태적 정치학을 개인의 태도 · 신념 · 의견 · 선호의 분배와 사회적 학습의 모형 등의 두 가지로 탐구한 점이다.

2) 행태주의의 의미와 특성

(1) 이론적 행태주의

행태주의는 경험적 이론의 형성, 기술적 분석과 그 입증을 통한 정치패턴에 대한 체계적 연구로 규정될 수 있다. 행태주의의 두 가지 강조점 중 하나는 '경험적인 연구방법' 이며, 다른 하나는 '체계적 관점에서 개념과 가설 및 설명의 정식화' 이다. 행태과학의 요체는 "모든 가설은 행태(behavior)에서 객관적으로 관측할 수 있는 변화를 통해서 경험적으로 확인되어야 한다"는 것이다. 행태주의는 '순수과학' 의 강조로서 이론과 설명이 논리적으로 선행한다는 의미이며, 어프로치 · 방법, 그리고 그와 연관된 연구결과들을 이용할 필요성을 강조한다.

행태주의 분석의 가장 중요한 특징은 이론화의 추구라고 볼 수 있다. 이스튼을 중심으로 한 체계분석은 체계모델을 수립하여 거시적 분석의 가능성을 시사하였다. 또한 벤틀리(A. Bentley)가 시작하여 트루먼(D. Truman)이 정리한 집단적 연구는 집단이 개인행태의 내노나 성향의 원천이 된다는 점을 인정하게 되었고 의사결정모델, 커뮤니케이션모델, 권력의 역할과 분석 등은 정치행태론의 이론화를 촉진하였다. 이러한 이론화의 경향에 따라 그 분석의 대상도 정치적 태도와 매스미디어를 중심으로 한 여론분석, 투표행위나 정치참여에 관한 연구가 중심이 되었다.

---

20) Charles E. Merriam, *New Aspects of Politics*, Chicago: University of Chicago Press, 1924.

(2) 이스튼의 현대적 의미

이스튼은 1950년대의 이론적 행태주의에 대한 여러 논쟁점을 정리하여 「행태주의의 현대적 의미」(The Current Meaning of Behavioralism)라는 논문을 내놓았다. 여기에서 그는 행태주의의 기본가정과 목적을 다음 여덟 가지 항목으로 요약하고 있다.[21]

① 규칙성이 있어야 한다. 행태주의는 설명적이고 예측적 가치를 가지고 있는 이론 혹은 통칙(generalization)으로 표현할 수 있어야 한다. 이는 정치학이 궁극적으로 설명과 예측이 가능한 하나의 과학이 될 수 있음을 시사한다. 정치학도 예측과 설명이 가능한 과학이 될 수 있으므로, 정치학자들은 정치행태의 규칙성과 이것에 관련된 변수들에 대한 끊임없는 탐구에 종사해야 한다.[22]

② 입증되어야 한다. 이러한 통칙의 타당성은 원칙적으로 그에 관련된 행동에 적용해서 검증되어야 한다. 행태주의자들은 지식이 확실한 근거를 갖기 위해서는 경험적으로 검증된 명제들로 이루어져야 한다고 보며, 모든 증거는 관찰에 기초를 두어야 한다고 생각한다. 그래서 정치학은 실제 관찰 가능한 현상과 관련을 맺어야 한다는 것이다.

③ 정치적 행태를 관찰 · 기록 · 분석할 수 있는 기교(technique)가 있어야 한다. 즉, 자료를 수집하고 해석하는 어떤 것이라도 좋은 것은 아니라, 관찰 · 기록 · 분석을 위한 엄밀한 방법이 발견될 수 있도록 상세하게 논의되고 확인할 필요가 있다.

④ 수집한 자료를 처리하고 그 결과의 해설을 정확하게 하기 위한 측정 및 계량화(quantification)가 필요하다. 행태주의적 방법의 특징 중의 하나는 정치의 현실이나 정치적 행태 및 태도 등은 측정될 수 있고 분류될 수 있으며, 계량화되고 나아가 비교될 수 있다고 믿는 것이다. 정치적 자료의 계량화는 정치분석에 수학적 · 통계적 방법에 대한 의존을 더욱 증대시키고 있다.

⑤ 윤리적 평가(가치)와 경험적 설명(사실)을 구별해야 한다. 행태주의자들은 가치와 사실을 별개로 또는 혼합하여 연구할 수는 있으나, 가치와

---

21) David Easton, "The Current Meaning of Behavioralism," James C. Charlesworth(ed.), *Contemporary Political Analysis*, New York: The Free Press, 1967, pp. 16-17.

22) 김우태, 『정치학원론』, 형설출판사, 1997, p. 87.

사실을 혼합해서는 안 된다. 가치의 진위에 관한 문제는 과학적으로 입증될 수 없으므로 정통적인 연구범위를 초월한다고 한다. 즉, 과학적 탐구는 객관성을 유지하기 위해 가치의 개입을 배제한다.

⑥ 연구(조사)는 체계적(systematic)이어야 한다. 이론과 조사가 일관성 있고 질서 있는 지식체계를 갖추어 서로 밀접한 관련을 가져야 한다. 그러므로 이론에 인도되지 않는 연구(조사)는 무익하고, 자료에 기초하지 않은 이론은 쓸모가 없다는 것이다. 이들 연구는 이상적으로 말하면 조작할 수 있는 가설, 즉 경험적 자료를 사용하여 검증될 수 있는 가설을 산출하는, 조심성 있게 개발된 이론적 공식에 기초를 두어야 한다.

⑦ 행태주의는 순수과학이다. 지식의 응용은 과학적 탐구의 일부이며 동시에 이론적 이해의 일부분이다. 즉, 응용과학을 위해서는 그 기초를 공고히 해주는 순수한 지식이 요구된다는 것이다. 그러므로 특정 사회문제 해결에 적용될 수 없다고 해도 그 자체로서 만족한다. 순수한 연구를 위해서는 응용연구와 특정 집단에만 이바지하는 장삿속의 연구를 절대해서는 안 되며, 특수층에 고용된 개량적이고 실용적인 연구에 종사해서는 안 된다고 그들은 주장한다.[23]

⑧ 사회과학의 상호관련성을 인정하는 통합성(integration)을 들고 있다. 즉, 정치학이 다른 영역의 여러 가지 발견을 무시하면, 정치학의 유효성을 약화시키고 보편성을 손상시키게 된다. 그러므로 행태주의자들은 스스로의 개별 영역에 한정하여 자신을 구속하지 않고 다른 학문의 방법, 이론, 발견 등을 통합 · 활용하는 학문간 공동연구를 추진하여야 한다.

(3) 유라우의 행태주의 공통적 특성

유라우(Henz Eulau)는 정치학의 행태주의적 연구에 관하여 적어도 다음과 같은 네 분야에 있어서 공통된 견해를 가지고 있다고 말하고 있다.

첫째로 행태주의 대부분의 연구는 개인의 정치적 행태를 분석의 기본단위로 삼는다. 물론 소집단이나 조직공동체 · 엘리트 · 대중운동과 국가도 연구의 초점이 될 수 있으며, 정치적 여러 사태나 구조 · 기능과정 및 그 상호관계를 분석의 범위에 포함할 때도 있다. 그리고 개인의 행태에 중점을 둔다 해도 제도의 실재를 부정하는 것이 아니라, 다만 제도가 그 속에 담고 있는 인간을 떠나서는

23) 위의 책, p. 90.

존재할 수 없음을 말한다. 그러므로 제도와 인간은 상호보완적이며, 또 그 행태가 발생하는 환경도 중요시한다.

둘째로 분석수준으로서 행태주의는 학문상호적 초점(interdisciplinary focus)을 갖고 있다. 인간은 정치적 동물이라고 하지만 그것은 단지 부분적인 사실에 불과하다. 그리고 정치적 행태의 연구가 정치적 맥락에 있어서 사람들의 행동 · 태도 · 선호 · 기대에 관심을 두고 있다 해도 이러한 정치에 있어서 행동이 기본적으로 사회학이나 인류학 등과 맥락이 다를 이유가 없다. 비록 사적 집단에 있어서 참여나 운영상의 타협이 비정치적이라 해도 정치적으로 연관이 있으며, 제도 상호의 맥락에서 보아 행동상의 유사성이 있다. 따라서 사회과학의 여러 분야 사이에는 본질적인 통합이 필요하며, 범학문적 연구에 의하여 보다 많은 연구성과를 거둘 수 있다고 본다.

셋째로 행태주의는 이론과 조사의 상호의존성을 강조한다. 정치행태의 연구는 그것이 아무리 현실적이며 확실한 것이라도 이를 서술하는 데 만족해서는 안 된다. 사람들의 정치적 행동의 원인은 무엇이며, 그 결과로 정치과정이나 체제기능에 어떠한 영향을 미치고 있는지 규명해야 한다. 여기에는 많은 설명방식이 있겠지만 무엇보다도 이에 대한 이론화 작업이 필요하다. 경험적인 여러 사실이란 지적인 연구활동을 통해서 그것을 진실이라고 받아들이도록 논증하지 못한다면 그것은 무의미한 자료에 불과하다. 말하자면 이론과 자료의 밀접한 상호작용이 필요하며, 이들은 서로가 제한을 가하여 비교적 적절한 이론적 명제를 유지할 수 있게 되는 것이다.

넷째로 행태주의는 무엇보다도 연구기법에 있어서 혁명이라고 볼 수 있다. 실증될 수 있는 가설의 설정, 조작적 정의의 활용, 신빙성 있는 자료처리의 기법 등 과학적 방법에 의한 정치현상 분석의 노력은 행태주의가 이룩한 큰 공헌이다.

이들의 주장을 중심으로 행태주의를 정리해 보면, '정치생활에 경험을 토대로 하여 고유한 법칙적 지식을 발전시키고, 정치적 현실을 어떤 창조적인 목적적 가치규범과 관련시켜 경험법칙과 규범지식의 합리적이고 적합한 체계적 관계를 이론화' 한 것이다.

행태주의자들은 행태적 방법이 과학적인 탐구와 예측의 분야에서 많은 공헌을 하였음을 인정하고 있다. 그러나 과학적 예측(prediction)은 예보(forecasting)와 혼동되어서는 안 된다. 정치학자의 이른바 '과학적 예측' 은 '가정적' (if then)

명제를 넘어설 수 없다. 또 과학적인 설명과 예측이 유일한 것이 아닐 수도 있으며 행태주의적 접근에 의하여 파악되지 않는 것들도 많다고 비판하고 있다.

3) 후기행태주의

(1) 후기행태주의 의미

후기행태주의는 이미 1950년대에 제기되어 행태주의에 대한 깊은 불만을 토론하기 시작하였다. 라스웰은 그의 「정책정향」(The Policy Orientation)이라는 논문[24]에서 "방법론에 대한 논의는 끝났다"라고 선언하고 있는데, 후에 달(R.A. Dahl)도 같은 견해를 표시하였다.[25] 라스웰은 위 논문에서 정치학이 이제는 방향을 바꾸어 '방법을 적용·개발할 중요한 문제의 선택'에 관심을 두어야 하고, 그 문제의 선택은 무엇보다도 목적가치와 관련된 것이어야 한다고 주장하였다. 그는 구체적으로 미국 정치학의 경우 '민주주의의 실천을 개선하는 데 필요한 지식을 제공하는 방향으로' 진전해야 한다고 보았다. 정치학의 방법은 아무리 객관적이라 해도 결국 그것이 발달되고 적용되는 인간적인 것의 맥락에서 분리될 수 없는 것이다. 따라서 정치학은 인간의 필요와 공공정책에 직접으로 관련된 근본적인 문제를 규명할 필요가 있다.

라스웰의 이러한 정책지향적 연구는 1960년대 중반까지는 일반적 관심을 불러일으키지 못했는데, 그 동안 몇 가지 중요한 사건이 발생하였다. 즉 미국사회에서 일어난 중요 사태들—민권운동, 도시폭동, 정치적 지도자의 암살, 환경오염, 월남전 반전운동 등—은 정치학자들로 하여금 연구의 적실성, 방법의 타당성, 학자들의 일반적 책임의식 등 기본적 문제에 관하여 자기반성을 일으켰다.

이스튼은 정치학이 그 동안 이러한 제 위기와 이례적 사건들을 제대로 다루지 못했던 점을 자인하고, 이에 따라 대두한 일련의 행태주의에 대한 비판이론을 '정치학 연구의 새로운 혁명으로서 후기행태주의'라고 말하였다. 이스튼은 이 후기행태주의 논의에서는 행태주의가 결과한 지나친 사실의 기술과 분석이 전체적 전망을 상실케 하고, 사회적 보수주의를 합리화하는 것을 경계했다. 지나친 계량적 분석과 테크닉의 이용이 정치의 현실성과 윤리성을 배제하고 있

24) Harold D. Lasswell, "The Policy Orientation," D. Lerner and H.D. Lasswell(eds.), *The Policy Science: Recent Developments in Scope and Method*, Stanford: Stanford University Press, 1951.

25) Robert A. Dahl, "The Behavioral Approach in Political Science: Epitaph for a Monument to a Successful Protest," *American Political Science Review* 55, December 1961, pp. 763-772.

다는 점을 지적하면서, 정치학에서 가치를 배제할 수 없다는 분명히 하였다. 또한 지식인으로서 정치학자의 사회적 책임을 강조하였다.

그러나 후기행태주의는 전통적 방법으로의 복귀나 반동적(reactionary)이라 볼 수 없고, 오히려 미래지향적이며 정치학의 대상범위와 목적에 관련된 관심의 변화를 의미한다. 후기행태주의는 과학적 방법을 부인하지 않으며, 다만 그들이 목표에 미치지 못했음을 지적하고 있을 뿐이다.

(2) 후기행태주의 적실성의 신조와 방향

후기행태주의는 적실성(relevance)과 행동(action)을 주요 요소로 내세우고 있는데, 이스튼이 내놓은 적실성의 신조(credo of relevance)는 다음과 같이 요약할 수 있다.[26] 첫째, 내용이 기법에 우선해야 한다. 조사방법의 세련화보다는 현대의 긴급한 사회문제를 다루는 데 적절하고 의미 있는 것이 중요하다. 무의미하게 정확한 것보다는 차라리 모호한 것이 낫다.

둘째, 행태주의가 전적으로 사실의 기술과 분석에 얽매여 사실을 보다 폭넓은 맥락에서 다루는 것을 방해한다. 즉 행태주의는 경험적 보수주의 이데올로기가 숨겨져 있으며 변화를 도외시하고 있다.

셋째, 지나친 행태주의 연구는 현실로부터 이반되고 있다. 이 연구의 핵심은 추상과 분석이며, 이는 냉엄한 정치의 현실을 은폐하고 있다. 후기행태주의는 위기에 처해 있는 인간들의 생생한 요구에 부응하도록 도움을 주어야 한다.

넷째, 가치에 대한 연구와 이의 건설적인 발전은 정치학 연구의 불가결한 부분이다. 과학은 가치중립적일 수 없으며 또 그런 일이 없다. 사실과 가치는 분리될 수 없고 가치전제는 지식과 연관되어야 한다. 또한 그러한 지식을 활용할 대안을 찾아 내야 한다.

다섯째, 정치학자는 지식인의 책무가 있다. 역사적으로 지식인의 역할은 인간의 문명적 가치를 보호하는 것이며, 이를 결여할 때 학자는 단순한 기술자가 되어 버린다.

여섯째, 안다는 것은 행동에 대한 책임을 지는 것이며, 행동한다는 것은 사회를 재구성하는 데 참여하는 것이다. 학자는 지식인으로서 그의 지식을 활용해야 할 특별한 의무가 있다.

26) David Easton, "The Revolution in Political Science," *The American Political Science Review*, Vol. 58, No. 4, December 1969, pp. 325-327.

일곱째, 지식인이 지식활용의 의무를 다하기 위해서는 그들로 구성된 학회와 대학 자체도 이에 참여해야 하며, 따라서 직업의 정치화가 불가피하고 또한 바람직하다.

후기행태주의의 위와 같은 비판은 직업윤리와 가치, 과학과 사회의 관계, 연구의 자유, 정부와 학술단체간의 관계 등 많은 어려운 문제를 제기하고 있다. 그러나 이들이 당면한 과제는 새로운 과학의 문제가 아니라 과학을 위한 적절한 현대적인 전략의 문제이다. 이 시대가 요구하고 있는 것은 사회가 학자들이 가지고 있는 지식을 현대의 간절한 문제에 적용하는 데 도움을 주는 일이다. 즉 기본적인 이해나 순수이론 추구와 더불어 우리의 관심사를 시대의 요구에 부응하는 보다 적실성 있는 연구의 활용을 위해 재편성 · 조정하자는 것이다.

행태주의의 운동의 중심축 형성과 비교정치 연구의 지속적인 변혁에 있어서 논리에 대한 관심은 점점 더 높아져 가고 있다. 행태주의와 후기행태주의를 아우르는 논쟁들은 이론정립 과정에서의 문제들 · 어프로치들 · 분류들 그리고 자료들의 역할과 관련된다. 이론에 대한 추세는 다양한 정의만큼이나 제각기 의미를 달리하고 있으므로 이론에 대한 확실한 검토와 해명이 요청된다.[27]

〈표 1-1〉 비교정치학의 접근방법: 몇 가지 특성

전통적 접근방법	행태주의적 방법	후기행태주의적 방법
사실과 가치의 상호연계: 사변적	사실과 가치간의 분리	사실과 가치를 행동 및 적실성과 연계
규정적 · 규범적	객관적 · 실증적	인도주의적 · 문제해결적 · 규범적
정성(定性)적	정량(定量)적	정성 · 정량적
불규칙성과 규칙성에 관심	통일성과 규칙성에 관심	규칙성과 불규칙성에 관심
형태에 관심으로 비교에 관심 없음: 개별 국가에 초점	비교문제에 관심: 여러 국가들에 초점	비교문제에 관심: 여러 국가들에 초점
인종중심주의, 서구민주주의에 초점	인종중심주의, 영 · 미 모델에 관심	제3세계 지향적
기술적 · 편협적 · 정태적	추상적 · 이념상 보수주의 · 정태적	이론적 · 급진적 · 변화 지향적
법, 정부 등 공식구조에 초점	집단 등의 공식 · 비공식 구조와 기능에 초점	계급과 집단의 관계 및 갈등에 초점
역사적 또는 탈역사적	탈역사적	총체적

출처: Ronald H. Chilcote, *Theories of Comparative Politics: The Search for a Paradigm*, Colorado: Westview Press, 1987, p. 57.

칠코트(R. H. Chilcote)는 비교정치학의 접근방법을 전통적 · 행태주의적 · 후기행태주의적 접근방법으로 구분하여 앞의 〈표 1-1〉과 같이 그 특징을 비교 · 설명하고 있다.

3. 비교정치 연구방법의 의미

비교정치의 이론적 접근법은 영구적이지 않다. 인간들과 마찬가지로 이론적 접근법은 태어나고, 발전하고, 힘을 잃고 쇠퇴한다. 그러나 인간들과 마찬가지로 각각의 접근법은 유산을 남긴다. 인간들의 유산은 존경과 정신을 이어받듯이, 주어진 이론적 접근은 필요한데 쓰여지고, 또 다른 논의를 낳기도 한다. 그러므로 비교정치에서 이론적 접근에 대한 전개를 위해 우리는 하나의 학문분과로서 정치학의 지난 역사 속에 존재했던 논제들을 소개하고 논제에 영향을 미친 주요 견해나 동향에 대하여 살펴볼 필요가 있다.

행태주의 이후 여러 접근방법들이 학자들에 의하여 제시되었고, 그러한 것은 적실성을 가지고 현대정치를 조명할 수도 있다. 스카치폴(Theda Skocpol)의 구조주의 접근법, 해석주의 접근법, 현상학적 접근법, 합리적 선택 접근법들이 제기되었고, 현대정치를 분석할 수 있는 유력한 도구라는 평가도 받았다. 그러나 이러한 접근방법들도 하나의 유산이지 절대적인 것은 되지 못한다.

뭉크(G.L. Munck)는 비교정치학의 과거와 현재라는 논문에서 주로 방법론을 중심으로 비교정치 연구시기를 구분하고 있다.[28] 그는 1921년에서 1966년까지를 행태주의 혁명기, 1967년에서 1988년을 후기 행태주의시기, 1989년부터 현재까지를 제2의 과학적 혁명기로 나누고 있다. 미 시카고대학의 메리엄이 1921년 정치학의 새로운 과학을 위한 선언을 하였고, 이것을 행태주의의 시발로 보고 있다. 비교정치에서 행태주의의 우세는 1966년 끝이 나고, 1967년의 립셋(S.M. Lipset)과 로칸(S. Rokkan)의 『균열구조, 정당체계, 유권자연대』(*Cleavage Structures, Party Systems, and Voter Alignments*)는 새로운 지적 아젠다를 제시했다 하여 후기행태주의 시발로 보고 있다. 비교정치학 전개의 새로운 국면은 1989년 미국정치학회 산하 비교정치학분과가 확대되고 추동되면서부터이다. 초기

27) 김기우 역, 앞의 책, p. 38.

28) Gerard L. Munck & Richard Snyder, *Passion, Craft and Method in Comparative Politics*, Baltimore, The Johns Hopkins University Press, 2007, pp. 32~57.

의 지역연구에 초점을 맞추었던 연구들은 시들해지는 경향을 보여주고, 비교정치학에 있어 새로운 과학적 연구는 다시 계량적 연구가 주도하고 그 대표적인 것이 합리적 선택이론이라는 것이다. 1950-60년대의 비교정치학을 풍미한 행태주의혁명과는 차이가 있지만, 1990년에 이 분야에 새로운 혁명이 시작되었다. 그러나 1990년대의 새로운 과학혁명은 경험연구의 초점을 크게 변화시키지는 않았다.

현대 비교정치학의 시기를 이렇게 구분하는 것은 문제가 없는 것은 아니지만, 그 흐름을 알 수 있다는 장점을 지닌다. 비교정치학에서 새로운 과학적 연구는 계속되고 있는데, 이는 인간들의 생생한 요구에 부응하면서도 학문 고유영역을 지키려는 노력인 것이다. 그러나 한국의 경우 최근 들어 오히려 지역연구가 강세를 보이고 있다.

제 3 절 비교정치의 과학적 연구

1. 과학적 연구의 전개과정

과학적 연구란 경험적 현상을 일반화하고 체계화하여 설명하는 것이다. 정치학의 과학적 연구[29]는 어떻게 구축할 것인가? 과학적인 연구절차는 개념의 형성으로 시작하여 개념들의 관계인 일반화의 구성, 상호 연관된 일반화군(群)인 이론의 구축, 그리고 과학의 주된 목적인 정치현상의 해석과 예측을 위한 법칙과 이론의 사용이다. 과학적 연구의 귀결점은 이론화라 할 수 있다.

이론은 경험적 검증을 위한 새로운 관찰을 제시하는 체계적으로 관련된 통칙들의 총체(set)이다. 이론을 이렇게 규정한다면 이론(theory)은 세 가지 중요한 요소를 포함한다. 즉, ① 이론은 항시 통칙을 포함한다. 그것은 두 가지 혹은 너 많은 변수들 사이의 통일성을 강조하는 진술들을 포함한다. ② 이론은 새로운 관찰을 제시하는데, 경험적 현실에 대한 상이한 설명을 수반하는 관계들을

29) 과학이란 지식(이론)을 만들어 내기 위한 분석방법과 규준을 지칭한다. 그리고 이러한 방법과 규준에 따라 만들어진 지식을 과학적 지식이라 부르게 된다. 즉, 과학적 지식과 구름 잡는 이야기의 차이는 과학이라는 방법을 통해 만들어졌는가 그렇지 않은가에 놓여 있다. 김웅진 외, 『정치학방법론』, 명지사, 1993, p. 12.

도출한다. ③ 이론은 검증 가능한 것이다.

형식화된 통칙들은 경험적 예들로부터 도출된 증거에 기초하여 검증될 수 있는, 즉 허위입증될 수 있는 능력을 가져야 한다. 따라서 이론은 규칙성과 패턴들에 대해서 체계적으로 주의를 기울이는 일반적 진술이다.[30]

1) 문제의 설정

이는 이론화되어야 하는 것에 대한 이슈들의 결정, 그리고 제기되는 의문들에 대한 패턴의 구성을 포함한다. 문제선정 작업은 발견의 맥락으로서 자주 언급되는 이론적 과정의 일부분이다. 예리한 직관적 능력은 핵심적 문제영역의 선정과 이론형성에 있어 매우 귀중한 것이다. 올바른 이슈들에 대해 올바른 추측을 할 수 있는 능력은 매우 중요하게 고려할 문제이다.

새로운 가설들은 빈번하게 민감한 예감에 기초하여 형성된다. 가설이란 아직 증명되지 않았지만 증명을 기다리는 명제이다. 그러므로 일반적으로 '만약 …라면 …이다' 라는 형태를 띤다.[31] 이 가설의 구조를 살펴보면 변인이 있다. 그것은 연구대상의 현상을 불러일으키는 원인인 독립변인과 독립변인에 의해 초래되는 현상인 종속변인이다.

이러한 가설은 얼마든지 설정할 수 있고, 또한 설정되어 있다. 즉, "정치엘리트들의 변화를 초래하는 모든 군사쿠데타는 중간 소장파 장교들에 의해서 계획되고 획책된다", "국민들의 정치적 능력은 교육수준에 비례한다", "한국의 선거에서 가장 중요한 변수로 작용하는 것이 지역의식이다" 등이다.

비교정치 발전에 있어서 핵심적인 문제들 중의 하나는 엄격한 논리학자와 방법론적 기술자들에게 과학의 보다 예술적인 구성요소에 대한 여지를 마련해 주는 것이다. 또 하나 중요하게 생각해야 할 것은 우연히 수행하는 역할이다. 우연은 하나의 중요한 변수이며, 인식될 만한 가치가 있다. 그러나 그 우연도 그 분야에 지적 능력이 있을 때 가능한 것이다.

30) 김기우 역, 앞의 책, pp. 51-52.

31) 가설은 몇 가지 조건을 가져야 한다: ① 가설은 명료해야 한다. 가설 속에 포함되는 모든 변수들이 조작적으로 명확히 정의되거나 정의될 수 있어야 한다. ② 가설은 가치중립적이어야 한다. 그래야 연구자의 편견이 개입되지 않는 조건에서 경험적 연구가 될 수 있다. ③ 가설은 특성화되어 있어야 한다. 이것은 단지 변수간의 관계의 유무뿐만 아니라 그 방향까지도 명시되어야 한다. ④ 가설은 경험적으로 검증 가능해야 한다. 김승현 · 윤홍근 · 정이환, 『현대의 사회과학』, 박영사, 1994, pp. 499-500.

2) 개념과 일반화

이 절차에 포함되는 것은 개념화(실존양태의 서술)한 뒤, 설명하고 예측할 수 있는 분류 · 유형 · 검증(객관적 · 경험적 · 체계적 지식) 그리고 일반화이다. 과학은 세상을 기술하기 위한 개념 형성으로 시작된다. 설명에 앞서 선행되어야 할 것은 기술되어야 한다는 사실이다.[32] 무엇이라는 문제는 왜라는 문제에 대해 논리적으로 선행한다. 그리고 전자의 문제는 현세의 현상들을 특징화하고 분류 · 배열 · 비교 · 측정하는 개념들의 틀 속에서 답변이 주어진다. 따라서 과학의 기초를 제공하는 것은 곧 개념이다. 개념은 정치현상을 기술하는 데 사용한다.

(1) 개념화

개념화란 어떤 개념이 전달하게 될 속성의 카테고리를 명백히 구축하고, 더 나아가 그러한 카테고리들이 자료를 담는 용기의 역할을 할 수 있도록 이들을 경험적 지표로서 전환시키는 두 단계의 정의절차를 총칭하는 말이다. 여기에는 개념정의와 조작적 정의가 있다. 개념정의는 어떤 용어가 전달하고자 하는 속성의 가장 일반적인 범주를 이론적으로 규정하는 데 목적을 둔다. 조작적 정의는 이론적 시각과 경험적 세계를 연결시켜야 한다는 원리에 따른다. 추상적인 개념구성을 다시 경험적 · 실증적인 지표로 재구성하는 작업을 지칭한다. 경제발전이라는 개념을 정의할 때, 경제발전의 측정척도를 식생활, 주생활, 문화생활 수준의 척도로 정하는 것을 예로 들 수 있다.

(2) 기술에 의한 가설 검증

자료는 '기술(記述)의 과학적 활동'과 일치하여 모집되고 분류된다. 기술 없이는 설명이 불가능한 것과 마찬가지로 이 절차는 굉장한 중요성을 지닌다. 관찰이 통일성과 규칙성을 시사할 때 우리들은 가설이나 시험적 통칙을 형식화할 수 있게 될 것이다. 가설은 검증을 통해 통칙의 위치를 차지하게 된다. 즉 기대한 바와 실존현상이 경험적으로 일치하는가를 점검해 보고, 일치하는 경우 가설을 통칙으로 받아들이지만, 그렇지 못할 때에는 가설의 내용을 바꾸어 다시 검증을 시도하게 된다.

32) 기술(記述)은 'what', 'when' 그리고 'where'에 우선적으로 관심을 갖지만, 설명은 'why'에 관심을 집중시킨다.

(3) 통 칙

이론은 관찰, 경험 그리고 증거에 기초하여 형식화된다. 그렇게 형성된 통칙들은 자주 연역적 결론을 위한 기반이 된다. 연구와 가설, 관찰과 통칙, 사실과 이론 사이에는 계속되는 왕복운동이 존재한다. 이론은 새롭게 관찰된 사실과 경험적 증거와 일치하여 계속적으로 변경되고, 그리고 수정되어야 한다. 동시에 사실들은 새로운 관계와 해석을 시사하는 통칙들에 비추어서 검토될 때 특별한 의미를 획득하게 된다. 우리는 얻을 수 있는 경험적 자료의 범주 내에서 가설을 검증할 뿐이다. 따라서 우리가 동원하지 못한 자료, 새로운 상황 속에서도 우리의 가설이 맞아 들어가리라고 단언할 수는 없다.

(4) 이론구성

이론구성은 다양한 지적 작용들이 서로 중복되고, 그리고 얽혀 있는 고도의 결합적 과정이라는 사실을 이해할 필요가 있다. 이론구성 과정은 특수한 것과 일반적인 것, 경험적인 것과 형식적인 것, 그리고 발견의 환경과 검증의 작업 사이의 왕복운동을 수반한다. 그리하여 여러 가지 통칙들을 세트화하여 하나의 이론을 구성한다.

3) 예측과 이론

이론구성 과정의 마지막 단계는 이론의 적용에 관계된다. 패턴들을 발견하고 과정을 설명함으로써 이론은 예측을 돕는다. 설명할 수 있는 통칙은 예측할 수 있다. 이어서 이론은 통제를 가능케 한다. 이론은 행동과 정책이 의존할 수 있는 일반적 지침을 제공한다.

2. 과학적 연구의 실제 방법

1) 사례연구

사례연구(Case Studies)는 한 가지 사건이나 현상을 조사하는 것이다. 한 국가를 연구하거나, 한 개의 법 또는 한 개의 정치현상을 연구하거나 하는 것이다. 사례연구는 정치학 연구에 구체성과 현실감을 더해 주는 것으로 정치적 변혁, 정치엘리트 연구, 공공정책의 결정과 집행과정 분석 등에 매우 유용하다.

사례연구는 특정 사건을 엄밀하게 연구하는 것이므로, 여기서 도출된 결론을 다른 사례에 적용하려 할 때는 주의해야 한다. 특정 시기의 사건이나 정치현상을 연구한 것이므로, 시대를 초월하여 적용할 수 있는 결론을 도출하기 어렵다는 점이다. 즉, 사례연구는 일반화할 수 있는 이론을 도출하기 어렵다. 물론 많은 사례연구를 통하여 일반화가 가능한 이론을 가설로서 정립할 수 있겠으나, 몇 개의 사례연구를 통해서 보편적인 이론을 도출하려는 것은 특별한 주의가 필요하다. 따라서 일반적인 이론을 만들려는 측면은 미흡하지만, 특정 사건이나 인물에 대한 분석에서는 탁월한 결론을 얻을 수 있는 연구이다.[33] 이러한 연구는 정치현실에 대한 보다 집중적이고 심층적인 접근을 하는 데 크게 도움을 준다.

2) 설문연구

설문연구(Survey Research)는 설문지를 통하여 회신을 받거나, 직접 면담을 통하여 자료를 수집함으로써 연구대상을 분석하는 방법이다. 많은 사람들의 의견을 수집할 수 있을 뿐만 아니라 수집한 자료를 통계학적으로 분석할 수 있기 때문에 매우 중요한 방법이다. 설문연구의 결과를 일반적 이론으로 인정하게 될 때, 이를 통계학적으로 의미 있는 결과를 얻었다고 표현한다.[34] 이는 넓은 의미에서는 정치현상에 관한 정보를 특정한 의도에 의해서 수량화하는 것을 의미한다. 특정 정치적 이슈나 문제에 관련해서 조사 · 연구를 하거나 매년 조사하는 사회 · 경제적 지표나 생태학적 자료에 대한 분석을 통하여 정치현상 연구에 접근하는 경우이다.

3) 간접적인 계량분석

간접적인 계량분석(Indirect Quantitative Analysis)은 특정 문제에 대한 연구를 이미 정리되어 있는 통계자료를 사용하여 진행하는 방법이다. 이는 새로운 자료를 획득하는 어려움을 피하면서 유용한 연구결과를 도출할 수 있다는 점에서

33) 박준영, "정치 그리고 정치학," 박준영 외, 『정치학』, 박영사, 2001, pp. 28-29.
34) 위의 책, p. 29.

매우 편리한 방법이다. 특히 오늘날처럼 인터넷을 통하여 많은 자료를 얻을 수 있는 상황에서 간접적인 계량분석은 매우 효과적이다.[35]

제 4 절 비교정치 연구의 범주

지금까지 살펴본 바와 같이 비교정치 연구의 범주는 아주 넓다. 여기서 우리가 다루어야 할 중요한 것은 어떠한 범주까지 연구해야 할 것이냐이다. 어떻게 연구범주를 설정할 것인가 하는 문제인데, 무조건 축소만은 할 수 없는 실정이다. 그렇기 때문에 몇몇 학자들이 이를 어떻게 나누고 있는가를 살펴보는 것은 아주 중요하다.

1. 외국 학자들의 비교정치론

1960년대에 출간된 대표적인 비교정치 저서로는 엑스타인과 앱터(Eckstein & Apter) 등이 편집한 『비교정치』(*Comparative Politics*)와 알몬드와 포웰(G. Powell)이 출간한 『비교정치』(*Comparative Politics*)이다.

1963년 발표한 엑스타인과 앱터 등의 저서는 총 10장으로 비교정치의 현재 추세, 입헌정체와 대의정체 선거제도, 정당, 압력단체와 이익집단, 전체주의와 권위주의, 정치변화, 비서구체제와 정치, 비교정치와 정치사상을 다루어 법률제도적 접근을 택하고 있다. 1966년 초판이 발행되고 1978년 제2판으로 내놓은 알몬드와 포웰의 저서는 4장 13절로 구성되었는데, 이 책은 입문서이면서 이론과 개념을 지향하는 기본서이다. 이 책에서는 정치문화, 정치구조, 정치사회화, 정치충원, 정치커뮤니케이션, 이익표출, 이익집적, 정책결정, 정부구조와 그들의 기능, 정치체계의 이행, 산출과 환류, 정치경제, 정치적 산물 등을 다루고 있어 발전이론에 구조기능주의를 적용시키려는 시도를 하였다.

1973년에 처음 출간 이후 몇 차례 개정된 빌과 하드그레이브의 공저 『비교정치이론』(*Comparative Politics: The Quest for Theory*)은 비교정치 교재로 상당히 알려진 저서이다. 모두 8장으로 구성된 이 책 제1장은 비교정치 연구의 전개와 어프로치 그리고 이론을 설명하고 있고, 제8장은 결론 부분이다. 이론부분은 근대

35) 위의 책, p. 31.

화와 정치발전, 정치문화와 정치사회화, 집단정치, 정치엘리트 어프로치, 계급분석, 기능주의와 체계분석으로 구성되어 있다.

칠코트(R.H. Chilcote)의 『비교정치이론』(*Theories of Comparative Politics*)은 4개의 부 10장으로 구성되어 있고, 체계이론 · 문화이론 · 발전이론 · 계급이론을 연구의 기본개요로 설정하고 있다. 특히 발전이론에서는 저발전이론, 종속이론, 제국주의이론 등을 설명하고 있어, 기존의 발전이론과 다른 접근을 시도하고 있다. 이데올로기와 인식론에서는 이데올로기와 비교정치학의 쟁점들, 패러다임 탐색의 역사적 계보로 실증주의 사상과 역사주의 사상, 그리고 마르크스와 베버가 비교정치에 미친 영향을 설명하고 있다. 결론에서는 정치경제학 · 비교정치학 · 정치학의 재구성을 다루고 있다. 이 책은 기존의 비교정치이론에 마르크스주의적 시각을 접목시킨 것이 특징이다.

1985년에 출간된 위아더(H.J. Wiarda)의 『비교정치학의 새 방향』(*New Direction of Comparative Politics*)에서는 제목에서 보여 주듯이 새로운 접근을 시도하고 있다. 3부 10장으로 구성된 이 책은 먼저 비교정치학의 과거 · 현재 · 미래를 논하고 있다. 그리고 새로운 패러다임으로는 국가의 역할, 국가와 사회와의 관계, 조합주의와 그 접근방법, 정치경제학, 종속이론적 접근방법, 변화에 대한 비서구의 개념들, 마르크스주의자들의 패러다임, 비교공공정책분석을 서술하고 있고, 마지막 장에서 비교정치학의 장래 방향을 설명하고 있다.

캔토리와 지글러(L.J. Cantori & A.H. Ziegler)의 편저로 1988년 출간된 『후기행태주의 시기의 비교정치』(*Comparative Politics in The Post-Behavioral Era*)는 총 7장으로 구성되어 있다. 6개 장은 장마다 주제를 선정해서 서론부터 결론을 맺고 있는데, 그 주제는 비교정치의 추세와 방법, 비교의 전체체계: 대안적 패러다임, 정치문화와 정치사회화, 비교정치제도, 비교 공공정책, 정치발전이다. 비교정치의 향후 방향으로 결론을 맺고 있다.

리히바흐(M.I. Lichbach), 주커먼(A.S. Zuckerman) 등이 대표로 1997년 편저한 『비교정치』(*Comparative Politics: Rationality, Culture, and Structure*)는 총 4편 10개의 장으로 구성되어 있다. 제1장에서는 비교정치의 연구전통과 이론을 개괄적으로 소개하고, 제9장과 제10장에서는 각각 '사회이론과 비교정치' 그리고 '비교정치에서 개혁적 해석의 기준과 진보이론'을 논의하고 있다. 이 책의 내용은 문화, 동질성, 구조, 선거행태, 사회운동과 변혁 등 주로 이론에 중점을 두고 있다.

반 데스(J.W. van Deth) 등이 1998년 편저한 『비교정치: 평등의 문제』(*Comparative Politics: The Problem of Equivalence*)는 책의 제목에서 보는 바와 같이 특이한 접근을 하고 있다. 관용, 정치적 가치, 종교적 정향과 교회, 성(性)의 역할, 자원봉사단체의 멤버십, 정당조직, 정당위상 등을 각 장으로 하여 이를 설명변수로 삼아 국가들을 비교하고 있다.

케슬먼(M. Kesselman) 등이 2000년에 편저한 『비교정치개설』(*Introduction to Comparative Politics: The Problem of Equivalence*)은 제1장 서론, 그리고 확고한 민주주의 국가로 영국 · 프랑스 · 독일 · 일본 · 인도 · 미국을, 과도민주주의 국가로 브라질 · 멕시코 · 러시아를, 비민주주의 국가로 중국 · 나이지리아 · 이란을 각 장으로 하여 총 13장으로 구성되어 있다. 설명변수로 근대국가의 형성, 정치경제와 발전, 정부와 정책결정, 의회와 참여, 정치변화를 들어 각 국가를 분석하고 있다. 메이어(L.C. Mayer) 등이 1993년 편저한 『비교정치: 변화하는 세계의 국가와 이론』(*Comparative Politics: Nation and Theories in a Changing World*)에서도 근대민주주의 국가, 변화하는 독재국가, 저개발국 그룹으로 나누어 민주화, 정치구조, 정치과정 등을 설명하고 있다.

2005년 위아더가 대표 편저자가 되어 『비교정치』(*Comparative Politics: Critical Concepts in Political Science*)를 총 6권으로 엮어서 출판하였다. 제1권은 역사와 이론 개념, 제2권은 서유럽과 미국: 비교정치 기반, 제3권은 아시아의 정치, 제4권은 후기공산주의 정치 및 러시아와 동유럽의 변화, 제5권은 개발도상국가: 남미 · 중동 · 사하라사막 이남의 아프리카, 제6권은 비교 공공정책이라는 제목이 달려 있다. 총 126편의 논문이 수록되어 있는데, 이 논문들은 이 책을 위하여 쓰인 것이 아니라, 각 저서나 유명 논문집에서 발췌하여 분야별로 나누어 수록하였다. 그러나 각 권마다 서장(Introduction)은 이 책을 위하여 쓴 것이다. 여기에는 1953년에 나온 미국정치학회지 위원회 보고서 「비교정치의 연구」(Research in Comparative Politics)와 1956년 알몬드의 「비교정치체계」(Comparative Political Systems)에서부터 최근 2002년까지 발표된 논문들이 수록되어 있다. 비교정치분야를 총망라하고 있다고 해도 과언이 아니다.

2007년 비교정치에 관한 특이한 저서가 출간되었다. 뭉크(G.L. Munck)와 스나이더(R. Snyder)가 공저한 『비교정치의 열정, 기술, 방법』(*Passion, Craft and Method in Comparative Politics*)이라는 책으로, 한 시대를 풍미한 비교정치의 대가라 할 수 있는 학자들을 인터뷰한 형식으로 이루어졌다. 가장 영향력이 있고 중요한 현대 비교정치학자 15명을 선정하여 심층 인터뷰를 통하여, 그들의 업적과 과학 · 연구전략 · 방법론적 도구에 대한 인식을 탐구하고 있다. 그러므로 이를 살펴보면 50년 동안 비교정치학의 연구가 어떤 내용과 방법으로 전개되었고, 어떠한 성과를 이루었는지를 알 수 있다.[36)]

2. 국내 정치학자들의 비교정치론

국내 정치학자들 중 비교정치에 관한 저서는 1971년에 발간한 한배호 교수의 『비교정치론』이다. 이는 1970년대에 한국의 정치학도들이 가장 많이 접한 책이기도 하다. 1975년에 수정증보판이 나오고, 최근(2000년)에 들어서 제3판이 나오기도 하였다. 이 책에서는 법률제도적 접근, 권력엘리트 접근, 정치집단 접근, 정치문화 접근, 체계분석 접근, 신제도적 접근을 다루고 있다. 그리고 이러한 접근에 대한 종합적 평가를 하면서 다음과 같이 언급하고 있다. 즉, "비교정치 연구에서 유일하고 완전무결한 접근은 기대할 수 없는 만큼 절충주의적 입장을 취하는 것이 유리하며, 정치체제의 특성에 비추어 적절하다고 생각되는 어프로치를 적용하는 것이 온당하다"[37)]는 것이다. 또한 정치체제의 유형과 비교에서는 유형별로 본 정치과정을 민주체제, 공산정치체제, 권위주의체제로 나누어 설명하고 있고, 소련의 붕괴와 민주화의 확산에 대한 논의가 눈에 띈다.

1979년에 처음 발간된 최명 교수의 『비교정치학서설』은 체계이론과 기능주의를 모델로 한 대표적인 저서이다. 여기에서는 알몬드의 구조기능분석의 틀을 설명하고, 그 과정을 체계화해서 설명하고 있다. 즉, 정치사회화, 정치충원, 정치참여, 정치문화, 정치커뮤니케이션, 이익표출, 이익집약과 정당, 정책작성

36) Gabriel A. Almond: *Structural Functionalism and Political Development*, Barrington Moore, Jr.: *The Critical Spirit and Comparative Historical Analysis*, Robert A. Dahl: *Normative Theory, Empirical Research, and Democracy*, Juan J. Linz: *Political Regimes and the Quest for Knowledge*, Samuel P. Huntington: *Order and Conflict in Global Perspective*, Arend Lijphart: *Political Institutions, Divided Societies, and Consociational Democracy*, Guillermo O'Donnell: *Democratization, Political Engagement, and Agenda-setting Research*, Philippe C. Schmitter: *Corporatism, Democracy, and Conceptual Traveling*, James C. Scott: *Peasants, Power, and the Art of Resistance*, Alfred Stepan: *Democratic Governance and the Craft of Case-Based Research*, Adam Przeworski: *Capitalism, Democracy, and Science*, Robert H. Bates: *Markets, Politics, and Choice*, David Collier: *Critical Junctures, Concepts, and Methods*, David D. Laitin: *Culture, Rationality, and the search for Discipline*, Theda Skocpol: *States, Revolutions, and the Comparative Historical Imagination*.

37) 한배호, 『비교정치론』, 제3판, 법문사, 2000, pp. 221-222.

과 정부의 구조 및 기능이다. 후에 공저로 하여 최근 이론부분을 보강하였다.

1992년 당시 소장파 학자들인 김웅진 · 박찬욱 등이 『비교정치론 강의 1, 2, 3』을 출간하였다. 이 책은 주로 서구학자들의 논문을 번역하고 편역한 것이다. 비교정치 연구의 분석논리와 패러다임이라고 부제가 붙은 제1권은 비교정치 연구의 분석과 비교정치의 과거와 현재, 미래를 재조명하고 있다. 제3세계의 정치변동과 정치경제가 부제인 제2권은 근대화와 정치발전, 정치변동: 혁명과 민주화, 제3세계의 정치경제: 종속과 성장의 이론을 다루고 있다. 제3권의 부제는 서구의 정치제도 · 과정 및 공공정책이다. 여기서는 유럽정치의 배경, 정치제도, 정치과정: 정당 · 선거 · 이익집단, 공공정책과 복지정책을 다루고 있다. 이 책은 당시 서구에서 많이 연구되었던 정치발전 문제와 정치과정 문제를 비중 있게 다루었다.

1999년 초판을 발간하고 2001년 중판을 내놓은 신명순 교수의 『비교정치』는 총 7장으로 구성되어 있다. 제1장에서 비교정치의 이해를 돕기 위한 간략하게 본질 · 역사 · 방법 등을 서술하고, 제2장과 제3장에서는 기존의 비교정치 저서에서 다루지 않고 있는 헌법과 연방제를 다루고, 제4장에서 권력구조 문제를 상세하게 설명하고 있다. 제5장부터 제7장까지는 정당과 정당정치, 선거와 선거정치, 의회와 의회정치의 제목에서 보여 주는 바와 같이 제도와 그것의 실제운영을 다루고 있다. 이는 현실정치 현상을 파악하는 데 많은 도움이 된다. 2006년 개정판과 2010년 전정판을 내 놓으면서 많은 부분들을 수정 · 보완하였다. 개정판에서는 권력구조 부분을 정부형태로 제목도 변경하고, 군주제와 입헌군주제 그리고 공화제를 설명하고 있다. 특히 대통령제를 자세하게 설명하고 있다. 선거제도에 대한 부분을 대폭 보완하고 선거와 의회 부분을 새로운 내용으로 포함시켰다.

2000년에 발간한 신정현 교수의 『비교정치론』은 제1부에서 이론과 방법을 다루고, 제2부는 대상과 범위를 다루고 있다. 이론과 방법에서는 비교정치의 역사와 비교정치 분야에서 제기되어 온 이론적 · 방법론적 문제를 설명하고, 여기에 내포되어 있는 문제점에 대하여 검토하고 있다. 제2부에서는 비교정치 분야에서 다루어진 제반 주제에 대한 개념적 특성을 기술하고 있다. 그리고 제3부에서는 사례연구로 영국, 프랑스, 독일, 러시아, 중국, 일본, 멕시코의 정치체계를 몇 가지 변수를 설정하여 거기에 맞추어 설명하고 있다. 특히 제3장의 각 국가의 정치체계에 대한 연구는 이 분야 연구에 많은 도움을 주고 있다.

비교정치라는 제목은 달지 않았으나 이 분야의 저서로 눈에 띄는 책은 2002년에 출간된 김용욱 교수의 『정치학: 이슈와 성찰』이다. 제12장 국제정치 분야를 제외하고는 일반 비교정치학에서 다루고 있는 문제를 망라하여 서술하고 있다.

3. 이 책이 다루는 문제

먼저 이 책을 구성하면서 위에서 언급했던 국내외 학자들의 저서로부터 많은 도움을 받았다. 그렇기 때문에 이 책의 내용이 실제로 이들 저서와 많은 부분 중복되어 있다.

이 책은 총 13장으로 구성하였는데, 제1장은 지금까지 보아 온 바와 같이 비교정치의 연구와 경향에서는 비교정치가 무엇이며 어떻게 연구되어 왔는가를 다루었다. 제2장은 행태주의 대두 이후 정치학의 과학화에 가장 기여했고 근접한 이론이 체계이론이라 생각하고, 이를 바탕으로 한 정치체계이론과 구조기능주의 이론을 설명하고 있다.

제3장 정치문화, 제4장의 정치사회화 그리고 제5장 정치커뮤니케이션과 여론은 서로 연관성을 가지는 것으로 정치체계로 정치현상을 설명할 때 가장 핵심이 되는 사항이다. 특히 정치커뮤니케이션과 여론의 문제는 기존 비교정치에서는 비중을 두고 다루지 않았던 문제이다.

제6장 정치발전이론은 근대화론에서부터 시작하여 비교정치학의 주를 이룬 발전론을 분석하고, 1970년 이후 활발하게 논의된 종속과 저발전 그리고 종속적 발전 영역까지 검토하였다. 제7장 계급이론이나 제8장 엘리트이론은 정치사회 내의 현상을 체계나 제도에서가 아니라 구조적 차원에서 분석한 것이다. 마르크스나 베버 그리고 모스카, 파레토, 미헬스 등의 고전적 이론가들의 주장을 기본으로 하여 다루고, 이들 사이의 비교와 여기에 덧붙여 현대 이론가들의 논의도 살펴보았다. 제9장은 정치리더십에 관한 연구이다. 비교정치학에서 정치학의 과학화에 치중하다 보니 정치리더십에 관한 연구는 학문적 주류에서 제외되어 왔다. 현대 정치사회에서 정치리더십의 비중은 더욱 높아가고 있다. 정치리더십의 개념과 접근방법 및 유형을 살펴보고, 변혁적 리더십과 기능론을 중심으로 분석해 보았다. 제10장은 집단이론이다. 정치의 분석단위가 개인에서 집단으로 확대되었는데, 이는 다원주의의 영향이 크다. 이익집단을 주로 다루

고 최근 우리 정치사회에 중요한 변수로 등장한 시민단체(NGO)도 살펴본다. 제11장은 정치체제의 유형과 특성을 시대별 그리고 분석기준에 따라 설명하고 나름대로의 기준에 따라 세 유형을 중심으로 분석하였다. 정부형태에서는 대통령제와 내각제, 이원정부제의 특성과 장단점을 분석해 보고, 우리나라 대통령제의 전개과정과 그 변화 문제에 대하여도 논의해 본다.

마지막의 두 장은 다른 비교정치 저서에서는 거의 다루지 않은 분야이다. 그렇기 때문에 비교정치라고 해서 현재 중요하게 논의되는 것이면 다 모아 놓아도 되는 것이냐라는 비판도 있을 수 있다. 제11장의 정치참여와 사이버정치는 그 동안 인습적 참여와 비인습적 참여로 나누어 논의하던 것에, 전자민주주의를 추가하여 인터넷의 활동 등의 새로운 정치참여를 집중적으로 논의하였다. 이 책의 마지막 장에서 다루고 있는 것이 환경정치인데, 향후 환경문제는 국가의 생존문제와 직결된다고 본다. 환경문제는 단순한 과학적이고 기술적인 문제만은 아니고, 비교정치의 주요 범주로 다루어져야 할 것이다. 서론에서도 밝힌 바와 같이 학문은 실제 생활에 도움이 되어야 진정한 의미를 가지는 것이다. 그러므로 이러한 분야에 대하여 다름대로 체계화해서 가르치는 것은 비교정치의 과학화를 실천하는 것이 아닌가 생각한다.

제2장

정치체계론과 구조기능주의

제 1 절 체계연구

제1장에서 설명한 바와 같이 과학적 탐구의 주요 관심은 경험적 세계에서 발생하는 사건이나 현상을 설명하고 예측하는 데 있다. 예측의 문제는 이론에 근거하기 때문에 과학의 궁극적 목표는 이론의 정립과 개발에 있다. 체계(system) 연구의 기본방향도 체계의 개념을 이론과 관련시켜야 할 불가피한 과제에 직면하게 된다.

1. 체계의 인식

여기에서 가장 먼저 규명해야 할 부분이 체계(system)라는 말이다. 체계는 어떤 사물이나 행위가 일정한 상호관계에 있을 경우, 그 관계 전체를 가리켜서 부르는 것이다. 즉, 여러 요소들이 서로 연관을 맺으면서 이들 요소들이 서로 어울려 일정한 통일성을 보여주게 될 때 이를 체계라고 한다. 체계는 그 자체가 가지고 있는 기능을 표현하고 행동하기 위해서 구조로 구성된다. 다시 말해서 체계는 일정 요소들이 서로 모여서 특정 행위를 표현하기 위해 조직된 얼개, 즉 구조를 이루게 된다.[1] 이를테면 일정한 상호관계에 있는 별의 무리를 전체로서 태양계라고 하며, 또는 이와 같은 작용을 하는 신체의 부분을 총칭하여 소화계통이라고 한다.

그러므로 체계는 그 이론구성이나 전개과정이 동생물체계와 유사하다. 동물체계는 소화계, 순환계, 호흡계, 신경계 등으로 구성되어 있는데, 각 구조는 거기에 따른 기능을 하고 있다. 동물은 영양물질을 섭취 · 소화 · 흡수하며 흡수된 영양소는 각 조직세포의 호흡작용에 의하여 활성화된 에너지로 기능을 수행하며, 이때 생성된 노폐물은 외부로 배설하게 된다.[2] 각 계통은 그 나름대로의 구조를 가지며 역할을 하여 몸 전체를 유지시켜 간다.

이와 같이 체계는 일정한 질서가 있는 관계를 포함하는 것이기 때문에 당연히 각 구성요소 상호간의 행동에는 어떤 일정한 규칙적인 반복이 보이게 된다. 일반적으로 사회과학자들이 주장하는 체계의 특징은 다음과 같이 나눌 수

---

1) 진덕규, 『현대정치학』, 학문과 사상사, 1997, p. 99.
2) 윤용희, 『한국정치의 체계분석』, 법문사, 1995, p. 18.

있다.

첫째, 체계는 구체적인 경계점을 지니는 단위체이다. 사회에도 추상적이고 막연한 구별이 아니라 확실하게 구분지을 수 있는 경계가 있고, 동물체계에도 뚜렷한 경계점을 지니고 각기 그 기능을 수행한다.

둘째, 자기유지 경향을 지니는 단위체이다. 체계가 경계점을 지니고 있다는 것은 그 경계를 중심으로 하여 기능을 유지시키려는 것이다.

셋째, 서로 상호연관된 부분들이 합쳐 하나의 전체를 구성하고 있다. 체계는 환경에 영향을 주고 또한 영향을 받는 유기체적 조직이다. 따라서 각 구성요소간에는 상호의존성이 있다.

넷째, 체계를 구성하는 부분들은 상호연관이 되어 있을 뿐만 아니라 조화롭게 관련되어 있다. 즉, 전체로서의 체계가 자기유지의 기능을 다 하도록 부분들이 필요한 기능을 담당하여 전체의 효율적인 생존에 기여하고 있다는 것이다.

2. 정치학에서의 체계이론

정치학의 연구에서 가장 관심을 집중시키는 문제는 어떻게 하면 정치생활의 전모를 쉽게 이해할 수 있느냐 하는 문제이다. 오늘날과 같이 고도로 산업화된 복잡한 사회에서 정치는 매일 개인, 집단, 조직, 정부 등의 계속적인 갈등과정으로 나타나고 있다. 정치체계 이론가들은 체계이론을 통하여 정치를 전체적으로 이해할 수 있으며 수없이 많은 갈등도 설명이 가능하다고 본다.

정치학에서 체계이론 또는 체계분석이라는 개념은 원래 생태학적인 개념이며, 더 근원적으로 거슬러 올라가면 그것은 인류학적 · 사회학적 개념에서 유래한 것이다. 이것이 정치학에 도입되면서 '이론발전에 가장 가능한 접근'으로 간주되게 되었다.[3] 1950년 중기부터 비교정치학계는 구조기능분석의 퍼스펙티브와 카테고리를 점차로 사용하게 되었다. 그리하여 비교정치학계에서 이만큼 영향력이 있고 또한 논쟁을 불러일으킨 이론도 없었고, 지금까지도 정치현상을 분석하는 좋은 도구로 사용되고 있다.

3) 최명, 『비교정치학서설』, 법문사, 1982, p. 61.

제 2 절 파슨스의 사회체계론

우리가 정치체계론을 이해하기 위해서 선행되어야 할 것은 파슨스(T. Parsons)의 사회체계론에 대한 설명이다. 그의 구조기능론은 먼저 사회는 수많은 체계로 구성되어 있으며, 그 나름의 독자적인 기능을 수행하기 위해서 일정한 구조를 갖게 된다는 생각에 바탕을 두고 있다. 그러므로 파슨스는 사회현상을 분석하기 위해서는 이들 다양한 사회체계의 성격을 파악하는 것이 중요하다고 생각했다. 그의 사회체계 구조기능이론은 사회를 분석하기 위해서 일정한 체계를 분석단위로 삼아 그 체계의 기능을 다른 체계와 연결시켜 이해함으로써 사회 전체의 집합적인 성격을 규명하는 것이다.

1. 파슨스의 행위의 일반이론

파슨스는 사회에서 이루어지고 있는 행위에 대하여 일반개념을 도식화하였다. 행위의 일반이론은 사회구조에서 개인이나 집단이 보여주는 다양한 행위 중에서도 일정한 전개 양상을 찾을 수 있다고 보아 이것을 이론적으로 논리화한 것이다. 이를 위하여 파슨스는 생물학의 분석방법을 사회체계의 분석에 적용하고 있다. 파슨스는 이론의 정비를 주창하고 사회학의 누적적 발전을 위하여 이론과 조사의 분업 · 협력을 주장하면서 행위의 일반이론을 제창하였다. 행위 일반이론의 분석대상은 ① 개인이나 집합체로서의 행위자, ② 행위가 전개되는 상호작용의 상황, ③ 행위가 목적으로 삼는 가치지향 등의 문화 등 세 가지로 추상적인 구별을 하고 있다. 그리고 행위의 관점에서 사회현상을 이 세 체계의 상호관련으로서 포괄적으로 연구하는 일반개념 도식을 제기하였다. 즉, 행위자는 일정한 목적을 달성하기 위하여 행동하게 된다. 이 경우 행위자는 기존사회의 규범과 제도를 고려하게 된다. 그 사회에서 규정적 · 도덕적 가치나 규범에 자신의 행위가 어느 정도 적절하며 그렇지 못할 경우 어떠한 제재를 받게 될 것인지를 고려해야 한다. 이처럼 자신의 행위에 대한 사회의 평가와 기대, 그리고 제재는 자신의 행위과정에서 중요한 기준으로 영향을 미치게 된다.[4)]

그는 행위의 일반이론에 입각하여 사회체계의 이론을 전개하였다. 그는

4) 진덕규, 앞의 책, pp. 102-103.

복수 행위자의 상호작용적 제 관계와 사회적 여러 가지 행위의 체계인 사회체계를 생물체같이 균형상태를 유지하는 경향이 있는 '한계유지체계'로 보고 구조와 구조에 의한 균형유지의 기능을 분석하고 있다. 사회체계 내부의 변수 중에 안정적인 것을 상수(구조)라 하고, 이러한 상수라 할 수 없는 동적인 변수는 개인 행위자의 동기부여의 과정으로서 구조 내지 체계에 대한 그 기능적 의의에 비추어 분석한다. 즉, 사회체계의 상수적 요소인 구조는 개인의 개성에 내면화되어 사회적 제재로서 작용한다. 이것은 문화적 가치형태, 즉 제도이며 역할의 통합체이다.

2. 사회체계의 기능

상술한 바와 같이 체계의 일반적 의미는 일정한 행동이 시간적인 연속과 공간적인 확대에 따라 특정한 규범, 제도, 문화로 표현된다고 할 때, 이러한 현상들을 하나의 원리 · 원칙에 의거하여 통합하고 정리하는 사유형식 혹은 지식체계를 말하는 것이다.

어떠한 체계라 할지라도 그것이 위치한 환경 속에서 적응 · 생존하기 위해서는 꼭 해결해야 할 문제가 있을 수 있다. 파슨스는 사회체계를 넓은 의미에서 보아 '복수의 행위자 사이에서 상호작용적 제 관계와 제 행위의 체계'라 하는데, 사회체계가 생존하기 위해서 해결해야 할 불변의 기능적 문제들을 다음 네 가지로 구분하고 있다.

1) 패턴의 유지

어떠한 사회체계를 막론하고 그곳에서 보이는 사람들의 상호작용적인 행위는 일정한 문화적 및 규범적 형식을 갖고 있다. 이러한 패턴이 하나의 가치 있는 규범으로서 또는 하나의 사고방식이나 행동양식으로서 한 세대로부터 다른 세대로 전승해 감으로써 그 사회체계는 존속되어 간다. 시간이 흐름에 따라서 이러한 패턴을 파괴하려는 긴장관계도 보이는데, 이러한 긴장을 적절하게 처리하는 일도 이러한 패턴의 유지라는 범주 속에 포함된다. 그런데 일반적으로 이와 같은 패턴유지의 문제는 일정한 사회의 문화의 문제로서 다루어지는 것이다.

2) 목표달성 및 목표충족

체계는 가변적인 상황에 대응하기 위하여 목표를 가지게 된다. 흔히 체계는 많은 목표를 동시에 갖게 되는데, 이런 경우 목표간의 우선순위가 정해진다.

한 사회의 공동목적을 달성하기 위해서는 서로 협력하게 하며 또한 그들 사이에 일어나는 분쟁을 완화시켜 주는 기능을 수행해야 한다. 이것은 주로 정치체계에 의해서 담당된다. 예를 들면, 전후 냉전기에 있어서 미국은 급변하는 상황에서 세계적 영도력의 확보에 필요한 국민적 노력에 미국민들을 참여시키는 동기부여가 체제의 목표달성과 관련하여 중대한 의미를 지녔었다.

3) 적 응

사회체계는 그 존속을 위해서는 그것을 둘러싸고 있는 자연적 · 사회적 환경에 적응해 가야 하는 과제를 지니게 된다. 적응의 기능은 목표달성에 필요한 각종 편의시설의 제공을 의미한다. 이러한 시설의 가용성을 원활히 해줄 수 있는 화폐와 시장체제가 제도화되어야 한다. 정치체계도 어느 정도 이러한 기능을 수행하지만, 사회에 대한 이러한 기능을 가장 많이 수행하는 것은 경제이다. 경제는 사회의 적응의 기능을 제1차적으로 담당하는 하위체계이다.

4) 통 합

각 개인이나 집단 사이에 합리적인 의견상의 일치나 연대성을 줄곧 유지해 가지 않고서는 사회에 있어서의 협동적 행위를 기대할 수 없을 것이다. 통합은 이러한 협동적인 행위를 이룩하게 하는 기능을 하며, 어떠한 권위의 존재도 체계의 통합에는 도움이 된다. 체제의 구성단위나 그 하위체제들이 체제 전반의 효율적인 기능수행에 공헌하도록 하는 것은 법률적 규범과 그 시행인데, 이를 담당하는 기관들은 통합기능에서 중요한 위치를 차지한다. 이러한 통합의 기능은 정치나 문화에 의하여 수행되는 것이다.

사회체계는 이상과 같은 기능을 수행하는 것으로 보이고 있는데, 사회체계 중의 하위체계로서의 정치체계는 그 중에서 목표달성과 통합의 기능을 주로 담당하는 것으로 볼 수 있을 것이다.

3. 평 가

파슨스가 생물학의 분석방법을 사회체계에 적용한 것이 사회과학 연구의 발전을 한발 앞당겼다는 말은 과찬이 아니다. 그러나 파슨스의 행위의 일반이론과 사회체계의 기능론은 일정한 내용을 가진 판단이나 주장에 도달하기 위한 수단, 방법 또는 형식이지 그 자신이 내용적인 것이 못된다. 엄격한 의미에서 이론은 내용이 있는 것이므로 언제나 진위가 문제가 되는데, 이는 진위가 아니라 유효적절한 것인가의 문제이다.

파슨스의 이론은 일정시점에 있어서의 사회상태의 기술로서는 유효하나 사회변동의 과정을 분석할 수 없는 한계가 있다. 이런 의미에서 이는 사회의 정태적 균형분석이라 할 수 있다.

제 3 절 이스튼의 정치체계론

사회를 체계적으로 설명하려는 전통적인 노력은 이스튼(D. Easton)에 이어져 체계이론을 정치학에 응용하게 되었다. 경험지향적 정치이론을 수립하려는 이스튼의 노력은 3단계에 걸쳐 발전하였다. 첫 단계의 대표적인 저작은 1953년에 발간된 『정치체계론』(*The Political System*)으로, 정치학의 일반체계를 제시하였다. 두 번째 단계는 1965년의 『정치분석을 위한 기본틀』(*A Framework for Political Analysis*)로, 일반이론 발전을 위한 주요 개념들을 설명하고 있다. 마지막으로 같은 해에 나온 『정치생활에 관한 체계분석』(*A Systems Analysis of Political Life*)은 정치체계이론의 경험적 적용이다.

1. 정치체계의 개관

이스튼은 1953년 출간된 『정치체계론』을 통하여 정치체계라는 개념을 정치학 연구에 본격적으로 사용하였다. 정치학에 압도적 영향력을 행사했던 이 책에서 이스튼은 "정치적인 것이라고 부를 수 있는 구체적인 사회현실의 통합적으로 관련된 제 측면을 파악하도록 고찰된 분석적 도구로서" 체계 개념의 사용을 강조하였다. 이스튼은 정치학에 대한 경험지향적인 일반이론을 구축하고

자 하였는데, 그 결과 그는 정치분석을 위한 체계적인 틀로서 정치체계에 대한 특징적인 기능들을 규정하려 하였다. 이렇게 정치적인 것이라 규정할 수 있는 일반적인 틀이 [그림 2-1]과 같은 분석 도식이다.

이스톤의 분석 도식은 다음 네 가지 전제를 그 기초에 두고 있다.

① 체계(system): 정치체계를 정치생활을 행위체계로 파악하는 것이다. 복잡다단한 정치현상을 규명하기 위하여 정치의 인과의 논리와 그 과정을 분석할 수 있다고 본 것이 정치체계론이다.

② 환경(environment): 정치체계는 그 자체를 둘러싸고 있는 환경과 구별될 수 있고, 또한 환경으로부터 비롯되는 제 영향력에 개방되어 있다. 정치체계의 환경은 정치체계를 둘러싸고 있는 다른 영역의 사회체계를 말한다. 체계는 환경과 끊임없이 상호작용하여 안정과 변화에 대응해 나간다.

③ 대응(response): 정치체계 내의 구조와 과정에서 발생하는 변이현상은 내적인 요인뿐만 아니라 환경적인 요인들로부터 도출되는 것이다. 여기에서 발생하는 긴장을 규제하고 극복하기 위해서는 체계구성원들이 건설적이고 긍정적인 대안적 노력을 한다. 이것은 투입의 요소를 받아들여 권위 있는 결정체가 이것을 적절하게 처리하는 전환과정으로의 대응현상이다.

[그림 2-1] 이스톤의 투입-산출 분석 도식

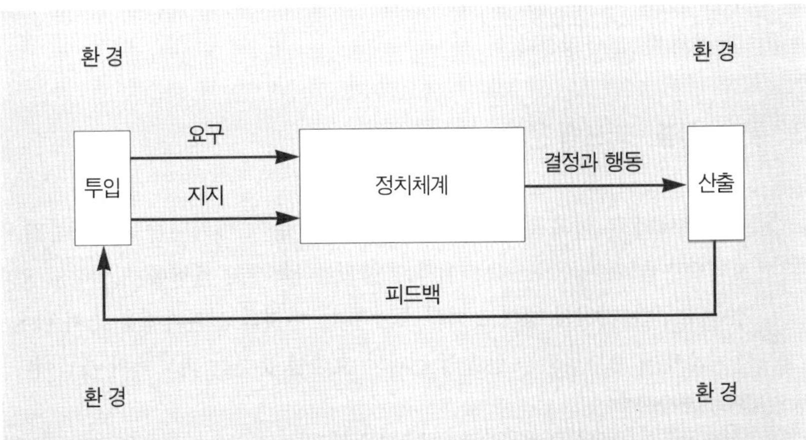

출처: David Easton, *A Framework for Political Analysis*, Englewood Cliffs, N.J.: Prentice-Hall, 1965, p. 112.

④ 피드백(feedback): 정치체계가 긴장에 대처하여 체계를 존속시키는 능력은 행위자와 정책결정자에게 되돌아가는 정보와 여타 제 영향력에 좌우된다. 피드백은 정치체계를 동태적이고 재생적으로 이끌어 갈 수 있게 한다.

이스튼은 비록 구조적 형태들이 시대와 장소에 따라 상당히 변할 수도 있지만, 모든 정치체계에는 어떤 기본적 정치행위와 과정이 존재한다고 가정하고 있다.[5] 어떤 정치체계의 필수기능과 그 경계가 규정되는 기준은 '사회가치들의 권위적 배분', 즉 한 사회에 있어서 구속력 있는 결정과정이 어떻게 이루어지고 수행되는가의 여부에 달려 있다고 한다.[6] 이렇게 볼 때 이스튼의 정치체계는 가치에 대한 구속적이고 권위적인 배분이 이룩하고 실시되는 한 사회 내의 상호연관적인 행위체계이다. 여기서 가치들이란 사람들이 원하는 물질적 재화나 상징적 보상을 말하는 것으로 확실히 희소한 것들이다.

배분이란 사회에 있어서 가치분배들을 승인하며, 혹은 취소하는 결정 및 그와 관련된 활동이다. 배분은 결정이 무력시위, 협박, 자기이익 혹은 정당성의 승인 등 그 이유야 어떠하든간에 정당하고 구속력 있는 것으로 받아들여질 때 권위적이다. 그러한 분배가 사회를 위한 것이어야 한다는 필요조건은 가치의 권위적 배분을 통하여 갈등을 해결하는 전체 사회체계에 대한 결정과 가족 · 교회 · 결사 혹은 지방정부와 같은 보다 제한된 성원을 위한 하위체계의 결정을 구별시킨다. 전체 사회에 대한 권위적 배분과 관련된 일련의 활동을 이스튼은 '정치체계'로 규정한다.[7]

2. 투입 · 산출 · 피드백 문제

위에서 본 바와 같이 이스튼 정치체계의 동적 메커니즘을 설명하기 위하여 요약변수들(summary variables)이라고 불리는 몇 개의 개념을 도입하고 있다. 그것은 요구와 지지의 형태로 나타나는 투입, 이것의 전환과정을 거쳐 나온 산출, 정치체계에 재투입되는 산출의 결과와 효과를 뜻하는 피드백의 개념이다.

5) Easton, *A Framework for Political Analysis*, Englewood Cliffs, N.J.: Prentice-Hall, 1965, p. 49.

6) 위의 책, p. 50.

7) James A. Bill & L. Hardgrave, *Comparative Politics: The Quest of Theory*, 김기우 역, 『비교정치이론』, 박영사, 1993, pp. 305-306.

1) 투입: 요구 · 지지

정치체계와 관련된 환경의 변화는 이스튼에 의하면 요구와 지지의 요약변수, 즉 투입으로서 개념화된다. 투입은 환경에서 정치체계에 유입되는 모든 것을 포함해서 말하며 또 이것은 정치체계의 긴장요인이 될 수 있다. 이스튼은 변화하는 환경 속에서 정치체계는 어떻게 계속 유지되고 있는가를 규명함으로써 투입에 중대한 관심을 가지고 있다. 그는 투입을 사회를 위한 가치배분방식의 계속적인 유지 또는 그 지속적 유지를 위협하는 모든 정치적 활동과 사건들이라고 요약하고 있다.

(1) 요 구

요구는 어떤 특별한 문제에 대하여 권위적 가치배분을 결정하는 가부에 대한 의견표시라고 할 수 있다. 그러므로 요구는 일차적으로 선호나 원망의 정치화를 의미한다. 이러한 선호는 그것이 표출될 때 정부당국이 그러한 자의식적인 욕구에 대응하게 되는, 즉 어떤 조치를 취하게 되는 요구로서 정치체계에 투입된다. 요구의 양과 다양성은 흔히 정부당국에 가해지는 산만하고 분화되지 못한 여러 가지 요구들을 표출하고 집약하는 이익집단, 정당, 여론지도자 혹은 매스미디어 등과 같은 어떤 특정한 구조들에 의해서 규제된다. 상이한 여러 요구를 수용하여 실행할 수 있는 단순한 프로그램을 만들어 냄으로써 정치체계는 효과적으로 대응할 수 있다.[8]

요구의 기능은 구속력 있는 권위적 배분을 수반하게 되고, 구속력 있는 권위적 배분기능은 정치체계를 통합할 수 있다. 그러나 요구는 여러 가지로 정치체계에 대한 긴장의 근원을 형성한다. 만약 요구가 충족되지 않는다면 정치체계에 대한 지지는 쇠퇴하게 될 것이다. 때로는 요구가 너무 많고 또 양립할 수 없는 요구들로 인하여 충족될 수 없을 경우도 있다. 정치체계의 전환과정에서 발생하는 요구의 과부하는 흔히 시차적인 요인과 크게 연관된다. 시간적으로 제약받고 현실적으로 요구의 양적 수준이 높을 경우 체계를 압박하여 최악의 경우에는 위기상황을 불러온다.

이러한 과다한 요구와 양립될 수 없는 요구에서 발생된 긴장으로 정치체계가 붕괴되지 않으려면 문화적 규범이 요구의 내용, 요구의 표출자 그리고 요

8) 위의 책, p. 307.

구방법에 대하여 규제하는 방법을 개발하지 않으면 안된다.[9] 요구의 압력에 대응할 수 정치체계의 규제메커니즘에는 여러 가지 형태가 있다. 첫째로, 구조적 메커니즘으로, 정치체계의 권위기구 자체가 일종의 게이트 키퍼 기능을 하여 요구의 형태로 유입되는 모든 압력을 조절하고 통제할 수 있다. 둘째로, 정치체계는 정치적 요구를 표현하는 정치사회의 구성원들에게 암묵적으로 특정 사회문화적 규범을 부과하는 문화적 메커니즘을 가지는 것을 들 수 있다.[10] 이 밖에도 특수한 규제방법으로 상호 모순되거나 대립되는 요구를 종합하여 상호 견제시키거나 약화시킬 수 있다. 이와 같이 규제메커니즘이나 특별한 방법으로 요구의 유통을 통제함으로써 긴장을 규제할 수 있다.

(2) 지 지

지지는 투입의 두 번째 유형이다. 지지는 개인 또는 집단이 목적, 사상, 제도 등을 호의적으로 받아들일 때 생긴다. 이스튼에 의하면 지지는 기본적인 정치적 대상에 대한 것이다. 지지에 대한 세 가지 대상은 당국(정부), 체제, 정치적 공동체 등으로 구별될 수 있다. 일반적으로 어떤 정치체계의 존속은 세 가지 형태의 지지와 연관되어 있다. 다시 말하면 체제존속은 세 가지의 각 정치적 대상에 대한 최소한의 지지수준을 유지하느냐의 여부에 달려 있다. 지지의 투입이 이같이 최소한도의 수준 이하로 떨어질 때 어떠한 체제라도 그 존속이 위험하게 된다.[11]

정치체계 구성원들의 체계에 대한 정치적 지지가 감소하거나 쇠퇴하는 경우 그 요인은 여러 가지가 있으나, 대부분은 산출실패가 그 요인이다. 산출실패란 정치체계의 대다수의 구성원들이 가치의 배분에 불만을 느끼고 이전에 보냈던 지지를 점점 철회하는 것을 말한다.[12]

정치체계가 지지의 감쇠나 철회를 만회하거나 지속적인 지지를 확보하기 위한 대응방법에는 여러 가지가 있다. 첫째로 정치체계는 지지의 철회나 감소를 만회하기 위해 구조적인 요인들을 변화시킴으로써 체제에 대한 불만을 감소시킬 수 있다. 정치제도를 변경시키거나 개혁하여 정권의 논리와 가치규범을 수정하는 경우도 있다. 둘째로 정치체계의 구체적인 산출이나 가치배분으로 구

9) 조명현 편역, 『체계적 정치이론』, 형설출판사, 1986, p. 67.
10) 김용욱, 『정치학—이슈와 성찰』, 법문사, 2002, p. 144.
11) David Easton, 앞의 책, p. 220.
12) 김용욱, 앞의 책, p. 145.

성원들을 회유하여 자기편으로 끌어들이는 방법이 있다. 셋째로 지속적 지지확보의 방법을 들 수 있는데, 정치체계는 어떤 일이 발생하든지간에 충성과 애정이라는 강력한 유대에 의하여 구성원들을 체제에 계속적으로 결속시키기 위해서 구성원들로부터 높은 수준의 다양한 지지(확산적 지지)를 얻고자 한다.

이와 같은 지지의 형태는 정치적 지배수단으로서의 가치부여에 의한 설득 같은 특수한 보상보다는 보통 애국심을 강조하는 정치사회화와 지도자 · 헌법 그리고 국가에 대한 충성의 산물을 활용한다. 이는 메리엄(C.E. Merriam)이 말하는 크레덴다에 가까운 것이다.[13] 이스튼은 어떤 체제라도 이러한 지지의 저장소를 구축하지 않으면, 오랜 기간 동안 지탱할 수 없다고 한다.[14] 특히 회유하거나 가치부여에 의한 설득보다는 근원적으로 구성원들의 신뢰 구축을 통한 지지의 확보가 필요하다.

2) 산 출

산출이란 권위적 가치의 배분 또는 사회의 인적 · 물적 자원을 통하여 목적을 달성하기 위한 권위체의 정책결정을 의미한다. 즉, 정치체계의 산출은 요구와 지지라는 다양한 투입요소를 받아들여 권위체가 이것을 적절하게 처리하는 전환의 결과를 말한다. 일반적으로 산출은 요구에 대한 반응이라고 볼 수도 있고 또 그 요구를 충족시키거나 혹은 그 요구를 억제시키는 노력이라 볼 수도 있다. 산출은 체계존속을 확보하기 위하여 특정 지지를 형성하는 데 결정적인 역할을 하게 된다.

정부당국은 여러 요구를 충족시키려 함에 있어서, 환경을 변화시키거나 정치체계 자체를 변형시킬 수도 있다. 그러나 그 대신 상징적 산출, 즉 공허한 수사 · 약속 · 선동, 혹은 공포와 책임 전가와 같은 주의를 다른 데로 돌리게 하는 책략을 강조함으로써 효과적인 대응을 필요로 하지 않는 경우도 있다. 이와 같은 것은 외부적 위협이나 혹은 내부적 파괴에 대한 공포를 야기함으로써 가능

13) 정치체제는 그 자체의 유지수단으로서 그 구성원들에게 정치권력이 합리화되고 정당화될 만한 상황을 조성하지 않으면 안 된다. 이러한 상황을 조성하는 방법에는 정부에 대한 존경, 권위에 복종, 일반적 공익을 위한 자원봉사나 애국심, 정부가 가지는 합법성의 독점이 있다. 이러한 것이 크레덴다(credenda)의 중요한 요소이다. 김재영 외, 『새로운 정치학의 이해(제2판)』, 삼우사, 2003, pp. 159-160.

14) D. Easton, 앞의 책, p. 125.

하다. 이러한 조치가 실패하게 되면, 당국은 체계를 유지하고 그들의 권력을 계속적으로 보장하기 위하여 강제라는 부정적 산출에 의존하게 된다.[15]

3) 피드백

피드백(feedback)은 정치체계가 행한 정보를 전달함으로써 체계의 다음 행동에 영향을 미치는 동태적인 과정이다. 피드백은 본질적으로 동태적인 과정이며, 이것을 통해서 정치체계는 작업수행에 대한 정보의 소통을 이룩하게 되며 그 결과는 또 다른 행위를 결정하는 데 영향을 미칠 수 있다. 피드백은 잘못 내려진 결정이나 규제를 다루는 부정적 피드백과 정치체계 지향목표의 재구성이라는 문제를 다루는 목표변경 피드백으로 구분할 수 있다.[16]

어떤 정치체계도 구성원 모두의 요구를 항상 충족시킬 수는 없다. 구성원들의 지지는 체계의 작동에 있어서 신용의 역할을 하여 어느 정도 완화시킬 수 있다. 그러나 당국이 일정한 정도로 구성원들의 요구를 해결할 수 없거나, 혹은 해결하지 않으려 한다면 불만은 비등하게 되고, 이전의 산출에 의하여 쌓아올려진 체계에 대한 지지는 하락하게 된다. 특히 과다투입으로 규정할 수 있는 요구의 과부하는 체계에 긴장을 부과시킬 수 있다.

긴장에 효과적으로 대응하는 체계능력은 정부당국에 역으로 의사가 전달되는 환경과 체계의 상태에 관한 정보, 즉 피드백이라는 중요한 과정으로부터 도출된다. 피드백은 체제존속을 위하여 매우 중요하다. 왜냐하면 긴장을 처리해 온 경험에 근거해서, 혹은 요구와 지지에 관한 사건들의 현상상태에 대한 지식에 근거해서만이 당국은 의사결정상의 실패를 수용할 수 있기 때문이다. 그리고 이전의 결정을 수용하고 조정하며 혹은 교정함으로써 대응할 수 있다.[17] 이와 같이 피드백은 정치체계가 긴장을 극복해 갈 수 있는 수단을 제공해 준다.

산출은 종착점이 아니고 다시 체계로 피드백되어 다음의 행동을 지속하게 된다. 그러나 아무리 정확하고 즉각적이고 효과적인 피드백이라 할지라도 결코 효과적인 대응을 보장하지는 못한다. 그러므로 산출의 실패는 어떤 체계에도 위협적일 수 있다.

15) 김기우 역, 앞의 책, p. 309.
16) 윤용희, 앞의 책, p. 30.
17) 위의 책, p. 310.

3. 평 가

이스튼은 정치체계가 안정과 변화로 특징지어지는 세계 속에서 어떻게 존속하는가와 체계가 존속하는 데 필요한 기본적인 기능과 전형적인 대응형태는 무엇인가를 설명하고 있다. 특히 투입으로서의 요구의 성격, 규제메커니즘, 유통과정과 지지에서의 특정적 지지와 확산적 지지 등의 구별 등으로 정치체계를 이론으로까지 끌어올렸다는 평을 받고 있다.

그러나 이스튼의 정치체계가 어떻게 하면 존속하는가에 분석의 초점이 있는 관계로 어떤 체제의 상태가 유지되어 가는 측면에만 치중하게 되는 경향을 벗어날 수 없다. 지나치게 체계의 안정과 존속에 중점을 두고 있다는 지적은 이러한 데 착안한 것이다.[18] 체계는 구성요소들과 그 상호관계가 부단히 변하기 때문에 체제의 이른바 구조 자체가 바뀌는 특성을 내포하면서 적응, 진화 또는 붕괴의 체제변화를 수반하게 된다. 이러한 체계의 변화와 메커니즘을 다루는 데 있어 정치체계 모형도 예외일 수 없다.

또한 이스튼의 정치체계 분석은 '누가 무엇을 소유하고 있는가' 라는 구체적인 정치적 가치배분 문제를 소홀히 다루고 있으며, 또 정치적 목표달성 문제에 대한 강조가 결여되어 있다는 비판을 받고 있다. 이는 체계의 과정이나 기능이 너무 기계론적이라는 것이다.

제 4 절 알몬드의 구조기능주의

알몬드(G.A. Almond)는 이스튼의 정치체계론의 영향을 받아 구조와 기능에 초점을 두는 구조기능주의 이론을 체계화하였다. 이스튼의 정치체계에 관한 첫 번째 책이 출판된 3년 뒤인 1956년 알몬드는 국가정치체계에 단순한 유형을 적용하였다.

알몬드는 다른 비교정치학자들과 함께 정치체계를 기초로 하고 구조와 기능에 관련된 일련의 개념들에 의하여 새로운 정식(formulation)을 제시하고 있다. 그리하여 알몬드는 이스튼(D. Easton)과는 달리 거대이론에서 벗어나 정치체계

18) Ronald H. Chilcote, *Theories of Comparative Politics: The Search For a Paradigm*, Boulder, Colorado: Westview Press, 1981, p. 158.

나 제도를 분류하고 구분해서 그 특징을 설명할 수 있는 유형화에 관심을 집중하였다.

1. 초기의 기능주의

제1장에서 상술한 바와 같이 알몬드와 콜먼(J.S. Coleman)이 편집한 『개발도상지역의 정치』(*The Politics of the Developing Areas*)의 서장을 집필한 알몬드는 비교정치학 분야에서 기능주의를 크게 보급시킨 정치학자이다. 그의 논문은 널리 읽히고 인용되었고, 1960년대 이후 비교정치학 발전에 큰 영향을 미쳐왔다. 알몬드는 파슨스와 이스튼의 영향을 받아서 정체(polity)에 관한 기능적 이론의 수립을 목표로 하였다.

그는 정치체계(political system)를 "모든 독립된 사회에서 발견되는 상호작용의 체계로서, 다소의 물리적 강제력의 사용 혹은 그 사용의 위협을 통하여 (사회내적인 또는 사회 사이의) 적응기능을 수행하는 것"으로 정의하고 있다.[19] 이는 이스튼의 '권위적 배분'에 대한 개념과 사회 내의 정치적 기능의 하위체계에 대한 파슨스의 견해가 혼합되어 있다.

알몬드는 제도라든지 조직 또는 집단 등의 개념에 의존하기보다는 역할과 구조에 의존하였다. 역할은 정치체계에서 상호작용하는 단위이며 구조는 상호작용의 패턴이다. 또한 알몬드가 여기에서 소개한 것은 정치문화 개념이다. 정치문화에 대한 자세한 설명은 제3장에서 다룬다.

2. 기능적 범주와 확대

1958년과 1959년 알몬드와 그의 동료학자들은 프린스턴대학에서 신생국 정치에 관심을 가지고 많은 토론과 연구를 하였으며, 이 결과는 1960년 콜먼과 공동으로 펴낸 『개발도상지역의 정치』로 나타났다. 여기에서 알몬드는 서구의 체계 속에 존재하는 정치활동에 근거를 두고 기능적 범주의 7개 변수를 설정하였다. 즉, 투입기능으로 정치사회화와 충원, 이익표출, 이익집약, 정치커뮤니케

---

19) Gabriel A. Almond, "Introduction: A Functional Approach to Comparative Politics," G.A. Almond and James S. Coleman(eds.), *The Politics of the Developing Areas*, Princeton: Princeton University Press, 1960, p. 7.

이션을 들며, 산출기능으로 규칙제정, 규칙적용, 규칙판정을 들고 있다. 여기에서 알몬드는 투입과 산출에 따라 자신의 독자적인 기능범주를 나누고 윤곽을 잡았다. 이를 간략하게 다음과 같이 설명할 수 있다.

먼저 투입기능으로서의 정치사회화와 충원이다. 정치사회화는 정치구성원들이 자신이 살고 있는 정치사회의 가치와 제도, 기능 등을 받아들이고 익히는 일종의 학습과정이다. 이를 통하여 구성원들은 정치적 의사가 형성되고, 그들의 의견을 내놓을 수 있는 것이다. 정치충원은 일반적으로 정치직위에 선발·선출되는 일정한 제도적 장치이다. 이익표출은 이스튼의 이론에서 설명한 바로 요구이다. 이것이 정치적으로 의미를 갖게 되려면 일정한 제도와 과정을 거쳐야 하는데, 이익집단과 같은 단체에 의하여 표출된다. 이익집약은 표출된 요구를 구체적으로 결집시켜서 분명한 성격의 정치쟁점으로 통합시켜 가는 것을 의미한다. 이 기능은 주로 정당이 담당하게 된다. 정치커뮤니케이션은 정치적인 의사전달로 현대에 있어서는 주로 매스미디어가 이 기능을 담당하고 있다.

산출기능으로서의 세 가지 기능은 입법부의 법 제정과 이에 따른 행정부에 의한 실제적 적용 그리고 사법부에 의한 심판을 의미한다. 그러므로 알몬드의 산출은 국가기관의 각 영역에서 전개되는 기능이라고 할 수 있다.

이같이 알몬드의 기능적 접근은 이스튼의 모델에서 투입(요구와 지지)과 산출(결정 혹은 정책)을 기능적 범주로 정리하고, 이에 해당하는 구조와의 관계를 설명한 것이다.

그러나 알몬드의 이론에 대하여 몇 가지의 비판이 제기되었다. 첫째, 알몬드의 기능모델은 부분의 균형 혹은 조화를 전제로 하고 있어 정태적이고 보수적인 편향이 있다. 둘째, 이는 주어진 시기에 있어서 정치체계의 분석모델로는 적합할지 모르나, 정치체계가 어떻게 변화하고 왜 변화하는지에 관한 문제, 즉 발전적 태양(態樣)의 분석에는 적합하지 않다. 셋째, 산출의 기능적 범주에서 볼 수 있는 바와 같이 3권분립에 입각한 서구 민주주의체제를 모델로 삼고 있다는 점에서 알몬드 자신이 일종의 문화적 선입견을 가지고 있다. 넷째, 알몬드의 기능주의는 그 이름만 기능주의라는 것이다.[20]

알몬드도 자기의 주장에 만족하지 않고 있던 터라 새로운 발전적 접근을 시도하였다. 이것을 구체화시킨 것이 1966년 포웰(N. J. Powell)과 함께 쓴 『비교

20) Eugene J. Meehan, *Contemporary Political Thought: A Critical Study*, Home-wood, Ill.: Dorsey, 1967, p. 180, 최명, 앞의 책, p. 72 재인용.

정치학: 발전적 접근』(*A Developmental Approach to Comparative Politics*)이다. 여기에서 1960년에 시도한 7개의 기능적 범주를 대폭 수정하여 세 가지 차원의 기능, 즉 전환기능, 체계의 능력, 체계유지 및 적응기능으로 재정립하였다.

첫째로 전환기능은 투입을 산출로 변형시키는 것이며 요구와 지지를 권위적 결정으로 바꾸고, 그것이 집행되는 것을 말한다. 생물학적 예를 들면 음식물의 소화 · 배설 · 혈액순환 · 신경계통을 통한 자극의 전달기능과 유사하다. 여기에는 이익표출, 이익집약, 규칙제정, 규칙적용, 규칙판정, 정치커뮤니케이션의 기능이 포함된다. 이 중 이익표출과 이익집약은 요구와 지지의 투입에 관계된 것이며, 규칙제정 · 적용 · 판정은 결정과 행동 등 산출에 관련된 것이다. 그리고 커뮤니케이션은 투입과 산출의 모두에 영향을 준다. 알몬드는 개발도상국의 권력구조를 논할 때 서구식 용어의 부적합성을 지적하여 입법작용 · 행정작용 · 사법작용을 규칙제정 · 규칙적용 · 규칙판정으로 바꾸는 것이 적합하다고 하였다.

둘째로 체계의 능력은 체계가 하나의 단위로서 다른 사회체계와 환경에 대하여 작용하는 산출을 말하며, 체계의 능력에는 체계의 주요 기능을 수행하기 위한 구조적 장치를 포괄하고 있다. 이를 규제 · 추출 · 배분 · 상징 · 반응의 제능력을 포함한 다섯 가지 범주로 나누었다. 좀더 구체적으로 살펴보면 ① 개인과 집단의 행동 및 관계를 규제하는 능력, ② 환경에서 물적 · 인적 자원을 추출할 수 있는 능력, ③ 여러 가치를 사회에 배분하는 능력, ④ 상징을 효과적으로

[그림 2-2] 알몬드의 정치체계와 기능의 수준

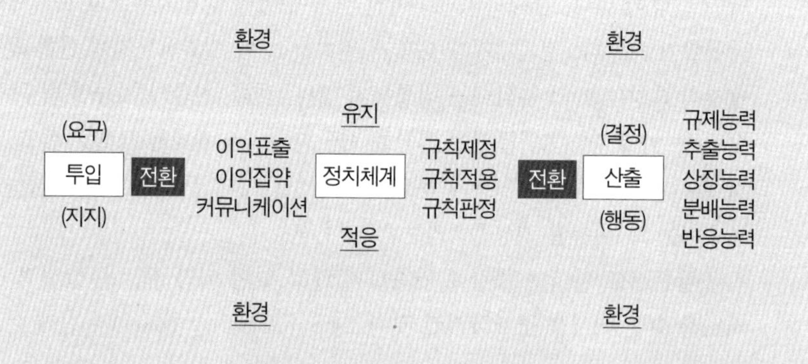

출처: G.A. Almond and N.J. Powell, *A Development Approach to Comparative Politics*, Boston: Little Brown and Co., 1966.

조작할 수 있는 능력, ⑤ 투입에 응하여 효과적으로 산출을 배출하는 대응능력이다.

세 번째 체계유지 및 적응기능은 정치사회화와 정치충원을 포함하는데, 이에 의하면 정치체계는 환경에서 오는 다양한 요구에 대하여 그 자신을 맞추어 나간다. 알몬드에 의하면 정치사회화란 정치문화로 유도되는 과정이며[21] 정치문화를 습득하는 과정이고, 정치문화가 유지 · 변형되는 과정이다.

정치체계에 새로운 역할을 채우는 기능을 정치충원이라 하며, 새로운 역할이 창조되면 이를 담당하는 구성원은 그들의 직무를 능률적으로 수행하기 위하여 직무훈련을 받아야 한다. 이 훈련은 정치사회화 과정을 통하여 받게 된다.

이상의 13개 기능 외에도 알몬드는 두 개의 중요한 개념을 논의하고 있는데, 하나는 정치문화이고 다른 것은 정치발전이다. 알몬드는 정치체계를 비교분석하는 데 있어 이전의 법이나 제도적 차원에 의하여 행해지는 연구는 유의미한 결과를 가져올 수 없다고 보고, 체계구성원의 의식이나 성격을 반영한 정치문화를 유용한 개념으로 설정하였다. 정치발전을 투입요소들이 산출요인으로 전환하는 과정에서 체제가 높은 수준의 가동력을 갖추고, 그리고 지지도 갖추는 것이라고 보고 있다.

이는 기능주의라는 입장에서 볼 때 큰 차이가 있는 것은 아니나, 정치발전과 정치문화의 개념이 논의되고 기능적 범주의 재정리라는 점에서 진일보한 모델이라고 볼 수 있다. 그럼에도 불구하고 역시 비판이 가해졌다. 먼저 13개의 기능과 정치문화 및 정치발전이라는 두 개의 개념이 체계적으로 연관되어 있지 못하고, 체계의 능력은 전환기능과 체계유지 및 적응기능과 밀접한 관계를 맺고 있음에도 불구하고 서로 다른 차원으로 간주하고 있다. 그리고 13개의 기능이 체계의 생존과 어떤 관계가 있는지 분명하지 않다는 것이다.[22]

3. 구조기능주의: 생태학적 접근

1974년 알몬드는 『현대비교정치학: 세계적 조망』(*Comparative Politics Today: A World View*)이라는 책을 편집하였다. 그는 여기에서 그의 접근법을 생태적 접

21) G.A. Almond, "Introduction: A Functional Approach to Comparative Politics," G.A. Almond & James S. Coleman, *A Developmental Approach to Comparative Politics*, Princeton University Press, 1966, p. 27.

22) 최명, 앞의 책, p. 74.

근법(ecological approach)이라 이름을 붙였다.[23] 그러나 기능주의를 탈피한 것이라 볼 수 없다. 생태학적 접근에서도 핵심적인 개념은 체계 · 구조 · 기능이다. 알몬드는 체계라는 것이 환경에 영향을 주고받는 조직이라는 점에서 생태학적 개념이라 규정하고, "정치체계는 사회가 그것을 통하여 그 집합적 목표를 형성하고 추구하는 조직"이라고 정의한다.[24]

알몬드는 [그림 2-3]에서 보는 바와 같이 정치체계의 구조를 이익집단 · 정당 · 입법부 · 행정부 · 관료제 · 사법부의 6개로 분류하였다. 정치체계의 중앙에는 정치사회화, 정치충원, 정치커뮤니케이션의 기능이 위치한다. 이것은 정책형성과 직접적인 관계를 갖고 있지는 않으나 체계의 운영에 있어서는 기본적인

[그림 2-3] 알몬드의 구조기능분석

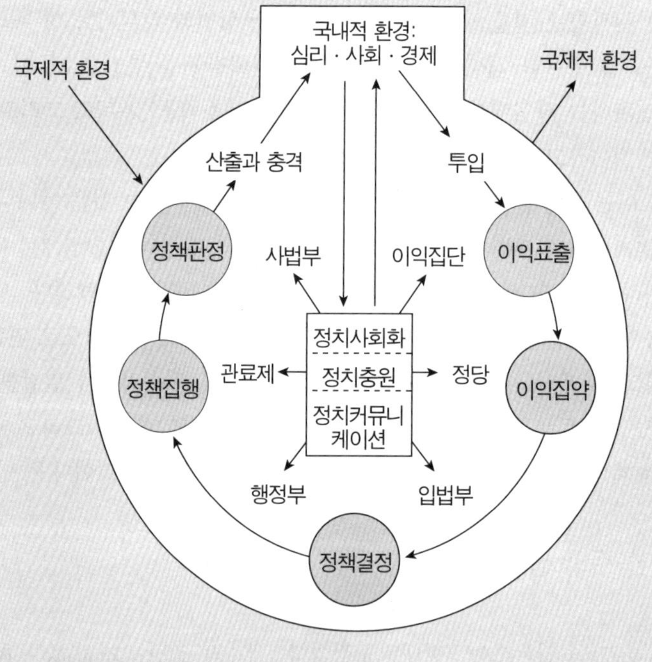

출처: G.A. Almond(ed.), *Comparative Politics Today: A World View*, Boston: Little, Brown & Co., 1974, p. 9.

23) G.A. Almond(ed.), *Comparative Politics Today: A World View*, Boston: Little, Brown, 1974.
24) 위의 책, p. 4.

것이다. 투입 · 산출과정뿐만 아니라 국내외 환경 전체에도 영향을 주고받는다.

이 원의 주변은 어떤 종류의 정치체계가 정책을 형성하고 이행하기 위해 필요한 기능들을 표시하고 있다. 필수적인 기능으로 이익표출 · 이익집약 · 정책결정 · 정책집행 · 정책판정이 존재한다.

정책과 목표가 선택되기 전에 사회에서 개인과 집단은 그들의 이익이 무엇이며, 그들이 정치로부터 얻기를 원하고 희망하는 것이 무엇인지를 결정해야 한다. 이러한 이익과 요구는 높고 낮은 세금 혹은 높고 낮은 복지같이 정책대안으로 결합되어야 한다. 그러므로 원 내부의 화살표는 이익표출로부터 이익집적으로 움직인다. 그때 대안적 정책들이 고려되고, 행동의 코스가 선택된다. 이러한 결정은 집행되어져야 하고, 만약 그것이 도전을 받거나 위협을 받으면 거기에는 판정의 과정이 있어야 한다.

우리가 산출이라 부르는 정책의 이행은 경제, 사회구조, 과세를 통한 국내사회의 문화, 서비스와 이익의 공급 혹은 행동의 규제에 영향을 미친다. 사회에 대한 영향(충격)은 정치체계에 더 많은 요구를 만들어 내고 정치적 충성심을 증가시키거나 감소시키는데 영향을 미친다. 그러므로 기능적 개념은 정치체계의 구조와 혹은 그것을 지지하는 정책에 관계 없이 어떤 사회에서 수행하는 활동과 과정을 설명한다. 이 그림을 분석틀로 설정하여 각 국가들에 적용시켜 보면 어떻게 제도와 기능이 결합되는가에 대한 상이점과 유사점을 발견할 수 있다.

이렇게 진행된 사회에 대한 산출의 영향은 체계에 대한 요구에 다시 영향을 미치며, 정치적 충성을 증가시키기도 하고 감소시키기도 한다. 다시 말하면 자동적으로 피드백이 이루어지는 것이다.

결국 투입은 국내환경으로부터의 요구와 지지인데, 이는 국제적인 환경으로부터도 영향을 받는다. 특히 세계화 · 지구촌이 운위되는 현대사회에서 그 영향이 더욱 크다고 볼 수 있다. 산출과 영향은 정치과정의 최종산물로서 정부가 체제구성원에게 혹은 그들을 위하여 수행하는 것이다.

알몬드는 『비교정치학: 발선적 접근(1966)』을 1978년에 다시 출간하면서 『현대정치학: 체계, 과정, 정책』(*Comparative Politics: System, Process, Policy*)이라는 제목으로 부제를 바꾸었다. 알몬드는 소위 '체계 · 과정 · 정책' 접근방법에서 정책에 큰 비중을 두고, 정책의 결과를 산출로부터 분리시키고 있다. 이는 정치를 공공정책을 주도하는 독립변수로, 사회와 국제환경을 종속변수로 간주하고 있다. 또한 정치구조와 정치과정을 정치적 선택의 결과로 파악하여 구조와 기

능, 정책간의 유기적 관계를 강조하고 있다.[25)]

4. 정치체계와 환경 · 구조 · 기능

알몬드는 정치체계를 구조 · 기능으로 분석을 시도한 이후 여러 저서에서 그 내용을 제시하였으나, 여기에서는 『현대비교정치학(제8판)』[26)]을 중심으로 살펴보고자 한다. 그는 앞 [그림 2-3]과 같이 제시한 정치체계의 구조기능 분석틀을 좀 더 세분화하고 구체화하여 재구성하였다. 그림 하나로 설명하기에는 한계가 있기 때문에 [그림 2-3]을 정치체계와 환경, 정치체계와 구조, 정치체계와 기능으로 나누어 설명하고 있다. 각 그림은 설명을 구체화하기 위하여 미국과 일본, 러시아를 각각 정치체계의 중앙행위자로 하여 여러 다른 국가를 국제환경에 포함시키고 있다.

1) 정치체계와 환경의 상호작용

알몬드는 정치체계에서 환경과 상호작용을 도식적이고 단순하게 설명하고 있는데, 정치체계가 국내외적 환경과 관련성을 가지고 투입을 받고 산출을 통해 지속시켜 간다는 것이다. 이해를 돕기 위하여 이 정치체계는 다음 [그림 2-4]와 같이 미국에 적용하여 설명한다.

미국은 이들 국가와 어떤 경우는 동맹국 수준에서, 다른 국가와는 무역거래 수준에서 관계를 가지며 국제환경으로부터 영향을 받는다. 국제환경은 국내에 영향을 미쳐 정치체계에 투입되고 대외정책과 경제정책, 복지정책 등 사회의 제반 정책을 변화시킨다. 또한 정치체계는 국내 경제 · 문화 · 사회 등의 환경과 투입-산출의 상호작용을 한다. 하나의 예로 미국에서 경제의 기반이 바뀌면서 거기에 파생하는 문제로 노동구조와 조직이 변하고, 구성원들의 생활패턴이나 의식이 바뀌어 정당에 대한 지지도에 변화를 준다는 것이다. 투입과 산출의 조건에서 사회경제적 변화는 선거에서 정치적 요구와 그것을 지지하는 정책

25) 김용욱, 앞의 책, p. 152.

26) 알몬드는 2002년에 세상을 떠났다. 제8판이 출판되자 공동 편저자들은 이 책을 알몬드에게 헌정하였다. G.A. Almond & Russell J. Dalton & G. Bingham Powell, Jr. & Kaare Strom, *Comparative Politcs Today: A World View*(8ed.), New York: Pearson Longman, 2006.

[그림 2-4] 정치체계와 환경

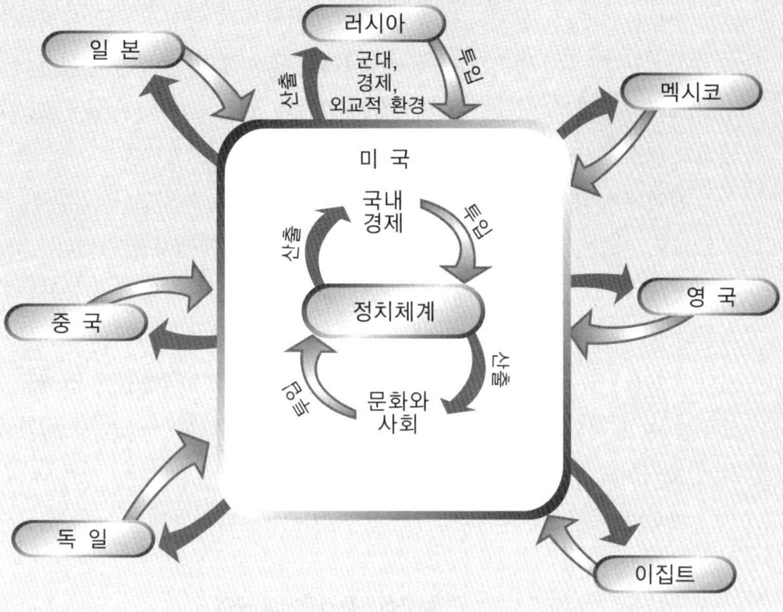

출처: Almond, Dalton, Powell, Strom, *Comparative Politcs Today*: A World View (8ed.), 2006, p. 35.

의 종류를 변화시켜 왔다.

국제환경은 미국을 중앙행위자로 놓고, 환경의 예로서 러시아, 중국, 영국, 독일, 일본, 멕시코, 이집트를 포함하고 있다. 여기서 제시하고 있는 특정 국가는 하나의 예로 제시할 따름이지 세계의 거의 모든 국가와 교류하고 있다. 실제적인 예로 미국과 캐나다의 관계는 연속적인 밀접한 면을 보여주는 반면, 네팔의 관계는 빈약한 면을 보여준다. 어떤 나라와는 무역관계만 가지고, 또 다른 국가들과는 군사동맹을 지속하고 있다. 이렇게 국가간의 상호관계가 증가함에 따라 타국의 금융위기, 자유무역협정(FTA), 전쟁 등이 영향을 미친다.

국내환경으로서 사회의 새로운 패턴은 다른 정책 산출과 다른 종류와 수준의 세금, 규칙적인 패턴의 변화, 복지소비의 변화에 기인한다. 체계환경의 변화는 국내외에서 발생하는 상호의존에 대한 우리의 관심을 기울이게 한다.

2) 정치체계와 구조

정부는 학교를 설립하고 운영하는 일에서부터 공공질서를 유지하고 전쟁을 수행하는 일까지 많은 일을 한다. 이러한 많은 일을 수행하기 위하여 정부는 의회, 관료제, 행정기구, 사법부와 같은 기관과 구조를 가진다. 알몬드는 이것을 정치체계와 구조라고 하여 [그림 2-5]와 같이 설명하고 있다.

정치체계 내에는 6개의 정치구조가 있다. 정당, 이익집단, 입법부, 행정부, 관료제도, 사법부이다. 각 구조는 모든 현대 정치체계에서 발견된다. 그렇기 때문에 만약 우리가 한 정치체계 내에서 그러한 구조가 어떻게 작동하는가를 이해한다면, 다른 정치체계에도 이 같은 조망을 적용할 수 있다는 생각을 가질 수 있다. 그러나 알몬드는 영국과 중국을 예로 들면서 이 국가들은 적어도 형식상으로는 여섯 개의 정치구조를 다 가지고 있지만, 이러한 구조는 두 국가에서 다르게 조직되고 다른 방법으로 기능을 한다고 한다.

의회와 국가인민회의, 내각과 국무원, 경쟁적 정당제과 일당제, 자유로운

[그림 2-5] 정치체계와 구조

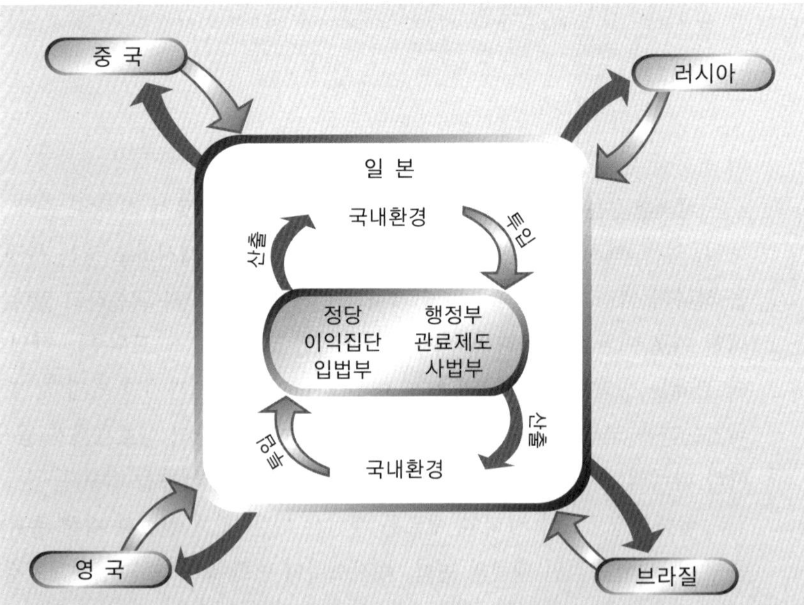

출처: Almond, Dalton, Powell, Strom, *Comparative Politcs Today*: A World View (8ed.), 2006, p. 37.

이익집단과 당의 외곽단체 등이 양국에 존재한다. 이렇게 양국은 유사구조를 가지고 있으나 기능은 다르다. 그러므로 영국과 중국의 정치제도에 대한 비교는 각국의 정치과정의 주요 차이에 대한 선험적 지식 없이 일반화할 수 없다.

3) 정치체계와 기능

우리가 과정과 이행에 대하여 의문을 가지기 시작할 때에만 구조적 특징에 의미를 부여할 수 있다. 특수한 제도가 특수한 결과를 가지고 특수한 기능을 이행한다고 말할 수 있을 때만 비교분석은 어떠한 의미를 가지기 시작한다. [그림 2-6]은 구조에 기능을 어떻게 접목하고 정책과정의 이행에 연결시키는가를 보여준다.

[그림 2-6]의 중앙을 보면 어떤 정치체계에서 만들어지고 이행되는 정책에 필요한 활동을 나열하고 있다. 이익표출, 이익집적, 정책결정, 정책이행, 정책적

[그림 2-6] 정치체계와 기능

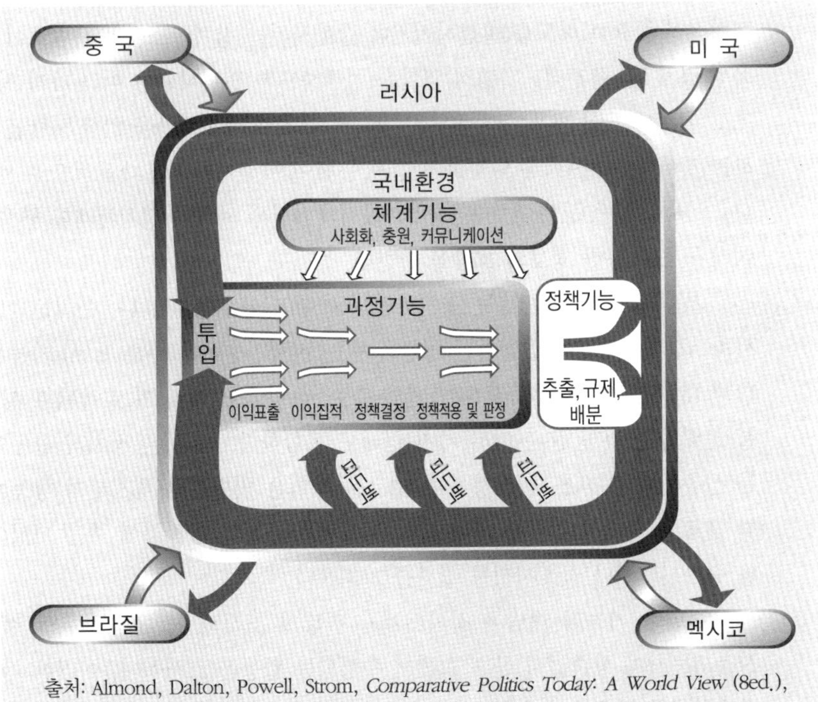

출처: Almond, Dalton, Powell, Strom, *Comparative Politics Today: A World View* (8ed.), 2006, p. 39.

용이 그것이다. 그들이 정책이 형성되는 과정에서 역할을 하기 때문에 과정기능이라고 부른다. 여기에서 가장 먼저 제기되는 것은 사회에서 개인과 집단들이 정치로부터 얻기를 원하고 희망하는 것에 대한 결정이다. 이러한 결정이 이익으로 표현되고 표출이 됨으로써 정치과정이 시작된다. 그림 왼쪽의 많은 화살표들은 이 같은 내적인 표현을 보여준다.

그러나 더 효과적으로 되기 위해, 이들 요구가 지속적인 정치적 지지를 끌어들일 수 있는 정책적 대안으로 만들어져야 한다. 그 대안은 가령 세금을 높이거나 낮추거나, 사회적 안전이나 혜택을 더 주거나 덜 주거나 등이다. 그러므로 왼쪽의 화살표는 이익표출에서 이익집적으로 이동하는 과정이고 이들은 결합된다. 그 밖에 대안적 정책이 고려될 수 있다. 이렇게 만들어진 정책은 정당, 입법부, 행정부, 관료, 사법부 같은 정치구조에 의하여 이행된다.

체계기능의 하단부에 있는 사회화, 충원, 커뮤니케이션의 세 가지 기능들은 정책결정이나 이행에 직접적으로 개입하지는 않지만, 정치체계에 있어서 근원적으로 중요한 것이다. 정치체계 모두에 작용하는 정치사회화 매체로는 가족, 학교, 매스미디어, 교회, 직장 등이 있다. 또한 일반국민들 혹은 국민들 일부의 정치적인 중요한 태도를 발전시키거나 강화시키는 정치구조들과 사람들이 전문화된 정치적 · 행정적 · 사법적 역할을 이행하도록 훈련시키는 여러 가지 정치구조도 매체에 포함된다. 정치충원은 정치적 활동과 정부기관을 위한 사람을 선택하는 것이다. 이 선택은 다양한 방법을 통하여 이루어지는데 대표적으로 선거 · 교육 · 시험 등을 통하여이다. 정치커뮤니케이션은 사회와 정치체계를 구성하는 여러 구조를 통한 정보의 흐름을 말한다.

기능의 세 번째 세트는 정치과정의 이행인 산출을 다룬다. 우리는 이것을 사회 · 경제 · 문화에 실질적인 영향을 주는 정책기능이라 부른다. 이 기능은 행태에 대한 규제, 과세와 같은 자원의 추출, 국민들에 여러 가지 혜택과 서비스를 분배하는 것과 같은 여러 가지 형태를 포함한다. 이 같은 정치적 활동의 모든 산출(산물)은 피드백 과정에서, 새로운 투입은 입법부와 행정부의 행동에 대한 새로운 요구의 결과를 가져오고, 정치체계와 현직 공직자에 주는 지지의 양을 증가시키거나 감소시키는 결과를 가져온다.

이러한 기능적 개념은 정치체계가 어떻게 조직되고, 어떤 종류의 정책이 산출되는가와 상관없이 한 사회에서 수행되는 활동을 묘사한다. 이러한 기능적 카테고리를 사용하여 우리는 각 나라에서 제도가 다른 종류의 공공정책을 만들고 이행하는데 어떻게 결합하는가를 알 수 있다. 정권이라는 용어는 다른 시기에 정부가 취하는 구조기능적 정책의 전체 윤곽을 설명하는데 사용된다.

5. 평 가

알몬드의 모델은 정치체계와 정치구조 및 정치기능을 동시에 처리할 수 있다는 장점을 가지고 있고, 이는 거의 모든 정치적인 것을 망라하고 있다. 문제는 구조기능분석이 균형이론에 입각하고 있다는 것이다. 여기에 대비되는 것이 마르크스 이론으로 대표되는 갈등이론이다.

기능주의가 표방하고 있는 균형이론에 의하면 모든 사회가 갖는 기능은 체제유지에 기여하고 있으며, 기능적인 사회구조는 그 사회의 구성원들이 갖는 가치에 대한 합의에 기초를 두고 있는 것이다. 그렇다고 기능주의 이론가들이 사회갈등의 존재를 부인하는 것은 아니다. 다만 기능이론은 갈등이 경쟁하는 집단에 의한 이해관계와 주장의 상호작용 내지는 그 만족에 의하여 조화로 바뀐다는 것이다.

정치체계의 분석에 있어서 갈등 모순의 방법도 균형의 방법도 모두 정치적 구조주의에 분기된 것이며, 정치체계에 대한 구조적 모델의 변수들은 갈등의 과격한 이론과 조화라는 자유주의적 이론 모두에 적용될 수 있다고 한다. 물론 일부 학자들은 구조기능주의가 그것의 방법론에 있어 보수주의적으로 정치에 접근하는 것이라고 주장해 왔다. 그것은 특정한 시기의 일련의 제도를 설명하기 때문에 현상유지를 지지하는데 치우쳐 있다고 하고 있다. 그러나 위에서 살펴본 바와 같이 알몬드는 끊임없이 변화하는 정치사회를 분석하기 위하여 노력해 왔고, 그의 분석은 적실성을 가지고 있다. 어떻게 그 변수들을 적용시킬 것인가 하는 것은 이론 자체보다도 그것을 사용하는 연구자에 달린 것이다.

제 5 절 한국 정치에서 정치체계론의 적용

위에서 설명한 이스튼이나 알몬드의 정치체계이론은 우리의 정치를 분석할 수 있는 틀로서 적실성을 가지는 부분이 많다. 조선조의 정치체계를 투입기능과 산출기능으로 연구한 학자로 김용욱 교수가 있다. 그는 정치체계의 전환과정으로서 의정부 · 육조 · 삼사의 기능을, 그리고 산출기능으로 권력의 정통성, 관료충원, 삼정, 신분제, 국제적 압력 등을 조명하였다.[27]

이 분야의 대표적인 연구라 할 수 있는 것은 윤용희 교수의 『한국정치의 체계분석』이다.[28] 그는 한국 정치현상은 복잡한 대외적 요인을 감안할 때, 정치체계의 동적 분석이 필요하다고 보고 정치체계이론과 한국정치체계 분석모형을 나름대로 잘 정립하여 설명하고 있다. 제1공화국에서 제4공화국까지의 한국 정치체계와 그 하위체계의 비교분석을 위한 이론적 틀과 접근방법을 제공하고 있다.

한국정치체계의 환경을 전근대적 정치문화, 경제환경, 사회환경, 대외의존적 안보환경으로 나누어 설명하고 있다. 분단상황하에서 한국의 정치체계에 영향을 미치는 환경은 안보문제였고, 이는 여러 환경과의 갈등 중에서 체제 자체는 물론 체제의 생태적 환경을 크게 변화시킨 갈등이었다고 보고 있다.

투입구조와 그 기능을 설명하면서 이익집단, 정당, 언론의 자율성을 중심으로 설명하고 있다. 특히 이스튼이 말하는 지지투입의 경우 제3, 제4공화국을 통하여 가장 중요하게 여긴 것은 정통성의 확산 문제였다. 5 · 16을 구국의 결단이라고 확고한 신념을 피력하면서 어느 정도 확산적 지지를 받았으나, 장기집권의 획책으로 정권의 정통성에 대한 불만이 높아 갔고 반체제 인사들이 많아지면서 체계는 불안정하게 되었다. 제3공화국 정치체계는 더 이상 지속할 수 없어서 자발적 궁정 쿠데타를 일으켜 유신체제로의 전환을 꾀하였다.

정치체계의 전환구조와 기능으로는 각 공화국 시기의 정부형태와 의회구조, 의회와 충원과정으로서 선거 그리고 의회의 기능에 초점을 맞추고 있다. 요구투입을 산출로 전환하는 데는 의회체계의 제 이익의 통합과 조정, 즉 전환능력이 효율적이어야 하는데, 한국의 의회체계는 그 구조와 기능이 취약했기 때문에 전환구조로서 그 기능을 다하지 못했다.[29]

산출구조와 기능은 법 제정과 정치지도력 그리고 정치 · 경제 · 사회 · 외교의 성과를 중심으로 설명하고 있다. 그러나 산출성과에 대하여는 부진하다는 평가를 내리고 있다. 그 이유로 들고 있는 것이 산출구조와 기능의 취약성, 투입의 과소와 과부하 현상, 정통성의 위기에 의한 지지투입 획득의 실패 그리고

27) 김용욱, 『조선시대 정치체계』, 원광대학교 출판국, 1988.
28) 윤용희, 『한국정치의 체계분석』, 법문사, 1987.
29) 위의 책, p. 363.

전환구조인 의회체계의 구조와 기능의 취약성을 들고 있다.

마지막으로 피드백 구조와 기능을 설명하고 있다. 한국의 정치체계는 취약한 피드백 구조와 기능이 정치체계의 불안정에 일조를 해왔다는 것이다.

어느 한 정치적 사건이나 일례를 들어 정치체계이론으로 설명하는 것은 그리 어렵지 않지만, 이와 같이 한국정치 전체를 설명하는 것은 대단히 어려운 일이다. 그렇기 때문에 많은 이론(異論)이나 다른 의견을 낼 수도 있을 것이다. 이론화가 미흡할지라도 그것을 시도하지 않는 것보다 시도하는 것이 훨씬 낫다. 물론 이것은 정치체계이론뿐만의 문제는 아니다.

제5공화국, 제6공화국, 문민정부(김영삼 정부), 국민의 정부(김대중 정부), 참여정부(노무현 정부), 이명박 정부, 박근혜 정부에 대해서도 이러한 구조기능적 분석이 필요하다고 생각한다. 이것이 정치학자로서의 과제이기도 하다.

제3장
정치문화

제 1 절 정치문화의 개념

문화(Culture)라는 말의 어원은 라틴어의 '*cultura*'로 '땅을 경작하다'는 뜻이었다. 인류학에서 그 기본개념이 형성되어 한 민족, 한 사회의 생활양식 전체를 포함하고 있다. 문화는 생활양식은 물론 사회구성원의 행위에 지침을 주는 규범이나 관례, 사고방식이나 가치관 그리고 행동양식을 총칭하고 있다.

정치학자들은 정치문화를 사회 일반문화의 정치적 부문으로 간주하면서도, 일반문화와 정치를 다리 놓기 위해 다소 협의의 개념을 도입하여 설명하고 있다. 그 결과 정치문화는 한 정치체계의 구성원들이 정치행위를 이해할 수 있을 뿐만 아니라, 구성원 다수가 공유하는 정치적 정향 및 행동유형을 파악하는 개념으로 사용하였다.

정치문화를 정치현상의 분석개념으로 사용하게 된 것은 그리 오래되지 않았다. 알몬드(G.A. Almond)는 1956년 문화개념을 활용해서 정치체계의 비교연구를 처음 시도하였다. 그의 논문 「비교정치체계론」(Comparative Political System)에서 정치체계의 기축이 되는 정치문화의 개념이 제시되고, 정치행위가 지향하는 특수한 패턴을 정치문화로 규정하였다. 버바(S. Verba)와의 공저 『시민문화』(*The Civic Culture*)에서 알몬드는 정치문화를 다음과 같이 정의하고 있다. 즉 "정치문화는 정치체계와 그의 여러 부문에 대한 태도, 정치체계에 있어서 자아의 역할에 대한 태도로 구성"되어 있다.[1] 또 그의 『비교정치론』(*The Comparative Politics*)에서는, 정치문화란 간단히 말하여 "정치체계 구성원 개개인이 정치체계에 대하여 갖는 태도 및 정향성의 유형"이라고 하였다.[2]

정치문화의 연구가 행태주의적 전통에 배경을 두고 있기 때문에, 정치문화는 개개인의 의식 속에 존재하는 심리적인 정의가 지배적이다. 『사회과학사전』(*International Encyclopedia of the Social Science*)에서 정리한 정치문화에 대한 정의도 역시 같은 양상을 띠고 있다. 즉, "성지눈화는 정치과정에 대하여 질서와 의미를 부여하고 정치체계에 있어서 행동을 지배하는 기본적인 전제와 규칙을 제공하는 태도, 신념 및 감정의 집합이다. 정치문화는 정치체계의 정치적 이상

1) Gabriel A. Almond and Sidney Verba, *The Civic Culture: Political Attitudes and Democracy in Five Nations*, Princeton, N.J.: Princeton University Press, 1972, p. 13.
2) Gabriel A. Almond and G.B. Powell, Jr., *Comparative Politics: A Development Approach*, Boston Little Brown & Co., 1966, p. 50.

과 조직규범을 포함한다. 따라서 정치의 심리적 · 주관적 차원의 집합형태로 나타나 있다"고 한다.[3] 한국의 『정치학대사전』에 소개된 정치문화의 개념은 "정치문화란 말이 내포하는 뜻은 정치전통 · 정치관습 · 정치풍토 · 정치의식 · 정치적 신조 · 가치관 · 정치적 감정과 같은 것"이라 했다.[4]

국내의 문헌에 나타난 정치문화에 관한 개념의 정의를 열거해 보면 다음과 같다.

① 정치문화는 전체론적인 시각에서 특정한 사회에서 발견되는 국민의 집합적인 정치정향이다.[5] 특정한 정치체계를 구성하고 있는 전체 국민들에게서 발견되는 정치에 대한 태도, 지식, 가치관 정향, 신념, 감정, 정보, 기술 등 거시적 차원의 전체론적 개념으로 이해하고 있다.[6]

② 정치문화는 그 사회구성원이 갖는 정치적 경향 및 성향의 총합이라고 할 수 있다. 따라서 정치문화에는 그 나라의 국민적 영웅에 대한 숭상, 공공기관의 정신, 시민의 정치적 열정, 정치적 이데올로기에 의해서 표명된 목적의식, 정치적 스타일, 정치적 분위기 등이 포함된다. 이러한 정치문화는 그 나라 정치운영의 실상을 결정짓고 있다.[7]

③ 정치문화는 '유형화된 정치적 가치체계'로서 정치적 관념, 지배규범 및 정치적 상징 등의 요소로 구성되며, 정치제도의 형성 또는 개개인의 정치적 행위에 영향을 주는 것이라 정의할 수 있다.[8]

이상의 여러 학자들이 규정한 정치문화에 관한 개념 정의를 종합해 볼 때, 정치문화란 기본적으로 '정치체계에 관련된 태도의 집합 혹은 유형화된 가치체계'로서 가치, 신념, 상징에 대한 태도 등을 총칭하는 것이다.

---

3) Lucian W. Pye, "Political Culture," David L. Shils(ed.), *International Encyclopedia of the Social Science*, Vol. 12, New York: Macmillan Co. and The Free Press, 1968, p. 218.

4) 윤근식, "정치문화," 정인홍 외 편, 『정치학대사전』, 박영사, 1975, p. 1333.

5) 정치문화는 민족사회의 역사적 전통과 명맥, 정치적 상징, 국민의 신념과 정열 또는 집단적 이성, 국민의 가치관, 지도자들의 지도양식과 행위규범 등을 특징짓고 있는 것이다. 김운태, 『정치학원론』, 박영사, 1988, p. 251.

6) 홍득표, 『정치과정론』, 학문사, 1999, p. 151.

7) 백완기, "정치사회화와 정치문화," 김계수 외 편, 『현대정치과정론』, 법문사, 1985, p. 92.

8) 안병만, 『한국정치론』, 다산출판사, 1985, p. 58.

제 2 절 정치문화의 구성요소

정치문화의 개념에서 살펴본 바와 같이 정치문화는 기본적으로 정치체계에 관련된 태도의 집합으로 이에 대한 명확한 이해가 필요하다.

1. 정치적 정향

정치적 정향(political orientation)이란 정치에 대한 개인이나 집단의 일정한 행동성향으로, 이것은 전통, 역사적 경험, 동기, 규범, 감정, 상징 등의 요소에 의하여 결정된다.[9] 간단히 말하면 정치적 정향은 "대상과 관계의 내면화된 부분"[10]인 것이다. 대상은 무엇이며 이와의 관계에서 내면화된 부분은 무엇인가? 대상은 뒤에서 설명하기로 하고 정치적 정향은 정치적 대상에 대한 인식이라는 지적 가치와, 정치적 대상에 대한 느낌이라는 정의적 측면 그리고 정치적 대상을 어떻게 판단하며 어떠한 견해를 가지느냐는 평가적 측면이 있다. 즉, 대상과 상호 관계하는 내면화된 부분에 관련된 구성요소는 인지적 · 감정적 · 평가적 정향이다.

(1) 인지적 정향

인지적 정향은 이해, 지식, 신념으로 구성된다. 정치체계와 그 역할담당자, 투입-산출과정에 관한 지식과 믿음이 인지적 정향이다. 예를 들면, 대통령중심제와 내각책임제에 대한 장단점에 대한 지식과 정보, 정치체제나 집권세력의 역할에 대한 지식이나 신념, 한국의 정치에 대하여 가지는 생각 등이 여기에 해당한다.

(2) 감정적 정향

감정적 정향은 정치체계나 구성원 그리고 그 과정에 대한 느낌 혹은 감정적 반응을 말한다. 정치체제에 대한 좋고 싫은 감정, 정부나 정치제도에 대한 긍지, 정치를 잘한다 혹은 잘못한다 하는 느낌, 정부의 업적에 대한 감정 등을

9) Gabriel A. Almond and Sidney Verba, 앞의 책, p. 15.
10) 위의 책, pp. 14-15.

의미한다.

(3) 평가적 정향

평가적 정향은 정치적 대상에 대한 정보나 감정뿐만 아니라 가치기준을 포함한 판단과 의견을 말한다.[11] 평가적 정향에는 판단자의 가치기준이 작용하게 된다. 어떤 정치가 바람직하다거나, 어떤 대통령이 훌륭한 업적을 남겼다와 같이 일정한 가치판단 기준을 가지고 평가하는 것이다.

2. 정향의 대상

정치문화와 관련하여 가장 기본적인 가치대상은 바로 국가라고 볼 수 있다.[12] 국가에 대한 태도는 흔히 국민적 일체감(national identity)이라 하여 이를 중요시한다. 국민적 일체감은 미래의 행동에 영향을 미칠 기본적 가치관을 제공하는 바탕을 이루고 있기 때문이다.[13]

정향의 대상을 파악하기 위해서 이스튼은 정치체계를 정치적 공동체, 체제, 정부로 분류했다. 정치적 공동체는 대개 국가와 같은 뜻으로, 시민대중의 정치적 공동체에 대한 지지는 애국심 · 민족주의 등의 말로 표현하고 있다.[14] 체제란 대체로 경기수칙, 헌정질서 혹은 권위주의 등으로 고려되고 있으며, 학자들은 정치적 결정이 이루어지는 방식을 전제정체, 귀족정체, 민주정체 등 여러 형태의 체제로 분류하는 경향이 있다. 정부는 가령 영국의 노동당 정부, 보수당 정부 등과 같이 어느 정당이 체제의 정책결정기구를 통제하느냐 그리고 어떤 정권담당자에 의하여 그 정책이 수행되느냐 등에 초점을 두고 있다.

로젠바움(W.A. Rosenbaum)은 정치문화의 핵심요소(core components)라 하여 정향의 대상을 정치구조, 정치체제 내의 다른 사람들, 자신의 정치적 활동으로 구분하고 있다.[15]

한편 알몬드와 버바는 정치적 정향의 대상을 전체로서의 정치체계, 투입,

11) 위의 책, p. 15.
12) Sidney Verba, "Comparative Political Culture," Lucian Pye and Sidney Verba(eds.), *Political Culture and Political Development*, New Jersey: Princeton University Press, 1965, p. 518.
13) 위의 책, p. 529.
14) Dean Jaros, *Socialization to Politics*, New York: Praeger Pub., Inc., 1973, p.30.
15) W.A. Rosenbaum, *Political Culture*, New York: Praeger Pub. Co., 1973, pp. 6-7.

〈표 3-1〉 정치문화의 차원

대상	일반적 대상으로서의 체계	투입대상	산출대상	대상으로서의 자아
인지				
감정				
평가				

출처: Gabriel A. Almond and Sidney Verba, *The Civic Culture: Political Attitudes and Democracy in Five Nations*, Princeton, N.J.: Princeton University Press, 1972. p. 16.

산출, 정치적 자아로 분류하고 있다. 구체적 정치체제에는 국가나 정부 혹은 입법 · 사법 · 행정부나 관료에 대한 특수한 역할이나 구조, 집권자의의 역할, 정책형성의 구조와 역할 등이 포함된다. 투입은 국민이 정치과정에 참여하여 정치적 요구를 제기하고 특정 정치세력을 지지하거나 반대하는 정치참여를 의미한다. 산출은 권위적 가치배분에 대한 결과인 정책이 집행되고 적용되는 것으로, 대표적인 구조로 관료와 법원을 들 수 있다. 정치적 자아는 정치의 독립적인 주요 행위자인 개인을 의미하는데, 정치적 의무감과 개인의 능력을 강조한다.

알몬드와 버바는 정치문화에 대한 대상과 그 구성요소를 〈표 3-1〉과 같이 분류하여 정치문화 차원을 설명하고 있다.

여기에서 말하는 전체로서 정치체계는 애국심 · 소외감과 같은 감정, 크다 · 작다 · 강하다 · 약하다 등의 국가에 대한 인식과 평가,[16] 그리고 민주주의적 · 사회주의적 등의 정치체계에 대한 인식과 평가를 포함한다. 다음으로 정치구조, 역할담당자, 정책 등에 관련된 투입-산출의 정치행정과정 그리고 다른 한쪽 끝에는 정치적 행동자로서 자아에 대한 정향으로 개인적인 정치의무 규범과 정치체계에 대한 개인적 능력의 내용, 특성 등을 중요시하고 있다.

이상에서 본 바와 같이 정치문화의 세 가지 요소는 정치체제 또는 사회에 따라 다소 차이는 있으나, 한 사회의 정치문화는 정치적 대상으로서의 세 가지 요소, 즉 인지적 · 감정적 및 평가적 정향 패턴으로 복합화 · 배분화되어 있으며 상호관련적이다.

16) 대표적인 것이 국민적 일체감으로 현존의 정권담당자를 포함한 정치체계의 구조, 규범 및 정치체계 내의 타인과 자기 자신에 대한 태도 등을 포함한다. 그리고 민족사회의 전통과 명맥, 관습, 역사적 기억 및 과거 정치지도자들의 지도이념, 지도양식, 행위 등 역사적인 전통도 무시할 수 없는 중요 부문이다.

제 3 절 정치문화의 유형

인간의 정치생활은 얼마든지 다양하게 규정할 수 있다. 똑같은 정치적 행동도 어떤 사회에서는 아무런 무리 없이 조직생활에서 당연한 것으로 받아들여질 수 있지만 다른 사회에서는 가장 생소한 행동으로 거부될 수 있다. 서로 다른 문화 속에서 인간의 정치적 행동의 표준은 이와 같이 긍정의 극에서 부정의 극에 이르기까지 다양하다.

그러나 문화적 행동은 그것이 이러한 다양성과 지역성, 인위성을 가지고 있으면서도 또한 통합적 성향을 가지고 있다. 따라서 문화의 유형화는 그 자체로서 의미를 가지고 있다. 각 문화에는 나름대로 그 고유의 목적이 있으며 이 목적에 따라 사람들은 그들의 경험을 매듭짓게 된다. 비록 행동의 이질적 요소가 다소 존재하는 경우에도 이를 통합하는 문화가 건재하면 그 속에 수용하여 그 문화의 특성을 이룰 수 있기 때문이다.[17]

1. 알몬드와 버바의 유형

1) 순수형 정치문화

알몬드와 버바는 민주주의 시민문화가 정치체계 내에서 가장 많이 나타나는 체계구성원의 정치심리적 정향을 유형화하여 5개 국가의 정치문화를 비교하였다. 상술한 바와 같이 알몬드는 세 요소를 다루는 데 있어서 정치체계의 구성부분을 ① 일반적 정치체계, ② 투입, ③ 산출, ④ 자신에 대한 것으로 나누어 하나의 도식을 만들어 냈다. 이들 네 가지의 대상에 대한 인지적 · 감정적 · 평가적 정향을 설명하면 다음과 같다.[18]

첫째, 국가와 정치체계, 국사, 국가의 영토, 권력, 헌법적 특성 등에 관한 개인의 지식, 이에 대한 의견 · 판단은 무엇인가? 둘째, 제 구조와 역할, 정치엘리트 그리고 상향적 정책결정과정에 관련된 정책제안 등에 관한 지식 · 감정 · 의견은 무엇인가? 셋째, 제 구조와 개인 및 이러한 하향적 정책집행과정에 관련

17) Ruth F. Benedict, *Patterns of Culture*, New York: Mentor Books, chap. 3.

18) Gabriel A. Almond and Sidney Verba, 앞의 책, p. 16.

〈표 3-2〉 정치문화의 유형

	일반적 정치체계	투입	산출	정치적 자아
향리형	—	—	—	—
신민형	+	—	+	—
참여형	+	+	+	+

출처: Gabriel A. Almond and Sidney Verba, *The Civic Culture: Political Attitudes and Democracy in Five Nations*, Princeton, N.J.: Princeton University Press, 1972. p. 17.

된 결정 등에 관한 지식 · 감정은 무엇인가? 넷째, 정치체계 구성원으로서 자기 자신에 대하여 어떻게 지각하고 있는가? 그의 권리 · 권력 · 의무 · 영향력에 접근하는 전략 등에 관한 지식과 능력에 대한 느낌은 어떤가? 그리고 정치적 의견에 도달하고 판단을 형성함에 있어서 받아들이고 사용할 행동수칙이나 참여규범은 무엇인가 등이 있다.

결국 정치문화란 정치체계 일반, 투입-산출의 측면과 정치적 행동자로서 자신에 대한 서로 다른 종류의 인지적 · 감정적 · 평가적 정향의 빈도로 표현할 수 있다.[19] 한편 알몬드와 버바는 여기에서 향리형(parochial), 신민형(subject), 참여형(participant)의 세 가지 정치문화 유형을 도출하였다.

(1) 향리형 정치문화

향리형 정치문화는 전통사회에서 찾아볼 수 있는 정치문화로서 정치적 성격이 분화 · 정립되지 않고 전문화된 정치역할도 나타나지 않으며, 정치는 지역사회 수장의 독점물이 되고 있다. 주로 아프리카의 종족사회나 소집단의 자치적 지역공동체 등에서 발견할 수 있는 것으로, 체제구성원들이 정치체계와 그 운영에 관하여 낮은 지식을 가지고 있고, 정치체계에 대한 기대와 참여도가 거의 없는 것이 특징이다. 예를 들어, 나이지리아와 가나의 벽지에 있는 종족들은 그들 종족집단 이외에 어떤 중앙정부체제가 존재하고 있으리라는 데 대하여는 어렴풋이 의식을 가지고 있을지 모르나, 그에 관한 감정은 확실치 않거나 부정적이다. 그리고 체제와의 관계를 규정짓는 규범을 전혀 내면화하지 못하고 있다.[20]

19) 위의 책, p. 16.
20) 위의 책, p. 17.

비교적 순수한 형태의 향리형 문화는 정치적 전문화의 정도가 아주 낮은 단순한 전통적 체계에서 발생하지만, 상당히 분화가 이루어졌거나 대규모의 정치체계에서도 이러한 유형이 나타날 수 있다. 그런데 어느 정도 분화가 이루어지고 있는 체계의 경우 향리주의(parochialism)는 감정적이거나 규범적인 경향이 나타나기 시작한다.

(2) 신민형 정치문화

신민형 정치문화에서 정치체계의 분화에 대한 정향은 높으나 그것은 정치체계의 산출부문이고, 투입기능이나 자신을 적극적 참여자로 생각하는 정향은 낮다. 다시 말하여 체계의 구성원들은 분화된 정치적 권위에 대한 인식 · 애착 · 판단력을 가지고 있으나, 이들 관련성은 정치체계 일반이나 정책결정, 정책의 집행과정 및 그 하강적 흐름의 측면이며 개인의 역할도 피동적 수준에 머물러 있음에 불과하다. 즉, 이러한 사회에서는 개인이 정치의 중요한 인자로서 정치참여의 적극성을 보여주는 것과 같은 행동은 보여주지 않으며, 단지 정치체계에 적극 추종하는 지향의식이 나타나게 된다.

알몬드의 설명에 따르면 이러한 정치문화는 대체로 근대화 과정에 있는 개발도상국가에서 찾아볼 수 있다. 이러한 사회에서는 권위주의가 자리잡고 있으며 부분적으로 그 권위주의를 극복하려는 국민적 정치지향이 나타나는 경우도 있다. 그러나 구체적으로 정치의 투입과정에서 어떻게 행동해야 하는지에 대해서는 무지한 채 혼동만 보여주는 경우가 대부분이다.[21)]

(3) 참여형 정치문화

참여형 정치문화는 사회성원이 전체로서 정치체계와 투입-산출 부문, 즉 정치적 · 행정적 구조와 과정에 대하여 다같이 뚜렷한 정향을 갖고 있으며, 체계에 있어서 자신의 역할에 대하여도 적극적이며 능동적인 경우를 말한다.[22)] 다시 말해서 여기에서는 국민 개개인의 정치적 정향의 대상, 즉 정치체계, 투입과 산출과정, 정치적 행위자로서의 자아에 대하여 높은 관심과 참여를 보이고 있다. 이러한 참여적 정치문화에서의 국민은 다양한 정치적 대상에 대해서 수용과 거부가 분명한 정향을 갖고 지방과 국가 정치에 영향을 미치는 참여적 경향

21) 진덕규, 『현대정치학』, 학문과 사상사, 1997, p. 120.
22) Gabriel A. Almond and Sidney Verba, 앞의 책, p. 18.

을 갖는다. 다시 말하면 개인들은 정치체계에 대해서 주도적이면서 적극적으로 활동하고 일정한 영향력의 행사를 시도하면서 자기가 바라는 대로 정치를 이끌어 가려는 의식과 행동까지 보여주게 된다. 참여의 형태는 개인에 따라 다르지만 정치적 행위는 촉진된다.

2) 현실형 정치문화

위에서 제시한 세 유형의 정치문화는 어디까지나 유형화해서 설명한 것에 불과하기 때문에 현실적으로 어느 국가도 이 중 어떤 한 유형의 정치문화를 가지고 있다고 말할 수는 없다. 예를 들어, 참여적 정치체계의 시민이라 해도 정치과정에 있어서 적극적인 참여적 태도를 가지고 있을 뿐만 아니라 동시에 법과 권위에 충성하는 신민적 정향을 가지고 있으면서, 또한 1차집단의 성원이 될 수도 있는 것이다.

(1) 혼합형 정치문화 I

이와 같이 모든 정치체계는 여러 유형의 정치문화가 융합된 형태를 취하고 있으며, 그 체계 구성원들 사이에서 특정 정치정향이 나타나는 빈도의 차이가 있을 뿐이다. 이를테면 향리-신민형, 신민-참여형, 향리-참여형이라는 모양의 혼합형으로 나타나는 것이 보통이고, 이들 내부에서의 빈도도 차이가 날 것이다.

① 향리-신민형 정치문화는 사회구조의 분화가 비교적 발달하지 못하고 향리적 할거성이 강한 사회적 기반 위에 왕국이 건설되는 경우에 형성되는 정치문화이다. ② 신민-참여형 정치문화에도 여러 가지 양상이 보이고 있지만, 영국의 경우를 보면 그 곳에서는 봉건시대로부터 절대주의시대에 걸쳐서 형성된 전통적 · 수동적인 정치문화 위에, 참여형의 정치문화가 발달하여 비교적 균형이 잡힌 혼합형의 정치문화가 형성되고 있다. ③ 향리-참여형 정치문화는 오늘날 많은 신흥 개발도상국가에서 보이는 것으로, 전(前)산업적 사회구조와 향리형 정치문화 위에 참여형의 정치구조가 이식됨으로써 형성되는 정치문화이다. 비자생적인 이질적인 정치문화를 배경으로 하는 새로운 정치구조는 그 운영상에 많은 문제점과 어려움을 보이는 것이 보통이다.[23]

23) 이극찬, 『정치학』, 법문사, 1999, p. 296.

(2) 혼합형 정치문화 II

① 민주적-산업형 정치문화는 [그림 3-1]에서 보는 바와 같이 국민의 60% 정도가 정치과정에 충분한 정보를 가지고 있어서 정치적 요구도 하고 여러 층의 정치지도자에게 지지를 보낸다. 그리고 30% 정도는 법에 복종하지만 자신의 의견을 개진하거나 하는 등의 참여에는 소극적이다. 10%는 향리적 정치문화에서 설명한 바와 같이 전통형의 무관심한 층에 속한다. 이러한 분포는 당과 후보자, 이익집단에 의한 공공이슈에 대한 비판적 국민뿐만 아니라, 정당들이 경쟁하면서 유권자들을 끌어들이는 많은 활동가들도 존재한다. 동시에 정치과정에서 활동이나 관심의 필요를 느끼지 않는 사람들도 있다.

② 권위주의적-산업형 정치문화는 극소수가 사회를 지배하고 다당제의 형태를 띠고 있으나, 단일정당에 의하여 정치가 주도되는 상황에서 나타난다. 매스미디어는 정부의 영향하에 놓여 있어, 정부의 의도대로 여론을 이끌어 간다. 자신들은 참여라 생각할 수 있으나 복종적 참여 형태로 나타난다. 동유럽의 종전 공산주의 국가들처럼 산업화된 권위주의 사회가 여기에 속한다. 소규모의 시민들은 일당체제에 개입되어 있고, 이것이 정부정책뿐만 아니라 전 사회를 관장한다. 대부분의 사람들은 정당이나 관료, 정부통제 매스미디어 같은 정치제도에 의하여 신민으로 동원된다. 시민들은 동원적 지지자가 되어 선거

[그림 3-1] 혼합형 정치문화

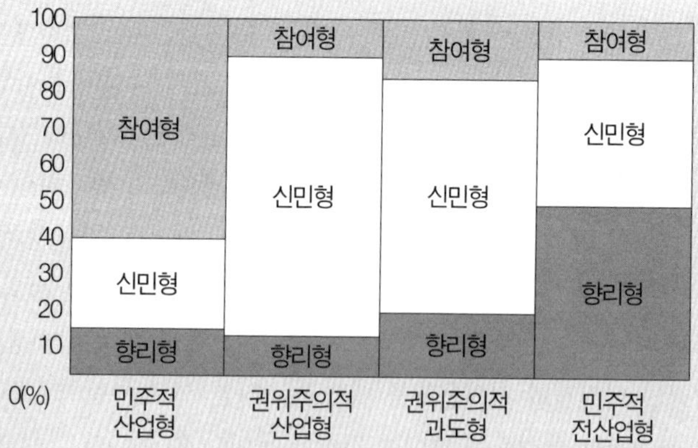

출처: G.A. Almond & Russell J. Dalton & G. Bingham Powell, Jr. & Kaare Strom, *Comparative Politcs Today: A World View*(8ed.), N.Y.: Pearson Longman, 2006, P. 49.

에서 상징적 투표를 하게 되고, 세금을 내고, 규칙에 복종하고, 부여된 직업에 종사한다. 현대 산업조직과 매스커뮤니케이션의 유효성과 권위주의 권력구조의 노력 때문에 시민들의 삶은 거의 정부에 예속되어 그들 스스로의 영향력을 알지 못한다. 만약 그러한 사회가 갑작스럽게 정치의 민주화를 시도한다면, 많은 시민들은 민주정치뿐만 아니라 참여자가 되는 것을 배워야 한다.

③ 권위주의적-과도적 정치문화는 권위주의적이고 근대화된 산업사회의 정치문화라 볼 수 있다. 이집트와 중국처럼 부분적으로는 전통적이고 부분적으로는 근대적이다. 권위주의 정치조직에도 불구하고, 일부 학생들이나 지식층들은 정치체제에 반대하는 신념을 가지고 더 공격적인 저항활동으로 사회를 변화시키려 한다. 사업가들이나 지주들 같은 체제옹호집단은 공공이슈를 논의하고 로비에 종사한다. 그러한 체제의 대부분의 사람들은 정부를 인식하고 법을 따르나 공적인 문제에 자신들의 의견을 개진하지 않는 수동적인 신민형이다. 향리형에 속하는 빈곤자와 도시거주 문맹자, 농민, 농장노동자들은 정치체계의 관계에 대하여 거의 의식하지 못한다.

④ 민주적-전산업형 정치문화는 도시화가 덜 되고 문맹자가 많은 사회에서 나타난다. 인도 같은 국가를 민주적-전산업형의 예로 들 수 있는데, 이 사회의 지배적인 구성원들은 농촌의 문맹자들이다. 그러한 나라에서는 정치참여가 거의 없고 주로 전문가와 사업가, 지주들이 교육을 받는다. 대부분의 종업원, 노동자 그리고 자작농들은 정부의 세금과 재정정책에 의하여 직접적으로 영향을 받는다. 시민들의 가장 큰 집단은 문맹의 농장노동자와 농부이고 이들의 국가 정치에 대한 지식이나 개입은 미미하다. 이러한 사회에서 의미 있게 참여할 수 있고 민주적 수단을 통한 공공정책을 형성하는 시민권을 더 인식하도록 하는 것은 커다란 도전이다.

2. 파이의 정치발전과 관련된 정치문화 유형

파이(L.W. Pye)는 알몬드, 버바와는 다른 각도에서 정치발전 과정에서 야기되는 기본적 이슈에 관련된 가치의 형태를 다음 넷으로 분류하여 정치문화의 내용을 설명하고 있다.[24)]

24) Lucian Pye and Sidney Verba, 앞의 책, pp. 22-23.

(1) 불신과 신뢰

첫째 유형으로는 신뢰와 그에 반대되는 불신을 들 수 있다. 정치문화는 대개 자기 동포들을 믿고 협력하려는 기본적 신념 위에 입각하고 있거나, 혹은 남을 불신하며 특히 낯선 사람들을 위험시하는 태도에 근거를 두고 있다. 정치문화는 이와 같이 신뢰와 불신의 유형, 적과 동지에 대한 개념, 공공기관이나 사적 개인의 신뢰에 대한 기대에 따라 각기 다를 수 있다. 불신풍조의 만연은 국가발전의 요체라 할 수 있는 공동체의식의 조성에 중대한 장애가 되겠지만, 통치권자나 모든 형태의 높은 권위에 대한 무비판적 단순한 신뢰도 또한 발전의 장애요소가 되기 쉽다.

(2) 계층성과 평등

둘째 유형은 계층성과 평등에 관한 것을 들 수 있다. 모든 정치는 항상 상위자와 하위자, 주창자와 추종자의 관계를 포함하고 있기 때문에 정치문화도 이러한 권력에 대한 태도를 다루지 않으면 안 된다. 전통적 사회에서는 상 · 하의 계서적 관계를 강조하고 이에 대한 도덕적 당위성을 인정하고 있다. 그런데 사회가 발전함에 따라 효율적인 리더십을 요구하고 평등과 신분의 자의적 차별에 대한 철폐를 주장하게 된다. 오늘날 체제의 급격한 변화를 겪고 있는 많은 신생제국은 근대적 의미에 있어서 정치적 정당성의 확립과 효율성의 제고라는 상반된 과제를 동시에 성취해야 할 어려운 입장에 있다. 결국 전통의 계서적 지배양식과 새로운 평등성의 요구를 어떻게 조화, 극복할 것이냐 하는 것이 가장 중요한 과제이다.

(3) 강제와 자유

셋째 유형은 자유와 강제에 관한 것으로, 대부분의 학자들은 민주적 정치문화를 거론함에 있어서 자유의 가치를 그 중심적인 것으로 강조하고 있다. 아마도 몇몇 선진 민주국가를 제외하고 대부분의 국가에서 자유의 힘으로 강력한 국가를 형성하리라는 신념은 극히 낮을 것이며, 또한 효율적인 강제력으로 쉽게 국민의 힘을 조성한 나라의 예도 거의 없을 것이다.

(4) 특수주의와 보편주의

넷째 유형은 충성과 헌신의 수준에 관련되는 것으로, 가족이나 1차집단 등에 집착하는 특수주의를 강조하는 정치문화와 전체로서 국가에 충성하는 보편적 정치문화로 구분할 수 있다.

정치가 발전함에 따라 사람들은 그들의 협소한 1차집단 감정을 차츰 벗어나면서 보다 크게 시야를 넓히고 그에 따라 전체 정치체계에 대한 관심을 쏟게 된다. 그러나 1차집단의 유대에 대한 현실과 이를 지향해야 할 당위를 혼돈하여 정치를 더욱 어렵게 만드는 오류는 특히 경계해야 할 일이다.

파이는 이상 네 가지의 특징들이 결합되는 방식에 따라 각 나라 발전과정의 특징이 명백해질 것이라고 하였다.[25]

제 4 절 정치문화의 변화

1. 정치문화와 정치사회화

국민의 정치적 정향이 세대에 따라서 다른 모습을 보이는 것은 사실이다. 특히 산업화와 근대화 과정에 전통적인 국민의식과 태도는 새롭게 변하고 있다. 도시화, 교육기회의 증대, 대중매체의 발달 등 사회이동성의 증대는 국민들로 하여금 새로운 가치관을 갖게 만들고 국민들의 다양한 변화를 가져오게 하였다.[26] 정치문화의 변화는 후기산업사회와 후기물질주의 시대에 더욱 두드러지게 나타나는 현상이다. 이러한 정치문화의 변화는 정치사회화 과정을 통하여 일어난다. 정치사회화는 그 국민들이 새로운 방식으로 정치생활을 바라보고 경험하도록 유도하기 때문에 정치문화를 변화시킬 수 있기 때문이다. 또한 새로운 공동체의 출현과 같은 특수한 환경하에서 정치사회화 과정은 이전에 결코 존재하지 않았던 정치문화를 창조하기도 한다.

이렇게 볼 때 정치문화가 정치사회화를 조건지우고 또한 정치사회화를 통하여 정치문화가 유지되고 변형되며 창조되기도 한다. 그러나 정치문화의 변화는 점진적 · 단계적으로 이루어진다. 정치문화의 변화는 급격하게 이루어지지 않고 그 속도는 더디게 진행된다.

25) 위의 책, p. 23.
26) 홍득표, 앞의 책, pp. 166-167.

2. 정치사회화를 통한 변화

1) 정치문화의 인위적 변화

정치문화를 인위적으로 변화시키려 하는 경우가 있다. 이는 정치발전과 관련시켜 생각할 수도 있고, 집권층이 의도하여 정치문화를 변화시키려고 할 수도 있다. 정치문화의 근본적인 변화를 꾀하는 것은 많은 정치체제의 주요한 목표로서 정치지도자들은 대단한 노력을 투자해 왔다. 특히 급격한 산업화와 정치적 근대화를 수행하는 정치지도자들은 전통적인 가치보다는 다른 가치에 더 큰 비중을 두었다. 그러므로 특히 신생국에서 정치문화의 변화나 형성 문제는 중요한 일이 아닐 수 없다.

카바나(D. Kavanagh)는 정치문화가 변화하는 문제에 관하여 다음과 같이 몇 가지 동인(動因)을 들어 설명하고 있다.[27] 첫째, 만약에 정치문화의 변동을 급격히 성취하려면 그것은 국가에 의하여 지도되어야 할 것이다. 여기에서는 이차적이고 공식적인 정치사회화 매체가 큰 역할을 한다. 둘째, 이러한 국가들에 있어서 정치영역은 넓기 때문에 국가와 사회는 동일시되고 있다. 셋째, 많은 신생국의 역사에서는 최근에 역사적 단절이 주어졌기 때문에 새로운 태도의 창조는 혁명 전이나 독립 전의 사고방식을 약화시키는 데 매우 중요하다. 새로운 제도나 새로운 행위의 유형을 유지하기 위해서는 정치사회화에 의한 새로운 정향이 필요하다. 마지막으로 체제의 긍정적 규범과 가치의 내면화는 체제의 정통성을 공고히 하고, 그 지시에 자발적으로 순종하는 것을 고무시키는 데 있어서 매우 중요하다.

또한 레빈(R. Levine)이 지적한 바와 같이 신생제국에서 변화를 추구하는 지도자들은 이미 전통적인 궤도를 따라서 정향이 형성된 개인들에 대한 사회화를 위하여 국가제도를 이용한다. 이러한 방식으로 사용되어 왔던 제도들은 각종 단체, 학교, 군대 등이다. 이들은 성인들, 청년들, 아동들을 새로운 국가이데올로기와 새로운 생활양식으로 재사회화시키려고 시도하는 동화적인 매체인 것이다. 이것이 전체주의적 정부들과 관련될 경우 더욱 강제적인 형태로 나타나 새로운 제도나 이념들을 주입시킬 뿐 아니라, 가족과 여타 전통적인 집단들을

27) D. Kavanagh, *Political Culture*, New York: The Macmillan Press Ltd., 1972, p. 40.

파괴하기도 한다.[28)]

카바나나 레빈은 이같이 정치문화와 정치사회화의 상호관계를 신생국이나 정치변동이 심한 국가에서 정치사회화에 의한 새로운 정치문화의 형성에 관심을 두고 논의하였다. 신생국의 국가형성 과정은 원초적인 태도와 행위를 붕괴시키고, 나아가 새로운 정치적 일체감 의식을 창조하는 것이라고 볼 수 있다.

2) 현대 정치문화의 변화 추세[29)]

하나의 정치문화는 그 자신의 시대와 장소에 독특하게 존재한다. 시민들의 태도와 신념은 개인적 경험과 정치사회화 매체에 의하여 형성된다. 아직도 어느 역사적 시기에 많은 국가에서 그들의 문화가 변화의 추세에 있는지도 모른다. 우리 시대의 현대성, 세속주의, 후기물질주의 가치, 근본주의, 인종주의 인식, 민주화, 시장화 같은 주요한 사회적 추세는 일반적인 사회적 발전과 특별한 역사적 사건을 반영한다.

세계와 공공의 가치를 변형시킨 주요한 문화적 추세는 근대화였다. 지금까지 거의 두 세기 동안 과학의 영향력의 세속화와 자연에 대한 통제는 첫 번째로는 서구를, 점차적으로는 온 세상의 경제 · 사회적 체계를 변화시켰고 새로운 정치문화를 형성하였다. 문화적 근대화를 향한 이러한 추세는 그것으로부터 보호되어진 전 사회를 관통하는 강력한 영향력을 지속시킨다. 노동과 교육과 미디어를 통한 근대성의 노출은 개인들의 개인적인 경험을 형성하고 다른 사회에 근대성에 대한 메시지를 보낸다. 그것은 시민들의 참여, 개인적 평등감, 생활의 기준을 증진하고자 하는 욕망 그리고 증진된 생활에 대한 기대, 정책형성에 기반을 둔 정부 정통성을 조장한다. 그것은 역시 빈번하게 친근한 생활방식, 정통성의 전통적 기반 그리고 특별하게 향리적 혹은 신민적인 것이 남아 있는 시민들에게 의존하는 정치질서를 거부한다.

사회 · 경제적 근대화의 부산물은 후기산업사회의 특성들이 발전된 북미, 서유럽, 일본에서 나타난다. 경제적 번영과 국제적 평화의 조건하에 성장한 젊은 세대는 지금 그들의 부모들보다 물질적 부와 개인적 안전에 관심이 덜하다.

---

28) James A. Bill & L. Hardgrave, *Comparative Politics: The Quest of Theory*, 김기우 역, 『비교정치 이론』, 박영사, 1993, pp. 161-162.

29) G.A. Almond & Russell J. Dalton & G. Bingham Powell, Jr. & Kaare Strom, 앞의 책, pp.

대신에 젊은이들은 후기 물질적 가치를 더 강조하는 것 같다. 그것은 사회적 평등, 환경보호, 문화적 다원주의 그리고 자기표현 등이다. 후기 물질적 가치는 환경운동, 여성운동, 다른 공공이익협회 같은 새로운 시민집단을 발생시켰다. 이렇게 변화하는 가치는 역시 산업민주주의 정책 아젠다를 재형성시켜 왔다. 많은 시민들은 환경을 복구하고, 사회 · 정치적 자유를 확대하고, 사회적 평등을 고양하는 정책의 강조를 정부에 요구하고 있다. 이러한 민주주의에서 정치가들은 과거의 정책 필요의 지속에 대항하는 이러한 새로운 정책 요구의 균형에 분투하고 있다.

근대화에 대한 많은 다른 반응은 세계의 많은 곳에서 민족의식 혹은 인종적 일체감의 재생으로 나타났다. 시민들의 기술과 자기만족감이 증가함에 따라 전에 억압된 인종집단들은 그들의 일체성과 평등한 취급 요구를 표현하고 있다. 교육과 커뮤니케이션 기술의 발전은 이전의 전통이 비공식적이고 말로 존재했던 한 지역 언어에 문헌의 번영을 장려했는지도 모른다. 이러한 발전은 공통의 상징과 역사에 대한 인식을 더 강화할 수 있다. 분산된 지역문화의 부활이 글로벌 사회를 풍부하게 하는 반면, 문화와 하위문화 사이의 충돌은 심각한 정치적 갈등기반이 될 수도 있다. 더구나 용이한 교통에 의하여 가능해지고, 전쟁이나 정치적 갈등 그리고 경제적 개선에 의하여 고무되어 새로운 지역으로 이주는 기존사회의 생활방식을 위협할 수도 있는 것 같다. 다른 문화에서 온 가치의 노출은 기존 사회구성원들이 자신들의 이미지를 강화시킬 수 있고, 이것은 문화적 긴장을 증가시킬 수도 있다. 물론 이것이 결과적으로 더 큰 관용으로 유도될 수 있을지는 모르나, 그렇게 되리라는 보장은 없다.

과거 10년의 주요한 새로운 발전은 동유럽, 동아시아, 다른 개발도상국 세계의 일부에서 민주주의에 대한 확산이다. 민주화 추세는 현재 일어나는 사건들의 즉각적인 반응뿐만 아니라 근대성에 대한 장기적인 반응을 반영한다. 근대화는 점차적으로 비민주적 이데올로기의 정통성을 쇠퇴케 하고, 반면에 시민의 기술과 정치적 자원의 발전은 그들의 요구가 더 그럴듯하게 정책결정에 동등하게 참여하게 만든다. 그러므로 동유럽과 구 소련에 대한 많은 정치문화 연구는 새로운 민주적 체계의 형성으로 시민들 사이의 민주적 규범과 과정에 대한 놀라운 지지를 밝혀 낸다. 사실상 민주적 규범과 가치는 서구에서 민주주의가 발전되어 온 것처럼 계속해서 강화되어 왔다. 대신에 사람들은 민주주의 기능에 대해서는 비판적이다. 서구 시민들은 민주주의가 그들의 이념을 충족시키기를 기대하고 그들이 이러한 이상을 충족하지 못할 때 정치가와 정당에 대하여 비판적이다. 이러한 냉소주의가 민주적인 정치가에게는 긴장일지라도, 그것은 민주주의의 증진과 적용을 지속하도록 압박한다. 이것은 궁극적으로 민주주의의 커다란 강화를 가져온다.

최근의 문화적 다른 추세는 시장화로의 이동이었다. 즉, 정부관리경제보다는 자유시장과 사적 이익의 인센티브를 받아들이는 것이다. 이 같은 움직임은 미국과 1980년대 서유럽의 많은 국가에서 나타났다. 거기에서 경제는 비효율성과 경제적 스테그네이션이라는 심각한 문제를 경험해 왔다. 서유럽이 경제에 대한 정부 역할의 문제를 제기할 때, 동유럽과 소련의 정치적 변화는 이 논쟁에 새로운 모습으로 더해졌다. 동유럽의 통제경제는 국영기업과 정부기구에 의하여 거의 독점적으로 조종되고 있었다. 정부는 임금과 가격을 결정짓고, 경제를 지시했다. 오늘날 이러한 체제의 붕괴는 시장화에 대한 공공지지의 새로운 문제를 야기한다. 일반적으로 동유럽 국민들은 자본주의 시장체제를 지지하는 것으로 나타난다.

시장경제에 대한 지지는 역시 개발도상국 세계에서 역시 괄목할 만하게 성장해 왔다. 과거 많은 개발도상국들은 정부에 의하여 통제된 경제발전을 통하여 그들의 경제를 현대화하는데 많은 어려움을 겪었다. 이것이 자유시장을 그럴듯한 대안으로 만든다. 급속한 경제적 성장을 성취한 한국, 대만, 싱가포르가 아시아의 용(龍)으로의 성공은 시장경제의 확산을 가져왔고, 이것은 중국의 정책방향에까지 큰 영향을 미쳤다. 시장화에 대한 현재의 추세는 미래에 반전과 역풍을 만날지도 모른다. 이러한 현상은 미국과 유럽의 경제위기에서도 나타났고, 여타 국가들에게도 도미노 효과를 보였다.

명백하게, 정치문화는 정적인 현상이 아니다. 정치문화에 대한 우리의 이해는 동적인 것임에 틀림없다. 정치문화는 정치사회화 매체가 정치적 사건과 전통적 가치를 어떻게 전달하고 해석할 것인가를 완수해야 한다. 정치문화는 새로운 경험과 새로운 이념에 시민들과 지도자들의 노출로 병렬을 이루어야 한다. 우리는 새로운 시민집단이 초래한 다른 경험을 가진 것처럼 역시 점진적인 세대변화는 끊임없는 정치문화의 수정을 의미한다는 것을 역시 이해해야 한다.

제 5 절 한국의 정치문화

1. 획일적 정치문화에서 다원으로

한국의 권위주의 전통은 지금까지의 정치에 커다란 영향을 미치는 특성으로 지적되고 있다. 권위주의 정권의 등장을 용이하게 하는 구조적 · 문화적 조건들에는 제한된 정치적 다원주의나 낮은 수준의 정치적 동원능력도 있지만, 특히 권위에 대한 경외와 복종의식이 큰 영향을 미친다. 해방과 미군정 후의 복잡한 정치과정 속에서 선거를 통하여 이승만이 대통령으로 등장하였지만, 여기에는 이승만의 카리스마적 자질과 복합해서 전통적인 왕조(전주 이씨)라는 것에 대한 경외가 작용했다고 볼 수 있다.

국토분단과 전쟁의 회오리 속에서 남한의 지배층과 엘리트들은 민주적 정치제도와 시민적 정치문화를 배양하는 데 실패하였다. 한국전쟁 이래 줄곧 남북이 대립하고 있는 상황 속에서 반공을 자유민주의적 가치 못지않게 중요한 정치적 명분으로 삼았다. 즉, 자유민주주의를 수호하기 위해서 반공을 해야 하는데, 그렇기 때문에 자유민주주의를 제약하지 않을 수 없다는 것이다. 반공이데올로기의 특징은 혼란을 금지시키고, 안정과 획일을 절대시하며, 적과 동지를 선명하게 구별짓는 이분법적 사고로 표출된다. 권위주의 정치권력은 자유민주주의의 회복보다는 반공과 근대화를 내용으로 하는 통치이념을 남한사회가 받아들이도록 강요하였다.

개발독재체제는 정치불신을 조장하고, 정당의 제도화와 의회주의 실패를 가져와 헌정중단의 위기를 초래하였다. 이 사회를 지도자본주의 국가와 통제된 시민사회라 특징지을 수 있다. 중앙중심주의는 획일적이고 단극적인 문화를 형성시켜 다양한 규범체계와 타협적인 행위유형이 발전할 수 있는 사회환경을 조성하는 데 실패했다. 이는 권위주의적 권력관계와 계서적 사회관계를 강화시켰다. 중앙정부의 기능을 비대화시키는 대신 지역사회와 민간부문을 위축시켜 자율적인 사회조직과 이익집단의 성장에 장애요소로 작용하였다.[30] 이러한 한국의 정치문화는 알몬드의 분류에 따르면 권위주의적 과도형 정치문화라 할 수

58~60.

30) 안청시, "한국정치문화의 특성과 변화," 『한국정치연구』, 서울대학교 한국정치연구소, 1987, p.

있다.

한국에서 현대 산업사회로의 구조적 변화, 젊은 세대에 의한 자유민주주의 이념의 확산, 냉전반공이념의 약화, 노동운동을 중심으로 한 민주화운동의 발전 등은 정치사회의 구조적 재편성을 요구했다. 정치제도는 서서히 변하는데, 이같이 사회변동이 급격히 일어나면 여기에 부수되는 것은 새로운 집단이 정치에 참여하게 된다.[31] 즉, 산업화, 도시화, 교육의 증대, 매스미디어의 노출 등 변화의 바람은 국민의 열망과 기대를 높이고, 여기에 불만이 누적되면 개인과 집단을 정치 속으로 몰아넣는 것이다.[32]

1980년대 중반 이후 폭발한 사회 각계 각층의 민주화운동은 이를 대변해 주었다. 이러한 과정에서 지역, 연령, 교육수준, 직업 등으로 구성되는 하위집단들이 각기 다른 하위문화를 형성하게 되었다. 이들이 소지하고 있는 가치정향과 정치적 태도 사이에는 심각한 격차가 벌어져 있다. 이러한 정치정향의 격차는 오늘날 우리의 정치에 내재하고 있는 갈등의 원인이기도 하다.[33]

또한 한국의 정치과정에서 나타난 것이 지역패권구도이다. 전통적인 정치문화에 내재된 파벌의식 내지는 1차적 소집단 의식은 이러한 지역의식과 융화되면서 정치문화의 주요한 요소로 자리잡게 되었다. 1971년 대통령 선거에서 이러한 두드러진 지역의식은 1987년 선거에서 절정을 이루었고, 그 후의 선거에서도 같은 양상을 보여 주었다. 결국 지역불균형이 심각한 지역분할구도의 물질적 기반이 되고, 또 1987년 이후 진행된 정치민주화가 이러한 지역불균형의 자유로운 표출을 촉진하는 정치적 기반으로 조성되었다는 사실이다.[34]

결국 한국의 정치문화는 이념과 현실의 괴리, 정치적 정통성에 기인한 정치불신, 지역의식의 심화된 면을 보이고 있으면서도 알몬드가 말하는 민주적 산업형 정치문화로 이행되어 갔다. 이러한 것은 다른 시각에서 보면 다원주의의 확산이라는 측면을 강하게 내포하고 있는 것이다.

314.

31) Samuel P. Huntington, *Political Order in Changing Societies*, New Haven: Yale University Press, 1973, p. 4.

32) 위의 책.

33) 어수영, 『민주주의와 한국정치』, 법문사, 1994, p. 167.

34) 성경륭, “중앙집권통치와 지역패권구도의 극복: 연방주의 길,” 『창작과 비평』, 제23권 제3호,

2. 남북한 정치문화의 비교

남북한 정치문화의 양극화 현상 내지 갈등요인은 기본적으로 다원주의의 개인관과 집단주의 전체관에서 찾을 수 있다. 북한의 경우 무엇보다도 획일성과 단원적 정치 및 권력체제가 강조되어 정치사회화에서도 동질성이 보장되고 있다. 정치사회가 발전하면서 나타날 수 있는 것을 인위적으로 계속하여 틀에 씌워 넣고 있는 것이다. 그러므로 북한은 이른바 '병영 사회주의 국가'를 형성하고 있는 것이다.

남한의 경우 획일성이나 전체성에 비해 다원성 · 개인성이 강조되고 있다. 그렇기 때문에 남한은 북한과는 다른 의미의 동질성의 문제가 부각되고 있으며 이른바 정치문화가 균질적으로 나타나지 않고 있다.

정치문화가 지속성을 가지고 완만하게 변화한다는 것은, 정치제도의 변혁이나 개혁처럼 빠르지 않다는 것을 의미하기도 한다. 그러나 이렇게 양 정치체제에 권위주의가 유지되고 있는 것은 정치문화의 변화가 완만한 면도 있지만, 정치체제가 권위주의적인 요소를 정치사회화의 내용으로 내면화시켜 갔다는 것이 더 큰 요인이기도 하다.

남한은 정치변동이 이루어지고 있음에도 불구하고 유교문화에 바탕한 권위주의적 지배양식에 의하여 새로운 시민사회에 걸맞은 민주주의 정치문화가 발전되지 못하고, 과학적 합리주의와 정서적 비합리주의가 혼재된 정치문화가 형성되어 왔다. 북한에는 사회주의적 정치체제의 특징인 당의 지도적 역할의 강조와 전통적인 전제주의적 통치방식에 의하여 노동당과 인민대중간에는 가부장적 권력관계가 설정되었다. '당의 지도'는 곧 수령의 영도로 이어져 수령 김일성의 가부장적 통치방식은 인민대중을 정치적 의사형성 과정으로부터 배제하였다. 이는 김정일 지도하에서 달라진 것이 없어 소위 동원 · 복종적인 획일적인 정치문화를 형성케 하였다.

남북한의 정치체제와 통치이념 그리고 정치상황을 시대순으로 구분하여 설명하고 남북한 정치문화에 대한 결론을 내려본다.

첫째, 남북한 정치체제가 수립된 이후 이들은 각 체제가 기본으로 하는 자유민주주의와 사회적 민주주의의 이념을 내세웠음에도 불구하고 실제의 정치과정은 양상을 달리했다. 남북한은 반공 · 반미주의를 기초로 하여 체제를 유지시켜 왔다. 한국전쟁을 통하여 양 체제는 이러한 이데올로기를 능동적 동의로까지 유도해 내 분단의식을 내재화시켰다. 그리고 모든 국가권력의 행사가 비민주성을 띠고 있음에도 불구하고 반공·반미라는 미명 아래 그것은 정당화되었다. 특히 북한의 경우는 반미를 인민대중노선의 강화에 연결하고 동원체제의 기반을 마련했다. 이러한 상황은 전통적 정치문화의 속성들이 그대로 유지되는 결과를 가져왔다.

둘째, 남북한은 체제경쟁의 양상을 띠고 있었으나 정권들의 통치이념은 유사한 면을 보여주고 있다. 즉, 반공과 반미, 조국 근대화와 사회주의 경제건설, 자주국방과 국방에서의 자주 등이 바로 그것이다. 이러한 것을 내용으로 하는 정치사회화 과정은 국민들의 지지를 확보할 수 있었고, 유신체제와 주석제로 강압통치의 기반을 마련하였다. 이것이 바로 한국적 민주주의 토착화이고 결실이며, 주체 사회주의 정착의 결정체라는 것이다. 그러나 남한의 경우 1970년대 이후 군부 권위주의에 도전하는 인권운동과 민주운동의 계층이 형성되어 갔는데 비하여, 북한 김일성의 유일지배체제는 이러한 여지를 주지 않았다.

셋째, 1980년대 남한의 경우는 산업화와 더불어 국민의 의식수준이 달라져 민주화는 가치덕목이 되었다. 특히 광주민주화운동, 6·10민주항쟁 등을 경험하면서 민주화라는 것이 국민의식에 내재화되어 갔다. 북한의 경우도 세대교체가 이루어지면서 갈등이 대두되기도 하였지만, 북한만이 가지는 특수성 때문에 종전의 방식과 내용이 북한에서는 지속될 수 있었다. 김정일의 권력승계는 가부장적 체제의 유지를 보여주는 대표적인 것이다.

넷째, 남한에서 민주화의 열망은 소위 '문민정부'를 탄생케 하였고, 다시 여·야간의 정권교체가 처음으로 이루어지기도 하였다. 이것은 남한의 정치사회에 잠재해 있는 지역의식이 큰 변수로 작용했다는 것은 부정할 수 없으나, 국민들의 민주시민으로의 성숙도 무시할 수 없는 것이었다. 김일성의 사망과 유훈통치 과정에서 보인 북한사회의 모습은 크게 달라지지 않았다. 유훈통치를 거두어들이면서 내놓은 강성대국 건설은 정신혁명운동의 재강조이다. 정상회담 이후에 남북한 구성원 사이에 나타난 반응은 정치문화의 속성을 드러내기도 하였다. 남한에서의 '남남갈등'이라 일컬어지는 현상은 다원주의적 면을 볼 수 있고, 북한에서는 동원적 지지의 모습을 볼 수 있다.

이러한 모습들은 크게 변하지 않고 지속되고 있다. 남한에서는 많은 선거과정에서 보수와 진보라는 명제에 의하여 국민들의 표심을 잡으려 하면서 갈등양상을 보여 왔지만, 이것 자체를 참여문화의 확산이라고 볼 수 있다. 북한에서는 김정일이 사망하고 백두혈통에 의한 권력승계가 이루어져 김정은 체제가 출범하였다. 이것은 가부장적 · 전통적 정치문화의 전형적인 예라고 볼 수 있다.

결국 남한의 정치문화는 다원주의에 바탕을 두고 분열적 양상을 보인 반면, 북한의 정치문화는 주체를 근간으로 한 획일적 양상을 보였다. 문제는 분열적 정치문화로 보여진 남한의 정치문화는 민주적 내지는 발전적 정치문화로 다가가는 과도기적인 문화라 볼 수 있다. 왜냐하면 남한의 정치문화는 주입에 의한 문화형성이 한계를 보이고, 참여를 수용하며 자발적인 형성에 힘입은 바가 크기 때문이다. 여기에 비해 과도한 통합성을 보이고 있는 북한의 정치문화는 끊임없는 주입에 의하여 타율성으로 조성된 문화인 것이다. 그러므로 이러한 정치문화는 외부로부터의 자극에 아주 약해 변화가 심화될 경우 정치문화로서의 형태를 유지하기 어려운 아노미적 현상이 나타날 수 있다.

제4장 정치사회화이론의 분석

제 1 절 정치생활과 정치사회화의 접근

어느 나라의 정치생활에 있어서나 국민들은 다른 나라와 구별되는 공통된 국민적 일체감이나 충성심을 가지고 있다. 또한 각 국가마다 정치에 대한 국민들의 독특한 가치체계, 신념, 감정적 태도, 행동양식이 있다. 그러므로 나라에 따라 국민들이 정치에 능동적으로 참여하여 그들의 의사를 전달하는가 하면 그렇지 않는 경우도 있다. 이러한 참여의 차이는 인간의 생활경험이나 요구에 따라 다를 수도 있고, 또한 그 나라 사회체제의 관행이나 문화에 따라 다를 수도 있다.[1]

따라서 정치에 대한 불신풍조의 만연 혹은 일반적 소외나 반항현상은 사회에 따라 다르게 나타날 수 있다. 같은 국가 내에 있는 사람들이라 할지라도 그들의 정치에 대한 정향은 다양하다. 정치를 불신, 혐오하고 정치로부터 완전히 소외된 국민이 있는가 하면, 특정한 정치이념에 빠지기도 하며 특정 정당의 지지자가 되는 국민도 있다.

그러면 국민들이 언제부터 어떤 방식으로 정치적 태도를 가지게 되는가? 왜 어떤 사람들은 정치에 적극적이고, 다른 사람들은 소극적인가? 또한 국민들은 어떻게, 언제, 왜 특정 정치이념에 빠지고 또한 특정 정치집단에 지지를 보내는가? 이들이 획득한 태도는 그들이 자라난 환경과 어떤 연관성을 가지고 있으며, 그것의 현실적 의미는 무엇인가 등 많은 문제가 제기된다. 이것이 정치사회화의 주요한 연구대상이다.

이와 같이 정치사회화는 국가의 정치생활 전반에 관련되어 있어 정치문화를 유도하는 과정이다. 다시 말하면 정치문화는 정치사회화의 산물이다. 그러나 정치사회화와 정치문화는 어느 것이 원인이고, 어느 것이 결과인지 이 둘 사이의 선후관계를 판단하기는 대단히 어렵다. 정치사회화가 정치문화의 형성과 전수에 주도적인 역할을 담당하지만, 한편으로 정치사회화의 내용과 기술에는 이미 그 시대와 특정 사회의 정치문화적 정향이 내포되어 있는 것이다.[2]

정치사회화가 진행되는 과정에서 그 사회의 정치문화는 유지되기도 하고 변형 또는 창조되기도 한다. 기성세대가 다음 세대에게 그들의 정치문화를 전

---

1) 김재영 외, 『정치문화와 정치사회화』, 형설출판사, 1990, p. 209.
2) 어수영, "현대한국의 정치문화," 김운태 외, 『한국정치론』, 박영사, 1999, p. 316.

수하고, 새로운 세대는 이를 받아들여 적응해 갈 때 그 사회의 정치문화는 유지된다.[3] 그러나 이러한 전승과정에서 정치문화가 변하기도 한다. 정치사회화는 새로운 방식으로 정치생활을 바라보고 경험하도록 유도하기 때문에 정치문화를 변형시키기도 한다. 또한 정치문화는 여러 차례의 정치적 변화의 경험 위에 유지되고 발전해 감을 고려할 때, 새로운 문화의 창조라는 적극적 개념으로까지 확대될 수 있다.

제 2 절 정치사회화에 대한 연구와 개념

1. 정치사회화에 대한 인지와 발전

정치사회화란 용어가 학계에서 사용되기 시작하고, 정치적 태도에 관한 경험적 연구가 행하여진 것은 비교적 근래의 일이다. 그러나 사회의 새로운 성원에 대한 시민교육의 필요성은 고래로부터 정치가나 학자들의 중요 관심사였다. 공자는 『논어』에서 "性相近也나 習相遠也"라 하여 사람은 태어날 때는 서로 비슷하나 사회적 환경에서 터득하는 습성에 따라 서로 달라진다고 하였다. 그러므로 그는 중국의 여러 제후들에게 백성을 더 잘 훈련시킴으로써 그들의 불안한 정치적 지위를 공고히 하도록 권했다. 또한 공자는 가족생활과 정치적 태도를 연관시켜 부모에 대한 공경과 사랑은 후에 정치적 권위에 있는 자에 대한 관계로 확대되리라고 믿고 효를 특히 강조하였다.[4] 플라톤(Plato)은 『공화국』에서 종합적인 정부주도의 교육계획을 통하여 젊은이들에게 적절한 시민적 제 가치를 가르쳐 선량한 시민으로 만들어야 한다고 역설하였다. 그래서 이상국가는 안정된 국가이고, 안정은 사회통제의 완전한 메커니즘에 의하여 성취된다고 하였다.[5]

좀더 구체적인 정치사회화의 기원을 찾아보면 17~18세기 로크(J. Locke)나

3) 정치사회화의 중요성을 일찍이 제창한 하이만(H.H. Hyman)은 인간은 그들의 정치적 태도를 일찍부터 익히며, 한번 익히면 이를 지키는 것이 틀림없다고 해서 정치사회화의 보수적 속성을 강조하였다. H.H. Hyman, *Political socialization*, Glencoe, Ill: The Free Press, 1959, p. 10.

4) 논어에 "子日, 書云孝也, 惟孝乎, 友于兄弟, 施於有政 是亦爲政 奚期爲政"이라 하여 공자는 정치생활의 질서는 가정의 수신제가에서 비롯된다고 하였다.

5) Plato, *The Republic*, Macdonald Cornford(trans.), New York: Oxford University Press, 1945, p. 56.

루소(J.J. Rousseau)의 사회사상에 뿌리를 두고 있다고 할 수 있다. 17~19세기에 걸친 수많은 정치변혁 속에서 한 개인은 생태적으로나 사회적으로 성장하는 것과 마찬가지로 정치적으로 성장한다는 것을 그들은 간파하고 있었다. 나폴레옹 군대에 참패를 당하여 분기한 독일 철학자 피히테(J.G. Fichte)는 「독일국민에게 고함」이라는 애국적 강연으로 유명했는데, 그는 민족에 있어서 영원한 신성의 발전은 민족교육에 의하여 실현되는 것이라 하였다.[6] 따라서 피히테는 국방에 대한 투자보다도 민족교육을 위한 투자를 강조하였으며, 교육은 국가를 지지하고 지켜 주는 군대와 같은 역할을 수행한다고 하였다.

그러나 이러한 사실은 일반적으로 수용되었을 뿐이지 체계적인 연구나 조사는 이루어지지 않았다. 사회화에 대한 정치적 접근은 이데올로기라든지 안정 및 시민교육과 같은 정치학의 전통적인 관심에서 비롯되었다. 특히 미국의 시민교육에 대한 관심은 엄청난 이주민의 흡수 · 동화가 중요한 문제로 등장하면서부터이다. 정치적 학습과정을 조사하기 위한 최초의 시도는 1931년에 메리엄(C.E. Merriam)이 편집한 『시민교육』(*The Making of Citizens*)이었다. 그 후 제2차대전과 그 후 10년 동안 이루어진 정치사회화에 대한 연구는 인간성과 정치에 관한 문제였다. 이러한 관심은 정치와 사회발전 원천의 중요한 변수로 인간성을 중시하는 경향을 보여 왔다.[7] 그러나 아직 이들을 이해하려는 지속적인 노력은 1950년대 중반까지는 나타나지 않았다.

이와 같이 정치사회화 연구의 중심과제라 할 수 있는 시민들의 훈련과 교육에 대한 관심은 공자나 플라톤까지 거슬러 올라갈 수 있다. 그러나 1950년대 후반과 1960년대 초에 들어서야 비로소 경험적 연구를 통한 초기의 철학적 사색과 정치관행의 가정이, 정치적 학습의 여러 가지 요인들에 대한 더욱 확고한 지식으로 변화되었다.[8]

6) Johann Gottlieb Fichte, *Address to the German Nation*, R.F. Johes and G.H. Turnball(trans.), Chicago and London: The Open Court Pub. Co., 1922 참조.

7) Fred I. Greenstein, "Political Socialization," *International Encyclopedia of Social Science*, Vol. 14, New York: The Macmillan Company & The Free Press, 1968, p. 554.

8) Hebert Hirsch, *Poverty and Politicization: Political Socialization in an American Sub-Culture*, New York: Free Press, 1971, p. 1.

2. 정치사회화의 연구와 개념정의

1959년에 와서 하이만(H.H. Hyman)은 『정치사회화』라는 최초의 중요한 저서[9]에서 이 분야 연구에 활기를 불어넣었다. 그는 초기에 실시한 여러 결과들을 모아 그것들이 갖는 정치적 의미에 따라 이를 다시 분석하고 체계화하였다. 1960년대 중기에 와서 정치사회화에 관한 연구는 더욱 활발해졌으며, 지난 20년 동안 학자들은 자료를 모집하여 가설을 설정하고 정치학습을 공공질서에 대한 설명으로 연결짓는 이론들을 제시하였다. 그린슈타인(F.I. Greenstein), 헤스(D. Hess), 토니(J.V. Torney)는 각각 어린이들의 발달에 대한 조사를 하였으며, 그 뒤 알몬드(G.A. Almond), 콜먼(J. Coleman), 이스튼(D. Easton), 파이(L. Pye) 등은 정치사회화를 정치체계와 관련시켜 연구하였다.

특히 이스튼은 그의 체계이론에서 정치체계가 존속하는 것은 체계구성원 대부분의 확산적 지지를 받고 있기 때문이라고 하였으며, 헤스 및 데니스(J. Dennis) 등의 학자들과 공동연구에서는 정치사회화가 이러한 지지에 근원을 두고 있다고 했다. 그리고 알몬드나 파이 등 구조·기능분석이나 정치문화에 관심이 있는 학자들도 체계안정, 체계유지, 문화적 지속성 등에 관심을 가지고 정치사회화를 중시하였다. 또한 슈바르츠 등(D.C. Schwartz and S.K. Schwartz)도 정치사회화의 새로운 방향을 모색하고 ① 개인의 역동성, ② 과정적 분석의 중요성, ③ 사회화 매체의 확대연구 등을 강조하였다.[10] 프레위트(K. Prewitt)는 정치사회화 연구에 헤게모니이론을 도입하여 통치권력과 정치사회화를 결부하여 설명하였다.[11]

윌슨(R.W. Wilson)은 피아제(J. Piaget), 콜버그(L. Kohlberg) 등에 의하여 체계화된 인식발달이론과 사회학습이론이 너무 일면만 강조하고 있다고 비판하고 이를 절충·종합한 모델을 제시한 바 있다.[12] 즉, 내적 요소로서 인식발달능력은 사회적 환경과 도덕성에 관한 훈련 등 외적 요소와 결합에 의하여 도덕적 능

9) Hyman, 앞의 책.

10) D.C. Schwartz and S.K. Schwartz, *New Direction in Political Socialization*, New York: The Free Press, A Division of Macmillan Pub. Co., 1975, pp. 6-7.

11) K. Prewitt, "Political Socialization Research in United States: Can We Get Where We Should Be Going From Where Have Been?," *International Journal of Political Education*, 1, 1977-78, pp. 111-126.

12) Richard W. Wilson, "Political Socialization and Moral Development," *World Politics*, Vol. 33, No. 2, 1981, pp. 153-177.

력을 습득하게 된다. 그리고 도덕적 능력의 중요 내용으로서 상호성, 감정이입, 개인적 책임감 등이 중요하다고 하였다.

이후의 정치사회화 연구는 더 복잡한 사회적 상황을 반영한다. 웨스토름(A. Westholm)과 니미(R.G. Niemi)는 "정치문화는 광범하고 복잡하게 나타나 정치사회화 연구의 초점이 정당과 같은 중요한 기구에 대한 태도와 신념으로부터 정치적 의제를 중시하는 관점, 초물질적 가치, 시민의식, 정치적 신뢰 등으로 옮겨갔다"고[13] 말하고 있다.

이와 같이 정치사회화에 관한 많은 연구 속에서 학자들이 밝히고 있는 정치사회화의 개념에 대한 정의는 다음과 같다. 그린슈타인은 "정치사회화란 명시적인 정치학습뿐만 아니라 정치와 관련 있는 사회적 행동의 비정치적 학습과 퍼스낼리티 특성의 습성을 포함해서 인생의 모든 단계에서 형식적 · 비형식적 그리고 의도적 · 무의도적인 모든 정치학습이다"[14]라고 하였다. 이스튼과 데니스는 "정치사회화란 사람들이 정치적 정향과 행태유형을 배우는 발전적 과정이다"[15]라 하고, 랭턴(K. Langton)은 정치사회화를 "각 개인이 사회의 다양한 매체를 통하여 정치적으로 적절한 태도적 성향 및 행태적 유형을 배우는 과정"[16]이라고 하였다.

또한 카바나(D. Kavanagh)는 "각 개인이 정치에 대한 정향에 대해서 알고 그것을 발달시키는 과정"[17]이라 정의하고 있다. 도슨(R.E. Dawson)은 "정치사회화란 개인이 그의 특정한 정치적 정향—정치적 세계에 대한 지식 감정 및 평가—을 획득하는 과정"[18]이라 정의하고 있다. 그리고 알몬드나 파이 등 구조기능분석이나 정치문화에 관심이 있는 학자들도 체계안정, 체계유지, 문화적 지속성 등에 관심을 가지고 정치사회화를 중시하였다. 프레위트는 정치사회화에 헤게모니이론을 도입하여 정치사회화를 "지배집단이 종속집단에 대하여 통제관계를 유지하기 위하여 그들이 의도하는 사회적 가치와 질서를 받아들이도록

---

13) A. Westholm and R.G. Niemi, "Youth unemployment: A Source of Political Alienation," 재인용; G. Gustaffsson, "Political Socialization in Scandinavia," *International Political Science Review*, Vol. 8, No. 3, July 1987, p. 226.

14) Greenstein, 앞의 글, p. 551.

15) David Easton and J. Dennis, *Children In Political System: Origin of Legitimacy*, New York: McGraw-Hill Book Co., 1969, p. 7.

16) Kenneth P. Langton, *Political Socialization*, New York: The Free Press, 1969, p. 5.

17) Dennis Kavanagh, *Political Culture*, New York: The Macmillan Press Ltd., 1972, p. 28.

18) Richard E. Dawson, Kenneth Prewitt and K.S. Dawson, *Political Socialization*, New York: Little Brown & Co., 1977, p. 33.

통제를 가하는 것을 뜻한다"[19]고 말하고 있다.

이와 같이 여러 학자들의 정치사회화 개념 정의는 두 가지 차원에서 이루어졌다. 개인적 차원에서 정치사회화는 개인이 다양한 매체를 통하여 정치적으로 관련된 태도성향이나 행위유형을 배우게 되는 과정이다. 체계적 차원에서 보면 정치사회화는 정치체제의 유지와 발전에 어떤 관련성을 가지고 있는가를 규명하는 것이다. 그런데 개인의 정치적 태도 형성은 개인적 차원에 머물지 않고 정치체계의 수준이나 사회문화의 맥락에서 검토되어야 한다. 그러므로 정치사회화는 정치체계의 유지 · 발전 및 지배의 정당성과 관련하여 개인이 정치문화와의 상호작용을 통해 체계수준 및 정치적으로 관련된 태도를 습득하는 과정[20]이라고 규정할 수 있다.

제 3 절 거시적 수준의 이론

정치사회화에 대한 거시적 수준의 이론에는 정치체계의 성격 및 과정을 이해하는 입장인 체계수준이론이 있다. 이는 정치사회화의 내용뿐 아니라 정치체계가 어떻게 조직화되고 세대를 통하여 어떻게 그 자체를 유지하는가 하는 것이다. 또 하나 거시적 수준으로 들 수 있는 것이 헤게모니이론인데, 이것은 일반적으로 체계화된 이론은 아니지만 가장 폭넓은 의미에서 정치를 해석할 때 적용될 수 있는 이론이다.[21] 다음에서는 이들 각 이론을 좀더 상세하게 분석해 보기로 한다.

1. 체계수준이론

정치사회화는 정치체계의 한 과정으로 간주할 수 있고 이는 체계의 기능을 위하여 중요한 과정이다. 1950년대 후반에 정치체계 분석의 개념구성에 있어 두 가지 입장이 제시되었다. 그 하나는 주로 이스튼에 의하여 발전된 일반체계이론

19) Kenneth Prewitt, "Political Socialization Research in United States: Can We Get Where We Should Be Going From Where We Have Been?" *International Journal of Political Education*, Vol. 1, 1977-78 참조.
20) 김재영 외, 앞의 책, p. 215.
21) Prewitt, 앞의 글, p. 125.

이고 또 다른 하나는 알몬드와 그의 동료에 의하여 정치학의 연구에 소개된 구조기능분석의 개념구조였다. 이들 두 접근방법을 살펴보면 정치사회화는 정치체계를 위한 지지를 발전시킬 수단으로 본다는 점에서 서로 공통된다.

1) 일반체계이론

이스튼과 헤스 및 이스튼과 데니스의 정치사회화에 관한 분석모델은 모두가 이스튼의 일반체계이론에 의하여 시작된 것이다. 투입-산출의 전환모델은 이스튼의 정치체계 접근법의 근본을 이루고 있다. 투입은 요구와 지지를 포함하고 있는데, 정치체계가 유지 · 존속해 나가기 위한 중요 메커니즘으로서 지지의 근원을 탐구하는 것이 정치사회화에 관한 이스튼의 중요 관심사이다.[22] 여기에서 지지란 단순히 정치체계의 외형에 대하여 확신이나 애정, 신뢰의 감정을 의미한다. 확산된 지지나 일반적인 지지는 의심할 여지도 없이 체제존속에 중요하다. 체계 구성원들이 지지의 신념을 갖도록 하는 정치사회화가 정치체계에 기여하는 것은, 정치체계가 만족스러운 정책을 수립할 수 있도록 해준다는 점이다.

이스튼은 정치사회화가 지향하는 정치현상을 정부, 체제, 정치공동체의 세 가지 범위로 분류하고 있다.[23] 체제존속은 이 세 가지의 각 정치적 대상에 대한 최소한의 지지수준을 유지하느냐의 여부에 달려 있다. 지지의 투입이 이같이 최소한도의 수준 이하로 떨어질 때 어떠한 체제라도 그 존속이 위험하게 된다. 그 체제는 어떤 일이 발생하든지간에 충성과 애정이라는 강력한 유대에 의하여 구성원들을 체제에 계속적으로 결속시키기를 원한다. 그러기 위하여 구성원들로부터 높은 수준의 다양한 지지(확산적 지지)를 얻고자 한다. 이와 같은 지지의 형태는 특수한 보상과는 무관한 것이며, 보통 애국심을 강조하는 정치사회화와 지도자 · 헌법 그리고 국가에 대한 충성의 산물인 것이다.

---

22) D. Easton and J. Dennis, 앞의 책, pp. 4-5.

23) 이 때 정부는 그 사회를 위하여 구속력 있는 결정을 일상적으로 행하며 관리하는 역할을 담당하고 있는 자들을 통괄한다. 체제는 이들 결정이 작성되고 관리하는 비교적 안정적인 공식적 · 비공식적 구조라 하고, 정치공동체는 공동의 정치구조를 통하여 공동의 문제해결에 임하는 일단의 사회구성원이라고 이해한다. David Easton, *A System Analysis of Political Life*, New York: John Wiley Sons, Inc., 1956, part 3.

2) 구조기능이론

파슨스(T. Parsons) 등 구조기능주의자들도 이스튼과 같이 정치사회화를 연구하고 있으나 그들은 서로 다른 강조를 하고 있다. 파슨스나 스멜서스(N. Smelsers)는 정치적 사회체계를 그들의 체계유지를 위하여 필요한 기능을 수행하는 것이라 보고, 모든 행위체계의 기능적 절대조건으로서 네 가지 패러다임을 언급하고 있다.[24] 그 중 하나인 유형유지 기능은 체계 안에서 행위의 방향을 제시하고, 이를 정당화시키는 일련의 공통적 가치를 규정하고 유지하는 과정으로 보고 있다. 그리고 사회는 새로운 성원을 사회화하고 이미 사회화된 성원들의 결속감을 유지해야 한다는 것이다.

미첼(W.C. Mitchell)도 이와 비슷한 구조·기능적 조망에서 정치체계에 특별히 초점을 두고 있다. 그는 파슨스와 같이 필수적 체계기능을 규정하면서도 이스튼과 마찬가지로 정치체계를 주로 투입-산출의 전환과정이라고 보고 있다. 정치체계의 통합기능은 공식적·비공식적 사회화과정을 포함한다. 따라서 정치사회화는 요구, 자원, 지지 등 정치체계에 대한 투입뿐만 아니라, 그 투입이 결정을 이루는 산출로 전환되는 모든 과정에 영향을 준다.

알몬드의 이론도 파슨스나 미첼 등의 개념과 밀접히 연관되어 있다. 콜먼과 공동저작에서 알몬드는 서구체계와 비서구체계를 분석함에 있어 필수적인 일곱 가지의 기능적 범주를 만들었으며, 이스튼과 같이 이들을 투입-산출과정으로 나누고 있다. 정치체계가 수행해야 할 4대 투입기능 중에 그들은 정치사회화를 포함시키고 있다. 그들은 서로 다른 정치체계에 따라 정치사회화의 기능을 비교함에 있어 ① 잠재적·현재적, ② 분산적·특수적, ③ 개별적·일반적, ④ 정서적·도구주의적인 것으로 나누고 있다. 이 과정은 주로 정치문화의 안정과 구조의 지속성을 결정해 주는 것으로 보고 있다.[25]

결국 이들 접근방법은 시민이 정치체계에 관하여 갖는 정치적 정보와 가치, 태도와 기대의 형태가 정치체계의 운영하는 방식에 영향을 미치리라 전제하고 있는 것이다. 정치체계란 체계 구성원간에 지지를 확보하고 유지하기 위

24) Talcott Parsons and Neil Smelsers, *Economy and Society*, Glencoe, Ill: Free Press, 1956, pp. 16-17.

25) Gabriel A. Almond, "Introduction: A Functional Approach to Comparative Politics," G.A. Almond and James S. Coleman(eds.), *The Politics of the Developing Areas*, New Jersey: Princeton University Press, 1960, pp. 28-30.

하여 작동하는 것으로 개념지우고 있다. 따라서 정치체계는 시민의 교육을 통하여 현재의 정치질서를 받아들이고, 지도자를 믿으며 특정 형태의 정책에 대한 기대를 확보할 수 있다. 그들은 모두 성장과정의 시민을 특히 중요시하고 이들에게 알맞은 정치적 정향을 전수해야 한다고 생각한다.[26] 이러한 체계수준이론은 개인과 정치체계에 관한 정돈된 틀을 제공하였다.

2. 헤게모니이론

헤게모니라는 말은 지배와 통제를 뜻한다.[27] 이것은 사회에서 선택된 사람들의 권익이 전체사회를 지배한다는 뜻으로 사용된다. 이를 정치사회화에 적용시켜 보면 헤게모니이론은 정치권력을 장악한 집단이 그들의 통치를 공고히 하기 위하여 상징을 조종하고, 선전과 검열을 이용하는 방법을 말한다. 그러므로 정치사회화의 헤게모니이론은 어떻게 정치이데올로기가 지배계급으로부터 피지배계급으로 전달되느냐를 보여 주려는 시도이다.[28]

지배계급이 통치력을 확보할 수 있는 방법은 피지배계급으로 하여금 그들이 의도한 대로 어떠한 사회적 습관이나 정치적 신념을 습득케 하는 것이다. 이러한 습관이나 신념은 정치사회화를 통하여 촉진된다. 실제로 정치사회화를 연구하는 사람의 입장에서 보면 정치학은 사회화된 정치적 습관이나 신념에 대한 이해 없이는 통치력의 기본적인 문제를 쉽고 만족스럽게 설명하기 어렵다.[29] 어떤 의미에서 보면 정치사회화의 개인적 혹은 미시적 수준의 연구를 체계 혹은 거시적 수준의 문제와 연결하는 것은 이 같은 가정에서이다.

1) 그람시의 헤게모니이론

체계수준이론에서 설명한 바와 같이 이스튼과 데니스를 제외하고는 정치사회학의 논제를 통치력 문제, 즉 궁극석으로 권력과 통제의 폭넓은 문제에 연결시키려는 시도는 거의 없었다. 그러므로 정치사회화와 통치력의 관련성을 설명할 수 있는 분석적 수단이 필요하다. 이 같은 논의에 대한 접근방법으로 제시

26) 김재영, 『정치사회화론』, 대왕사, 1982, p. 45.
27) R.E. Dawson, K. Prewitt and K.S. Dawson, 앞의 책, p. 24.
28) 위의 책.
29) Prewitt, 앞의 글, p. 119.

될 수 있는 것이 헤게모니이론이다.

헤게모니이론의 대표적인 것이라 할 수 있는 것은 계급헤게모니이론이다. 그람시(A. Gramsci)는 『옥중수고』(*Prison Notebooks*) 전체를 통하여 헤게모니 개념을 그 핵심개념으로 사용하고 있다. 『옥중수고』가 갖는 단편성과 산만성 때문에 그람시의 이론은 어떤 맥락에서 접근하는가에 따라서 그의 헤게모니에 대한 정의도 논자에 따라 다양하게 나타난다. 그러나 다음과 같은 서술에서 그의 헤게모니에 대한 견해를 파악할 수 있을 것이다. 그람시는 "헤게모니의 정상적인 행사는 강제력과 동의의 조합으로 특징지어진다. 이 양자는 서로 균형을 이루어 강제력이 과도하게 동의를 압도하지 않도록 한다. 그러나 사실상 강제력이 다수의 동의에 기반한 것임을 믿도록 만들려는 시도가 계속되며 이것은 소위 여론기관(사회화 매체)을 통하여 표현된다"[30]라고 기술하고 있어 그가 의도하는 헤게모니가 정치사회화의 분석틀이 될 수 있다는 것을 시사하고 있다.

헤게모니에 입각한 정치사회화 현상을 보다 구체적으로 지적한 사람은 밀리반트(R. Miliband)이다. 그에 의하면 지배계급의 계속적 지배는 국가의 강제적 역할뿐만 아니라 정당화 내지 정치사회화에 의해 가능하다는 것이다. 말하자면 부르주아 국가와 그것의 사회질서 유지는 사회내 하층계급들의 동의와 정당성의 정도에 달려 있으며, 이 동의와 정당성은 다시 국가의 이데올로기적, 즉 문화적 설득기능과 관련되어 있다고 보고 있다.[31]

그러므로 그람시가 말하는 헤게모니는 다음과 같이 말할 수 있다. 헤게모니는 특정한 생활양식과 사고가 지배하는 질서 속에 존재한다. 이 질서 속에서 현실에 대한 단일개념이 전체사회에 만연된다. 즉 모든 제도적 · 사적 표현체들 속에 그 정신을 반영하는 정치적 원칙과 관습과 도덕, 취향 등이 확산되며, 이것이 사회관계 속에도 확산된다. 이러한 맥락에서 볼 때 우리는 헤게모니의 내용을 강제력과 동의의 변증법적 통합으로 해석할 수 있다.

프레위트는 그람시의 헤게모니를 다음과 같이 말하고 있다. "그람시의 헤게모니 개념은 지배계급을 유지하는 신념과 관련된다. 그는 국가는 경제적으로 지배하고 있는 계급의 동의에 의하여 만들어졌다고 주장한다. 이탈리아의 자본주의가 착취에 동의하고 있다는 것을 설명하면서, 그람시는 이 같은 동의를 계

---

30) Antonio Gramsci, *Selections From The Prison Notebook*, edited and trans, Quintin Hoare and Geoffrey Nowell Smith, New York: International Publishers, 1971, p. 80.

31) Ralph Miliband, *Marxism and Politics*, London: Oxford University Press, 1997, pp. 97-98.

급헤게모니 탓으로 돌렸다. 이러한 것은 한 계급의 이익이 국가의 일반적 이익을 나타낸다는 폭넓게 공유된 신념과 관계가 있다."[32]

이러한 계급헤게모니를 유지하는 국가의 역할은 이중적이다. 먼저 국가는 권력을 사용해서 현 경제체제에 반대하는 사람은 별 이익이 없다는 것을 보여준다. 다른 한편으로 국가는 동의를 조직화하는 데 중요한 교육적 역할을 한다. 국가의 법적 구조는 그 자체가 계급헤게모니를 위하여 피지배계급을 사회화하는 장치이다.[33] 예를 들면, 국민들을 소위 무해한(harmless) 존재로 되게 하기 위하여 그들을 국가의 법적 구조를 통하여 지배계급에 충성하는 시민으로 만들려고 한다.

또한 카노이(M. Carnoy)는, 그람시의 헤게모니 개념은 두 가지 중요한 의미를 가지고 있다고 보았다. 첫째, 헤게모니는 시민사회에서 지배계급의 한 분파가 도덕적·지적 지도성을 통해서 지배계급의 다른 동맹 분파들을 지배하는 과정이다. 둘째로 헤게모니는 지배계급과 피지배계급간의 관계를 말한다. 헤게모니라는 말에는 지배계급이 그들의 정치적·도덕적·지적 지배력을 사용하여 자신의 세계관을 포괄적이며 보편적인 것으로 확립하고, 피지배계급의 이해나 욕구를 구체화하는 성공적인 의도를 내포하고 있다.[34] 부시글룩스만(C. Buci-Glucksmann)은 더 나아가 사회에서 그람시의 헤게모니 개념은 지배적인 가치문화를 구성하는 제도, 이데올로기, 관습, 행위자들의 복합체로서 표현된다고 주장한다. 그의 견해로는 이러한 헤게모니 기구는 한 계급의 팽창에서만 통일될 수 있다[35]는 것이다.

2) 엘리트이론

엘리트이론은 헤게모니이론의 다른 변형으로 볼 수 있다. 엘리트이론은 통치집단의 지배적 역할을 강조하며, 계속적 통치를 확보하기 위하여 모든 수단을 동원한다. 세습군주제는 그 좋은 예이다. 그러나 관료적 정당(구 소련 등의 공산당) 혹은 군사독재집단들이 권력을 장악하고 그 지배를 지키기 위한 수단이

32) Prewitt, 앞의 글, p. 121.
33) 위의 글.
34) Martin Carnoy, *The State and Political Theory*, New Jersey: Princeton University Press, 1984, pp. 69-70.
35) C. Buci-Glucksmann, *Gramsci et l'etat*, Paris: Feyard, 1974 재인용; 위의 책, p. 70.

될 수도 있다. 계급헤게모니처럼 엘리트 헤게모니도 그들의 통치체제를 유지하기 위하여 강압적이거나 교육적인 면에서 국가권력을 사용한다.[36]

모스카(G. Mosca)는 모든 정치체계에는 두 계층, 즉 정치계급과 비정치계급이 있다고 주장한다. 엘리트는 모든 체계 및 사회에 존재하고 있으며 문명의 형과 레벨은 엘리트가 변화함에 따라 변화한다.[37] 모스카는 다음과 같이 기술함으로써 그의 연구시각을 표현하고 있다. 즉 "문명의 여명을 거의 발전시키지도 달성하지도 못한 사회에서부터 가장 진보되고 강력한 사회에 이르기까지 모든 사회는 두 계급의 사람들, 즉 지배하는 계급과 지배받는 계급이 나타난다. 첫째 계급은 항상 소수이지만 모든 정치적 기능을 수행하고, 권력을 독점하며, 권력이 가져다 주는 이점들을 향유하는 반면, 두 번째 계급은 수는 많지만 첫 번째 계급에 의해서 지도되고 통제된다"[38]라고 서술하고 있다.

이와 같이 볼 때 통치계급의 지배는 국가의 통제에 기반을 두고 있다. 통치계급은 사회의 지배이념을 소수의 통치를 정당화할 수 있는 신념체계에 연결함으로써 통제를 유지한다. 모스카는 이를 통치계급의 정치적 신조라고 부른다. 정치적 신조는 권력의 실질적인 행사를 정당화하고 합리화하는 신화나 혹은 보편적인 도덕원칙의 어떤 형을 말한다. 특정한 사회에서 성취된 사회화의 수준에 의존하는 정치적 신조는 적극적인 실체와 합리화되어 나타나는 실체에 일치하는 초자연적 신념이나 개념에 기반을 두고 있다.[39]

3) 헤게모니이론과 엘리트이론의 비교

사회화에 대한 그람시의 견해와 모스카의 견해는 어떻게 비교할 수 있는가? 그람시는 경제적 지배와 관련시키고, 모스카는 정치적 지배와 관련시킨다. 이와 같이 지배에 대한 관심은 서로 다르나 사실은 그들이 모두 지배와 관련되어 있고 정치사회화에 대한 이들의 견해는 지배를 유지하는 과정이라는 것으로 귀착된다. 두 이론가는 정치사회화 과정에서 국가의 역할을 강조한다. 물론 국가의 정의에 대한 방향이 다르게 인식되었을지라도, 경제적 지배와 정치적 지

36) Dawson, Prewitt and Dawson, 앞의 책, p. 25.

37) Gaetano Mosca, Hannah D. Kahn trans., *The Ruling Class*, New York: McGraw-Hill, 1939, pp. 283-287.

38) Kahn, 앞의 책, p. 50.

39) Prewitt, 앞의 글, p. 121.

배 사이의 관련을 인식하고 있다. 더구나 정치사회화의 헤게모니 접근이라는 목적을 위하여 중요한 사실은 이들 두 이론가는 하나의 집단이 다른 집단에 대한 지배를 유지하기 위하여 주요한 대리인(매체)으로 국가를 내세웠다는 것이다.[40] 즉 계급헤게모니이론이나 엘리트 헤게모니이론은 명백히 통치이념과 체제유지 사이의 관계를 인정한다.

그러므로 정치사회화의 헤게모니이론은 지배집단이 종속집단에 대하여 통제관계를 유지하는 사회적 제 가치와 질서를 받아들이도록 하기 위하여 사용하는 사회화 과정과 사회화 매체를 강조하고 있다.

3. 체계수준이론과 헤게모니이론의 비교

이러한 헤게모니이론은 어떤 전제하에서는 체계이론과 공통된 점을 가진다. 즉 양 이론이 모두 권위의 특정 형태가 지속되는 방식을 설명하고 있다. 헤게모니이론이나 체계이론은 정부가 존속하려면 사회에 있어서 가치의 불평등한 배분과 관련된 긴장이나 갈등이 어느 정도 해소되어야 한다는 전제에서 출발한다. 그러나 헤게모니이론은 불균등한 가치의 배분이 항상 지배계급이나 지배집단에는 유리하게 편향되어 있다고 주장한다.[41]

일반적으로 행해지는 것처럼 정치사회화의 연구는 1차적으로 정치적 신념과 관습이 한 세대로부터 다른 세대로 어떻게 전이되느냐는 것이다.[42] 이는 다시 말하면 정치적 여러 가지 평가가 사회에서 지배적 권리자로부터 피지배집단에게 어떻게 전이되느냐는 것이다. 헤게모니이론이 정치적 가치의 세대 전이를 부정하지 않는다. 그러나 정치적 가치나 전이되는 방법의 맥락에 있어서는 기존의 이론과 궤를 같이하지 않는다. 헤게모니이론은 기성세대가 젊은 세대에 적절한 가치체계를 재생산하는 데 실패했을 때 일어나는 통치능력의 문제를 설명하고 있다. 더구나 관습적인 과정이 통치능력을 보장할 수 없을 때, 지배집단이 사용할 수 있는 사회화의 다른 형태인 선전, 검열 등에 헤게모니이론은 중점을 두고 있다.

체계이론에서는 확산적 지지를 강조하고 이러한 적대적 도전은 별 문제가

40) 위의 글.

41) Dawson, Prewitt and Dawson, 앞의 책, p. 26.

42) 위의 책, p. 27.

아니다. 즉 대부분의 국가에서 대부분의 국민은 시간이 지남에 따라 그들 정부를 지지할 것이라고 당연히 전제하고 있다. 그러나 헤게모니이론에서는 지배와 통제를 강조하고 있기 때문에 체제이론에서는 당연히 받아들이는 행동에 대한 설명을 하여야 한다. 왜 모든 국가의 대부분의 국민이 자기의 이익에 부합되지 않는 정치적 권위를 합법적으로 받아들이는가를 설명해야 한다. 여기에 지배의 정당성을 설명하기 위하여 사용되는 것으로 상징, 선전, 검열 등을 들고 있다.

이상의 설명에서와 같이 헤게모니이론은 개인의 정치적 태도의 습득이라는 차원에서보다는, 정치사회화가 전체로서 국가의 정치생활에 기여하는 유형을 어떻게 이해하는가에 중점을 두고 있는 이론이다.

제 4 절 미시적 수준의 이론

정치사회화에 대한 미시적 수준의 이론은 개인의 정치적 태도 및 행태의 유형에 초점을 둔 개인수준의 이론이다. 여기에서는 분석의 편의상 개인수준의 이론을 학습과정이론으로 나누어 설명하고자 한다.

1. 개인수준의 이론

정치사회화는 개인적 조망에서 보면 개인이 특정한 정치적 정향에 관한 지식 · 감정 · 평가를 획득하는 과정이라 규정할 수 있다. 이러한 과정은 일생을 통해 계속되는데, 개인수준에서 정치사회화를 연구하는 학자들은 대개 어린 시절을 중요한 정치학습의 시기로 보고 있다.

1) 개인의 태도형성이론

그 동안 많은 학자들이 정치에 관하여 어린이들이 알고 있는 것과 믿고 있는 것이 무엇인가를 발견하고, 그 근원이 무엇인가를 추구하는 데에 더욱 많은 노력을 경주해 왔다.[43] 이러한 연구는 그 후의 어린이 태도형성에 관한 연구에

43) Dean Jaros, *Politics to Socialization*, New York: Praeger Publishers Inc., 1973, p. 20.

있어 하나의 기반을 제공하였는데, 그 중 대표적인 것으로 그린슈타인의 개념도식을 들 수 있다. 그는 다양한 개념적 양식에 있어서 다섯 가지의 근본적 요소를 가지고 정치사회화에 관한 일련의 문제를 관련시키고자 하였다.

그 다섯 가지의 요인은 소위 라스웰의 커뮤니케이션 일반과정의 형식을 인용하여 ① 누가, ② 누구로부터, ③ 무엇을, ④ 어떤 결과를 가지고 배우느냐로 요약하고 있다.[44] 그런데 대부분의 학자들은 ⑤ 결과에 관한 것을 아직 해결하기 어려운 과제로 남겨 놓고 있는 실정이다. 그리고 어린 시절의 정향이 과연 성인이 된 후의 정치적 형태에 영향을 지속적으로 미칠 것인가 하는 것은 중요한 문제이며 이를 서로 비교 · 연구하기는 어려운 문제이다.

도슨(R.E. Dawson)은 개인의 태도형성에 있어 결정적인 요인이 무엇이냐에 따라 정신역학적 이론, 사회학습이론, 인지적 발달이론으로 나누고 있다.[45] 정신역학적 이론은 개인의 발전에 대한 프로이트(Freud)의 정신분석학적 개념화에 의하여 영향을 받는다. 여기서 강조하는 것은 개인에게 내면화되어 있는 성숙의 단계이다. 유아기나 아동 초기의 경험이 개인의 요구와 인성역학을 형성하는 데 결정적이라는 것이다. 사회학습이론은 개인이 그의 환경으로부터 얻은 자극을 강조하고 그 환경에서 제공되는 특수한 조망에 대한 강화를 강조한다. 그러므로 개인이 그의 환경으로부터 얻은 메시지는 그 태도를 결정하는 중요한 요인이라는 것이다. 인지적 발달이론은 환경과 개인의 능력 발전 사이의 상호작용을 강조한다. 이는 개인이 성숙해지는 환경 속에서 그가 경험하고 있는 일에 어떻게 반응하고, 이해하느냐 하는 것이 개인의 기초적 사고능력의 향상에 달려 있다는 것이다.

이상에서 설명한 정치학습의 유형은 정치사회화를 이해하는 데 유용한 이론이다. 도슨은 환경을 중시하는 사회학습이론을 가장 중요시하고 있다.

프로만(L.A. Froman, Jr.)도 특히 개인의 환경(사회화 매체)과 퍼스낼리티(사회화의 결과로서 Personality)와 그들 상호작용에 따른 정치적 태도의 학습에 중점을 두고 있다. 그리고 어떤 유형의 퍼스낼리티를 가진 사람이 어떤 종류의 정치에 관련된 태도를 나타내느냐 하는 문제를 명확히 설명함이 중요하다고 했다. 이러한 개인의 정치적 태도에 관한 연구는 리스먼(D. Riesman), 라스웰, 아도르노(T.W. Adorno), 레인(R. Lane), 밀브라(L. Milbrach) 등의 전통에 따른 것이라고 주장

44) Greenstein, 앞의 글, pp. 552-553.
45) Dawson, Prewitt and Dawson, 앞의 책, pp. 68-72.

한다.[46] 그런데 프로만이 이와 같이 태도경향으로서 퍼스낼리티를 중시하고 개념적 도식에 있어서 퍼스낼리티를 매개변수로 포함시키고 있는 것은 환경적 자극과 행태간의 상호작용을 중시하기 때문이다.

이와 같은 개인적 수준을 요약해 보면 결국 '개인이 어떤 과정을 통하여 정치적으로 연관된 태도를 습득하느냐' 의 문제로 귀착되며 주로 개인의 사회화 환경과 퍼스낼리티의 형성과정에 초점을 맞추고 있다.

2) 태도형성 시기

태도형성에 있어 문제되는 것은 가장 의미 있는 정치학습이 언제 일어나는가이다. 여러 학자들에 따라 주장을 달리하고 있는데, 지금까지 제시되고 있는 모형은 세 가지로 구분된다.[47] 즉, 조기모형(primacy model), 후기모형(recency model), 중간시기모형(intermediate-period model)으로 나누고 있다.

조기모형은 어린 시절이 중요한 정치사회화가 일어나는 시기로서, 정치에 대한 중요 정향은 이 시기에 습득된다는 것이다. 개인은 나이가 들면서 일찍 획득한 정향을 유지하려는 경향이 있는데, 이러한 정향은 후의 정치 선택으로 이어진다는 것이다. 후기모형은 정치학습 경험이 성인으로서 당면한 결정과 행동에 가까우면 가까울수록 그 영향이 크다는 것을 주장한다. 이 모형은 성인들의 정치관은 쉽사리 변할 수 있는 것으로서, 어린 시절의 태도는 잔존하는 힘이 없으며 성인의 정치경험에 별 관련이 없다는 것이다. 중간시기모형은 이 두 모형의 중간에 속하는 것으로, 청소년기에 개인이 정치세계에 관한 추상적 개념과 관계를 이해하는 기초적인 지적 기능을 획득한다고 보는 것이다.

소미트(A. Somit)와 피터슨(S.A. Peterson)은 정치사회화에 관한 가장 최근의 모델이라 하여 다음 세 가지로 요약하고 있다. 첫째, 가장 최근의 정치적 학습이 근접성과 신선감 때문에 초기에 행하여졌던 것보다 더 큰 효과를 가진다. 둘째, 정치적 학습은 전 생애를 통해 이루어진다. 정치적 정향은 시간이 경과함에 따라 변하기 쉽고, 사람들은 새로운 상황의 발생 혹은 새로운 정보를 인지하게 되었을 때 변하기 쉬운 상태로 되어 있다. 셋째, 성인기는 가장 비판적인 시기

46) Lewis A. Froman, Jr., "Personality and Political Socialization," *Journal of Politics*, Vol. 23, 1961, pp. 342-352.

47) Dawson, Prewitt and Dawson, 앞의 책, pp. 77-81.

라는 점이다.[48] 이는 기존의 정치사회화 연구에서 이른바 초기중심이론(The Primary Principle)에 대한 반성이나 재고로, 초기에 형성된 정치적 신념은 후에까지 지속되지 않고 환경이나 상황의 변화에 따라 바꾸어질 수 있다는 것이다.

따라서 이러한 입장에서 보면 도슨이 제기한 후기모형은 이 범위에 속한다고 볼 수 있다. 그리고 특히 여기서 강조하고자 하는 것은 환경요인 중 최근 급격하게 보급된 매스미디어를 들 수 있다. 매스미디어의 중요성에 관해서는 대개 공감하고 있으면서도 아직 이에 관한 연구방법의 세련화나 체계적인 이론화는 아직도 미진한 상태에 머물러 있다. 그렇기 때문에 정치사회화 과정에서 매스미디어의 역할에 관하여는 앞으로 더 많은 연구가 기대된다.

2. 학습과정이론

정치사회화의 개인수준이론으로서 학습과정 모델은 이스튼과 데니스의 네 과정, 랭턴의 중복이론, 헤스와 토니의 네 가지 모델 등을 들 수 있다. 또한 에릭슨(E.H. Erikson)의 8단계론과 파이의 3단계론도 과정이론에 포함시켰다.

1) 이스튼과 데니스의 과정론

이스튼과 데니스의 네 과정은 미국 초등학교 어린이들이 정치적 권위에 대하여 배우고 느끼는 바를 분석한 것이다. 이는 정치화, 개인화, 이상화, 제도화의 네 과정을 통하여 이루어진다.[49]

첫째, 정치화는 정치나 정부 또는 권위에 관해 어린이들은 구체적 지식을 갖지 않으나 성장함에 따라 가정 또는 일반 사회조직과 정부 사이에 어떤 차이가 있음을 알게 되어 공적영역과 사적영역으로 분간할 수 있게 되는 것을 말한다. 둘째, 개인화는 어떤 특정의 정치적 권위가 어린이들의 눈에 들어 올 때 정치적 인지가 이루어지는 것이다. 예를 들면 정부는 대통령이라는 형태로 나타나는 것이다. 셋째, 정부체계에 있어서 이상화는 아주 초기단계에 있어서 정치적 권위에 대한 이상화를 가능하게 만든다. 어린이들이 공적 기구에 종사하는

48) Alvert Somit and Steven A. Peterson, "Political Socialization's Primacy Principle: A Biosocial Critique," *International Political Science Review*, Vol. 8, No. 3, July 1987, p. 205.

49) Easton and Dennis, 앞의 책, pp. 391-392.

사람들을 이상화하기 때문에 공적인 정부나 공동체에 애착을 느끼게 된다. 개인화를 통하여 어린이들이 처음에 확산적 지지를 확대시킬 수 있다고 한다면 이제 이 과정을 통하여 어린이들은 어떤 방법으로든지 정치적 권위구조에 관련될 수 있게 되는 것이다. 넷째, 제도화의 과정은 어린이가 개인화된 대상에 따라 초기의 감정을 정치적 제도로 바꾸는 단계이다. 정부를 대통령으로 인식하던 어린이들은 정부라는 것이 한 사람으로 대표될 수 없는 어떤 제도라는 것을 인식하게 된다. 그리고 이러한 입장은 어린이가 이미 정치적 권위에 대하여 갖고 있는 적극적인 유대감으로부터 연유한다고 볼 수 있다.

이상의 네 과정을 통하여 어린이들은 정치체계에 관하여 최소한의 지식을 갖게 되고, 적어도 체계 구성원으로서 성원의식과 정치적 권위의 구조가 어떤가를 알 수 있게 된다.

2) 랭턴의 중복이론

랭턴의 중복이론이란 공식적인 정치교육과 정치적 능력 사이에 비교적 분명한 연관성이 있다는 것이다. 여기서 문제되는 것은 어린이가 어느 정도의 단계(고등학교나 대학)에 이르러 그들의 정치적 정향이 한계점에 이르렀을 경우이다. 대개 미국에서 정치사회화에 관한 연구를 보면 정치적 정향이 형성되는 어린이 시기가 중요하며, 고등학교 공민교육 과정은 학생들에게 별로 새로운 것을 제공하지 못한다고 한다. 필요 이상의 과다한 정보를 더 제공하게 되면 받아도 별 효과가 없다는 것이다.[50] 랭턴의 과다학습론은 학교의 반복된 교육뿐 아니라 통신매체 등 다른 매체에서 행하고 있는 교육의 경우도 마찬가지라고 해석할 수 있다.

3) 헤스와 토니의 모델

헤스와 토니는 정치적 태도의 획득 · 변화 · 안정을 설명하는 방식으로 다음 네 가지의 모델을 제안하고 있다.[51] 이는 공식적인 설명모델이라기보다는 경

50) Kenneth P. Langton, *Political Socialization*, New York: Oxford University Press, 1969, p. 99.

51) Robert D. Hess and Judith V. Torney, *The Development of Political Attitudes in Children*,

험을 이용한 방법이다.

(1) 축적형

어린이는 정치생활에 대해 체계적 지식을 갖는 것이 아니라 단편적인 지식이나 정보, 태도 또는 행위를 하나하나 쌓아 감으로써 사회화된다고 볼 수 있다. 이러한 입장에서 이 모델이 충분히 적용될 수만 있다면 어떤 자료이든 어느 시기에서나 가르칠 수 있는 것이다.

(2) 전이형

이 모델에서는 어린이가 이미 상당한 개인 상호간의 경험과 만족감을 가지고 분명하게 정치사회화에 접근하고 있다는 것을 전제하고 있다. 어린이는 가족이나 학교에서의 경험에 의하여 권위적 인물에 대한 다면적 관계를 발전시켜 왔다. 그리하여 이러한 권위적 존재와의 일련의 관계에서 어린이는 그가 초기에 경험한 인간관계와 비슷한 형태의 상호관계를 확립하게 되리라는 것이다. 어린이는 국가에 미치는 대통령의 권한을 가족에 있어서 부권과 비슷하게 볼 것이다. 즉, 한 사람에 대하여 발전된 태도가 새로운 대상에 적응될 수 있도록 전이된다는 것이다.

(3) 동일시형

이것은 어른들이 의식적으로 어린이들에게 교육하지 않더라도 어린이 스스로가 부모나 교사와 같은 행태를 모방하는 것을 강조한다. 이 모델은 주어진 대상에 대한 태도를 다른 사람으로부터 직접 모방한다고 한다.

(4) 인식발전형

정치세계에 대해서 단편적이나마 모든 것을 직접적으로 학습할 수 있는 것같이 생각되지만, 인식발전형은 어린이들의 학습능력에 한계가 있음을 상정한다. 어린이가 어떤 적당한 발전수준에 이르지 않으면 그에게 주어진 개념을 가르칠 수 없다고 전제하고 있다. 즉, 사회화는 인식발전의 단계에 관련되어 있다는 것이다.

Chicago, Ill.: Aldrine Pub. Co., 1970, pp. 19-22.

4) 에릭슨의 8단계 과정

에릭슨에 의하면 사람은 8단계 과정을 거쳐 성장한다고 한다.[52] 그 첫째 단계는 유년기에 있어서 어머니가 자기를 도와 주리라는 확신이 내면화되는 것으로 특징지어진다. 이 단계에서 최초로 사회적 신뢰가 내면화되고, 초보적 자아정체가 정립된다. 둘째의 단계는 어린이가 사물에 대한 접촉을 통해서 얻는 자율성의 느낌이다. 에릭슨은 자율성의 느낌과 자기통제를 법과 질서 혹은 정의라는 제도적 원칙과 연관시키고 있다. 이 단계는 어린이가 정치적인 사물이나 상징을 인식하는 단계와 일치한다. 셋째는 창의력 대 죄악감의 단계인데, 이것은 유치원이나 학교에서 어린이가 다른 아이들과 사귀는 것을 배우면서 생기는 작업동일시와 관련된다고 한다. 네 번째의 단계는 열등감에 대항하여 작용하는 근면과 투쟁의 마음이다. 만일 창의력의 단계가 어린이에게 경제적 정신을 심어 준다면 근면은 기술적 정신의 발전에 기여한다. 그리고 이 양자는 성인의 경제적 노력과 기술의 습득과 연관되며, 사회화보다는 정치참여와 더욱 깊은 관계를 지닌다고 볼 수 있다.

이상으로 유년기의 단계는 일단 끝이 났다. 그리하여 다섯째로 자아정체의 정립이라는 새로운 단계에 돌입한다. 이것이 성공하지 못하면 개인은 역할혼란의 위험에 직면하게 된다. 많은 개발도상국 사회에서 기성세대가 계급, 직업, 정치 내지는 종교적 역학에 있어서 고유한 의미를 전수하지 못할 때 발생하는 역할혼란도 자아정체감 위기의 일종인 것이다. 정체감에 대한 강력한 열망은 청년들로 하여금 민족주의, 반식민주의, 공산주의 혹은 파시즘과 같은 이데올로기를 맹종하게 하고, 또는 집단적 기율에 가담케 한다. 그리하여 정체감의 위기가 심할수록 개인은 특정한 집단과의 일체감을 가지려 하거나, 전체주의운동에 참여하려 하거나, 혹은 영웅시되는 지도자를 추종하게 된다. 여섯째는 친밀에 대한 능력의 단계이다. 이것은 사람들과 친해질 수 없기 때문에 생기는 고립에 반대되는 것이다. 일곱째 단계는 생산성의 단계인데, 이것이 정치적으로 중요한 의미를 갖는 것은 연하의 세대에 대한 지도와 지지의 관계, 즉 광범한 사회적 후견을 의미하기 때문이다. 그리고 마지막은 자아의 완숙의 단계인데, 여기서 개인은 비로소 세계질서 속에 자기의 생을 수용하게 된다. 이 단계에 이르러 인간은 완전히 성숙한다.

52) Erik H. Erikson, *Childhood and Society*, 2nd ed., New York: Norton, 1963, pp. 247-274.

5) 파이의 3단계론

파이는 정치사회화의 단계를 셋으로 나누고 있다.[53]

첫째로는 아이들이 그의 특정한 문화에 유입되고, 그의 사회성원이 되도록 훈련되는 기초적 사회화과정이다. 명시적 측면에서 이러한 과정은 태도와 가치, 기술과 숙련, 역할관계의 유형, 일반지식, 그리고 개인이 사회화되는 특정 사회와 문화의 모든 다른 부문에 관하여 배우는 것을 포함한다. 잠재적 측면에서는 이러한 과정은 무의식적 형성과 기초적 퍼스낼리티 구조의 동태성을 결정하는 모든 경험이라 한다. 이러한 사회화과정으로부터 개인은 사회성원으로서 그 동질성을 찾고, 기본적인 시각과 방향 그리고 그의 본래의 모습과 본질적인 특성을 유지하기 위한 능력을 가지고 영향력 있는 개인으로서의 응집성을 성취한다.

두 번째로는 기초적 사회화과정 후에 오는 정치사회화이다. 이 과정을 통하여 개인은 정치세계에 대한 지각이 발달하며, 정치적인 여러 사태에 대한 평가 · 판단 · 이해를 획득한다. 개인이 처음으로 일반적 문화에 사회화된 것처럼, 이 단계에서 개인은 정치문화로 사회화되고 정치적 동질성을 인식한다.

세 번째로는 정치충원의 과정이다. 이 단계에서는 개인은 정치과정에 적극 참여하고, 동태적이며 인정받는 역할을 하게 된다. 개인은 이때 정치의 더 깊고 내밀한 이해를 얻는다. 그리고 개인은 더 명백히 한정되고 더 제도화된 동일성을 성취한다.

안정되고 동태적으로 발전하고 있는 사회에서는 이 세 단계에 고도의 지속성이 존재한다. 각 단계는 다른 단계를 강화한다. 그러므로 거기에는 사회를 통하여 응집성이 존재한다.

제 5 절 정치사회화 과정의 매체와 내용

상술한 바와 같이 정치사회화를 거시적 수준에서 접근하든 미시적 수준에서 접근하든 또 하나의 중요한 문제는 무엇을 어떻게 내면화시키느냐이다. 바로 이것이 정치사회화의 매체와 내용이다. 즉, 정치적 태도를 형성하게 하는 매

53) Lucian W. Pye, *Politics, Personality, and Nation Building*, New Haven and London: Yale University Press, 1962, pp. 44-46.

체는 무엇이며, 그 내용은 어떠한 것이냐 하는 것은 매우 중요한 문제이다.

1. 정치사회화의 매체

정치사회화 매체에 대한 분류는 학자에 따라 다양한 주장을 하고 있으나, 일반적으로 가정, 학교, 동료집단, 대중매체, 정당, 종교, 직장, 지역 등을 들고 있다. 여기에서는 가정, 학교, 동료집단(직장 포함), 대중매체, 역사적 사건, 정치운동을 중심으로 설명한다.

1) 가 정

정치사회화는 다양한 매체에 의하여 수행되는데, 명시적인가 묵시적인가에 따라 매체들이 달라질 수 있다. 가정은 사회의 모체로서 우리가 이 세상을 보고 느끼고 판단하며, 이것을 사회에 적용하는 모든 방법을 결정지어 주는 최초의 사회집단이다. 그러므로 가정이야말로 가장 기본적인 정치감각이 배태되는 곳이며, 가정이 정치사회화에 미치는 영향은 가장 강하다고 할 수 있다. 어린 시절부터 몸에 배이고 익히는 정치적 감각은 가정을 통해서 이루어진다. 그 사람이 어떠한 정치의식을 갖고 어떠한 정치적 태도를 갖느냐는 그가 자란 환경과 밀접하게 연관되어 있다.[54]

가정이 정치사회화 역할을 수행할 수 있는 이유는 두 가지 측면으로 분석된다. 먼저 가정은 최초로 개인의 정치적 자아가 형성되고 발전될 무렵에 다른 어느 매체보다도 독점적 역할을 하고 있으며, 다음으로 가정에서 발전된 인간적 유대와 그 관계는 이해관계가 아닌 깊은 정으로 얽혀 있다는 점이다.

2) 학 교

개인이 차츰 성장하여 가정환경을 벗어나 외계로 나가면 정치사회화되는 다른 집단이나 제도에 직면하게 된다. 그 중 가장 많은 경험은 학교에서 이루어지고, 학교라는 2차적 매체는 흔히 가정환경에서 확립된 태도나 행위유형을 지지하거나 혹은 새로운 정치정향을 형성시키기도 한다.

54) 김재영 외, 앞의 책, pp. 238-239.

학교와 정치사회화의 관계는 여러 면에서 논의될 수 있으나 가장 중요한 것은 교과내용과 교사이다. 교과내용에는 특정한 정치적 내용이 포함되어 있어 정치적 태도나 행태적 성향을 가르치는 의도적 노력이라 할 수 있다. 여기에는 이데올로기, 민주시민교육, 특정의 정치체제를 정당화하거나 합리화하는 내용 등이 포함되어 있다. 학생들의 태도성향에 영향을 미치는 교육의 중요한 위치에 있는 것이 교사이다. 교사는 사회의 권위적 대변자로서 학급을 주재하며 교과내용을 직접 가르치고, 또한 그들의 행위양식은 태도형성기의 학생들에게 중요한 영향을 미친다.

3) 동료집단

동료집단과 준거집단은 보통 청소년 후기의 정치사회화 과정에 중요한 역할을 한다. 특히 도시화된 지역과 같이 가정의 결속이 적어지고, 학교교육이 사회환경과 조화가 안 될 때 동료집단이 개인의 정치적 태도에 중요한 영향을 미친다. 동료집단이 개인에게 미치는 영향력의 중요성은 집단과 개인간의 기능에서 볼 수 있는 바와 같이 집단에서 중시하는 가치관의 갈등이 개인의 태도에 어떠한 영향을 미치느냐에 초점을 두고 있다.

정치사회화 매체로서 동료집단의 문제는 직장으로도 연결된다. 직장과 공적·사적인 조직은 정보와 신념이 상호 소통되는 중요한 통로역할을 담당하고 있다. 특히 성인에게 있어서 직장은 사회생활의 터전을 마련해 주는 중요한 환경변수 중의 하나이다. 직장에서는 정치정향 형성과 관련된 많은 정보를 얻을 뿐만 아니라 직장의 규범, 상사나 부하간의 위계질서, 노조활동을 통한 집단행동과 노사간의 협상, 동료 및 유사 직장과의 경쟁 등이 정치사회화의 준거로 작용할 수 있다.[55]

4) 대중매체

수많은 정치적 가치가 서로 갈등을 빚는 이중적 가치구조를 가진 사회에서 개인의 태도나 행태의 준거로서 대중매체는 기본적인 정치사회화 매체 못지않게 중요한 영향력을 행사한다. 특히 현대사회가 대중사회로 전환됨에 따라

55) 홍득표, 『정치과정론』, 학문사, 1999, p. 132.

이러한 대중매체들은 정치정향의 형성자로서 위치를 확고히 하고 있다. 신문, 라디오, 텔레비전, 잡지, 컴퓨터 기타 대중매체는 정보화시대의 도래로 그 어느 때보다도 막강한 영향력을 행사한다는 것이다. 날마다 정치적 쟁점과 국민적 관심사가 보도되어 사람들은 원하든 원하지 않든 이들이 제공하는 정보에 노출될 수밖에 없는 상황이다.

텔레비전 시청이나 컴퓨터 게임, 인터넷 등은 어린이들의 태도형성에 중요한 영향을 미친다. 성인들의 정치적 판단이나 선택에는 대중매체가 전달하는 정보가 중요한데, 특히 매체위력이 확대되어 가는 추세에서 선거 때 후보들 간의 텔레비전 토론과 정치광고의 영향력이 증가하고 있다.

5) 역사적 사건과 정치운동

초기 사회화과정에서 어린이들은 어떤 극적인 사건의 충격이나 그 영향에 대한 의미 파악의 능력이 부족하기 때문에 그것에 충분히 대비하지 못하고 깊은 감명을 받는 경향이 있다. 전쟁, 혁명, 쿠데타와 같은 사건 등은 그것을 겪은 세대와 그렇지 않은 세대간 의식의 차이는 극명함을 보여 주기도 한다. 이는 이러한 사건들이 중요한 정치사회화 매체로 작용하고 있음을 말해 주는 것이다.

역사적 사건이나 정치운동 등은 안정된 사회에서보다 변화가 심한 사회에서 더 다양하게 나타난다. 우리나라의 경우 한국전쟁, 광주민주화운동, 6 · 10민주항쟁 등은 중요한 정치적 사건으로 정치사회화 과정에 작용하였다.

2. 정치사회화의 내용

정치사회화의 내용은 개인의 정치적 태도가 형성되도록 하는 내용이다. 그러므로 이는 개인의 정치적 자아와 연결될 수 있다. 또한 정치사회화의 내용은 정치체제의 존속을 위하여 체제의 새 구성원에게 무엇을 전수하느냐 하는 것이다. 이러한 내용은 직 · 간접적으로 위에서 설명한 매체들에 의하여 개인들에게 내면화된다.

정치사회화 내용에 관해서는 여러 학자들의 주장이 있다. 그린슈타인은 시민 혹은 신민의 역할로 관련된 학습에 따라 이를 분류하였다. 즉, ① 시민적 역할(citizen role)에 대한 학습(정당 애착, 이데올로기, 참여동기), ② 신민적 역할(subject role)에 관련된 학습(국민적 충성심, 제 역할과 제도의 정당성), ③ 특정의 정치적 역할로의 충원 및 역할수행에 관련된 학습으로 나누어 설명하였다.[56] 또 시어링 등은 정치적 정향을 참여적 요구와 체제유지적 지지의 범주로 나누고, 이를 그린슈타인의 시민적 · 신민적 역할에 따른 분류와 비교하여 설명하고 있다.

또한 김재영 교수는 정치사회화의 내용을 정치적 권위에 대한 태도(정부, 지도자), 정치과정에 대한 태도(정치적 관심, 참여의식, 정당관심, 정치적 신뢰), 국민적 일체감(국가적 충성심, 상징의식, 민족적 긍지, 시민의식)으로 나누어 상세하게 설명하고 있다.[57] 안병영 교수도 정치사회화에 관한 연구에서 다루어졌던 주요 내용이라 하여 다음과 같이 나누고 있다. 즉, ① 정치, 정부, 공사(公事)에 관한 태도, ② 국가 및 정치이념에 대한 견해, ③ 시민적 의무, ④ 정치신뢰감, ⑤ 정치효능감, ⑥ 정치참여, ⑦ 다른 정치체제 및 세계에 대한 신념이다.[58] 어느 학자의 입장을 취하건 정치사회화 내용은 개인의 정치적 정향을 형성하게 하는 내용과 체제가 그 구성원들에게 내면화하고자 하는 내용이 포함되어 있다.

최근에 와서 정치사회화의 내용에도 많은 변화가 있다. 주요 원인의 하나로 인간들의 가치관 변화를 꼽을 수 있다. 가치관의 변화란 서구의 많은 국가에서 물질적인 양의 풍요를 삶의 가치척도에서 제일로 여기던 물질주의적 가치(materialist values)로부터, 삶의 질을 더욱 중요시하는 후기물질주의적 가치(post-materialist values)로의 전이를 의미한다.[59]

여기에 하나의 예로 들 수 있는 것이 정치사회화의 중요한 내용으로의 환경문제다. 환경문제가 정치사회화와 관련지워져야 한다는 것은 다음과 같은 이유에서이다. 현대사회의 환경문제는 좋은 기술이나 유용한 법에 의하여 치유될 수 없다. 성장을 제한하고 자연과 더불어 자유롭게 살아야 한다는 지혜를 시민들에게 학습하는 것만이 현대사회를 변형시킬 수 있는 방법이다.[60] 좀더 구체적 말하면 이는 우리 모두가 환경과 사회 사이의 관련성에 더 많은 주의를 기울여야 한다는 것을 의미한다. 우리는 끊임없이 사회활동이 어떻게 환경에 영향을

56) F.I. Greenstein, *Children in Politics*, New Haven: Yale University Press, 1976, pp. 12-13.
57) 김재영, 앞의 책, pp. 175-244.
58) 안병영, 『현대공산주의 연구』, 한길사, 1982, p. 318.
59) R. Inglehart, *The Silent Revolution: Changing Values and Political Styles among Western Publics*, New Jersey: Princeton University Press, 1977 참조.
60) Lester W. Milbrath, "Environmental Understanding: A New Concern for Political Socialization," Orit Ichilov, *Political Socialization, Citizenship, and Democracy*, New York: Columbia University, Teachers College Press, 1990, p. 291.

미치고, 환경적 실체가 어떻게 형성되어야 하고, 사회가 할 수 있고 또 해야 할 일이 무엇인가를 자문해야 한다. 이것이 오늘날 사회가 직면한 가장 긴급한 문제이다. 그러므로 환경문제 교육은 정말로 긴급한 문제이나, 대부분의 사회에서는 불행하게도 이에 대한 인식도 없고 그것을 본격적으로 실행할 의지도 가지고 있지도 않다.[61] 이러한 상황은 정치적이고 정책적인 긴급한 관심사이다. 정치사회화의 중요한 임무가 부가되는 이유도 여기에 있다.

제 6 절 정치사회화의 단절성과 한국의 정치사회화

1. 정치사회화의 단절성과 변화

정치사회화란 일생을 통해서 계속되는 과정이고, 또한 정치체계가 존속하는 한 지속적으로 이루어진다. 그러므로 정치사회화의 미시적 수준의 이론에서 보면 개인의 동태적 성격을 주된 설명변수로 삼고 있고, 거시적 수준의 이론으로 보면 정치체계의 유지 · 존속을 위하여 기존의 문화적 가치를 세세대대로 전수하는 광범위한 문화전수에 초점을 두고 있다.

이러한 정치사회화 과정은 사회환경과 교호하며 진행되므로, 사회변동은 사회화과정의 단절을 가져오기도 한다. 특히 급격한 사회변동이 일어나고 있는 상황에서는 전통적인 정치사회화의 동질성은 와해될 수도 있고, 다양한 매체들이 동일한 사람을 상이하고 상호 배타적인 규범들을 지향하여 사회화시킬 때 갈등이 야기될 수 있다. 아마 갈등의 가장 근본적인 원천은, 그리고 체계적으로 검토되어야 할 것은 정치적 현실과 개인이 사회화될 수 있는 정치적 규범들 사이의 모순에 관계된 것이다.

정치사회화 과정이 균질적이지 못하고 일관되게 이루어지지 않을 경우, 즉 개인에게 영향을 주는 요소들이 서로 배타적일 경우에는 초기에 형성된 정치정향이 나중에 나타나는 정치사회화의 내용과 상치되고 충돌하는 경향이 강하다. 이러한 정치사회화 과정의 단절성은 하위문화의 다양성에 의하여 영향을 받는

61) Lester W. Milbrath, "The World is Relearning Its Story about How the World Works," Kamieniecki Sheldon(ed.), *Environmental Politics in the International Arena-Movements, Parties, Organizations, and Policy*, New York: State University of New York Press, 1993, p. 38.

다. 이러한 단절성은 사회변동을 심하게 겪고 있는 사회일수록 현저하게 나타난다.

정치사회화를 정치문화의 유입과정으로 볼 때, 이러한 단절성은 정치문화의 형성에 영향을 미친다. 로젠바움(W.A. Rosenbaum)이 주장하고 있는 정치문화의 단편성(fragmented political culture)도 이러한 정치사회화의 단절성의 중요한 요인이 될 수 있다. 그는 다음과 같이 네 가지 현상을 지적한다.[62] ① 정치적 충성심의 지협성이 체계수준 차원에서 강하게 나타난다. 이러한 문화가 지배하는 사회에서 사람들은 인종, 지역 등의 1차집단에 대한 충성의 강한 감정적 유대에 의하여 얽매이는 경향이 농후하다. ② 갈등조정을 위한 국민들 간에 널리 받아들여지고 있는 효과적인 시민절차가 확립되지 않았다. 이러한 사회에서는 정치적 폭력과 집단간의 경화된 비타협적 갈등이 만성화하여 안정된 민주절차나 준법태도가 결여되어 있다. ③ 사회집단 사이의 정치적 불신이 만연되어 이들 사이의 적대감은 정치적 불안정, 무질서, 사회분열 현상으로 나타난다. 이러한 불신의 패턴은 그들 자신의 정치사회화를 통하여 새로운 세대로 전이된다. ④ 전국 수준의 정부형태의 유지 및 발전이 이루어지지 못하고 있다. 문화의 단편성과 지협적 충성심의 확산은 정치제도에 대한 애착을 약화시키고, 정부형태에 대한 폭넓은 합의도 도출하지 못한다.

자로스(D. Jaros)는 정치사회화의 단절성 현상을 정치사회화의 한계라 하여, 좀더 폭넓게 이를 설명한다. 그 변수로 들고 있는 것은 '세대변화'와 '성숙변화'이다.[63] 첫째로 세대변화에서 정치사회화의 단절을 가져오는 요인으로 유동성의 증대, 정치적 · 역사적 사태, 새로운 기술에서 파생하는 직접적 문제를 들고 있다. 이를 설명하면 ① 산업화로 인한 도시화에 의하여 유동성이 증대된다. 그리하여 이전의 사회와는 전혀 다른 환경에 적응하면서 생활을 영위하게 되고, 지금까지 사회화된 태도정향에 변화를 가져온다. ② 정치적이고 극적인 사건은 사람들의 정치관의 변화를 가져온다. 민주화운동 등을 들 수 있는데, 이는 민권운동, 여성운동, 노동자운동, 농민운동 등의 특수 하위집단에 영향을 미친다. ③ 신기술에서 파생하는 문제의 발생과 신기술에 의하여 새롭게 대두되는 정보화의 문제이다. 예를 들면 과학기술의 발달과 함께 엄청난 자연파괴로 인

62) Walter A. Rosenbaum, *Political Culture*, London: Thomas Nelson and Sons Ltd., 1975, pp. 43-47.

63) Jaros, 앞의 책, pp. 66-76.

한 환경오염은 아주 심각하다. 그러므로 여기에는 기존 관념에 대한 변화가 필요하다. 또한 인터넷이 일상화되기 시작하면 정치사회화 매체도 큰 변화를 가져오지 않을 수 없다. 이러한 것은 정치적인 것을 포함해서 많은 종류의 새로운 습관이 필요하고 이와 함께 정치사회화 과정도 변화가 요구된다. 둘째로 성숙변화를 들고 있는데, 이는 사람들이 점차 성숙해 감에 따라 여러 가지 예측할 수 없는 변화와 사건들이 개인의 생애를 통하여 일어나게 된다는 것이다. 지적인 성숙, 신분의 변화, 직업의 형태에 의하여 두드러지게 나타난다. 정치사회화 과정에 있어 이러한 성숙의 불일치에 의하여 영향을 받게 된다.

2. 한국의 정치사회화의 내용과 매체의 변화

이상의 정치사회화의 단절성의 모습들은 우리 사회에서도 나타나고 있다. 우리 정치문화에 나타나고 있는 반공의식, 지역주의, 사회분열 현상, 비타협성 등도 이와 맥을 같이한다. 또한 자로스가 제시하고 있는 세대변화나 성숙변화는 모든 사회들이 겪고 있는 문제이겠지만, 특히 우리 사회에서 나타나는 자화상이기도 하다.

한국의 정치사회화 과정을 거시적 수준에서 접근해 보면, 가장 중요한 변수로 설명할 수 있는 것은 역시 분단이다. 그렇기 때문에 해방 이후 체제나 정권 유지 수준에서 가장 중요한 정치사회화 내용은 바로 반공이었다. 더구나 한국전쟁을 통해 실체화된 안보위기가 반공이념을 보편화시키고, 국민들의 정치생활을 지배하게 되었다. 그러나 1980년대에 들어오면서 권위주의 통치방식에 대한 비판의식과 산업화로 인한 사회 · 경제구조의 변화로 반공과 근대화에 기반을 둔 이데올로기는 정치사회화 내용으로서 효력이 아주 약화되었다. 이 같은 자유민주주의 이념 확산과 냉전반공이념의 약화, 노동운동을 중심으로 한 민주화운동은 정치사회의 재편성을 요구하였다.[64]

1990년대 이후 2000년대까지 한국의 정치사회는 실제로 재편성되었고 정권도 몇 번 바뀌었다. 각 정권이 등장하면서 확산적 지지를 위한 정치사회화 내용이 필요했고, 그 내용은 각 정권을 부르는 명칭으로 나타났다. 즉, 군부의 시대가 끝이 나고 진정한 민주주의 정치를 강조한 '문민정부', 50년만의 여 · 야

64) 김창희, "남북한정치문화의 성격비교: 정치사회화의 내용과 비연속성을 중심으로," 『한국정치학회보』, 제29집 제3호, 한국정치학회, 1995, p. 211.

의 수평적 정권교체를 국민의 손으로 이루었기 때문에 국민이 주인이라는 '국민의 정부', 그리고 중요한 정치세력으로 성장해 온 시민단체 등을 통한 혁신을 주장하는 '참여정부'가 그것이다.

이렇게 정치사회화의 내용은 정치체제가 추구하는 것뿐만 아니라, 실생활에서 추구하는 국민들의 가치변화로 그 내용이 바뀌고 있다. 그 동안의 산업화와 도시화로 인한 급속한 생활환경의 변화라든지, 민주화 열풍과 함께 이루어진 의식의 변화 등도 여기에 해당한다. 환경문제 역시 중요한 정치사회화의 내용으로 우리에게 각인되기 시작하고 있다. 정치사회화 내용으로 민주주의, 애국심, 정치참여 등과 같이 환경문제도 삶의 질을 향상시키는 주요한 이슈가 되었다. 우리 사회가 진통을 겪고 있는 방사성폐기물 처리시설 장소선정 문제도 이러한 차원에서 볼 수 있다.

정치사회화 과정의 변화는 내용뿐만 아니라 매체에서도 엄청난 변화를 겪고 있다. 물론 가정과 학교가 아직도 일차적인 정치사회화 매체라는 데는 이론이 없다. 그러나 소위 X세대, 영상세대, 인터넷세대, 개인휴대통신(PCS) 세대로 일컬어지는 신세대 의식은 기성세대와 엄청난 차이를 보이고 있다. 이는 청소년의 사회화에 대중매체가 주도적인 역할을 한 결과라고 볼 수 있다.[65]

2002년 대통령 선거를 치르면서 우리 사회에서 인터넷의 정치적 활용과 그 효과에 대한 관심은 더욱 높아지게 되었다. 1980년대 중반에 태어난 10대 후반에서 20대 초반까지의 젊은 층인 P세대는 강한 자기표현의 욕구와 인터넷을 통한 응집력 등으로 우리 사회의 변화를 주도해 나갈 것이다. 이제 인터넷을 뛰어넘어 소셜네트워크 서비스(Social Network Service: SNS)를 활용하는 세대까지 기술적 정치참여의 활용이 확대되고 있다. SNS가 정치영역에 미친 가장 큰 영향의 하나는 일상과 정치의 경계를 완화시켰다는 점이다. SNS는 정치적 공론의 장을 형성하여 시민들이 다양한 정보를 빠르게 획득하고 자신의 정치적 의견을 자유롭게 표현하고 있다. 특히 젊은 세대의 중요한 정치참여 채널인 것이다. 정치참여가 일부에 한정되어 있고 집단극화 현상이 발생할 수 있다는 지적에도 불구하고 SNS의 정치적 영향력은 더욱 확대될 것으로 본다.

이제 정치사회화에 대한 연구도 다양해져야 한다. 정치사회화가 체제유지 및 존속을 위한 연구도 중요하지만, 나아가 미래사회를 위한 변화의 동인으로도 활용되어야 한다.

65) 홍득표, 앞의 책, p. 142.

제5장 정치커뮤니케이션과 여론

제 1 절 정치커뮤니케이션

커뮤니케이션은 인간의 가장 기본적인 행위의 하나이며 사회를 유지하는 필수적인 기반이다. 커뮤니케이션을 넓게 정의하면 인간과 인간 사이의 정보나 의미를 전달하는 것이다. 즉, 말이나 글, 동작, 표정, 그 밖의 각종 매개수단을 통한 인간적 상호작용을 커뮤니케이션이라 할 수 있다.

현대정치는 커뮤니케이션과 불가분의 관계를 가지고 있다. 그러나 정치와 커뮤니케이션의 상호관계에 대한 학문적 관심이 현대에 와서 대두되기 시작한 것은 아니다. 그 학문적 관심의 역사는 고대 그리스 시대에까지 소급하여 볼 수 있는데, 수사학(修辭學)이라는 이름의 설득커뮤니케이션이 바로 그것이다. 아리스토텔레스는 그의 『수사학』 및 『정치학』에서 수사학을 사회적 합의의 성취수단으로 보았다. 정치와 커뮤니케이션의 상호관계 또는 정치에 있어서 커뮤니케이션의 기능과 그 과정에 대한 학문적 관심의 기원은 이같이 고대 그리스의 수사학에서 비롯되어 발전하였다.

그러나 이것이 커뮤니케이션학과 정치학 등의 사회과학 분야에서 하나의 새로운 연구과제로 본격적으로 연구되기 시작한 것은 제2차 세계대전 이후부터이다. 다양한 명칭 아래 다양한 입장에서 연구되어 오다가 하나의 독립된 연구영역으로서 커뮤니케이션 이론이 비교정치학에 도입된 것은 1950년대이다.[1] 미국 선거에서 텔레비전의 영향력, 선전기술의 효용성에 대한 평가, 정치언어의 내용분석, 정치광고, 여론과정에서의 대중매체의 역할 등에 대한 연구가 시작되면서 정치학에 본격적으로 등장하는 계기가 마련되었다. 1956년 유라우(H. Eulau) 등이 이러한 연구를 통칭하여 정치커뮤니케이션이라 부르는 동시에, 이를 하나의 독립된 연구분야 내지 영역으로 점차 대두되고 발전되어 오늘에 이르고 있다.

알몬드는 1960년의 기능주의적 접근에서, 정치체계에서 수행되는 모든 기능은 투입 및 산출기능을 막론하고 커뮤니케이션 수단에 의하여 수행된다고 하였다. 이는 커뮤니케이션이 정치체계의 전체 속에서 일정한 기능을 담당하고 있는 것을 시사하고 있다. 제2장에서 서술한 바와 같이 정치체계를 운용시키고

1) 차배근, "정치커뮤니케이션: 하나의 연구분야로서의 그 역사적 배경과 현황," 김기도 편저, 『정치커뮤니케이션 실제: 텔레비전과 이미지, 그리고 선거』, 나남, 1988, pp. 19-20.

있는 여러 가지 기능들을 고찰하다가, 그 중 중요한 기능이 커뮤니케이션 기능이라는 사실을 인지하고 이를 집중적으로 연구하였다.

이와 같은 커뮤니케이션에 관한 이론이 정치학에 도입되면서 학자들의 관심은 주로 여론, 선전, 정책결정, 정치사회화, 정치문화 등에 있어 커뮤니케이션 문제를 중요시하게 되었고, 정치통제 · 정치발전 및 국제관계의 연구에서도 환영을 받았다.[2)]

제 2 절 도이치의 커뮤니케이션 이론

정치커뮤니케이션은 무엇보다도 도이치(K. Deutsch)가 "정치학은 커뮤니케이션이라는 시각에서 재정의될지 모른다"고 하면서 중요한 관심영역으로 등장하였다. 모든 인간관계는 커뮤니케이션에 의존한다고 도이치가 말할 때 그는 사실상 정치와 비정치적 활동을 구별하지 않고 있다. 정보의 수집은 이미 권력의 중요한 정치적 자원을 가지고 있는 사람들에게 정치적 문제이다. 권력을 장악하고 있거나 권력자원을 소유하고 있는 사람들은 권력을 효과적으로 행사할 수 있는 방법을 알고 싶어한다.

도이치의 정치분석을 위한 질문[3)]은 사회의 목적을 달성하기 위한 인간의 노력과 기대의 조정이라는 정치의 정의에 기초하고 있다. 도이치는 사이버네틱스(cybernetics)의 개념을 통하여 다음 네 가지 질문을 추구했다: ① 국가의 정치체계에 어떠한 짐이 부하(負荷)되었으며, 정부가 처리해야 할 부하량은 얼마나 되며, 부하량의 변화에 정부는 어떻게 대응할 수 있는가?, ② 새로운 긴급상황의 도전에 대한 정부의 대응이 이에 따르지 못한다는 것은 무엇을 뜻하는가?, ③ 정치체계가 접수한 자료체계의 반응속도와 규모는 어떤 것이며, 이 반응을 통하여 정부가 얻는 것은 무엇인가?, ④ 새로운 문제를 효과적으로 예견하고 예측할 수 있는 정부의 지도능력은 얼마나 되느냐이다.

2) 최명, 『비교정치학서설』, 법문사, 1980, p. 188.

3) Karl Deutsch, *The Nerves of Government: Models of Political Communication and Control*, New York: The Free Press, 1963, pp. 189-190.

1. 커뮤니케이션 이론이란?

정치체계가 수행하는 모든 기능에 있어 그것의 투입에서 산출에 이르기까지 커뮤니케이션의 역할을 결코 도외시할 수 없다. 즉, 정치체계가 기능을 하려면 투입 · 산출 · 전환 · 피드백이 연결되어야 한다. 그러므로 커뮤니케이션은 정치체계의 전체 속에서 일정한 기능을 담당하고 있으며 다른 기능들의 수행에 깊은 연관성을 가지고 있음이 분명하다.

정책이 결정되려면 정치체계 내에서 의사결정구조간에 수평적 · 상하간 커뮤니케이션이 이루어져야 한다. 또한 정부의 의지를 국민에 전달하여 국민의 협력을 얻고 국민을 설득하기 위하여 정치커뮤니케이션을 활용하게 된다. 정치인들은 권력을 획득하기 위한 선거운동과 정부의 정통성 획득, 국민의 동의를 얻기 위한 방법으로 정치커뮤니케이션을 활용한다. 시민입장에서는 정치적 요구나 기대를 정치커뮤니케이션을 활용하여 정치체계에 전달한다.[4]

지난 몇십 년 동안 커뮤니케이션이 정치이론의 발전에 큰 공을 세웠다고 한다면, 그것은 사이버네틱스 이론을 정치학으로 수출한 것이라고 볼 수 있다. 사이버네틱스는 모든 종류의 조직에 있어서 커뮤니케이션과 컨트롤에 대한 체계적인 연구로서, 도이치의 표현을 빌린다면 "관심의 초점이 충동에서 조종으로, 본능에서 결정 · 규제 및 제어체계로의 이전을 의미한다"라고 한다.[5]

정치체계의 행태를 기술하고 설명하는 데 커뮤니케이션을 중요시하고 있는 것은 인간이 그들의 환경을 통제하는 데 커뮤니케이션이 핵심을 이룬다고 보기 때문이다. 정치과정에 있어서 투입과 산출이 순환을 원활하게 진행시키고 있는 체계의 효율성은 먼저 환경으로부터의 메시지를 정확하게 분석하는 일이며, 다음으로 정책에 대한 반응으로 나타난 메시지를 효과적으로 전달하는 능력이라고 볼 수 있다.

따라서 이 어프로치는 무엇보다도 커뮤니케이션과 결정작성에 연관된 여러 가지 정보의 흐름과 그것의 동태적인 문제에 연구의 초점을 두고 있으며, 또한 정보의 흐름 자체가 곧 분석의 기본적인 단위가 되어야 한다는 것이다.[6] 정

4) 홍득표, 『정치과정론』, 학문사, 1999, p. 200.
5) Karl Deutsch, 앞의 책, p. 76.
6) Oran R. Young, *Systems of Political Science*, New Jersey: Prentice-Hall, 1969, 진덕규 역, 『정치학이론체계』, 법문사, 1980, p. 98.

치체계는 그것이 지향하는 목표에 따라 그 환경이 어떻게 변하는가하는 정보를 받는다. 환경은 체계에 압력을 가하게 되는데, 이것을 부하(load)라고 한다. 그리하여 환경의 부하를 받는 체계는 정보를 접수하여 그것을 해석하고 어떻게 반응할 것인가를 결정한다.

2. 커뮤니케이션 이론의 모델 체계

도이치는 위너(Nobert Wiener)의 사이버네틱스 이론의 영향을 받아 하나의 정치체계 모델을 수립하였다. 그는 정치현상 분석에 있어 커뮤니케이션과 컨트롤이 주축을 이루는 조직체의 특성과 그 과정에 초점을 맞추었다. 여기에서는 커뮤니케이션 이론의 근간이라 할 수 있는 사이버네틱스란 무엇인가를 먼저 살펴보고, 커뮤니케이션 모델을 분석해 본다.

1) 사이버네틱스

사이버네틱스는 모든 종류의 조직을 커뮤니케이션과 통제(control)의 관점에서 체계적으로 접근하는 것이다. 사이버네틱스 입장은 다음과 같다.

① 모든 조직체는 일정한 근본 성격에서는 동일한 것이며, 또 조직체는 커뮤니케이션에 의하여 뭉쳐 있다는 것이다. 커뮤니케이션은 일정한 양의 정보를 포함하는 메시지를 전달하고 그것에 대한 반응을 보이는 능력이 바로 조직체를 형성하는 요체라는 것이다.

② 조직체에 있어서 커뮤니케이션의 역할을 이와 같이 생각할 때, 그것은 인체의 살아 있는 세포조직체, 전자계산기 같은 기계조직체, 사회집단과 같은 사고능력이 있는 인간의 조직체에서나 동일하다는 것이다.

③ 조종이나 통제라는 개념이 자동조절기계나 생물학적 조직체, 또는 사회와 같은 인간집단의 이해에 있어서 가장 중요한 과정이라는 것이다. 사이버네틱스의 입장은 커뮤니케이션으로 뭉쳐진 모든 조직체를 동일한 차원에서 이해하려고 한다.

커뮤니케이션 이론은 사이버네틱스 원리에서 출발하였다. 사이버네틱스 이론은 인간의 뇌신경, 전자계산기, 기계 등이 움직이는 것이나 조직의 행동과 반응 그리고 사고가 비슷한 점이 있다는 전제에서 출발한다. 전자 · 통신의 발달과 인간 두뇌와의 관계에서 정치커뮤니케이션을 이해하고자 하는 것이다. 구체적으로 동력장치가 전기에너지를 발생시키듯이 커뮤니케이션 메시지를 전달한다. 어떤 메시지가 두뇌에 전달되면 감각기관에서 수신 · 지각 · 식별하여 반응을 나타내기 때문에 일종의 통제라고 볼 수 있다. 메시지가 전달되면 행동의 조종과 규제, 본능의 억제, 감정표현의 자제 등과 같은 반응이나 행동이 유발된다. 의사전달을 통하여 어떤 반응이나 행동이 나타나는 것을 통제하는 작용이기 때문이다.

2) 커뮤니케이션 모델 체계

커뮤니케이션은 둘 또는 그 이상의 사람이나 조직이 사실, 생각, 의견 또는 감정 등을 기호 · 상징 · 언어를 통하여 전달하고 교류시켜 공통의 이해를 형성하고, 상대방의 의식, 태도, 행동 등의 변화와 반응을 일으키는 행위라고 볼 수 있다. 이는 인간 · 조직 · 국가의 행동이나 상호작용에 관한 접근으로서, 결정의 여러 결과보다도 결정을 작성하는 과정에 무엇보다도 주의를 집중하고 있다.

이 이론의 기본 정향은 ① 동태(動態)의 문제와 커뮤니케이션과 결정작성에 따르는 다양한 정보흐름의 문제를 강조하고, ② 정보의 흐름이 분석의 기본단위이다. 그러므로 이는 정부를 다양한 정보흐름에 기초하는 결정작성체계로서 도식화하는 모델이다.

(1) 첫째 범주: 수신 및 결정

수신장치는 국내외적 환경으로부터 정보를 받아들이는 기관이다. 수신의 개념은 정보를 단순히 받아들이는 것을 넘어서 정보의 취사선택과 정보자료의 처리를 의미한다. 수신자는 정보를 처리하는 데 있어서 상당히 구체적이고 특정한 규칙을 갖는다.

결정 중추부는 결정형성에 있어서 기억과 가치를 선택적으로 불러일으키는 장치의 도움을 받아 수신정보를 산출로 요리하는 작용을 행한다. 기억은 물리적 실제로서 정보의 저장물인데, 유입하는 정보와 과정 및 결과에 관련되는 과거의 경험을 연결시킨다. 가치는 체계의 목적과 관련된, 즉 가능성과 우선순위를 연결하는 규범적 임무를 수행한다.

[그림 5-1] 도이치의 커뮤니케이션 모델

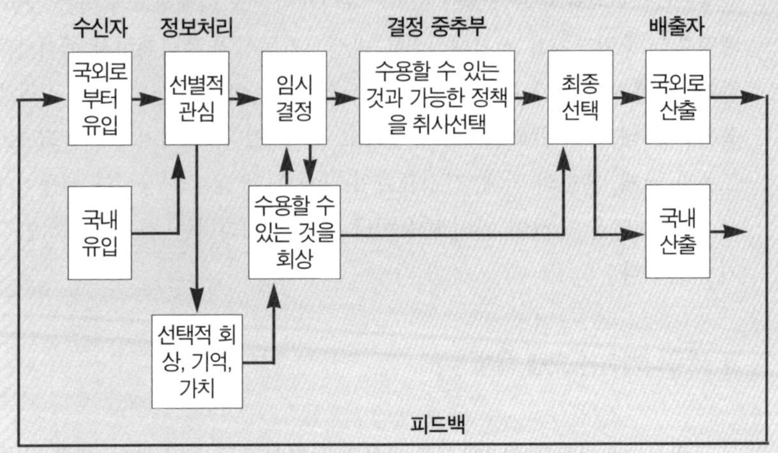

출처: Karl Deutsch, *The Nerves of Government: Models of Pilitical Communcation and Control*, New York: The Free Press, 1963, p. 258.

(2) 둘째 범주: 정보흐름 과정

이 중심개념은 커뮤니케이션의 네트워크를 형성하는 패턴화된 정보흐름과 그 과정이다. 정치체계의 커뮤니케이션 네트워크와 관련시켜 볼 때 정보의 흐름에 있어서 중요한 것은 회로(channel), 부하(負荷, loads), 부하용량(load capacity), 재생 등의 개념이다.

① 부하는 이용 가능한 피드백 장치에 관련한 체계활동의 범위와 커뮤니케이션 회로의 용량에 관련하여 피드백 과정에 포함된 정보의 양, 환언하면 목표체계에 관련하여 표적의 위치에 있어서 변화의 정도 및 속도를 의미한다.

② 부하용량은 정보흐름에 이용 가능한 회로의 수, 유형에 의하여 결정된다. 부하용량은 감도, 충실도, 배경의 잡음, 왜곡에 관한 요인과 밀접히 관련되어 있다. 여기에서 감도는 유입하는 정보를 예정하여 처리하는 장치의 능력이고, 충실도는 수신 · 선택 · 처리라는 다양한 과정에서 정보가 전환될 때의 정확성이다. 충실도에 영향을 미치는 중요 변수로는 관련정보를 애매하게 만드는 배경의 잡음과 유형의 왜곡이 있다.

③ 재생은 커뮤니케이션 체계가 유입하는 정보를 분석하기 위하여 그것과

관련되는 과거의 경험을 연상하고 탐색하고 끌어내는 능력이다.

(3) 세 번째 범주: 결과

결과는 실행으로 옮겨야 할 지령의 흐름을 구성하는 결정이라는 형태를 취한다. 목표 성취를 위한 흐름의 결과는 그 결정이 순응되는 범주에 의존하면서, 효과적인 성취를 수행하게 된다. 제어(control)와 조종(steering)이라는 일반적 개념이 부각된다. 체계가 목표 달성의 범주를 최대화하기 위하여 그 자체의 행동을 규제하는 수단을 가지고 있는데, 도이치는 이 문제에서 피드백이라는 개념을 사용한다.

여기에서 중요한 것은 네거티브 피드백(negative feedback)이다. 네거티브 피드백은 결정의 결과와 그것을 이행하는 행동에 대한 정보가 다시 체계 속으로 투입되어 그 체계가 지닌 중요한 목표 달성의 방향으로 체계의 행동을 바꾸게 하는 절차이다. 예를 들면 온도조절장치가 열원을 정지하여 온도의 상승에 반응하고, 재차 열원을 가동하여 온도의 하강에 반응하는 것이다. 네거티브 피드백의 작용을 통하여 체계는 그 내부적 긴장 혹은 불균형을 감소시키고 있는데, 이것은 균형의 기계적 개념과는 구별되는 것이다. 특히 피드백 개념을 정치체계에 적용시킬 때, 고전적 기계론적 균형보다 훨씬 광범한 분석과 측정이 가능하다고 주장한다.

(4) 목표의 변화

지금까지 목표 달성에서는 목표가 고정된 것으로 가정한 시스템의 조정을 논의하였다. 예를 들면 집안 온도가 25도로 설정되어 있다면, 난방이나 에어컨 시스템은 이 온도를 유지하기 위한 일련의 작업을 진행한다. 그러나 외부 기상 조건에 따른 온도 같은 특정한 목표를 추구하거나 특정 상태를 유지하기 위하여 시스템의 능력인 목표변화에 대한 논의가 필요하다.

일부 조직에서 목표변화는 피드백 과정 자체 패턴의 일부이다. 목표 A에 주어진 한계치에 접근한다면, 한계의 도달은 커뮤니케이션 시스템의 일부 요소의 재정렬 계기가 되고, 다른 목표 B 방향으로 시스템의 다른 회로조정에 우선순위를 둔다. 만약 B에 도달한다면, A에 대한 검색으로 시스템이 돌아가거나 목표 C 방향으로 세 번째 목표를 추구하는 방향으로 회로조정을 할 수 있다. 목표의 변화가 어떻게, 언제 그리고 얼마나 빨리 개인이나 조직에 의하여 변경되는지는 정치연구의 생산적인 주제이다. 정치문제는 주요 전략목표간의 조정이나 전술적인 목표의 순서를 통해 달성해야 하는 상황에서 발생한다. 정당이 일정한 목표를 정하고 활동할 때 그것은 약속이 되어 지지층을 끌어들이는 수단이 된다. 그러나 상황이 변화는 설정된 정책 또한 변화를 가져가야 하는데, 그 가능성 없다면 오히려 지지자들은 실망할 수 있다.

피드백은 목표변화에 근본적인 변화를 포함할 수 있다. 개혁, 혁신, 혁명 혹은 전환의 현상에 직면한다면 상대적으로 빠른 시간 안에 전반적인 시스템 변화가 발생할 수 있다. 이것은 정치적 결정체계와 여타 사회의 주요한 구조적 재배치뿐만 아니라 전반적인 기능과 행태의 주요한 변화를 포함한다.

3) 성장의 정치와 정치의 임무

(1) 시스템의 유형

우리는 종종 정치의 과제는 국가나 사회의 공익을 증진시키는 것이라고 말한다. 도이치는 생존 가능성의 측면에서 모든 정치 시스템이나 조직을 다음 4가지 범주로 나누고 있다. ① 자멸시스템으로 이는 상대적으로 유리한 환경에서조차 결국 무너지는 경향이 있다. ② 발전 불가능 시스템으로 자멸로까지는 가지 않을 지라도 대부분의 환경에서 어려움이 폭넓게 발견되어 살아남을 가능성이 높지 않다. ③ 생존 가능 시스템으로 제한된 환경조건을 극복하고 본래의 생존 가능성을 지속시킬 수 있다. ④ 자기발전 혹은 자기향상 시스템으로 환경의 다양성을 증가시켜 생존의 가능성과 가능한 행동범주를 증가시킬 수 있다. ②, ③, ④의 경우 장기적으로 보면 환경은 변할 수 있는 가능성이 있기 때문에 그에 대처하면서 생존할 가능성이 있다.

(2) 정치시스템 성장의 의미

도이치는 정치시스템 성장의 의미를 다음 6가지 차원에서 설명하고 있다. 첫째로 육체적 · 정신적 건강을 얻는 것뿐만 아니라 인력과 인구의 성장을 들고 있다. 두 번째 차원으로는 경제성장을 꼽고 있는데, 여기에는 성장의 비율, 경제적 자원이 장기간의 인구성장 속도를 초과하는 것이다. 셋째, 새로운 용도에 재배치할 수 있는 물적 · 인적 자원의 가용성에 관련된 성장기준을 들고 있다. 시스템이 새로운 목표를 추구하거나, 새로운 저항이나 도전을 만나는 환경에 처했을 때 가동 준비의 발전이 여기에 해당한다. 넷째, 자율성과 자기결정의 성장을 포함한다. 이것은 사회적 응집성에서 자원과 기능의 성장을 의미하는데, 개인이나 제도간 혹은 사회체계나 정치체계에서 성장, 범위, 속도 그리고 내부 커뮤니케이션의 효과를 포함한다. 또한 기억으로부터 불러 내는 자료와 외부로 받는 정보 사용의 효과성에 있어 시스템의 조정능력 성장을 의미한다. 다섯째, 네 번째와 연결되는 것으로 성장조직 또한 국가나 정부는 규모효과의 결과를 극복하기 위하여 커뮤니케이션 및 조직의 자체 패턴을 변경할 수 있어야 한다. 크기의 증가에 의한 생산변화 비율의 효과, 메시지 전달에 있어 내부통신 과부하와 혼선의 성장위협 극복을 위한 재구성이나 변환을 포함한다. 여섯째, 장기적인 성장으로서, 사회·문화·정치적 시스템이 선택하고 추구할 수 있는 다양한 목적의 범주에서 목표변화능력의 증가를 의미한다. 이는 단순히 제한된 운영 보유의 관점에서뿐 아니라 내부구조의 심층적 재배열에 대한 용량 측면에서, 그리고 근본적으로 새로운 기능의 개발을 위한 학습능력 개발을 의미한다.

지금까지 성장모델에서 파생된 모든 기준은 전체적으로 결정시스템에 주로 적용한다. 모든 인간조직의 필수적인 특징은 조직과 개인의 성장과 그것을 구성하는 자율적인 하위집단 규모 사이의 상호작용이다. 이러한 의미에서 인간조직의 성장은 항상 자율시스템의 여러 수준의 상징이며, 자율성장과 개인의 자기결정이 강화된 시금석의 하나이다. 전체 결정시스템의 성장과 다양한 자율적 프로세스는 측정될 수 있는데, 심리학자들은 이를 통합행동이라고도 한다. 이것은 사회 또는 국가 능력과 관련하여 설정할 수 있다. 파워와 한계에 결합된 성장, 기억(메모리)의 깊이와 정보의 새로운 범위 개방, 사회적·지적·정서적 지략과 창의성, 통합행동 능력 등을 국가가 겸비할 때 국제정치에서 생존능력을 키울 수 있다.

(3) 정치의 임무

정치는 그것을 수행하는 것에 의하여 많은 기여를 할 수 있다. 사회혁신과 사회적 학습의 일반적인 분야에서 정치는 결정의 균형 잡힌 기능을 할 수 있다. 집행결정영역, 더 정확히 말하면 집행의 확률로 정치의 핵심영역을 정의한다면, 정치는 메시지와 명령에 대한 특혜의 확보 및 인적·물적 자원의 재분배를 위한 탁월한 방법이 된다. 따라서 정치는 사회적 학습과 혁신을 억제하거나 가속하기 위한 주요한 도구로 나타나고, 그것은 과거에 두 가지 기능 모두에 사용되었다.

정치는 이미 단순한 사회적 시스템의 엄격함을 향상시키기 위해 사용되고 있으며, 그것은 변화의 지속적인 프로세스를 가속하는데 사용되었다. 오늘날 세계정치는 사회적 학습의 필수적인 기구이다. 그것이 인식의 통찰력을 끌어 낸다면, 파괴보다 오히려 생존과 성장의 기구로서의 기능이 늘어날 것이다. 정치학의 모든 연구나 정치분석을 위한 도구로써 제시된 모든 기교와 모델들은 인간이 그들의 열린 눈으로 정치적 행동을 해야 한다는 목적을 가지고 있다.

3. 평 가

도이치는 그의 모델을 경험적 연구에 입각하여 발전시켰다. 그는 정치체계를 사회공동체의 문제 해결 수단으로 파악하고 있다. 그래서 문제의 변화에 따라서 정치체계는 신속한 내적인 재조정을 하게 된다. 비교정치학의 입장에서 보면 체계수준에서 특히 정치커뮤니케이션을 비교하는 데 있어서 모델의 유용성이 발견된다. 그러나 도이치의 이 어프로치는 사이버네틱스와 기타의 비정치적 분야에서 빌려온 여러 가지 개념이 혼란을 야기할 수 있다는 위험 때문에 큰 결함을 갖고 있다.[7] 뿐만 아니라 이 어프로치가 지나치게 결정론적이라든가, 혹은 정치적 변동·발전의 영향 등을 설명할 수 없고, 나아가 인간행위를 기계공학적인 관점에서 단순히 기계적으로 파악·이론화하려는 결함을 갖고 있다는 비판을 받고 있다.

제 3 절 커뮤니케이션과 여론

근대적 의미에 있어서 여론이 운위되었던 19세기에는 주로 개인과 집단을 토대로 여론이 형성되었다. 이들은 서로 이해관계를 같이 할 수 있는 동질적인 공중사회였다. 공중은 유럽의 근대에 형성된 한 집합체로, 역사적으로 시민계급, 즉 부르주아에 속하는 계급이다. 시민계급은 주로 상공업에 의해 부를 축적하고, 그 축적한 부를 바탕으로 귀족·교회·군주의 권력투쟁에 뛰어들었다. 처음에는 봉건영주나 절대군주의 편에서 귀족과 교회세력을 약화시키고 산업

7) 최명, 앞의 책, p. 193.

혁명 이후에는 절대군주의 권력마저 무력하게 만들어 완전히 국가권력을 장악하여 근대 지배세력으로 등장하였다. 당시에는 사회구조도 복잡하지 않았기 때문에 대면 커뮤니케이션을 통한 여론형성이 비교적 용이하였다. 이렇게 공적인 권위를 규제한 합의를 공중의 의견, 즉 여론이라 칭했고, 이 여론의 산출에 참여한 사람들을 공중이라 불렀다. 여론을 형성했던 공중은 이렇듯 구체적인 문제에 구체적인 계급이익을 가지고 토론에 참여한 사적인 개인들을 집합적으로 일컫는 말이다.[8]

그러나 현대사회에 있어서 여론의 주체인 대중은 보다 복잡하며, 서로 상반된 이해관계를 가지고 있기 때문에 어떤 문제점에 대하여 동질성을 유지하기가 어렵다. 다시 말하여 사회구조가 고도로 분화되고 복잡성을 띠고 있으므로, 자유로운 커뮤니케이션으로 여론이 형성되기는 어려운 실정이다. 근대 초기의 이른바 공중사회에서는 소위 공중들의 상호토론을 통해서 여론이 형성될 수 있었으나, 현대사회에서는 일반대중이 여론형성에 있어 수동적·타율적 위치로 전락하여 진정한 여론이 발현되기 어렵게 되었다.

이러한 상황에서 매스미디어는 현대사회의 여론형성에 있어서 직접적인 정보제공의 계기가 되었으며, 여론의 토대가 되는 개인의견 및 집단의견의 형성에 커다란 영향을 미치게 된 것이다. 매스미디어는 정보를 모집하여 다수인 대중에게 전달함으로써 사회의 전반적 규모에 걸친 여론형성을 가능케 함은 물론, 여론에 대한 지주적 역할을 하게 된다.

1. 여론의 개념

여론이라는 말은 자주 사용하면서도 그 뜻이 매우 불명확한 용어 중의 하나이다. 여론의 인식이 싹트기 시작한 것은 오래된 일이다. 서양에서는 중세시대부터 "인민의 소리는 신의 소리"라는 말이 있었고, 동양에서도 이미 오래 전부터 "민심은 천심"이라는 말이 있었다. 『서경』에도 "民之所慾 天心從之"라 하였으며, 맹자도 民·社稷·君主 셋 가운데 민이 가장 중요하다고 하였다.[9]

여론이 진정한 의미에서 각광을 받게 된 것은 근대에 와서 민주주의 발흥과 더불어서이다. 초기 민주주의자들은 어느 사회든지 그 사회에는 전체 구성

8) 이효성, 『커뮤니케이션과 정치』, 성균관대학교 출판부, 1995, p. 30.

9) 民爲貴 社稷次之 君爲輕, 구본명 교열, 『孟子』, 현암사, 1965, p. 91.

원들에 대하여 공통된 가치관과 이해관계가 있다고 믿었다. 루소는 "일반의사는 역시 가장 정확한 것이고, 인민의 소리는 신의 소리"라고 했다. 특히 『폴란드 정부에 관한 고찰』(*Consíderation Sur la Gouvernement de Pologne*, 1772)에서는 "인민에게 법을 부과하는 것을 자기 직업으로 삼으려는 사람이면, 누구나 여론을 조종하는 방법을 배우지 않으면 안 된다"고 강조했다. 루소는 현대적인 의미의 여론(l'opinion publique)이란 말을 처음으로 사용하여 여론의 개념을 탐구할 수 있는 기틀을 마련하였다.

여론에 관한 학자들의 의견도 다양하다. 알빅(W. Albig)은 여론이란 "특정한 문제에 대하여 어떤 방법으로든지 관심을 기울이는 집단구성원 전부의 의견의 표현을 포함한다"[10]고 설명하였으며, 두브(L.W. Doob)는 여론이란 "동일한 사회집단에 속하는 개인이 어떤 문제에 대하여 가지는 태도"[11]라고 했고, 또한 포웰(N.J. Powell)은 여론이란 "특정한 때와 장소에서 인간의 집단이 가지는 판단, 태도 및 신념"[12]이라고 했다. 맥포우걸(C.D. Mcpogall)은 "여론이란 이익관계 집단 안에서의 논쟁점에 관한 표현"[13]이라고 했다.

이상의 내용에서 알빅의 정의는 개인의 의견과 여론을 어떻게 구별할 것인가에 대하여 그 해답을 구하기 어렵고, 두브의 견해도 개인의견과 여론을 동일시한 점을 알 수 있다. 마지막으로 포웰의 견해는 집단의견을 설명하는 것은 가능할지 모르지만 여론을 설명하는 데는 부족하다는 점을 지적할 수가 있다. 그러므로 이상의 정의들이 모두가 일면으로는 타당성을 가지고 있으나, 여론을 전체적으로 설명하는 데는 문제가 있다.

이와 같이 여론에 대하여 수많은 연구가 행해져 왔음에도 불구하고 통일된 정의는 아직 이루어지지 못하고 있다. 다만 그 표현을 어떻게 하든지간에 이러한 정의들은 여론의 본질을 다음과 같이 설명하고 있다. 첫째, 여론이란 개인의 의견이 아니라 집단을 이루고 있는 사람들의 의견이라는 것이다. 둘째, 어떤 문제, 특히 집단구성원들과 관계 있는 문제를 중심으로 형성된다는 것이며, 셋째로 개인의견들의 단순한 총화가 아니라 자유로운 커뮤니케이션 결과로 이룩된다는 것이다.

10) W. Albig, *Modern Public Opinion*, New York: McGraw-Hill, 1956, p. 5.
11) L.W. Doob, *Public Opinion and Propaganda*, New York: Holt Rinehart & Winston, 1966, p. 35.
12) N.J. Powell, *Anatomy of Public Opinion*, Englewood Cliffs, New York: Prentice-Hall, Inc., 1951, p. 4.
13) C.D. Mcpogall, *Understanding Public Opinion*, New York: Macmillan. 1952, p. 29.

이를 종합해 볼 때 여론이란 어떤 집단구성원들과 관계 있는 문제를 중심으로 집단구성원들 사이에 자유로운 커뮤니케이션이 행해진 결과, 그 집단구성원들의 다수가 자발적으로 지지하게 된 의견이라고 할 수 있다. 그러나 여론을 한마디로 정의한다면 투너(R.H. Turner)와 킬란(L.M. Killan)이 말한 바와 같이 "공중의 의견"이라 해도 큰 무리는 없을 것 같다. 그런데 여기서 말하는 공중이란 개인 또는 사적인 것과 대비되는 개념으로 대중이 한 단계 승화된 상태의 추상적인 의미이다.

이상과 같은 성격을 지닌 여론은 현대사회의 민주정치과정에서 이익집단이나 매스미디어를 통해 정책결정에 영향을 미치고 권력엘리트의 지배를 규정하기도 한다. 그러므로 여론은 현대 민주주의 정치제도의 토대가 되며 정치과정에서 강력한 영향력을 발휘한다. 그러나 여론이 사회구성원들의 의지를 집약한 것이기는 하지만, 반드시 대다수의 의견만은 아니라는 관점을 재음미해 볼 필요가 있다. 대중민주주의에 있어 여론은 권력엘리트에 의해, 특히 매스미디어를 통하여 조작될 수 있다는 뜻에서 더욱 그러하다.

2. 여론의 특성

여론의 특성은 그것이 어떻게 형성되는가를 살펴보면 알 수 있다. 여기에서는 홍득표 교수가 정리한 여론의 특성을 중심으로 살펴본다.[14)]

첫째, 여론은 유동적이다. 여론은 다른 쟁점이 부각되거나 다른 관심사가 나타나면 달라질 수밖에 없다. 여론은 상황에 따라 변하기 때문에 문제가 제기된 당시에 한시적으로 존재하는 다수의 공통적인 의견이라 볼 수 있다. 미국의 역대 대통령은 모두 취임 초에는 약 70%의 국민적 지지를 받다가 퇴임 직전에는 대부분 50% 미만으로 하락하였으며, 트루먼 · 닉슨 · 카터 대통령은 30% 미만으로 나타났다. 한국의 경우에도 취임 초에 90% 이상의 지지를 받던 대통령이 퇴임 직전 외환위기 때문에 한자리 수로 지지율이 떨어진 경우가 있었다. 이와 같이 여론은 상황에 따라서 시시각각으로 변하는 추세를 보인다.

둘째, 여론은 선호문제에 대한 의견 차이로 어떤 것이 좋고 나쁘다고 평가할 수 있는 과학적 방법이 없다. 개인이 선호하는 의견은 개인의 신념이나 취향일 수 있기 때문에 어느 것이 좋다 나쁘다, 옳다 틀렸다고 평가할 수 없다.

14) 홍득표, 『정치과정론』, 학문사, 1999, pp. 246-248.

셋째, 여론은 다수의 의견이지만 사회 전체를 대표한다고 볼 수 없다. 다수가 가지고 있는 공통된 의견으로 사회 전체를 대표한다고 볼 수는 없다. 여론은 사회 일부분의 의견으로 균열성을 가지며 논란의 여지가 있다. 여론은 나이, 성별, 학력, 인종, 사회적 신분, 경제생활 수준, 지역, 종교 등에 따라서 다르게 나타난다.

넷째, 여론은 소문이나 유언비어와는 달리 구체적인 쟁점이나 관심과 관련하여 형성된 의견이다. 정치세계에는 각종 뜬소문과 날조된 유언비어가 많은 것이 현실이다. 그러나 여론이라고 했을 때는 공공문제와 관련된 공중의 관심사로 부각된 쟁점이나, 논의가 진행중에 있거나 또는 제안에 대하여 형성된 의견이라고 볼 수 있다.

이 외에도 여론의 특성을 정부와 관련된 문제에 대한 공중의 의견 그리고 그 표현방법을 들고 있다. 김영석 교수는 현대 여론이 안고 있는 문제점을 다섯 가지로 나누어 논의하고 있다.[15] 두 가지는 여론의 피상성에 관계되는 것으로, 공중이 정치적 문제를 이끌어 갈 수 있는가에 대한 '능력의 부족' 과 공적 커뮤니케이션의 결여라는 '자원의 부족' 을 들고 있다. 나머지 셋은 피설득 가능성에 관계되는 것으로, 다수의 압력으로 인해 저속한 의견이 될 수 있다는 '다수의 횡포' , 공중이 설득당하기 쉬워 여론이 감정적인 것이 될 수 있다는 '피설득성', 그리고 대중의 수동성의 증가로 인해 여론이 대중의 신념을 길들이게 되는 '엘리트에 의한 지배' 를 들고 있다.

제 4 절 여론의 형성과정

여론이 형성되기 위해서는 개인의견이 먼저 형성되고, 그런 다음에 개인들이 모여서 집단의견을 형성하게 된다. 그러므로 여론의 가장 기본적인 의견이 무엇인가를 살펴보고, 개인의견 형성과 집단의견 형성을 논의한다.

1. 의견, 태도, 가치와 신념

인간의 마음속에서 마무리된 생각이 외부로 표출될 때 의견의 형태를 취하

15) 김영석, 『여론과 현대사회』, 나남, 1996, pp. 41-50.

게 된다. 그러므로 인간의 주체성 확립은 여론형성의 보이지 않는 뿌리이고, 인간의 표출된 의견은 눈으로 볼 수 있는 움(싹)이다.

의견에 대한 정의를 내리는 데 있어서 카츠(D. Katz)는 "태도의 외적 또는 언어화된 표현이다. 의견은 외부환경의 자극에 변하기도 하고 전혀 새롭게 만들어지기도 한다"고 주장하였다. 맥포우걸 역시 "의견은 태도의 외적 표현"이라 하여 태도의 기능적 측면을 강조하고 있다. 그러므로 의견은 태도의 행동적 요소로 설명될 수 있다.

태도란 인간의 환경에 대한 심리적 반응의 총체로서 사고 · 행동 · 느낌의 통상적인 방식 또는 경향이며, 대상지향적이고, 집단정신, 본능, 이성적 사고에 의하기보다는 인간적 · 사회적 · 문화적 환경에 의해 형성된다. 앨포트는 "태도란 경험을 통하여 형성된 심리적 준비상태로서 모든 주어진 상황이나 사물에 대한 개인적 반응을 자극하는 것으로 지배하는 구실을 한다"고 정의한다.

이러한 의견과 태도는 개념적으로 유사한 점이 많지만 상이한 점도 가지고 있다. 의견과 태도의 유사점은 특정 사안에 대한 선호도를 표현하는 것이고, 외부적으로 표출하는 특정 사안에 대한 개인적 반응이다. 그러므로 모두 방향성을 가지고 있다. 의견과 태도의 일반적인 속성을 살펴볼 때, 의견과 태도가 서로 어떻게 다른가를 명백한 기준을 두고 구별하기란 어렵다. 그러나 의견이란 언어화되기 쉽고, 행위에 대한 동기부여력이 비교적 약하며, 외면적인 성질이 강하다. 여기에 반하여 태도는 의견보다 안정되어 비교적 언어화되기 어려우며, 보다 강한 동기부여력을 가지고 있다. 또한 인간의 퍼스낼리티에 보다 깊

[그림 5-2] 의견, 태도, 가치, 신념의 상관관계

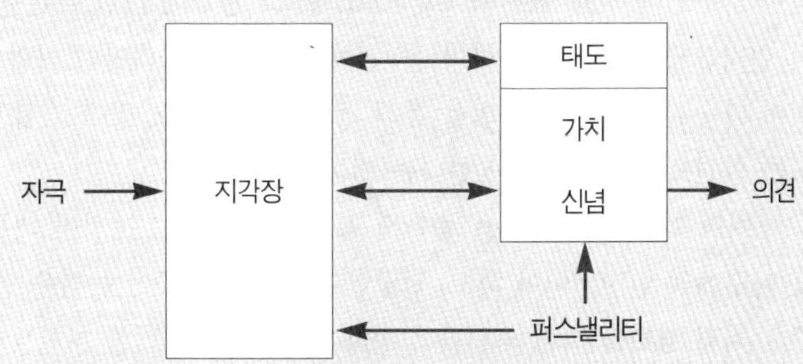

출처: 원우현, 『여론선전론』, 법문사, 1990, p. 86.

이 뿌리박고 있으며, 퍼스낼리티의 다른 분야와 고도로 통합적이며 기능적으로 결합되어 있다.

여기에 또 하나 설명되어야 하는 것이 신념과 가치이다. 신념이란 믿는 마음으로, 신념체계는 물리적·사회적 실체에 대한 수많은 신념들이 논리적이 아닌 심리적으로 조직화된 상태이다. 가치란 신념체계의 중심에 위치하는 신념들의 특별한 하위집합이다. 따라서 인간의 행위를 지시하는 가치의 수는 매우 제한적이며, 가치는 인간의 행동과 주위 세계에 대한 해석에 있어 규범적 지침이 된다. 신념과 같이 가치는 인간에 있어서 중요성의 연속선상에서 포착될 수 있으며, 어떤 사람에게 중요하고 그에게 행위와 해석을 내리는데 명시적인 지침들을 제공하는 가치들은 그 개인의 의견과 밀접한 관계를 맺고 있다.[16]

그러므로 의견이란 외부적 환경, 즉 쟁점 등에 대하여 태도나 신념, 가치 및 퍼스낼리티 등의 개인의 위계적 심리상태에 의해서 선별적으로 환경요소를 선택하여 이것을 언어화시켜 외면적으로 표명하는 것이다.[17]

2. 여론의 형성과정

여론이 형성되기 위한 조건이 갖추어졌을지라도 여론이 형성되는 과정과 기간은 쟁점의 성격이나 상황에 따라 다르다. 그러면 구체적으로 어떠한 과정을 거쳐 여론이 형성되는가?

바우르(J. Baur)는 여론은 하나의 쟁점에 찬반양론으로 대립하여 집단이나 단체가 형성됨으로써 토론을 거쳐 형성된다면서 7가지 단계를 거친다고 주장하였다. 니모(D. Nimmo)에 의하면 여론이 형성되기 위해서는 ① 어떤 문제의 특징이 다수인에 의해 제시되어야 하고, ② 그 문제에 대한 토론을 통해 그 특징이 현저하게 증가되어야 하며, ③ 문제해결을 위한 대안이 나와야 하고, ④ 이것이 다수결이나 기타 방법을 통해 정책이나 기타 결정에 직접적인 영향을 미치는 의견으로 형성되어야 한다는 것이다.

여러 학자들의 의견을 종합해 볼 때 여론은 ① 논점이 대두되어야 하고, ② 다수에게 인지되어야 하고, 전달단계를 거쳐 공중이 논점을 인지한 후 ③ 공중은 여러 행위를 거쳐 의견을 형성하게 된다. ④ 이러한 개인들의 의견이 매스

16) 원우현, 『여론선전론』, 법문사, 1990, pp. 20-21.
17) 위의 책, p. 22.

미디어나 기타 다른 방법으로 가시화되고, ⑤ 개인들의 의견은 점차 하나의 의견으로 모아지면서 합의를 이루게 되고, ⑥ 여론이란 이름으로 힘을 발휘하게 된다.[18)]

이를 구체적으로 개인의견 형성과 집단의견 형성으로 나누어 본다. 개인의견 형성과정은 어떤 문제에 대해 관심을 갖고서, 그 문제를 둘러싼 여러 가지 요인을 인지하고, 그러한 제 요인을 해석 · 평가 · 판단하며, 그 판단을 표명하는 등의 단계를 거친다. 이렇게 해서 개인이 내린 평가와 판단을 언어로 표현한다. 이러한 과정에서 매스미디어는 개인이 경험할 수 있는 영역 밖의 사상이나 의견, 또는 사회 움직임들에 대한 정보를 제공함으로써 사람들이 외부세계와 접촉할 수 있는 중요한 기능을 수행한다.

이렇게 표출된 개인의 의견은 인간의 끊임없는 사회적 관계를 통해 집단을 형성하여 의견을 조직화한다. 집단의견은 집단 내에 존재하는 사상과 의견들의 단순한 정적 관계가 아니라, 집단이 중재되어 인지와 지각을 펼치는 과정이다. 그러므로 개인의 의견이 집단의 의견으로 발전되기 위해서는 토의와 상호작용이 있어야 한다. 토론의 과정을 거치는 동안 개인의 의견 속에 내포되어 있는 불합리하고 감정적인 요소들이 점차 배제되고 이성적이고 합리적인 의견들로 집약되어 거기에 참여한 개인들은 집단이라는 구획에 소속되게 된다. 따라서 분산되었던 대중적인 속성의 개인은 비로소 공중의 속성을 띠고 공동의 의견을 표명해 나간다.[19)]

매스미디어는 공중 사이의 여론형성 과정에 두 가지 중요한 역할을 수행하게 된다. 첫째로 매스미디어는 보도의 기능을 수행한다. 매스미디어는 중요한 사건과 정치행위를 뉴스와 논평의 형태로써 제시해 주는 중재역할을 수행한다. 둘째로 매스미디어는 여론조사자 기능을 통해 이슈에 대해 공중들이 조직화되어 가는 반응을 보여 줌으로써 또 다른 중재역할을 수행한다.[20)]

18) 유세경, 『매스미디어와 현대정치』, 나남, 1996, pp. 171-173.
19) 원우현, 앞의 책, p. 32.
20) 김영석, 앞의 책, pp. 243-244.

제 5 절 여론형성 과정에 있어 매스미디어의 역할

커뮤니케이션이란 정치가 행해지는 곳이라면 어디서나 이루어지고 필요한 것이다. 오늘날처럼 여론의 주제로 되는 공공사가 일반대중의 일상생활에서 직접 눈으로 보고 귀로 들을 수 있는 감상적 접촉을 넘어 전 국민적, 전 국가적인 차원으로 확대되고 있는 상황에서 신문이나 라디오, 텔레비전이 적어 주고, 들려 주고, 보여 주지 않는 한 올바른 의견이 형성될 수가 없다. 오늘날 여론의 주제가 되는 공공문제에 관한 개인의견이란 바로 매스미디어를 통하여 형성된다고 하겠다. 이와 같이 오늘날 매스커뮤니케이션이 여론형성에 있어서 지대한 영향을 미치고 있으므로, 매스커뮤니케이션의 매체인 매스미디어가 여론형성 과정에서 어떻게 역할을 하는가를 살펴본다.

1. 신 문

현대인의 일상생활에서 신문은 불가결한 것 중의 하나이다. 많은 사람들이 여론을 조성하는 최선의 매체는 신문이라고 생각하며, 사실상 신문은 여론의 동의어로서 사용되는 일이 많다.[21] 신문이란 간단히 말하면 보도성, 정기성, 불특정한 대중에의 전달을 특성으로 하는 매스미디어이다. 이러한 신문은 보도·사설을 통해서 일정한 집단의견을 내거나 또는 그러한 의견을 유도하거나 대표하는 기능을 가지며, 현대사회에서 다른 매스미디어보다 여론에 크게 영향을 미치고 있다.

그러나 신문이 특정한 뉴스를 보도하고 사설을 통해 논평하였다 하더라도 사람들의 의견이 속히 변경되거나 일정한 방향으로 기울어진다고 보기는 어렵다. 이러한 이유는 국한된 정보의 제공이 전부의 의견이 될 수 없기 때문이다. 그렇다고 하더라도 동일한 내용의 뉴스나 논설이 몇십 만 또는 몇백만 명에게 전달되고 그것이 누적됨으로써 생겨나는 결과는 결코 무시할 수 없다. 사건을 직접 목격하지 못하고 간접적으로 접하는 독자에게 있어 신문의 보도는 제2의 현실로서 굳어져 간다는 사실을 부인할 수 없다.[22] 일정한 방향으로 여론을 유

---

21) H.L. Childs, *An Introduction to Public Opinion*, New York: John Wiley, 1940, p. 50.
22) 조재관, 『선전여론』, 박영사, 1977, p. 192.

도하기 위하여 신문을 활용하는 경우도 있다. 선전자료를 신문사에 제공해서 보도하고 논평하게 하든가, 아니면 고정칼럼란을 만들어 일정한 사람들로 하여금 필요한 내용을 논평하도록 만드는 방법 등이 있다. 때로는 처음부터 선전을 위해서 독자적으로 신문을 발행할 수도 있다. 정부나 정당 혹은 각종 이익집단들이 발행하는 신문들이 그 예이다.

신문은 인쇄선전의 가장 값싼 형태이면서도 장기적으로 보면 가장 중요한 것이기도 하다. 라디오와 텔레비전의 괄목할 만한 발전에도 불구하고, 신문은 아직도 문명화된 나라에서 정치뉴스나 해설의 주된 소스가 되고 있다. 신문은 방송에 비해서 즉시성의 결여를 그 자체의 내구성과 그리고 폭정에 대하여 인민의 자유를 위한 전통적 수호자로서 스스로가 성취한 명성으로 보상받고 있다.[23] 따라서 문자해독의 비율이 높은 사회에서 신문은 여론조성에 크게 공헌하고 있으며, 정치적 커뮤니케이션의 중요한 수단으로써 확고한 영향력을 크게 발휘할 것이다.

그러나 신문의 매개기능은 단순한 것이 아니다. 신문은 한편에서는 대중의 다수 의견을 대표하거나 또는 대표하는 것처럼 보임으로써 정치권력에 영향을 미치는 동시에, 다른 한편에서는 보도를 통하여 일정한 사회적 · 정치적 환경을 조성함으로써 다수 의견을 만들어 내거나 유도한다. 신문에 의하여 제공되는 보도는 일정한 취사선택의 과정을 거치는 것이며 따라서 신문 보도는 현실적으로 일어난 사실의 전부가 아니다. 그 중 취재된 일부분만이 보도의 대상으로 될 수 있을 따름이다. 그리고 취재된 것이라 할지라도 무작정 모두 게재되는 것이 아니며 최고 간부나 편집책임자, 일선기자의 의도 등이 복잡하게 얽혀서 기사의 선택 및 뉴스의 평가가 이루어진다. 따라서 어떤 종류의 사실을 무시, 왜곡, 과장, 축소하기 쉬운 것이다.

2. 라디오

1920년대에 등장한 라디오는 선전의 기술과 효과를 혁신시킨 미디어라고 하겠다. 그러나 여론에 대한 라디오의 지위는 신문에 비하여 약점이 있다. 라디오는 여론의 형성과정에 영향을 미치는 기능에 있어서는 신문에 못지않을 정도

---

23) Tereence H. Qualter, "The Techniques of propaganda," Alan Wells(ed.), *Mass Media and Society*, California: National Press Books, 1972, pp. 276-277.

로 강하지만, 여론의 반영이라는 면에서는 이에 미치지 못한다. 그 까닭은 여러 가지로 생각될 수 있으나 라디오는 비교적 강한 오락성에 의하여 지배되는 것이기 때문이라고 할 수 있을 것이다. 즉 청취자는 라디오에 대하여 정치적 · 사회적 문제에 관한 해결보다는 오히려 오락성을 기대에 부합하는 것으로 생각하지 않을 수 없다. 이리하여 라디오는 전달자에 의해서나 청취자에 의하여 오락적 기능을 영위하는 것으로서 기대되고 있기 때문에 라디오가 여론을 반영하는 기능은 신문에 비하여 훨씬 뒤떨어진다는 것이다.

이러한 오락성에도 불구하고 라디오가 여론의 형성과정에 영향을 크게 미치는 것은 라디오가 가지고 있는 속보성과 확산성이라는 장점 때문이다. 퀄터(T.H. Qualter)의 말을 빌리면 "라디오는 두 가지 점에서 다른 커뮤니케이션 미디어보다 우월성을 과시하고 있다. 이것은 시간과 공간에 예속되지 않는 속보성(immediate)과 확산성(universal)이라는 것이다"[24]라고 했다. 속보성이란 전달자의 메시지 발표와 청취자들의 메시지 사이에는 시간적인 지체가 없이 동시성이 이루어진다는 것이다. 확산성이란 라디오 방송은 활동하고 있는 청취자를 가질 수 있고, 문맹자에게도 널리 사실을 보도 · 전달할 수 있으며, 국경이나 전파방해 등 인위적으로도 쉽게 차단시킬 수 없을 만큼 널리 청취된다는 것이다.

라디오에서 흘러나오는 그 직접적인 이야기는 청취자의 귀에 실감 있게 다가오며 그것이 한 특정인뿐만 아니라 일시에 모든 사람에게 전달된다고 생각할 때 라디오가 여론형성에 미친 영향은 실로 큰 것이다. 그러나 라디오도 다른 매스미디어와 같이 자체의 특성적인 한계를 벗어날 수 없는 매체이기 때문에 취재 · 조작 · 보도과정에서 조작의 여지는 상존한다. 특히 라디오의 오락적인 특성은 정치적인 것을 비정치화할 수 있고, 무관심을 조장시켜 간접적 의미의 조작도 가능하다.

3. 텔레비전

현대인은 극히 기계화된 매스미디어에 사로잡혀 있다. 1940년대에 등장한 텔레비전은 모든 매스미디어 중에서도 가장 영향력 있는 미디어이다. 텔레비전은 다른 미디어와 비교할 때 동시성, 동소성 등을 가진 시청각의 미디어이므로 시청자를 집중시키는 비율이 타 매체보다 크다. 오늘날 전자제품의 대량 보급

24) 위의 글, p. 279.

으로 인하여 텔레비전이 본격적으로 실용화되어 1948년 125만대였던 미국의 텔레비전 보급은 1952년에는 4,700만대, 오늘날에는 거의 모든 세대에 평균 2대 이상에 이르렀다.

1956년 우리나라에 처음으로 텔레비전이 보급된 이래로, 보급률은 1974년 9월말 158만 808대로서 전국 580만 가구에 평균 5가구당 1대꼴이었던 것이 1976년 260만대에 이르렀다. 1981년도 에너지 센서스 결과보고서에 의하면 가구당 94.7%의 텔레비전 보급률을 보였다. 그리고 텔레비전 보급률은 가구당 1.5대 이상을 보여주고 있다. 이제 휴대전화를 통해서도 TV를 볼 수 있어, 보급률 자체의 의미를 넘어 섰다.

텔레비전에 대한 대중의 접촉도에 대하여 일본 방송연감의 데이터를 토대로 보면 텔레비전의 접촉도는 전 매스컴 접촉행동의 3/4을 점하고 있어 자유시간 중 가장 많은 부분을 차지하고 있다. 실로 텔레비전 미디어와의 접촉은 현대인의 자유행동을 사실상 규정하여 그 시간을 점령하고 있다고 해도 과언이 아니다. 일반적으로 '일하고 텔레비전 보고 잔다' 고 하는 생활관습의 정착화가 현대인의 자주적인 사고태도를 약화시키며, 역으로 텔레비전의 영향력을 강화시키고 있다는 것은 부정할 수 없는 중요한 사실이 되고 있는 것 같다. 따라서 "텔레비전은 여론통괄에 있어서 유달리 힘있는 기구이다. 텔레비전이 일차적으로 시청자를 장악하기만 하면 그 다음 심하게는 완전한 지적 무감각상태가 될 정도까지 시청자의 힘을 빼버린다. 그런데 여기에 사용되는 텔레비전 소품(props)은 친밀하고 인간적이며 극적인 것이다."[25] 바로 이러한 텔레비전의 특성이 선전매체로서의 힘을 발휘하게 만든다.

이와 같이 텔레비전은 정치적 커뮤니케이션에 있어서 특수한 상황을 만들어 낸다. 그것은 단적으로 정치의 감각화라고 할 수 있다. 매스데모크라시의 성립과 매스미디어의 발전이 매스컴에 표시되는 여론을 정치과정의 기반으로 삼고 있다는 것은 주지의 사실이다. 그런데 텔레비전 미디어의 발전이 더욱더 대중의 정치적 반응의 감각화를 촉진시키게 되었다. 특히 텔레비전이 정치에 미치는 영향에 대하여 후스(E. Hughes)가 논한 것을 보면, 첫째, 텔레비전은 정치적 생활 자체를 보다 유동적인 것, 가변적인 것으로 만든다. 둘째, 정치적 기구의 이면을 드러낸다. 셋째, 정치생활을 극적으로 전국화한다. 넷째, 정부의 고위에 있는 자에게는 그렇지 않은 인물에 비하여 보다 유리한 조작을 행하게 만

25) 위의 글, p. 279.

든다. 다섯째, 개인적인 특성의 중요성을 강화한다. 여섯째, 텔레비전은 전국적인 규모의 정치를 대기업과 유사하게 되도록 촉진한다.[26]

이와 같이 텔레비전은 정치뿐만 아니라 사회적 · 경제적 · 문화적인 사회 전반에 걸쳐 여론형성 과정에 대하여 가지는 영향력은 크고도 지대하다. 물론 텔레비전은 라디오에 비하여 의식집중을 요하고, 또한 신문에 비하여 오락성이 농후하다는 것은 사실이다. 어떻든 텔레비전은 라디오에 의한 중계 또는 신문에 의한 속기록적인 보도에 비하여 고도의 박진력을 가지고 있으며 정치적 · 사회적 문제가 텔레비전을 통하여 가정 내의 화제가 되고, 그것을 중심으로 안정된 가정적인 분위기 속에서 소규모의 집단토론을 가질 수도 있다.

텔레비전은 사실성이 강한 영상매체이기 때문에 그 보도내용에는 거짓이 없다고 믿기 쉽다. 그러나 텔레비전 카메라는 적은 것을 많은 것으로 둔갑시키고, 선을 악으로 착각하도록 만드는 조작력을 지닌다. 작은 못에 미니어처(miniature) 선박을 띄워 놓고 대양에서 벌어진 대해전을 방불케 하는 효과를 얻을 수 있는 것이 카메라이다. 그리고 극적효과를 추구하는 텔레비전 카메라의 속성은 청취자의 센세이셔널리즘에 편승하는 결과를 가져온다. 텔레비전은 청취자의 공통적인 관심사를 쉽게 만들어 낼 뿐만 아니라, 텔레비전 카메라의 조작력은 여론형성에 절대적 영향력을 작용하여 국민적 합의를 쉽게 창출한다. 한편 텔레비전은 청취자를 쉽게 흥분시키고 감정적으로 자극하기 때문에 적으로 설정된 대상에게는 가장 적개심을 나타나게 하지만, 동지에게는 맹목적 애정을 표시하게 만든다. 한마디로 말해 텔레비전은 허구를 사실로, 사실을 허구로 둔갑시키는 강한 조작력을 지닌다. 이러한 조작력 때문에 객관성이 없는 보도매체로 전락할 위험성을 지닌다.[27]

4. 인터넷

정보화사회의 발전과 함께 의사결정구조에 많은 영향력을 행사하는 새로운 매체 중의 하나가 인터넷이다. 이는 그 동안 신문, 라디오, 텔레비전으로 대표되던 의사전달 환경이 급격하게 변하고 있다는 것을 말해 준다. 인터넷의 포털사이트는 매스미디어의 기사나 보도내용을 생생하게 전달해 준다.

26) E. Hughes, *The Impact of TV on American Politics*, R.M: Chistemsom, p. 365.
27) 이상회, 『방송론』, 법문사, 1982, p. 48.

오늘날과 같이 인터넷이 급속도로 확산되는 추세에서는 사이버공간이 어떤 한 정부에 의해 쉽게 지배될 수가 없다. 시민운동이나 정치인의 입장에서 사이버공간에 접근하는 이유는 정보통신기술들이 시민의 정치참여와 시민사회의 영향력을 증진시킬 수 있는 메커니즘, 즉 충분한 정보와 소통의 공간, 네트워크를 확보하고 있다는 데에 있다.

시민의 정치참여는 그 형태가 간접적이든 직접적이든간에 다수에 의한 주권의 운영, 이익집단의 보장, 국민의 정부선택권과 통제권, 동의의 정치, 국민의 참정권 보장과 자유로운 참여, 결사와 집회 및 이익표명의 자유, 언론자유와 기본권 보장 등과 같이 민주주의를 보장하는 기본적인 장치인 것이다.[28]

여론형성 매체로서 인터넷은 신문이나 방송 등 기존 매체에 비하여 여러가지 특징을 가지고 있다. 새로운 문화를 창출할 수 있는 입장에 있는 인터넷의 일반적인 특성은 양방향성, 익명성, 속보성, 광범위성, 보관성, 능동성 등을 들 수 있다.

첫째로 양방향성을 들 수 있다. 인터넷은 대중에게 일방적으로 정보를 제공하는 텔레비전이나 라디오와는 다르다. 물론 이들도 인터뷰나 투고 등을 통하여 참여가 허용되기는 하지만 인터넷만큼 상호 의견을 주고받는 수준은 아니다. 기존의 여론형성의 매체가 일방적인 정보공급의 성격, 그리고 사용자들의 분산 · 고립화하는 성격과 비교할 때, 자유로운 의견 제시가 가능하고 그것이 공개적이고 즉각적으로 이루어질 수 있다는 점에서 양방향성의 특징으로 나타나는 민주성이다.

둘째로 능동성이다. 인터넷을 통해 정보에 접근하는 사용자, 즉 수용자의 능동적인 참여를 증대시킬 수 있다. 수용자가 자신이 원하는 정보만을 선택할 수 있는 권한을 보유하게 되고, 제공되는 정보에 대한 자신의 의견을 정보제공자에게 환류시킬 수 있다. 인터넷 이용자들은 능동적이지 않으면 정보를 얻을 수 없다. 인터넷 이용자들의 경우 정보제공이나 획득에 있어 보다 참여적인 성격을 지닌나.

셋째로 속보성을 들 수 있다. 인터넷은 그 성격상 제대로 갖추어진 정보제공자만 있다면 기존의 어느 매체보다도 빠르고 광범위하다. 국내외 주요 사건 등에 대해 방송매체나 인쇄매체가 보도하기 전에도 인터넷의 주요 게시판이나 열린 광장을 통한 토론과 논평은 시간의 장벽 없이 자유롭게 진행하게 되어, 여

28) 김재영 외, 『새로운 정치학의 이해(제2판)』, 삼우사, 2003, p. 383.

론을 수렴하는 데 있어서도 빠른 양상을 보여준다.

그러나 인터넷은 참여를 촉진하는 수단으로서 유용성을 지니고 있다는 사실에도 불구하고 익명성에 의한 허위정보의 유통은 자칫 정치적 악영향을 초래할 수도 있다.

제 6 절 여론의 기능

오늘날 사회에 있어서 어떠한 정치형태를 채택하고, 누구를 지도자로 선출하며, 어떠한 생활방식을 택하고, 또한 어떠한 방향으로 나아갈 것인가를 결정짓는 것은 여론을 통해서라고 할 수 있다.

1. 정치적 기능

여론의 정치적 기능이란 일반적으로 법률 제정이나 정책수립 등 정치적 결정에 대한 여론의 역할을 말한다. 사실 여론형성 과정을 살펴보면 종국적으로는 사회적 · 국가적인 차원에서 어떤 결정을 목표로 하여 전개하는 것이기 때문에, 결국 그 결정에 대해서 여론은 찬반, 가부의 기능을 하게 된다.

민주정치체제는 국민 다수의 지지를 얻지 못하면 유지될 수 없다. 국민의 정치적 욕구가 수렴되지 못하면 국민의 정치적 불만과 소외, 정치적 무관심과 냉소주의가 싹터 정치체제를 더 이상 유지할 수 없다. 여론과 정책의 일치현상을 보이면 국민의 지지를 받는 정부가 되고, 여론과 정책간의 불일치현상이 심하면 심할수록 민심은 정부를 외면하게 된다. 국민의 정치적 요구나 기대는 여론으로 표출되기 때문에 정책결정 과정에 최대한 반영되어야 국민에게 만족감을 줄 수 있다.[29]

2. 문화적 기능

여론은 구체적인 쟁점이나 문제에 대한 해결을 통해서 정치적인 과정을 변화시키는 동시에, 종래의 관습이나 습속 등 문화적인 분야에 대해서도 일정

29) 홍득표, 앞의 책, p. 260.

한 변화를 초래하는 기능도 하고 있다. 이렇듯 여론이 관습이나 습속 등에 대하여 일정한 영향을 미치는 기능을 문화적 기능이라 한다. 이러한 문화적 기능은 정치적 기능과는 달리 간접적으로 나타나기 때문에 여론의 간접기능이라고도 한다. 예를 들어, 우리나라 한말의 갑오경장을 중심으로 한 여론현상은 정치제도 개혁의 직접적 결과를 초래했다. 그러나 간접적으로 노예제도의 철폐, 조혼금지, 과부의 개가 허용 등 관습과 습속의 문화체계에도 영향을 미쳤다.

3. 사회적 기능(통합적 기능)

여론의 사회적 기능은 주로 매스미디어의 영향에 의하여 이루어진다고 할 수 있다. 오늘날 사회가 복잡하고 다원화되어 있기 때문에 개인은 그러한 사회 속에서 일어나는 여러 가지 현상에 대해서 이해하기란 거의 불가능하다. 따라서 매스미디어는 동시에 광범한 지역을 대상으로 정보를 제공할 수 있는 장점을 이용하여 사회의 다수가 필요로 하는 정보를 제공하고 또한 그 반응을 표현해 주는 기능을 한다. 뿐만 아니라 매스미디어는 사회의 다원화된 집단의 의견들을 조정 · 통합해 주기도 하며 선도적으로 사회적 행위나 규범을 제시하기도 한다.[30]

매스미디어는 전체 사회의 행동규범 등을 모델화시킴으로써 개인들이 이것을 적절한 지침으로 생각하여 생활하는 경향이 있다고 한다. 즉 개인은 매스미디어의 위상을 전체의 의견으로 생각하여 사회로부터의 고립감을 해소하기 위하여 그것을 추종하는 경향이 있기 때문에, 매스미디어에 의한 여론은 분화된 의견들을 통합하는 기능을 수행할 수가 있다.

4. 심리적 기능

집단 내에 토론은 집단에 대하여 그 집단의 통일성을 확보하거나 파괴하는 기능, 즉 긍정적인 기능과 동시에 부정적인 이중기능을 수행한다. 이는 집단구성원에 대하여도 일정한 기능을 수행한다. 집단내 토론이 충분하게 전개되어 그 결정을 납득했을 때, 집단구성원은 집단에 대하여 강한 귀속감정을 갖게 된다.

30) 원우현, 앞의 책, p. 40.

그런데 집단 내부의 토론은 구성원에게 정서적인 안정감을 부여하는 데 그치지 않고 구성원의 의견이나 행동을 통제하는 기능도 가지고 있다. 집단결정에 참여한 구성원은 참여했다는 그 사실에 의하여 오히려 행동의 구속을 받는 현상은 집단내 토론의 심리적 통제기능이다.

제 7 절 여론조작의 의미와 한국의 언론

상술한 바와 같이 매스미디어가 여론형성에 미치는 영향은 대단하다. 민주정치는 사회구성원들의 의견을 최대한으로 받아들이는 정치이다. 그러므로 여론은 민주정치의 토대가 되며 정치과정에서 강력한 영향력을 발휘한다.

문제는 여론이 사회구성원들의 의지를 집약한 것이긴 하지만, 반드시 대다수의 의견만은 아니라는 점이다. 현대사회에서와 같이 매스미디어가 여론형성의 역할을 거의 독점하고 있는 상황에서는 그 속성과 위치에 따라 천사와 악녀의 역할을 할 수 있다. 특히 전체주의나 권위주의체제 아래서는 체제의 합법성 내지는 정통성을 조작하면서, 다른 한편으로는 효율성 내지는 실효성을 강조하여 무한정 권력의 증대를 꾀한다. 여론을 조작하고 정치권력의 시녀 역할을 하면서, 통치기능을 수행하는 수단 내지는 도구가 되는 하향식 매체로 전락하기도 한다.

또 다른 상황에서는 정치권력을 뛰어넘는 언론권력으로의 지위를 누리는 과정에서 여론을 조작한다. 그들이 의도하는 방향으로 여론을 호도함으로써 정치권력과 대등하거나 우위를 누리는 새로운 권력으로 이동하는 것이다. 언론권력의 성격변화는 정치권력의 종속적이고 부수적인 권력에서, 정치권력을 유도하고 통제하는 권력으로 변화되는 것을 의미한다.[31)]

여기에서는 여론조작의 의미를 정리해보고, 매스미디어가 여론조작의 주체가 되는 두 가지 유형을 간단한 실례를 중심으로 살펴본다.

1. 여론조작의 의미

정치과정은 정치권력과 일반대중 사이에서 정치적 에너지의 상승과정이나

31) 강준만, 『권력변환—한국언론 117사』, 인물과 사상사, 2000, p. 13.

하강과정이 하나의 회륜 축을 이룬다. 이러한 정치의 순환과정 속에서 순환을 촉진 내지는 저해하는 매개자가 바로 매스미디어이다. 그러므로 정치커뮤니케이션은 자동적으로 일어나는 과정이 아니라 정치권력 · 매스미디어 · 일반대중 간에 상호 영향을 주고받는 과정으로, 매스미디어는 중간의 전략적 위치를 차지하고 있다.

뮬러(C. Mueller)는 왜곡된 커뮤니케이션의 형태를 강제지도형 커뮤니케이션과 환경제약형 커뮤니케이션, 관리억제형 커뮤니케이션으로 나누고 있다.[32] 강제지도형 커뮤니케이션과 관리지도형 커뮤니케이션이 행해지는 과정에서 발생하는 것이 여론조작이다. 매스미디어의 역할은 여론형성의 매개적인 기능보다는 지도적이고 유도적인 기능에 중점을 두고 있다. 그런데 일반대중은 매스미디어에서 나타난 현상이 모든 의견을 대변하고 있는 것같이 받아들이기 쉽다. 실제로 매스미디어를 통하여 보도되는 정보를 검증할 수단을 갖지 못하기 때문에, 매스미디어에 의한 여론조작의 가능성은 더욱 높아져 있다.

일반적으로 조작이란 물리적 강제력의 사용을 제한하면서 대중의 심리적 선호경향을 자극해서, 자기가 기대하는 동조행동으로 유도하는 것을 의미한다. 밀스(C.W. Mills)에 의하면 "숨겨진 혹은 비인격적인 권력의 행사이며 그것에 의하여 영향을 받은 측의 인간은 자기가 무엇을 하고 있는가를 명백히 알 수 없으면서 타인의 의사에 따라서 행동하는 것"을 말한다. 그러므로 조작은 대중 또는 그들의 다수가 실제로 자기들이 자신의 결정을 행한 것이라고 생각게 하는 것을 목표로 한 심리적인 착취체계인 것이다. 바라크(P. Barchrach)와 바라쯔(M. S. Baratz)는 정책결정 과정을 분석하면서 편견과 동원이라는 개념을 적용하였다. 이는 조작을 "지배적 가치, 정치적 신화와 인식, 제도적 수단 등을 어느 한 집단 또는 몇 개의 집단을 유리하도록"[33] 동원하는 과정으로 설명하고 있다.

32) 강제지도형 커뮤니케이션은 언어와 커뮤니케이션의 내용을 규제하려는 정부의 정책지도로 생겨난 것이다. 환경지도형 커뮤니케이션은 개인이나 집단의 정치커뮤니케이션에 관계하는 능력이 제약되고 있는 경우에 생겨난다. 관리억제형 커뮤니케이션은 정부기관이나 사적 집단이 이익을 우선시키기 위해 공공커뮤니케이션에 손을 대거나 제한을 가했을 때의 커뮤니케이션을 말한다. C. Mueller, *The Politics of Communication*, N.Y.: Oxford University Press, 1976, 정형수 역, 『정치와 커뮤니케이션』, 일조각, 1980, p. 19.

33) P. Barchrach & M.S. Baratz, *Power & Poverty: Theory & Practice*, N.Y.: Oxford University Press, 1970, p. 11.

2. 정치권력의 시녀로서 여론조작

정치 선진국이나 후진국 모두 권력자들은 언론을 통해 여론을 자신에게 유리하게 조작함으로써 획득한 권력을 유지·확대하고자 한다. 심하게 말하면 진정한 여론을 통한 정치가 아니라 여론조작을 통한 통치를 하고 있는 것이 현실이다.[34] 특히 후진국에서 관료체제는 방송 스케줄과 프로그램 심사에 계속 개입하고 있으며, 또한 장기적인 영향력을 행사해 자기들을 불쾌하게 만드는 계약들을 취소시킨다.[35] 우리나라의 경우 정치권력의 언론에 대한 탄압은 제4공화국과 제5공화국에 이르러 통제의 정도나 그 수법이 극에 달하였다.

1980년대에 들어오면서 권위주의 통치방식에 대한 일반적 비판의식과 산업화로 인한 사회·경제구조의 변화에서 오는 중산층과 노동계급의 정치적·경제적 요구가 증대되었다. 그러나 소위 신군부는 강압정책으로 일관하며 이를 누르고 있었다. 전두환 정권은 치명적인 약점인 정당성의 공백을 언론을 통해 메우려 하였다. 1980년 언론인 대량해직과 언론사 통폐합 조치를 단행하였고, 「언론기본법」[36]을 제정하였다. 방송분야는 언론통폐합과 함께 1980년 12월 1일부터 컬러 TV 방송을 실시하는 중요한 변화가 있었다. 컬러방송으로 영향력이 증대된 만큼 전두환 정권은 박정희 정권보다 훨씬 적극적으로 정권홍보에 이용하였으며, 그 결과 '뚜뚜전 뉴스'라는 말이 인구에 회자될 정도였다.[37] 또한 보도지침을 통해 언론을 지속적으로 통제하면서, 한편으로는 언론공익자금 등의 혜택을 주며 채찍과 당근으로 언론을 길들여 나갔다.

이와 같이 제5공화국까지 우리 언론은 독재정권에 철저히 예속된 일개 홍보수단으로 전락하였다. '평화의 댐' 사건은 당시의 언론이 총동원되어 국민들을 공포로 몰아넣은 사건이었다. 언론과 권력간의 관계는 언론의 정치에 대한 예속화를 근간으로 권언복합체로 결합되면서 언론은 외형적으로는 성장했다. 그러나 기능적인 퇴영화로 말미암아 국민들로부터 신뢰를 잃어 정치부재와 함께 언론부재 현상을 가속화시켰다.[38]

34) 권혁남, 『한국언론과 선거보도—정치커뮤니케이션의 현실논리』, 나남, 1997, p. 77.
35) John Keane, *The Media and Democracy*, 1991, 주동황 외 역, 『언론과 민주주의』, 나남, 1995, p. 81.
36) 이는 행정부의 자의적인 처분만으로 신문 등의 등록을 취소할 수 있도록 되어 있는 등 여러 가지 독소조항을 안고 있는 언론탄압법이었다.
37) 강준만, 『카멜레온과 하이에나—한국언론 115년사』, 인물과 사상사, 1998, pp. 263-264.
38) 권혁남, 앞의 책, p. 33.

제6공화국이 탄생하면서도 언론들의 모습은 크게 변하지 않았다. 그러나 우리 사회에 민주화와 자유화라는 변화의 바람이 거세게 몰아쳤고, 1988년 5월 15일 국민주 방식의 한겨레신문이 창간되기도 하였다. 한겨레신문은 민중언론을 선언하고 기존의 다른 신문들과 차별성을 드러내 보였다. 그리고 언론민주화운동이 적극적으로 전개된 것도 이즈음이었다. 그러나 제6공화국에서 언론민주화는 재벌들의 신문 소유가 크게 늘어났고, 새로운 민영방송인 SBS가 설립되기도 하였다. 그리고 그 동안 정치권력 앞에 숨을 죽이고 시녀 역할을 하면서 양적 팽창에 힘을 써 오던 언론들은 제14대 대통령 선거기간을 통하여 대통령 만들기에 앞장을 섰다. 특히 조선일보는 제14대 대통령 선거기간중 편파·왜곡 보도로 일관하여 김영삼을 대통령으로 당선시키는 데 큰 기여를 하였다.

3. 언론권력 강화로서 여론조작

1992년 대통령 선거에서 '김영삼 대통령 만들기'에 앞장섰던 조선일보는 김영삼 정권을 통제하고자 관리했으며, 그 결과 적어도 대북정책에 있어서만큼은 김영삼 정권이 조선일보에 끌려 다니는 기현상이 빚어졌던 것이다. 1997년 대통령 선거에서도 조선일보는 중앙일보와 함께 특정인 대통령 만들기에 앞장서 '언권선거'를 획책하였다.[39] 그러나 제15대 대통령 선거 결과는 50년만에 진정한 의미의 평화적이고 수평적 정권교체로 끝이 났다. 김대중 정부하에서 소위 메이저 신문들은 야당 편들기에 앞장을 섰다. 이는 정치권력을 견제하고 정말로 진정한 의미의 여론을 전달하려는 것이 아니라, 정치권력보다 위에 서려는 의도에서 그들의 힘을 발휘하기 시작한 것이다. 김대중 정부의 인사에서 호남출신이 '제 몫 찾아가기' 수준으로 부상하자, 이들 언론들이 앞다투어 '호남독식론'을 제기함으로써 지역감정을 부추기기도 하였다.

조선일보·중앙일보·동아일보가 여론시장의 70%를 점하고 있는 것이 한국의 현실이고, 대다수의 국민들은 이들 신문의 논조에 영향을 받고 있는 것 또한 현실이다.[40] 이 세 신문의 보도성향에 대하여 "조중동이 재벌개혁, 남북문제, 지역대립문제, 대미·대일관계 등 국민의 안위에까지 영향을 주는 사안에 대하여 거의 비슷한 내용으로 보도한다. 이들은 사회적으로 중요한 문제에 대

39) 강준만, 『권력변환』, pp. 580-581.
40) 『시민의 신문』, 2003년 2월 17일, 12면.

하여 마치 입을 맞춘 듯이 같은 시각으로 보도함으로써 특정한 시각을 강제"[41] 한다고 하는데, 이는 이들 신문들이 의도한 대로 일반대중을 끌고 가 그들의 의견을 지배적 여론으로 만들어 간다는 것을 말한다.

4. 인터넷은 여론조작의 대항매체인가?

앞에서 설명했던 정치권력을 미화하고, 그것의 앞잡이 역할을 해왔던 여론조작이 현재와 같은 사이버공간이 제공되었다면 가능할 수 있었을까? 이에 대하여는 현실성 여부 등 여러 측면이 상정되어야 하지만, 단정적으로 말하면 그 같은 여론조작은 어려웠을 것이고 한계가 있었을 것이다.

이상의 것으로 미루어 볼 때 그것이 정치권력을 미화하는 조작이든 언론권력 행사로서의 조작이든간에, 인터넷은 기존 매체에 대한 새로운 대항매체로서 가능성을 충분히 보여 주었다. 즉, '정치적 목적'을 이유로 조작된 여론에 대항하는 것으로는 현재까지는 온라인매체 및 사이버공간의 활성화가 가장 훌륭한 대안으로 보인다. 또한 불특정 다수의 논의를 통한 여론수렴의 방법도 사이버공간이 가장 효과적이다. 이러한 새로운 매체의 등장은 기존의 매체들이 가지고 있던 정치현상에 대한 해석의 독점권을 분산시켰다는 데 의의를 가져야 할 것이고, 그것 자체만으로도 정치여론 조작을 방지할 수 있기 때문에 지금보다 신뢰를 높일 수 있다고 본다.

지난 16대 대통령 선거를 통해 온라인매체는 기존의 기득권을 누리던 다른 매체들에 대항하는 뉴미디어로 등장했다. 온라인은 그 자체가 거대한 여론형성집단이 되었고, 엄청난 파괴력을 가진 매체로서 기존의 매체와 경쟁했고, 결과적으로 승리했다고 볼 수 있다.

2002년 대통령 선거를 거치면서 우리 사회에서 인터넷의 정치적 효과를 둘러싼 논란이 극심했던 한 이유는 정보격차와 긴밀한 관계가 있다. 인터넷을 통한 여론형성이나 정치적 참여가 활발해지면서, 이러한 새로운 매체를 통한 정치참여에 익숙하지 않은 50대 이상의 세대가 느끼는 소외감이 적지 않았고 이것 역시 2002년 대통령 선거과정에서 나타난 세대간 갈등의 한 요인이 된 것이다. 이러한 문제를 '세대간 · 이념간 통합'을 추구하는 대화의 장이 필요하다 하여, 소위 각계의 중도 지식인이 대거 참여하는 인터넷매체를 창간하였다. 이

41) 김승수, 『국민을 위한 언론개혁』, 세계사, 2002, p. 261.

러한 양상은 우리 사회에서 인터넷의 영향력을 젊은 층에서만 인정하고 있지 않다는 것을 말해 주고 있다.

이렇게 인터넷이 기존 온라인매체의 여론조작에 대한 대항매체로서의 역할과 가능성에 대하여서 신뢰를 가지기도 하지만 문제가 없는 것은 아니다. 다음 두 가지 측면에서 살펴볼 필요가 있다.

하나는 인터넷 자체가 가지는 여론조작의 가능성이다. 인터넷이 잘못 이용될 경우 익명성을 이용하여 무차별 언어폭행 등으로 진정한 여론수렴의 장이 되지 못하는 여러 가지 폐해를 낳을 수 있다. 실제로 이러한 것이 현실로 나타나고 있다. 논의 자체를 못하도록 방해하는 행위가 일종의 여론조작이라고 본다면 사이버공간도 여론조작으로부터 무한히 자유로울 수는 없다. 한 개인이 어떤 의도를 가지고 익명성을 무기로 분위기를 감정적으로 유도한다면 큰 저항 없이 가능하기 때문이다. 자신의 의견에 자신이 반론을 제기하고 또 다시 재반론을 제기하는 와중에 감정적인 표현이나 분위기로 이끌어 간다면 나머지 사람들도 그 분위기에 이끌려 갈 수밖에 없다. 이러한 과정은 구성원들의 정치적 성향이 덜한 곳에서 더욱 분명하고 확실하게 나타난다.

다음으로 기존의 온라인매체들이 인터넷을 운영하기 시작하면서 인터넷도 자본이 잠식할 우려가 있다는 점이다. 강준만 교수는 "인터넷에서 우리가 정작 우려할 것은 세대가 아닌 계급의 문제다. 자본의 대침공이 일어날 경우 지금과 같은 수준의 개혁성 · 진보성이 유지된다는 보장이 없다"[42]고 하면서, '인터넷 포퓰리즘' 을 걱정할 게 아니라 향후 인터넷도 지나치게 높은 광고의존도 등 자본논리로 갈 수 있다는 데서 인터넷의 한계를 경계하고 있다.

여기에서 진정한 의미의 여론이 무엇인가를 다시 생각하게 된다. 현대사회에서 과연 매스미디어에 의존하지 않고 살아갈 수 있을까? 인터넷도 결국은 여론형성의 중요한 매체이다. 그러므로 매스미디어에 의존하되 각 개개인이 정치적 능력을 길러야 한다는 것이다. 매스미디어를 선택할 수 있는 능력, 모든 보도나 글에 대하여 필디링할 수 있는 능력 형성 등이 일반대중이 여론조작의 희생물이 되지 않고 올바른 민주정치를 도모하는 길일 것이다.

42) 강준만, "인터넷에 대한 오해와 편견: '탈중심, 탈권위' 에 익숙해지자," 『월간 인물과 사상』, 2003년 4월호, p. 111.

제6장
정치발전이론

제 1 절 정치발전 연구의 배경
제 2 절 근대화와 정치발전
제 3 절 변증법적 정치발전이론: 발전과 쇠퇴
제 4 절 정치발전의 새로운 문제: 제3세계적 시각
제 5 절 한국 정치발전 논의와 방향

제 1 절 정치발전 연구의 배경

정치발전에 관한 연구는 정치학의 중요한 연구주제의 하나였다. 바람직한 정치질서를 가져오게 하는 조건은 무엇이며, 또한 어떻게 해야 정치가 발전되는가 하는 문제 등은 정치학자들뿐만 아니라 인접 사회과학 분야의 학자들에게도 중요한 관심사였다.

제2차 세계대전이 종식되고 신생독립국들이 세계사에 등장한 직후 이들 국가들이 한결같이 직면한 공통된 문제는 경제발전, 안보, 국민적 통합, 정치적 안정, 대내외적 도전에 대처할 수 있는 지속력 있는 정치제도의 설립 등이었다. 식민통치에서 벗어난 신생국들은 정치적 불안정과 무질서를 극복하기 위하여 새로운 정치체제를 형성해야 했고, 만연된 가난과 기아를 벗어나기 위해서는 경제발전에 주력하지 않을 수 없었다.

정치적인 면에서 볼 때 신생독립국은 대의정치를 지향하였으나 에머슨(R. Emerson)이 지적한 대로, 이른바 대의정치의 풍식작용이 나타났으며 정치체제도 식민체제 또는 대의체제, 이것도 저것도 아닌 불분명한 양상을 띠게 되었다.[1] 이와 같이 정치적으로 불안정이 만성화되자 경제발전도 크게 저해되었다. 이러한 상황에서 전후 자본주의 진영과 공산주의 진영의 이데올로기 대립에 따른 냉전논리가 신생국가에 유입되어 이데올로기 수용에 의한 급격한 변동이 야기되었다.

1950년대의 공산진영과 서방진영간의 동 · 서문제에 이어, 1960년대에는 선진국과 개발도상국간의 남 · 북문제가 부각되면서 빈부격차가 심화된 개발도상국에서는 경제발전에 관심을 쏟게 되었다. 신생국가들은 근대화의 추진 및 정치발전을 추구하기 위하여 다양한 방법을 모색하면서 많은 갈등을 드러내게 되었다.[2]

미국의 성지학자들이 신생국의 정치현상에 눈을 돌리게 된 것도 구미의 정치만을 대상으로 했던 정치학의 지식과 분석방법만으로는 신생국의 정치현상을 이해할 수 없게 되었다는 것을 받아들이기 시작한 때부터였다. 이리하여 구미제국의 정치현상뿐만 아니라 더 폭넓은 대상을 다룰 수 있는 정치이론과

1) Rupert Emerson, *From Empire to Nation*, Beacon Press, 1960, p. 273.

2) 이범준 · 신승권, 『정치학』, 박영사, 1997, p. 367.

분석방법이 필요하게 되었다. 이 같은 계기에 방향을 제시한 것이 바로 1952년 여름 노스트웨스턴 대학에서 개최된 사회과학협의회(SSRC)의 세미나이며, 여기에서의 토론을 기초로 하여 저술된 것이 매크리디스(R.C. Macridis)의 『비교정부연구』(*The Study of Comparative Government*)였다. 매크리디스는 여기에서 구미 강대국 위주의 편협한 연구가 한계점에 도달했음을 주장하면서 비교정치 연구의 이론들이 너무나 낮은 수준에 놓여 있음을 지적한 바 있다.[3)]

정치발전 연구에 대한 가장 중요한 공헌들 중의 몇 가지는 사회과학협의회(SSRC)의 비교정치위원회(CCP)로부터 나타났다.[4)] 이 위원회는 소장학파들을 중심으로 신생국 정치연구에 박차를 가하기 시작하였으며, 이들의 당면과제는 신생제국의 근대화와 발전에 관한 새로운 개념 정립과 이론의 구성이었다. 그 결과로 『개발도상지역 정치』(*The Politics of Developing Areas*)를 발간하기에 이르렀던 것이다. 특히, 1963년에서 1971년까지 미국 프린스턴 대학 출판부에서 나온 정치발전 시리즈[5)]는 그러한 연구동향을 반영한 것이다. 1971년에 나온 『정치발전의 위기와 지속』(*Crises and Sequences in Political Development*)은 정치발전 이론을 총정리한 것이었다. 이 같은 연구는 정치발전을 설명해 주는 단일적이고 일반적 이론을 제시한 것은 아니지만, 발전에 대한 광범위한 개념작용을 발전시켜 왔다.

비교정치위원회 회원 이외에도 정치발전 또는 근대화 분야 연구에서 관심을 끌었던 학자들로서는 앱터(D.E. Apter), 오건스키(A.F.K. Organski), 헌팅턴(S.P. Huntington) 등을 꼽을 수 있다. 이들은 '정치근대화', '정치발전단계', '변혁사회의 정치발전' 등의 집필에서 많은 정치발전 연구에 정력을 쏟았다. 이들은 대체로 신생제국이 구미와 동일한 정치제도임에도 불구하고 상이한 정치행태를 보이는 것은 사회 · 문화적 환경과 역사의 차이에 그 원인이 있는 것이라 인식했다. 그리하여 신생국가에 적합한 정치발전이론을 정립하고자 노력하였는데, 학자들의 지역적 편견이 내재되어 있어 많은 비판이 있어 왔다.

3) Fred W. Riggs, "The Theory of Political Development," J.C. Charlesworth(ed.), *Contemporary Political Analysis*, New York: Free Press, 1967, p. 318.

4) 비교정치위원회는 G.A. Almond, L. Binder, J. Lapalombara, J.S. Coleman, L.W. Pye, S. Verba, R.E. Ward, M. Weiner 등 미국의 정치학자들이 주동이 되었다.

5) 정치발전에 관한 저서들이 프린스턴 대학에서 출판되었는데, 그 저서를 보면 *Communications and Political Development*; *Bureaucracy and Political Development*; *Political Modernization in Japan and Turkey*; *Education and P.D.*; *Political Culture and P.D.*; *Political Parties and P.D.*; *Crisis and Sequences in P.D.*이다.

제 2 절 근대화와 정치발전

1. 근대화론

1950년대에 들어와서 학자들을 중심으로 근대화론이 대두되면서 많은 개념 정의가 시도되었으나 그 개념은 명료하지 못하여 이에 관한 일치된 견해가 없고, 그 내용에 관해서 전공분야나 학자들 간의 가치관에 따라 서로 다른 주장을 하고 있다.[6] 근대화에 관한 개념 규정으로 실즈(E. Shils)나 무어(W.E. Moore), 라이샤우어(E. Reischauer) 등의 주장을 들 수 있는데, 이들 이론을 간단히 설명하면 다음과 같다.

실즈와 무어는 근대화를 서구화와 동일시하는 입장을 취하고, 근대화를 전통으로부터 궁극적으로는 서구 민주사회와 유사한 상태를 의미하는 현대성으로의 전이라고 보았다. 무어도 같은 입장에서 근대화란 전통사회가 경제적으로 번영하고 정치적으로 비교적 안정된 서구세계의 과학공업과 이와 관련된 사회조직으로 총체적 변화를 이루는 것을 말한다고 하였다.[7]

같은 입장에서 오코넬(J. O'Connell)은 근대화란 "사회과학에서 사용하고 있는 이 용어는 전통적이고 전(前)기술적 사회가 테크놀로지와 합리적이고 세속적인 태도, 그리고 고도로 분화된 사회구조로 특징지어진 사회로 이행되는 전환과정을 지칭한다"[8]고 하였다. 이에 대하여 라이샤우어는 근대화와 서구화가 어느 정도 중첩되어 진행되고 있는 것은 사실이나 양자를 일단 서로 다른 과정으로 생각해야 된다고 말하였고,[9] 와이너(M. Weiner)는 이들 양자간의 구별을 보다 분명히 하고 있다. 와이너는 "근대화는 산업화와 이를 수반하는 행태 및 가치의 유형과 동의어이고, 서구화란 서구라는 지역과 관련되나 산업화 과정에 필수적인 부분은 아닌 제도와 가치, 이를테면 민주적 가치와 부녀자의 옷 등도 받아들이는 일"이라고 밝히고 있다.[10]

---

6) 차기벽, 『근대화정치론』, 박영사, 1972, p. 61; 신명순, 『제3세계정치론』, 법문사, 1987, p. 29.

7) 차기벽, 위의 책, p. 63.

8) James O'Connell, "The Concept of Modernization," Cyril E. Black(ed.), *Comparative Modernization*, New York: The Free Press, 1976, p. 13.

9) Edwin O. Reischauer, "Toward a Definition of Modernization," *Japan-American Forum*, Vol. XI, No. 1, January 1965, pp. 4-22.

10) 차기벽, 앞의 책, p. 64.

일반적으로 근대화는 봉건사회 내지는 전통사회에서 근대 및 현대사회로 이행되는 과정이라고 본다. 즉 근대화란 용어는 한 사회의 발전수준 및 다른 사회의 생활영역에서 성취된 보다 진보적이고 근대적인 형태간의 갭을 메우는 과정을 의미한다. 다시 말하여 그것은 보다 최신식이고 합리적이고 유익하며 유효한 것으로 간주되는 행위형태 · 행동양식 · 사고방법에 있어서의 표준을 목표로 하는 과정이라고 정의된다.[11]

1) 전통과 근대성

근대화론에서는 발전에 대한 접근방법들로 다양한 양분법적 도식이 제시되었다. 일반적으로 양분법의 속성은 촌락적 · 도시적, 농경적 · 산업적, 원시적 · 문명적, 정적 · 동적, 신성적 · 세속적, 공동사회 · 이익사회, 전통적 · 근대적이다.

메인(H. Maine)은 '신분과 계약' (status and contract)의 두 가지 사회형을 밝히고, 진보나 발전은 한 상태로부터 다른 상태로의 변천, 즉 전통적이며 귀속적이고 신분지향적인 관계로부터 세속적 · 합리적으로 결정되며, 계약적으로 교섭되고 특수한 동기에 기반을 두는 관계로의 전환이라 주장한다.[12] 메인의 구별을 세련시켜 퇴니스(F. Tönnies)는 공동사회는 조화, 풍습, 습속, 종교 등과 같은 사회의지에 의하여 특징지어진다고 하였다.[13] 공동사회의 기조는 집합체를 지향하는 자연적 의지이며, 이익사회에서는 개별적인 자기이익을 추구하는 합리적 의지가 그 기조를 이룬다고 한다.[14]

파슨스(T. Parson)는 사회체계의 반복적이고 대조적인 구법들을 나타내는 유형변수라 불리는 양분법을 고안하였다. 양분법은 사회변동의 분석을 위해서 광범위하게 사용되어 왔다. 비교정치학 내에서도 유형변수들을 이념형으로서 전통사회와 근대사회를 대비시키기 위해서 채용되어 왔다. 이들은 다음 다섯 가지의 양극에서 상호 배타적 양극을 가지고 있다. 전통사회의 축에는 귀속적

11) 신명순, 『비교정치』, 박영사, 2001, p. 31.
12) Lucian W. Pye, *Politics, Personality, and Nation-Building*, New Haven: Yale University Press, 1962, pp. 33-34.
13) Ferdinand Tönnies, *Community and Society*, New York: Harper Torchbooks, 1963, p. 231.
14) James A. Bill & L. Hardgrave, *Comparative Politics: The Quest of Theory*, 김기우 역, 『비교정치이론』, 박영사, 1993, p. 81.

지위, 분산적 역할, 특수적 가치, 집단지향성, 감정성을 들고 있고, 근대사회의 축에는 성취적 지위, 전문적 역할, 보편적 가치, 자아지향성, 감정중립성을 들고 있다.[15]

① 귀속적 정향은 인종 · 종교 · 종족 · 사회적 유대 등과 같은 고려의 대상에 기초하며, 성취적 정향은 과거 · 현재 · 미래의 적절한 성과에 근거를 둔다.

② 분산적 정향은 미분화된 상태에 있으며 역할의 전문화 및 자율화가 이루어지지 못한 경우를 말한다.

③ 모든 사람들은 법률 · 질서와 같은 공통적 일반기준에 의하여 평가되어야 하며, 특정한 상황이나 관계에 의해 결정될 수 없다는 것이 보편-특수적 가치의 기준이다.

④ 집단적 정향과 자아적 정향은 집단에 매몰된 개인의 독립성 문제에 관한 것이다.

⑤ 감정성 혹은 정서성은 일시적인 기분이나 충동에 영향을 받는 것을 말하며, 감정중립성은 이들로부터 초연하여 자제하는 태도를 의미한다.

앱터는 권위체계의 연속에 관하여 양극적 모델, 즉 신성한 집단주의와 세속적 자유주의를 대비시켜 설명한다.[16] 신성한 집단주의 모델은 공동체 및 도덕적 목적에 대한 완전한 가치에 역점이 주어진다. 경험적으로 그것은 결속력 있는 대중정당, 카리스마적 지도자, 그리고 정치적 종교의 형태를 취하는 이데올로기를 수반하는 현대적 동원체제에 의해서 나타난다. 그것은 새로운 정체의 확립을 위해서나 혹은 전통적 사회로부터 근대사회로의 변천에 영향을 미치는 전환체계에서 가장 성공적이다. 세속적 자유주의 모델은 합리성과 자기이익이라는 수단적 가치에 의해서 특징지어진다. 경험적으로 그것은 중재와 조정의 제한된 정부기능을 갖는 현대적 조정체계를 통해서 그 일례를 찾아볼 수 있다. 자유민주주의의 특징인 조정체계는 현대산업사회에 가장 적합하다.

정치발전을 전통-근대의 양분법적으로 다루려는 정치학자들이 공통적으로 강조하고 있는 몇 가지 사실을 살펴보면, 첫째로 성장이다. 그것도 여러 가지 형태를 취할 수 있으나 우선 정부기능의 확장, 조직면에 있어서의 복합화, 정치

15) Talcott Parsons and Edward Shils(eds.), *Toward A General Theory of Action*, Cambridge: Harvard University Press, 1951, pp. 76-91.

16) David E. Apter, *The Politics of Modernization*, Chicago: University of Chicago Press, 1965, pp. 22-42 참조.

제도의 자율성 증대 등을 뜻하는 것으로 볼 수 있다. 그러한 성장이 '좋은 것' 이라는 명제에 대해 이의를 제기하는 발전이론가는 찾아보기 어렵다 할 것이다. 둘째로 공업화과정에서 생기는 정치변화의 규모나 범위는 다른 어느 때보다도 대규모적이기 때문에 정치발전 역시 근대화의 함수로 보아야 할 것이며, 정치와 공업화와의 관계성을 결정적인 것으로 간주하고 있다. 세 번째는 진화론이다. 오늘의 과도기 사회들이 궁극적으로 이미 근대화된 사회들이 겪는 것과 같은 변화를 통해서 서서히 진화해 간다. 과도적 사회구조들이 일정한 양태의 변화를 거치면 서구 근대사회가 지닌 사회구조와 비슷한 것으로 발전한다.

이상에서 보면 정치발전은 근대화과정이며 일방향적인 것이다.

2) 근대화의 지표와 단계

근대화의 지표를 이야기할 때 가장 먼저 고려해야 할 문제가 경제성장이다. 정치발전은 정치체계 구성원들이 원하는 물질적 욕구를 충족시켜 주고, 경제적 갈망과 만족간의 합당한 조화를 허용해 줄 만한 경제발전 수준의 기능을 주로 말한다. 립셋(S.M. Lipset)은 보다 잘사는 나라일수록 민주주의를 유지하는 기회가 많아진다고 하면서, 높은 수준의 산업화 · 도시화 · 부 · 교육 등의 지표들이 민주주의의 정치적 상관요인 형성과 밀접하게 관련된다고 하였다.[17]

커트라이트(P. Cutright)는 국가가 경제 · 사회적으로 더욱 발전하면 할수록, 즉 더욱 높은 수준의 산업화 · 도시화 · 교육 · 커뮤니케이션 등을 달성할수록 그들 국가는 또한 정치적으로 더욱 진보하려는 경향이 있다고 보았다. 정치발전은 사회 · 경제적 변화의 부수현상이 되며, 민주주의는 모든 국가가 필연적으로 나아가는 궁극적인 귀착점으로 간주되는 것이라고 한다.[18]

블랙(C.E. Black)의 근대화 단계설정이나 로스토우(D.A. Rostow)의 근대화된 사회에 대한 설명은 근대화에 대한 이해를 돕는다. 블랙은 근대화의 단계를 넷으로 구분하여 모든 사회가 그 단계를 거친다고 했다. 즉, 정치사회는 ① 근대성에 대한 초기 도전, ② 근대화된 지도층의 강화, ③ 농촌사회에서 도시산업사회로 사회 · 경제적 전환, ④ 사회구조의 근본적인 재정비를 통한 사회통합의

17) Seymour M. Lipset, "Some Social Requesters of Democracy," *A.P.S.R.*, 53, March 1959, pp. 69-105.

18) 김기우, 앞의 책, p. 89.

달성 등의 단계를 거치면서 근대화되어 간다고 설명하고 있다.[19]

로스토우는 1960년 출간한 『경제성장단계론』(*The Stages of Economics Growth*)에서 다섯 단계로 구분하였다. 즉, 전통사회, 도약의 전제조건, 도약단계, 성숙단계, 고도의 대중소비단계이다. 그 후에 풍요의 시대에 걸맞은 사생활의 풍요로움과 관련되는 질의 추구단계를 부가적으로 제시하였다. 이러한 경제성장단계론은 초기에는 경제발전에만 적용되었으나, 이러한 개념은 많은 정치학자들에 의해 채용되었다. 오건스키는 『정치발전의 단계』(*Stages of Political Development*)에서 정치발전을 "국가적 목표를 위하여 그 국가의 인적 · 물적 자원을 사용하여 정부의 효율성을 증대시키는 것"으로 규정한다. 그는 우선적 기능에 의하여 특징지어지는 네 가지 단계를 구체적으로 설명하고 있다. ① 원시적 통합의 단계: 여기에서 정부의 일차적 기능은 국민적 통일성의 창조에 있다. ② 산업화 단계: 정부의 주된 기능은 경제발전을 가능케 하고 촉진시키는 일이다. ③ 국민복지의 단계: 정부의 임무는 산업생활의 곤경으로부터 사람들을 보호하는 것, 즉 경제가 순조롭게 운영되도록 유지하고, 가능한 한 보다 높은 생활수준을 제공하며, 불리한 조건하에 있는 사람들을 돕는 것 등이다. ④ 풍요의 단계: 정부의 우선적 기능은 자동조작을 가능케 하고 자동화된 경제가 정치적으로 책임질 수 있도록 하기 위하여 사회적 개혁에 대한 조정을 완화시키는 것이다.

오건스키에 의하면 국민정부가 발전된 것으로 자격을 부여받으려 한다면, 그러한 정부는 과거의 이득을 공고히 할 뿐만 아니라 각 단계마다 새로운 기능을 완수해야만 한다는 것이다.[20]

2. 정치발전이론

정치발전 연구는 초기에는 근대화 연구와 구별되지 않고 근대화 과정의 일부로 취급되다가 1960~70년대 기간 동안에 이르러 중요 관심 및 연구주제가 되었다. 이 기간에 행하여진 정치발전 연구는 그들 나름대로 이 문제를 분석 · 이해함에 있어서 필요한 발전의 개념, 이론적 틀, 가설, 모델 등 이론적 작업이

19) Cyril E. Black, *Dynamic of Modernization: A Study of Comparative History*, N.Y.: Harper & Row Publishers, 1966, pp. 67-89.

20) A.F.K. Organski, *The Stage of Political Development*, N.Y.: Knopf, 1965, pp. 2-17.

이루어진 바 있다. 비록 그 내용이 보편성을 가진 것은 아니었지만, 전문화 및 개별화 추세로 이 분야에 있어 상당한 진보를 이룩했다고 본다.[21)]

소위 구조기능주의 학자들은 사회과학의 과학성과 객관성을 내세우기 위해 가치성을 배제한 가치중립적 입장에서 연구하고자 하였다. 이들은 정치발전을 변화와 동일한 의미로 사용하고자 하였으며, 기능을 비교의 척도로 제시하였다.

알몬드의 능력모델은 구조기능주의 접근법을 대표하는 것이라 하겠다. 알몬드의 정치발전을 규명한다면, 정치발전이란 특정 정치체계의 가동력의 변화를 의미한다. 정치체계의 기능을 ① 체계의 역량, ② 전환의 기능, ③ 체계유지와 적응기능 등으로 분류한 그는 정치체계의 비교가 이 세 가지 기본기능 사이의 상호관계에 대한 분석을 중심으로 가능하다고 하였다. 그러므로 정치발전도 이 세 개념을 중심으로 논할 수 있다고 주장하였다.

정치발전은 투입요소들의 산출요인으로 전환하는 양식에 있어서 전환하는 양식의 변화, 국민의 정치적 역할의 변화, 또 환경에 보다 잘 적응하는 체계유지에 있어서의 변화를 뜻하는 것이다. 말하자면 가장 높은 수준의 가동력을 갖춘 체제야말로 가장 발전된 것이라는 논리가 성립되며, 또한 가장 높은 수준의 가동력이란 고수준의 비축자원, 즉 지지도를 갖추고 있는 체계에서 찾아볼 수 있는 것이다. 알몬드의 표현대로 정치발전은 염출가동력 기능으로부터 고도의 호응적 가동력의 이행을 뜻하게 된다.

그러나 정치발전을 역량의 변화로 파악할 경우 그 변화를 어떻게 규명할 것인가 하는 문제와 역량이 기능의 구체적인 수행뿐 아니라 잠재적 요소까지 내포한 것이라면 그것 또한 어떻게 측정할 것인가 하는 문제가 제기된다. 그 후 알몬드는 발전에 직접적인 영향을 미친 변수로서 분화, 자율성, 세속화라는 개념을 사용하여 자율성이 가장 높고 분화·세속화의 수준이 최고에 이르고 있는 정치체계로서 민주정치체계를, 저수준의 자율성과 고수준의 분화·세속화를 지닌 체계로서 전체주의체계를 드는 등 열여섯 가지 유형의 정치체계로 분류하기도 하였다.[22)]

이러한 접근법을 취하는 학자로서는 알몬드 외에 포웰(G.B. Powell), 버바(S.

---

21) 김기우, 『정치발전이론』, 박영사, 1988, p. 2.
22) G.A. Almond & G.B. Powell, *Comparative Politics: A Development Approach*, Boston: Little Brown, 1966, pp. 299-332.

Verba) 등을 들 수 있으며, 이 접근법의 개념은 구조 · 정통성 · 투입 · 산출 · 피드백 · 환경 그리고 균형상태이다.

또한 앱터는 정치발전과 관련하여 체제유형을 정치구조와 정치규범으로 분류하였다. 정치구조가 계서적이고 정치규범이 완결지향(이상주의)적인 체제는 동원체제로, 정치구조는 계서적이지만 정치규범이 수단지향(현실주의)적인 체제는 관료체제로, 그리고 정치구조가 피라미드이고 규범이 완결지향적인 체제는 신정체제로, 또 구조는 피라미드이면서 규범은 수단지향적인 체제는 타협체제로 유형화하였다. 앱터는 각 국가의 유형은 발전단계와 상응하게 나타난다고 보았다. 동원체제는 근대화 초기에 산업화로 넘어가는 이행기에 가장 적합한 체제이고, 신정체제는 근대화 도상에 있는 전제체제로 대통령이나 군주의 자율권이 있고 단일정당을 가진 정치체제라는 것이다. 관료체제는 산업사회로 이행기의 체제로 근대적 민주정부 초기형태이고, 타협체제는 산업화가 성숙한 단계에 나타나는 체제로 권력의 독점을 방지할 수 있는 헌법적 메커니즘을 갖는 자유주의체제로 보았다. 결국 산업화되고 정치발전이 이루어지면 타협체제로 간다는 논리이다.

3. 근대화론과 기능주의 정치발전론의 평가

상술한 바와 같이 정치발전 연구와 더불어 역점이나 시각을 달리하는 수많은 학자들에 의해 다양한 분석 차원과 모델들이 제시되었다. 그러나 이러한 접근들은 서구 특유의 입장에서 정치발전이 논의되었기 때문에 많은 문제점을 보여 주었다.

먼저 정치발전 개념에 내포된 구미중심적 가정에 내재하는 이른바 전통-근대 이분법의 가정이다. 이것은 근대화=서구화 내지는 좀더 극단적으로 표현하자면 근대화=영미화라는 등식이 묵시적 · 암시적으로 전제되었다는 점이다. 또한 이 모델은 각각의 양극성에서 두 가지 이상형 사이의 연속을 나타내며, 전환기적 과정의 본성과 특성을 모호한 채로 남겨 두고 있다. 모든 체제는 전환기에 처해 있으며, 이런 점에서 어느 사회도 전적으로 전통적이거나 근대적인 것은 아니다. 보다 근대적일수록 전통적인 것은 점점 줄어들고 더욱 산업화될수록 농경적인 것은 축소되며, 더욱더 도시화될수록 촌락적인 요소는 감소되는 것이다. 이와 같은 도식은 상당한 설득력을 지니지만, 그것은 경험적 현실을 혼

동시킴으로써 사회변동의 본질을 모호하게 하는 면이 있다.[23]

앱터는 구조적인 측면과 행태적인 측면에서 정치체계의 유형을 분류하는 시도를 보여주고 있는데, 여기에서 가장 발달된 것으로 간주되는 것이 피라미드형의 계층질서의 수단적·세속적 가치가 결합한 이른바 타협체제이다. 그런데 이를 서구 민주주의체제에 가장 가까운 것으로 봄으로써 역시 서구편향적인 경향을 나타내고 있다.

결국 전통-근대 이분법에 의존하는 접근법들은 근대화=서구화라는 등식을 암묵적으로 전제하고 있는데, 파이가 경고하듯 정치발전이 문제를 단순히 정치적 근대화로 생각하면 다른 문제점이 야기된다. 무엇이 서구적이며 무엇이 근대화인가를 구별할 수 없는 곤란에 빠지며, 따라서 양자를 구별하려는 다른 기준이 필요한 것이다.

정치발전 개념상의 또 하나의 문제점은 정치를 경제의 종속변수로 보는 경향이다. 이렇게 보면 정치발전은 사회·경제적 근대화를 위한 수단으로 되어버린다. 특히 신생제국의 정체적 경제를 동태적 성장경제로 전환시키는 데 역점을 두었던 경제학자들은 정치적 조건이 국민소득의 증대를 방해하기도 하고 촉진시키기도 하는 결정적인 역할을 할 수 있다고 성급한 결론을 내린 나머지 경제성장을 촉진시킬 수 있는 정치체제의 조건이 정치발전이라고 생각하였다. 이러한 이론적 시각은 경제성장을 뒷받침하는 필요조건의 하나로 정치발전을 인식한 것이다. 이 개념에 따르면 정치발전은 단지 경제발전과의 관계에서만 고찰되고 그 밖의 모든 이론적 고려가 등한시되게 마련이다. 그러나 정치발전과 경제발전은 반드시 일치하지 않는 경우도 많은 것이다. 정치발전을 경제문제에만 관련시키는 것은 여러 개발도상국에서 일어나고 있는 중요한 상황을 도외시하는 결과를 가져온다.

다음으로 정치발전의 문제점을 적용의 측면에서 보면 그 이론적 틀을 기능주의에서 원용하고 있다는 점이다. 구조기능모델은 체계이론과 마찬가지로 변동, 특히 정치발전과 관련된 급격한 변동을 적절히 설명하지 못하고 있다. 즉, 구조기능분석은 체제, 균형, 공통적 가치, 경제유지 등을 강조한 나머지 거의 변동문제를 무시하고 있다. 물론 구조기능론자들은 이러한 비판을 일리 있는 것으로 받아들이며 그들의 입장을 수정·정리하였다. 그들의 주장에 의하면 구조기능모델이 안정을 위한 조건을 강조하긴 하지만, 반드시 현상을 옹호하거

23) 김기우 역, 앞의 책, pp. 85-86.

나 변동문제를 무시하는 것은 아니라는 것이다. 그리고 변동의 동태적 요소를 모델에 도입할 수 있고 균형모델을 변동의 메커니즘에 의해 보완하거나, 균형이동과 같은 개념을 도입함으로써 변형시킬 수 있다는 것이다. 그러나 이 모델은 근본적으로 극히 한정된 범위의 변동밖에 다룰 수 없다는 난점이 있다.

제 3 절 변증법적 정치발전이론: 발전과 쇠퇴

정치는 항상 변화를 수반하므로 정치의 쇠퇴 가능성도 논할 수 있고, 어떤 방향의 변동이 타 방향의 변동과 쉽게 조정되지 않을 수도 있다. 상술한 논의들은 정치발전의 불가역성을 강조한 나머지 갈등과 정치적 불안의 기능을 방관하는 경향이 있었다. 이는 급격한 사회변동에 처한 개발도상국가들의 발전을 논함에 한계성을 갖게 된다.

개발도상국가에서 일어나고 있는 쿠데타나 시위, 인종분규 등도 표면상으로는 모순적이거나 퇴보적으로 보인다 할지라도 발전과정의 일부가 될 수 있다. 갈등이 진보를 가져오느냐 아니면 퇴보를 가져오느냐 하는 논쟁문제는 차치하고라도 항의, 반대, 시위, 폭동, 혁명, 전쟁 등 갖가지 형태로 나타나는 갈등에 관한 충분한 연구 없이는 변동을 올바르게 규명할 수 없다. 발전은 동태적 성격을 내포하고 있으므로 단선적 · 일방향적 · 순율적인 것이 아니다. 그러나 대부분의 정치발전에 대한 접근법들은 안정 · 질서 · 균형에 주된 초점을 두는 나머지 정치발전 과정에서의 갈등과 정치적 불안의 기능에 충분한 주의를 기울이지 않았고 오히려 대립 · 갈등을 기피하는 듯한 인상을 보여 왔다.

변동을 갈등의 한 형태로 다루는 갈등모델을 채택하여 사회를 균형뿐만 아니라 계속적인 변동의 과정으로 강조한 것이 정치발전의 변증법적 접근법이다. 그러므로 변증법적 접근법은 정치발전을 종속변수로 보지 않고 독립변수로 개념화하는 것이다. 여기에서는 이 같은 관점에서 헌팅턴과 파이의 정치발전이론을 분석 · 고찰한다.

1. 헌팅턴의 정치발전이론

헌팅턴은 정치발전을 "정치조직체나 절차의 제도화"라고 정의하고 있다.

그의 개념은 정치발전을 근대화와 구별시킬 것을 강조하였다. 우선 근대화와 정치발전을 동일시할 경우 정치발전 개념은 시공간의 제약을 받게 된다는 것이다. 즉, 정치발전 개념은 어느 특정형의 정치체제와 동일시하기보다는 어떤 정치체제라도 갖출 수 있는 질적 양상을 파악해야 한다는 것이다.

이러한 전제에서 헌팅턴은 발전에 있어서 일직선의 개념에 대한 의문을 제기하고, 제도란 발전할 수도 있고 성숙될 수도 있는 반면에 쇠퇴하고 패망할 경우도 있을 수 있다. 즉, 제도는 발전이나 퇴화의 두 가지 가능성을 가지고 있다. 한 체제가 어느 방향으로 진행하느냐 하는 것은 그 정치체제가 지닌 정치구조의 안정도와 그 체제 내에서 일어나고 있는 근대화의 사회적 과정 사이의 상호작용에 의해서 결정된다는 것이다.

헌팅턴은 개발도상국가의 대부분이 겪고 있는 정치적 무질서를 정치제도와 동원으로 설명하고 있다. 그는 개발도상국가의 정치적 불안을 사회변동으로 인한 새로운 집단의 정치적 동원은 너무 신속한 데 비하여, 정치제도는 효과적으로 발전하지 못한 데에서 오는 것임에 착안하여 정치발전의 기본 패턴을 추출하였다. 그리고 개발도상국가의 일차적인 관심대상은 군의 정치참여, 학생데모, 혁명, 개혁, 정당의 역할, 농촌과 도시의 정치의식의 차이 등이라 하였다.

그는 정치발전이 사회적 동원화와 정치적 제도화간의 균형된 관계에서 나오는 것으로 보았다. 여기에서 정치적 동원은 도시화, 문자해득률과 교육의 확대, 공업화의 신장과 매스미디어의 팽창 등으로 정치의식이 확대되고 정치적 요구의 배가로 인한 정치적 참여를 의미한다. 또한 제도화란 정치조직체나 절차가 가치와 안정성을 취득하는 과정이다. 따라서 한 정치체제의 제도화 수준은 그 체제의 적응성 · 복합성 · 자율성 · 응집성을 척도로 삼아 측정할 수 있다.[24] 적응성은 조직화의 특성을 습득하는 것이다. 복합성은 정치체계 내의 여러 하위단위의 증식 및 분화를 말한다. 자율성은 정치제도가 특수한 사회집단의 통제로부터 분리되는 것을 의미한다. 응집성은 정치조직에 참여하는 자들의 통일과 정치조직에서 발견되는 합의의 수준을 말한다.

헌팅턴은 개발도상국에 연구의 초점을 두고 경제변동이 정치발전뿐만 아니라 정치적 쇠퇴도 낳을 수 있다고 주장하였다. 근대화 기간중에 정치적 쇠퇴가 일어나는 정도는 그 전통적 정치제도의 힘에 달려 있다. 그는 분석을 더 고

24) S.P. Huntington, *Political Order in Changing Societies*, New Haven: Yale University Press, 1968, pp. 13-24.

도로 발전된 여러 국가에 적용하지 않았지만 산업화된 사회에서도 정치적 쇠퇴가 일어날 수 있다는 것을 시사했다. 경제변동은 정치제도에 새로운 도전을 제기할 수 있다. 적응성 있는 제도는 시간이 지남에 따라 경직될 수도 있고, 새로운 요구에 적응이 불가능하게 될 수도 있으며, 또는 자율성 있는 정치제도가 다양한 집단의 포로가 될 수도 있다. 따라서 정치발전과 정치쇠퇴는 동태적이고 순환적인 과정이며, 이러한 시각은 개발도상국 정치체계뿐만 아니라 발전된 정치체계에도 적용이 가능하다.

정치발전을 제도화 수준으로 간주했던 헌팅턴은 다른 변수인 정치참여를 중요시하였다. 이들 양자간의 상관관계를 변증법적으로 설명할 수가 있다. 참여가 확대될 때 안정이 유지되려면, 변화를 흡수할 수 있는 정치제도의 능력이 마찬가지로 증대되어야 한다. 이러한 관계는 다음과 같은 공식으로 나타낼 수 있다.[25]

① 사회동원화/경제발전=사회적 좌절감

② 사회적 좌절감/유동성의 기회=정치참여

③ 참여/정치적 제도화(능력)=정치적 불안정

이를 보면 사회적 동원화를 속도나 비율과 정치제도화 및 조직화의 속도나 비율 사이의 관계에 의해서 정치적 안정도가 결정된다. 즉, 사회동원화율이 제도화의 속도를 능가할 경우 정치적 쇠퇴가 따르게 된다. 왜냐하면 과도한 사회동원화는 과도한 정치적 요구를 조성시킬 수 있기 때문이다.

만약 어떠한 정부라도 근대화의 도전에 효과적으로 대처하고 그리고 확대되는 참여의 요구에 대처하려 한다면, 그 정부는 계속적인 변혁을 창출하고 흡수하며 유지하는 의지와 능력이 수반되어야 한다. 발전과정에서 매우 중요한 요인의 능력과 요구(참여)간의 비율이다. 이러한 관계를 그림으로 나타내면 다음 [그림 6-1]과 같다.

[그림 6-1]에서 횡축은 요구를 나타낸다. 여기에서 요구란 정치과정에 어느 정도의 사람들이 참여할 수 있느냐를 나타낸다. 종축은 정치체제의 제도화, 즉 능력을 나타낸다. 능력이란 정치체제의 산출과정이나 정치체제가 사회나 경제에 영향을 미치는 정도 및 정부의 수행능력을 표시한다. A, B, C 부분은 능력과 참여의 조합을 표시한다.

25) 위의 책, p. 55.

[그림 6-1] 정치발전 변수의 관계: 참여와 제도화

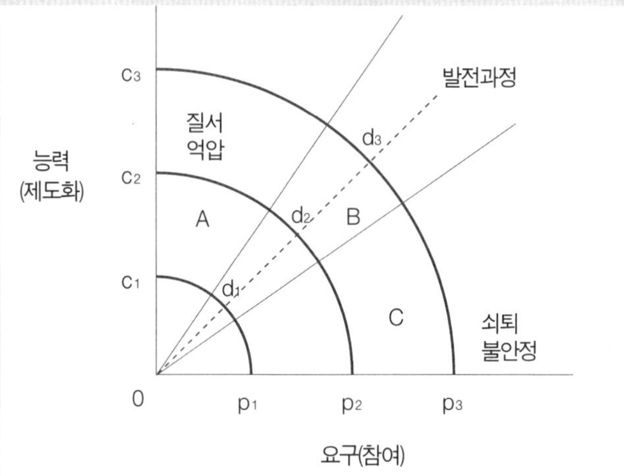

출처: 김기우 역, 『비교정치이론』, 박영사, 1993, p. 118.

예를 들면 A 부분에서는 정치체제의 제도적인 능력이 참여를 훨씬 초월하여 과도한 제도화를 나타내는데, 이는 억압적인 질서의 확립에 기여한다. 그런데 억압적 지배는 질서라는 미명 아래 민주주의적 대응을 대신하게 된다. 확대되는 참여에 대응하는 데 있어서 보다 높은 수준의 제도화 능력을 통해서라기보다는 오히려 억압을 통해서 얻어진 혼돈의 전조가 된다. 결국 어떠한 정치체제라 할지라도 발전적인 참여로부터 그 자체를 결코 고립시킬 수 없기 때문이다.

C 부분은 제도적인 능력을 훨씬 초월한 참여가 있는 상태이다. 그 결과 정치상의 불안정과 무질서가 조장된다. 이에 따라 정치적 쇠퇴를 초래한다. 다음으로 B부분은 참여를 효과적으로 대응하여 처리할 수 있는 능력을 갖는 정치체제가 존재하는 부분이다. 정치체제는 능력을 가지고 있어 요구를 수렴하여 정책반영 등으로 안정적인 발전을 가진다. 0점으로부터 $d_1 \rightarrow d_2 \rightarrow d_3$로 조합하여 나갈수록 안정적인 발전이 있다. 이와 같이 정치발전은 정치제도화의 수준과 정치참여의 수준에 의존한다. 그러나 이 경우에 있어 구별은 모두 명백히 말해 정도의 차이일 뿐이다. 고도로 제도화된 정치체제와 분열된 정치체제를 분리시키는 명백한 구분선이란 있을 수 없으며, 정치참여의 수준을 가늠하는 것도 역시 마찬가지이다.

그러나 두 차원 사이의 변화를 분석하기 위해서는 그 체제가 속하는 각기 다른 범주를 시인해 줄 필요가 있으며, 동시에 어떠한 현실적 정치체제도 이론적으로 특수하게 설정된 분류 속에 실제로 꼭 맞는 것이 거의 없다는 것도 인정해 두어야 한다. 이와 같이 c_1, c_2, c_3나 p_1, p_2, p_3가 정도의 차이라는 것을 인정하면, 여기에서의 정치발전은 수평적이고 수직적 통합에 영향을 미칠 수 있는 영향에 달려 있다. 확산되는 참여에 대한 요구에 대응할 수 있는 체계능력은 대중과 지도층간의 효과적인 연계통로를 필요로 한다. 정부의 제도는 신뢰를 획득하고, 변화를 창출하고 변화의 방향과 강도를 통제할 수 있는 능력을 수반해야 한다.[26] 만약에 정치체제가 계속적인 변화에 성공적으로 대응하려 한다면 커뮤니케이션 통로가 이용되어야 한다. 정치체제는 변화하는 세계에 있어서 단순히 종속변수가 아니라 그 환경에 적극적으로 개입하여 헤쳐 나가는 의지와 능력을 소유해야 한다.

2. 파이의 정치발전이론

파이(L.W. Pye)는 정치발전 개념을 10개 항목으로 나누어 소개하고 그 다양한 견해들 간의 공통되는 능력 · 평등 · 분화를 발전증후군이라 했다. 10개 항목은 ① 경제발전의 정치적 전제조건으로서의 정치발전, ② 산업사회의 전형적인 정치로서의 정치발전, ③ 정치적 근대화로서의 정치발전, ④ 국민국가 기능으로서의 정치발전, ⑤ 행정적이고 법적인 발전으로서의 정치발전, ⑥ 대중동원과 참여로서의 정치발전, ⑦ 민주주의 건설로서의 정치발전, ⑧ 안정과 질서 있는 변화로서의 정치발전, ⑨ 동원과 권력으로서의 정치발전, ⑩ 사회변화의 다차원적인 과정의 한 측면으로서의 정치발전이다.

1) 평 등

개발도상국가들이 발전의 격류 속에서 경험하는 가장 강력한 사회적 압력은 평등을 지향하는 대중적 의지의 분출이다. 평등 개념을 구성하는 주요한 요소는 ① 정치참여, ② 보편주의 법질서, ③ 실적주의적 규범이라는 세 가지 차원이다. 정치참여는 시민권을 기초로 하는데, 시민권은 인간의 기본적 평등이

26) 김기우 역, 앞의 책, p. 119.

한 나라 정치공동체의 불가피한 구성원 자격으로부터 나오며, 모든 시민이 평등한 공적 권리를 갖는다는 것을 의미한다. 이러한 시민권의 평등을 실천하는 데 결정적인 역할을 하는 것은 바로 법 앞의 평등을 규정하는 보편주의적 규범이다. 이는 법의 적용과 판결에서뿐만 아니라 모든 원인의 권리를 보호하고 주장하는 평등한 권리를 의미한다. 끝으로 업적규범은 정치적 관료의 충원과 역할분배 및 성적평가의 기준으로서 전통사회의 귀속주의적 규범척도에 대체된다. 업적규범의 수용은 근대사회의 교육의 보편화 현상과 함께 기회균등을 보장하는 주요한 관건이며 계층구조의 유동성을 높이는 결정적 계기를 제공한다.

이러한 평등이념은 정치체계의 목표를 추구하는 데 필요한 무한한 잠재적 인간 동력을 개발 · 활용하게 하며, 시민의식의 고양을 통하여 국민적 일체감을 발전시키며 정치체계의 사회발전을 촉진시킨다. 그러나 발전과정에서 지나친 평등주의의 추구는 대체로 개발도상국에서 과도한 요구를 만들어 냄으로써 지속적으로 발전을 추진시킬 수 있는 이들 국가의 능력을 약화시키거나 파괴시킬 수도 있다.

2) 능 력

능력은 정치체계의 산출과 직접적으로 연관되며, 이는 정치체계가 사회경제 등 여타 제도적 영역에 미칠 수 있는 영향력의 정도로 표현하고 있다. 그러므로 능력은 자연 정부활동의 업적 내지 성과와 이 성과에 영향을 미치는 제 조건과 긴밀히 연관된다.

콜먼(J.S. Coleman)은 발전에 필요한 체계의 능력으로 통합적 · 대응적 · 적응적 · 쇄신적 능력을 열거하고 있다. 그는 능력은 분열을 극복하고 증대된 분화에서 오는 긴장을 관리할 뿐만 아니라, 평등의 요청에 의하여 발생하는 참여와 분배의 요구를 제어할 수 있는 것이라고 한다. 이러한 정치체계의 창조적 능력의 개념은 주로 영역, 효율성과 능률성 그리고 합리성 등의 개념으로 구성된다.

능력은 우선 정치 · 행정적 결정이나 활동이 미치는 범위 내지 그 규모와 밀접히 관련된다. 보다 발전된 정치체계의 경우 정치활동의 영향력은 국민생활의 거의 모든 영역에 두루 미치며 그 비중 또한 심각하다. 따라서 정치나 행정의 침투력이 미치는 범위나 그 심도는 정치체계의 능력을 가늠하는 주요 관건이 된다. 또한 능력의 개념은 공공정책 수행에 있어 효율성과 능률성을 의미한다. 발전된 체계는 다른 체계보다 훨씬 많은 일을 할 뿐만 아니라 더 빨리 더 철저하게 일할 수 있다. 이에 따라 정부가 전문화되는 경향이 있다. 또한 능률성과 효율성의 관심은 일반적으로 인정된 업적수행의 기준으로 이끈다.

마지막으로 능력은 행정에 있어 합리성과 정책의 세속적 정향에 관련된다. 정부의 행동은 목적과 수단을 체계적 방식으로 연관시키려 하는 신중성과 정당화에 의해 주로 이끌어졌으며 계획이 가능해졌다.

능력에 대한 관심은 개발도상국에서 흔히 민주주의 원칙과 긴장관계를 맺는다. 이는 능력은 능률성을 요구하는 데 대하여 민주주의는 그 자체의 규범적 목표를 실현하는 과제를 제외하고는 비능률적인 면이 있기 때문이다. 또한 정치체계의 능력은 정치적 정통성의 문제와 밀접히 연관되나, 강한 잠재능력을 갖춘 정체가 비정통적 목표추구를 위하여 그 능력을 활용하거나 혹은 체계 정통성의 표상이 되는 주된 정책실현에 실패하는 경우 그 정통성은 위협을 받게 된다. 특히 참여폭발이 급격히 진행되는 정치사회의 경우 그 위험은 가중된다.

3) 분 화

분화는 특히 제도 및 구조의 분석과 관련된다. 따라서 발전의 측면은 무엇보다 우선 구조의 분화와 전문화를 뜻한다. 직책 및 기관들이 분명하고 한정된 기능을 갖는 경향이 있으며, 정부부문에서 분업에 상당하는 것이 있다. 분화에 의하여 체계 내의 여러 가지 정치적 역할들의 기능적 특성이 증가됨은 물론이다. 또한 분화는 정치체계 내의 상이한 여러 부분의 분열이나 분리가 아니며 궁극적으로 통합성에 기초를 둔 전문화인 것이다.

많은 개발도상국에서 식민지 이후의 발전양태 중 특징적 단면의 하나는 정치·행정적 상부구조 내에서 일어나는 탈분화 현상이다. 이는 지배권 쟁취를 위한 분화된 엘리트간의 치열한 투쟁의 결과적 현상으로서, 대체로 지배적 정당 리더십의 구축이나 군사적 엘리트의 집권 등의 형식으로 표현된다. 이러한 의식적 탈분화 현상은 흔히 동원체계, 중앙집권적인 일당국가 등으로 알려진 국가들에 의하여 추구된다.

다양한 제도적 영역간의 불균형의 문제 중 정치체계와 사회적 제 분야간의 불균형은 발전과정에 있는 국가들이 극복해야 하는 난관 중의 하나이다. 특히 동원정권의 경우 급속한 경제발전을 추진하기 위하여 장기간 전체주의적 동원정책을 구사해 온 타성 때문에 사회일반의 구조적 분화수준이 눈에 띄게 상승한 연후까지도 분화된 전문영역에 따른 최소한의 자율성조차 용인하려고 하지 않는다. 이는 정치와 사회의 심각한 긴장을 조성하고 끝내는 사회해체의 위기까지 몰고 간다. 이렇게 볼 때 성공적 분화는 성공적 체계의 통합능력을 그 기본적 전제로 하고 있음을 알 수 있다.

상술한 바와 같이 정치발전증후군간에는 상호 연관관계가 존재한다. 그러므로 증후군의 발전적 변동과정의 상관관계는 어떠한가를 고찰해 보아야 할 것이다. 발전증후군간의 모순성이야말로 발전의 가역성과 다면성간의 관계를 밝히는 데 도움이 될 뿐만 아니라, 발전적 변동의 다른 또 하나의 측면인 갈등과의 관계를 부각시킨다. 이러한 견해는 [그림 6-2]로 설명된다.

[그림 6-2]에서 횡축은 평등의 정도를 나타내고, 종축은 능력을 나타낸다. 곡선 1, 2, 3, 4는 일정의 분화 수준에서 가능한 평등과 능력의 조합을 표시한다. 예를 들면, 어떤 구성분화의 수준 d_3에 있어 어떤 정치체계 p_1이 p_3의 방향으로 나아가는 것은 정치체계의 능력을 증대시키지만, 동시에 평등을 감소시키게 될 뿐 구조분화의 정도를 변화시키는 것은 아니다. 그러나 같은 구조분화의 수준상에 있으면 p_2 사회도 p_3 사회도 정치발전도가 같다고 말하는 것으로써 p_1

[그림 6-2] 정치발전증후군의 상관관계

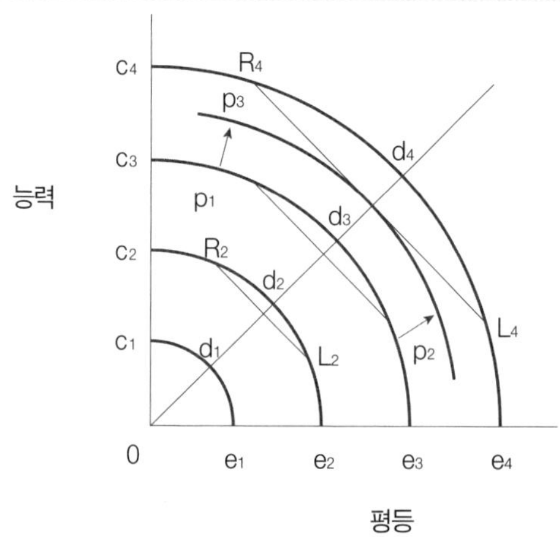

출처: F.W. Riggs, "The Theory of Political Development," J.C. Charlesworth(ed.), *Comtemporary Political Analysis*, New York: The Free Press, 1967, p. 341.

상황에 있는 사회가 어느 방향으로 나아가야 하느냐 하는 것을 제시해 주지는 않는다.

이 두 변수의 어떤 조합이 가능한가는 그 사회의 규모, 구성요소의 질, 경제적 상황, 가치규범, 사회적 유동성, 정치적 커뮤니케이션의 양과 질 등과 같은 다양한 요인들에 의해 영향을 받는 것이다. 이러한 이론을 더욱 발전시켜 더 구조화되고 분화되어 평등과 능력이 모순 없이 증대되어 갈등지대가 좁혀지는 새로운 발전모델을 제시하는 것은 이 분야 연구자들의 몫이다.

이 모델은 세 가지 발전목표를 상호 연관시키고 또한 분화도가 높아짐에 따라 갈등지대가 좁혀진다는 것을 가정한다. 이것은 좌우익(L-R)의 갈등이 정치체제의 혁명적 재편에 관심을 덜 갖게 되고 능력 및 평등의 점진적 증대를 달성하기 위한 한계혁명에 더 큰 관심을 기울임에 따라 합리성이 증대하고 이데올로기가 쇠퇴하는 것을 의미한다.

이러한 관점에서 보면 발전은 확실히 불가역적인 것이 아니라, 이른바 개발도상국이 실제 발전할 것이라 단언할 수 없는 것이다. 이들 제국이 정체, 쇠퇴 또는 붕괴의 단계에 들어갈 가능성도 역시 존재한다. 더욱이 발전과정은 다면적이며 갈등으로 충만되어 있다. 평등과 능력이란 대립적 목표간의 모순을 사회의 발전정도와 역비례하는데, 이것은 일방에서 발전처럼 보이는 것이 타방의 쇠퇴를 수반해야 한다는 것을 의미한다.

3. 정치발전의 위기

정치발전 과정에서는 그것을 추진하는 지도체계와 국민들 사이에 서로 인식과 이해가 일치하지 않기 때문에 끊임없는 정치적 위기에 직면하기도 한다. 정치발전증후군인 평등 · 분화 · 능력이 제대로 조화를 이루지 않고 상호 긴장과 갈등으로 계속되어 갈 수 있다. 그리하여 이들 여러 증후군들이나 발전의 변인들이 상호 모순 · 대립되어 불균형이 지속될 경우 일체성(identity), 정당성(legitimacy), 참여(participation), 침투(penetration) 그리고 분배(distribution) 등과 같은 제 위기나 문제가 발생하기 쉽다.[27)]

27) Leonard Binder et al., *Crises and Sequences in Political Development*, Princeton: Princeton University Press, 1971, pp. 52-58.

1) 일체성의 위기

일체성의 위기는 그 발생과 관련해 볼 때 네 가지의 기본적인 형태가 있다. 첫째는 영토와 지리적 공간의 민족주의적 감정에 대한 관계 등에 관련된다. 둘째는 사회적 구조, 특히 계급분열이 증대되어 효과적인 국민적 단합이 방해되는 경우에 발생한다. 셋째는 인종적이거나 다른 분열적 일체성과 보편적인 국민적 일체성에 대한 충성심과의 갈등을 포함한다. 넷째는 급속한 사회변화의 심리적 결과와 외부세계에 대한 양면적인 감정에서 일체성의 위기가 일어난다는 것이다.

이러한 형태의 일체성의 위기는 일반적으로 근대세계와 그 고유의 역사적 전통에 대한 혼합된 감정의 형태를 취하고 있다. 앞에 열거한 네 가지 형태의 위기는 사람들이 장소 · 계급 · 인종 그리고 시간과 역사에 대하여 일체화되는 방법에 관하여 분열될 수 있기 때문에 발생하게 된다. 예를 들면, 정치발전 과정에서 사회구성원들은 자기가 소속감을 잃고 방황할 수 있다. 즉, 이전의 전통적 가문만으로는 귀속감을 느낄 수 없게 되고, 그렇다고 도시의 특정 집단에도 이러한 귀속감을 갖기 어려운 상황에 놓이게 된다.[28]

그리하여 이들 제 위기를 극복하여 국민적 일체감을 형성하는 기반을 조성하기 위하여 파이는 다양한 엘리트 문화의 유형에 기반을 둔 리더십을 강조하였다. 정치발전이란 결국 국민들이 스스로 단일의 정치공동체를 이루고 있음을 인식하고, 또 그들 개개인이 공동체에 강한 애착을 느끼는 수평적 통합과정을 필요로 하는 것이다.

2) 정당성의 위기

발전과정이란 사람들이 점차 생활의 절대적 한계성이 줄어들고 있음을 계속적으로 깨우치게 되는 일종의 심리적 확대과정인 것이다.

정치발전에 있어서 정당성의 위기는 네 가지 주요한 요인을 들어 설명할 수 있다. 첫째는 사회에 있어서 권위를 요구하는 기반의 갈등이나 부적합성 때문에 발생하는 정부제도의 붕괴를 들 수 있고, 둘째는 권력을 위한 과도한 제도외적 경쟁으로 인한 정부구조의 분해이다. 셋째는 권위에 대한 이데올로기적 ·

28) 진덕규, 『현대정치학』, 학문과 사상사, 1997, p. 553.

실용적 요구의 정당화가 역사에 대한 잘못된 해석이나 미래발전의 판단 결여로 국가적 지도자와 정부의 권위배분이 붕괴되는 것이요, 넷째는 아마 가장 근본적인 것으로서 사람들의 사회화가 제대로 이루어지지 않음으로써 권위에 대한 감정이 현재의 지도자들의 노력에 순기능하지 않기 때문에 일어나는 정당성의 위기이다.

따라서 이 위기를 극복하는 핵심은 동태적인 지도력이고, 그것은 제도와 지배자 개인의 정당성이 적절히 혼합될 것을 요구한다. 여기에는 또한 과거의 전통을 보존하거나 거부하는 문제, 사람들의 직접적인 열망에 대응하는 문제, 미래의 목표를 위해 희생을 감내하도록 사회화하는 문제 등이 포함된다.[29]

3) 정치참여의 위기

일반적으로 근대화는 정치참여에 대한 압력을 행사한다. 근대에 있어서 가장 파괴적인 위기들 중의 하나는 권력을 갖지 못한 사람들이 권력에 접근하려고 하거나, 혹은 지배엘리트들이 만들어 낸 정책에 영향을 미치려는 노력에 의해 야기되었다. 그리고 그것은 지배엘리트가 정치체계에 참여하려는 개인과 집단의 요구나 행태를 비정통적인 것으로 간주할 때 일어나는 갈등으로 규정될 수가 있다.

참여위기는 다양한 조건하에서 일어난다. ① 통치엘리트는 그들만이 지배할 권리를 가지고 있다고 믿으며 따라서 다른 사회집단에 의한 정치참여의 요구를 정당성이 없는 것으로 거부하는 경우, ② 참여를 요구하는 집단들이 통치엘리트의 정당성이 없다고 보고 이러한 정당성이 없는 제도로 조직화되었다고 믿는 경우, ③ 통치엘리트가 참여를 요구하는 방법을 정당치 않은 것으로 보고, 따라서 정치참여의 요구 자체도 정당성이 없다고 보는 경우, ④ 정치참여자들에 의한 요구의 형태가 비정통적인 것으로 간주될 경우, ⑤ 참여위기는 참여를 모색하는 집단이 기존 엘리트들과 권력을 공유할 것을 원치 않고 그 대신 지배엘리트를 대체시키려고 하며, 또한 그러한 엘리트의 권력장악의 권리를 부정하려고 할 때 나타날 수 있다.

29) Leonard Binder et al, 앞의 책, pp. 147-156.

4) 침투의 위기

여기에서의 침투는 중앙정부가 통제력을 행사하고자 하는 영토 전역에 걸쳐 효과적인 역할을 할 수 있게 하는 것을 의미한다. 침투현상은 중요하면서도 서로 밀접하게 연관된 두 가지 차원에서 고찰할 수 있다. 첫째는 정부정책의 대상이 되는 국민들의 의견이나 소망, 태도 및 성향과 무관하게 침투할 수 있는 중앙정부의 능력이다. 둘째는 정책의 대상이 되는 국민이 정책에 관한 정보를 정확하게 받아들이고, 그러한 정책에 자발적으로 순응하고자 하는 그들의 능력이요, 수정된 저력 등이다. 그런데 정부의 능력과 국민의 능력 등에 문제가 있어 침투의 위기가 발생하게 된다.

침투위기의 세 가지 중요한 양상과 요인을 지적하면, 첫째로 관료에서 오는 문제이다. 관료가 지배적인 사회나 정치계층의 도구에 불과할 때 침투위기는 해결하기 어렵고, 관료가 사회 · 정치적인 통제에 극단적으로 독립되어 있을 경우도 체제의 이익보다는 편의주의로 흐르기 쉽다. 둘째로 지리적 · 사회적인 차원에서 발생하는 위기로 하부에까지 확산되지 않는 것에서 나타난다. 셋째로 법과 질서의 상이성에서 오는 위기이다. 결국 침투위기의 문제는 정부의 정책을 이행하고 승인을 확보하기 위하여 지배자와 피지배자를 연결시키는 공식적 · 제도적 하부조직을 창조하는 문제와 관련된다. 이는 국가건설 혹은 정부의 규제 및 추출능력의 증대와도 관련이 있다.

5) 분배의 위기

넓은 의미에서 모든 통치의 문제는 분배문제로 귀착된다고 볼 수 있다. 이는 정치과정, 특히 정치체계를 강제력을 수반하는 가치배분으로 규정한 이스튼(D. Easton)의 개념 정의에서 알 수 있다. 정치엘리트가 사회에 유익한 물질적 재화를 증대시키거나 그러한 재화를 특정 기간에 재분배하는 것을 포함하는 분배문제는 두 차원으로 나누어 고찰할 수 있다. 첫째는 물질적으로 가치 있는 것을 보다 많이 생산할 수단과 방법을 발견할 필요성을 의미하는 것이고, 둘째는 전혀 다른 차원으로 사회의 생산능력과는 상관없이 구성원간의 가치분배의 기준이 되는 기반을 변경할 필요성인데, 이는 역사적으로 엘리트의 능력에 과중한 부담을 주고 때로는 혁명이나 기존 정권의 파멸을 가져오기도 했다.

정치발전 과정에서 야기되는 이 같은 제 위기를 살펴볼 때 진정한 발전위기의 극복 여부는 이들을 어떻게 적절히 해소하느냐에 달려 있다. 콜먼(J.S. Coleman)이 지적한 바에 의하면, ① 정치발전은 확대된 분화에 의하여 야기된 긴장과 갈등을 통제 · 조정하는 새로운 유형의 통합과 침투, ② 당위적 평등의 요구로부터 나타난 새로운 패턴의 참여와 자원문제, 그리고 ③ 이러한 요구와 갈등에 대해 정치체계가 의도적으로 추구하고 질적으로 새롭게 향상된 체제능력을 획득하는 과정이라고 간주한다. 그러한 체제의 수행능력 획득은 일체감과 정당성 문제를 해결하는 결정적인 요인이 된다.30)

4. 변증법적 정치발전이론의 적용과 평가

정치발전의 분석모델에서는 갈등, 긴장, 경쟁, 폭력 등과 같은 패턴들을 정치과정에 있어서 일탈이나 비정상으로 간주하여 왔다. 비정상인 것들은 그들이 체계의 안정 · 보존 · 유지에 기여할 때만이 용인되어 왔다. 그러나 비교정치학자들이 사회변동의 문제에 초점을 맞추어 정치발전을 연구함에 따라 변화의 연구에 관심을 돌렸다.

이러한 추세에서 다양한 발전과정을 유형화하고 동태적으로 분석하는 데 포괄할 수 있는 변수는 평등과 능력이라는 두 가지 목표이다. 정치발전은 궁극적으로 이러한 두 목표의 적절한 혼합을 선택할 수 있는 체계의 능력에 달려 있다. 정치체계의 부담능력의 성격 및 정도는 여러 집단간의 세력균형의 변화에 따라 변동한다. 이같이 변동이 일어나는 과정이 변증법적 과정인데, 이는 점증적으로가 아니라 오히려 불연속적으로 전개되고 거기에는 상충하는 여러 목표간의 갈등이 상존한다. 이러한 발전의 도전에 대처함에 있어서 한 정치체계의 성공 여부는 수평적이고 수평적 통합에 영향을 미칠 수 있는 능력에 있다.

정치체계는 변화하는 세계에서 단순히 종속변수는 아니고 그 환경에 적극적으로 개입할 수 있는 의지와 능력을 소유해야만 한다. 이익집단들과 정당을 통해서뿐만 아니라 정부의 공식적인 제도를 통해서, 정치체계는 급속히 확대되는 참여하려는 사람들을 조정할 수 있는 하부구조나 조직을 제공해야만 한다. 이 조정 가능한 자원들의 영역 내에서 발전적 노력의 성공 여부는 정당성과 안

30) James S. Coleman, "The Development Syndromes," Leonard Binder et al., 위의 책, pp. 70-75.

정을 획득하고, 의미 있고 중요한 접근과 효과적인 대응을 제공하는 이들 구조들의 능력에 좌우될 것이다.

이와 같은 능력과 요구의 상호작용을 통하여 정치과정에 불균형, 불평등 그리고 불연속 등은 점차적으로 균형, 조화 그리고 연속성을 이루며 발전해 나갈 것이다.

이상의 정치발전의 변증법적 분석은 체계론적 접근이 안고 있던 결함과 오류를 완전하게 시정한 것이라 할 수 없지만, 다른 정치발전 모델을 대부분 포괄할 수 있는 장점이 있다. 그러나 이러한 이론적 접근법은 정치발전의 변수를 너무 거시적 차원에서 단순화하였고, 또한 너무 단순화한 나머지 확실한 경험적 증거를 결여한 위험성이 따른다. 그러므로 이러한 모델을 일정한 정치체계에 단순하게 적용하여 분석하기보다는, 분석대상 정치체계의 정치적 참여자 또는 지도자의 현실관을 형성하는 문화적 제 상징과 상징적 행태를 분석해야 비로소 현실적 발전의 실체를 파악할 수 있을 것이다.

제 4 절 정치발전의 새로운 문제: 제3세계적 시각

1. 발전이론의 쇠퇴

서구의 정치학자들이 신생국의 정치현상에 눈을 돌리게 된 것은 서구의 정치만을 대상으로 했던 지식과 분석방법만으로는 신생국의 정치현상을 이해할 수 없게 되었다는 것을 인식하면서부터였다. 이리하여 구미제국의 정치현상뿐만 아니라 더욱 폭넓은 대상을 다룰 수 있는 정치이론과 분석방법이 필요하게 되었다. 행태과학(behavioral science)의 등장과 더불어 교차문화적 비교연구(cross-cultural comparison)와 종합과학적 방법(interdisciplinary approach)의 적용은 신생국가에 관한 연구에 크게 힘이 되었다. 이러한 방법의 적용으로 서구학계에는 신생국가 혹은 개발도상국가들에 대한 자료수집과 과학적인 분석의 연구결과로 소위 발전론이 나타났다.

그러나 이러한 이론들은 한결같이 서구적 발전과정을 기준으로 한 것으로 개발도상국가들이 서구적 산업사회로 변모해 가야 한다고 전제하고 있다. 즉, 발전론의 기본전제는 서구의 역사적 경험이 개발도상국가들에게도 적용될 수 있다는 것이었다. 그러므로 정치발전의 개념이나 이에 대한 이론들은 이데올로기적 편견을 내포하고 있다는 비판을 받았다. 이러한 개념이나 이론은 기본적으로 역사와 문화가 다르고 또한 정치적 상황이 다른 개발도상국의 정치현상이나 정치적 변화과정을 정확하게 파악하는 데 적절치 못하다는 것이다.

또 한 가지 지적되어야 할 내용은 정치발전이론이 서구문화 중심적이고 19세기의 낙관주의를 바탕으로 함으로써 제3세계가 서구에 의해 경제적으로 종속된 상황을 간과했거나 제3세계의 토착적 정치 · 사회구조를 전혀 도외시하였다는 사실이다.

1960년대 말부터 낙관적이며 비교적 온건한 서구학계의 발전론에 대한 비판이 일어나기 시작하면서, 이른바 종속이론으로서 대표되는 제3세계이론이 광범위한 호소력을 가지며 보급되기 시작하였다. 이 이론을 제기하는 학자들은 종래 서구학자들이 제3세계 문제를 다루기 위해 사용한 발전론의 패러다임이 편협한 이데올로기성을 띠었을 뿐만 아니라, 현실적으로도 신생국가들이 직면한 문제들을 올바르게 파악하지 못하게 한다고 비판하였다.

이렇게 발전이론에 대한 비판에서 제기된 초기 종속이론은 종속의 의미가 단순하게 사용되었다. 대표적인 종속이론가인 프랑크(A.G. Frank)의 저개발 심화론[31]은 세계 자본주의체제 내의 중심부와 주변부의 관계를 독점적 유통구조하에서 교환관계로 이루어지는 것으로 보았다. 그러나 후기 종속이론에서는 종속의 개념이 보다 복합적인 의미로 사용된다. 카르도소(F.H. Cardoso)나 에반스(P. Evance)의 종속적 발전론은 세계 자본주의체제 내의 중심부 국가들 간의 경쟁과 이에 따른 종속의 내부구조의 변화를 중시한다. 후기 종속이론은 초기 종속이론에 병폐적으로 소정되어 있던 종속-탈종속의 이분구조적 논리를 탈피하여 세계 자본주의체제 내에서 제3세계 국가들의 대외의존적인 개발정책이 내부적인 정치 · 경제적 제휴에 의해 종속적 발전을 이룰 수 있다는 보다 융통성 있는 입장을 채택하고 있다.

31) Andre G. Frank, *Capitalism and Underdevelopment in Latin America: Historical Studies of Chile and Brazil*, New York: Monthly Review Press, 1977, pp. 7-9.

2. 제3세계 발전연구에 있어서 종속이론

1) 종속이론의 제기

발전 또는 성장이론은 구미의 자본주의체제가 그들의 역사적인 발전과정에서 얻은 경험을 토대로 한 진화론적 개념으로 설명하는 ECLA(UN 산하의 남미경제위원회)의 개발전략이나 확산이론(diffusion model)이다. 그 중요 가설은 모든 나라가 발전과정에서 일정한 단계를 거치며 현재의 저발전국가들의 종속현상도 초기 자본주의가 겪었던 경험과 유사한 것으로 본다. 또 국내의 상층계급이 부유해지면 자동적으로 그 부가 하층계급으로 이전되고, 부국이 호황을 누리게 되면 그 혜택이 가난한 국가로 파급된다는 논리이다. 결국 발전이란 구미의 현대적 요소(가치, 제도, 자본, 기술 등)를 전통적이고 낙후된 지역으로 투입・확산함으로써 이루어진다는 것이다.

그러나 1960년대 말부터 낙관적이며 비교적 온건한 서방학계의 발전론에 대한 비판이 일어나기 시작했다. 제2차대전 후 제3세계 국가들의 현실은 확산이론가들이 상정한 발전이론과는 날이 갈수록 상반되는 방향으로 전개되었다. 따라서 미국학계가 주도한 확산이론 모델은 점차 적실성(relevance)을 상실하게 되고 새로운 도전이론이 등장하게 되었다. 이것은 주로 남미학자들이 제기한 종속이론이다.

종속이론이란 라틴아메리카를 포함한 제3세계 국가들이 정치, 경제, 사회 등 전 분야에 걸쳐 직면하고 있는 문제점들을 종속이라는 개념으로 이해하고 설명하려는 일련의 이론체계이다. 종속이론가들은 상이한 지적 배경을 바탕으로 관점을 달리하기 때문에 상반된 견해를 피력하기도 한다. 그럼에도 불구하고 이들을 종속이론가로 총칭하는 이유는 종속이론의 제3세계에 대한 분석적 시각이 근본적으로 전체성이라는 관점에서부터 시작하기 때문이다. 이들은 제1세계(중심국)와 제3세계(주변국)의 관계를 비대칭적인 지배-종속관계로 규정하고, 종속개념을 분석의 기본개념으로 설정한다는 점에서 공통점을 가지고 있다.

종속이론은 종래의 발전론에 대한 비판적 견지에서 생성되었는데, 이것을 구체적으로 다음과 같이 나누어 볼 수 있다.

첫째, 종속이론은 자본주의체제에 대한 비판이론으로서의 성격을 띠고 있다는 점이다. 세계 자본주의체제 내의 중심부와 주변부의 관계는 불균등한 분업의 원칙에 입각하여 잉여수취가 이루어지는 봉건적인 관계로 파악되고 있다. 이러한 면에서 종속이론의 논지는 대부분이 기존 자본주의 비판이론인 마르크스-레닌이론과 연관성을 갖지 않을 수 없다.

둘째, 라틴아메리카의 발전을 위한 ECLA의 전략이 실패한 것이 종속이론 대두의 배경이 되었다. 19세기 초반 대다수의 라틴아메리카 국가들에 있어 1차상품 특화에 입각한 비교우위에 근거를 두고 대외지향적 개발정책을 수행함으로써 야기된 고전적 종속에 따른 문제점이 저개발의 문제를 최초로 제기해 주었다. 종속이론은 기본적으로 제3세계 민족주의와 마르크스-레닌주의에 그 모체를 두고 있으며, 보다 직접적인 지적 뿌리는 ECLA의 구조주의적 시각과 바란(P. Baran)의 정치경제론에 근거하고 있는 것이다.

셋째, 종속이론의 대두가 제3세계의 민족주의운동과 불가분의 관계에 있다는 점이다. ECLA의 발전전략이었던 수입대체적 공업화정책의 추진과정에서 노정된 문제성과 그 실패에 대한 새로운 인식이라는 배경 외에, 빠뜨릴 수 없는 대목이 쿠바혁명과 1960년대를 전후하여 고조된 라틴아메리카 민족주의운동이다. 쿠바혁명이 특히 종속이론과 갖게 되는 상호관련성은 "카스트로 없는 프랑크는 생각할 수 없다"[32]고 한 부스(D. Booth)의 말에서도 이해할 수 있다. 1960년대의 종속이론의 생성과정과 전후 라틴아메리카의 반외세 민족운동의 역사적 실천과정과는 그야말로 불가분의 관계임을 알 수 있다.

2) 종속의 함의

여기에서는 이러한 종속이론이 함축하고 있는 핵심개념에 대하여 논하기로 한다. 종속이란 말은 종속이론가들 사이에도 아직도 개념 정의에 대해 합의가 이루어지지 않은 대단히 모호한 개념이다. 그러나 몇몇 학자들의 경우에 있어서는 이를 보다 명시적으로 정의하고 있다.

산토스(T.D. Santos)는 종속의 개념을 다음과 같이 정의하였다. 종속이란 일단의 국가들의 경제가 그들을 종속시키고 있는 다른 경제의 팽창이나 발전에 의해 조건지어지는 상황을 의미한다. 지배국가들은 스스로 팽창하고 발전할 수 있는데, 종속국가들은 이들 지배국가들의 팽창이나 발전의 반영으로서 긍정적

32) David Booth, *Beyond the Sociology of Development: Economy and Society in Latin America and Africa*, London: Routledge and Kegan Paul, 1976, p. 64.

이거나 부정적인 영향을 받게 된다. 어떠한 경우이든 간에 종속의 기본적 상황은 종속국가들을 지배국가 착취하에 남겨 놓게 되는 세계적 상황을 초래한다. 이러한 착취가 가능한 것은 지배국가들이 종속국가들보다 기술 · 상업 · 자본 · 사회 · 정치적 우월성을 가지기 때문이다.[33)]

여기에서 파악할 수 있는 종속 개념상의 특징적 의미는 첫째, 종속 개념이 경제적 차원에서의 의미로 연결되고 있다는 것, 둘째, 종속국가들은 언제나 지배국가들의 착취하에 놓이게 된다는 것, 셋째, 이러한 지배와 종속관계는 특정한 국가들 상호간의 관계가 아니라 세계적 상황이라고 하는 것이다. 또한 혼슨(D. Hohnson)에 따르면 종속의 개념이란 과거의 식민지 역사가 저발전국가에 남겨 놓은 상태 그리고 현재의 제국주의가 발전국에서 만들어 내는 상황을 의미한다. 그는 종속을 저발전의 관점에서 본 제국주의라고 한다.[34)]

이상의 논의를 종합해 본다면 종속은 자율성의 결여, 대내외적 왜곡으로 인한 저발전 상황으로 요약할 수 있다.

3) 종속과 저발전

구미의 발전이론에 따르면 저발전국들이 발전에 성공하지 못한 것은 배제해야 할 전근대적 봉건제도나 관습과 같은 발전의 저해요소가 아직도 사회 내의 일부에 온존하고 있기 때문이라는 것이다. 그러나 종속이론가들은 저발전을 저발전국가 자체의 내재적 요인에 따른 본래적 상태라기보다는 구미의 발전국가들과의 관계에서 이들 경제의 팽창과정의 결과로써 야기된 역사적 산물이라고 주장한다.

프랑크는 "어떤 나라의 현재의 저발전 상태는 그 자체의 경제적 · 정치적 · 사회적 · 문화적 특징이나 구조의 산물이라고 믿어지기 쉬우나, 역사적으로 고찰해 보면 현재의 저발전은 대부분 과거의 역사적 산물이고 또한 새로 발전된 중심국가와 위성국가적 저발전국가간의 계속적인 경제적 및 다른 면에서의 관계로 인하여 빚어진 결과"[35)]라고 저발전에 관해 설명하고 있다. 이러한 관

---

33) T. Dos Santos, "The Structure of Dependence," *American Economic Review*, Vol. 60, No. 2, May 1970, p. 231.

34) Dale Hohnson, "Dependence and the International System," Cockcroft et. al., *Dependence and Underdevelopment: Latin America's Political Economy*, New York: Doubleday, 1972, p. 71.

35) A.G. Frank, "The Development of Underdevelopment," *Latin America: Under-development or Revolution Monthly Review Press*, Vol. 18, No. 4, September 1966, Chapter 1.

점에서 종속이론가들은 저발전의 원인을 종속성에 돌리는 기본가설을 제시하고 있는 것이다.

종속이론에서 가장 기본적으로 전제되는 개념은 중심-주변관계에 관한 것이다. 종속이론가들은 모두가 사상적 배경이나 정책적 대안의 제시면에서 현격한 차이를 보이고 있음에도 불구하고 저발전 문제를 분석하는 데 있어서는 공통적으로 중심-주변의 개념을 전제로 하고 있다. 프레비시(P. Prebish)의 중심-주변(center-periphery), 프랑크의 도시-위성(metropolis-satellite), 아민(S. Amin)의 중심부 자본주의(capitalism of center)-주변부 자본주의(capitalism of periphery), 갈퉁(J. Galtung)의 중심국의 주변(periphery in the center nation)과 주변국의 중심(center in the periphery nation)-중심국의 주변(periphery in the center nation)과 주변국의 주변(periphery in the periphery nation)[36]이다. 이들은 국제질서를 중심에 속하는 국가들과 주변에 속하는 국가들로 양분한다.

중심에 속하는 국가들이란 소위 구미 선진 자본주의 국가들로, 고도로 공업화되어 있고 새로운 산업을 위한 자본과 기술을 가지고 있으며 다변무역을 행하는 국가들이다. 이에 반하여 주변은 제3세계 국가들로서 중심과는 상반되는 속성을 가진다. 종속이론가들은, 중심은 그들의 우월한 힘에 의존하지 않을 수 없는 허약한 주변과의 관계과정에서 주변에서 발생한 경제적 잉여를 중심에 유출케 함으로써 중심을 유복케 한다는 논리를 전개한다. 주변이 빈곤한 것은 중심의 부를 지탱해 준 대가로 야기된 결과일 뿐이라고 보고 있다.[37] 다시 말하면 중심-주변구조의 기능을 종속성에 의거한 중심의 발전화와 주변의 저발전화 과정으로 파악하는 것이다.

오늘날 주변국들의 저발전은 대체로 세 가지의 역사적 단계를 거쳐 진행되어 왔다는 것이 종속이론가들의 일반적인 견해이다. 그 세 단계를 푸르타도(C. Furtado)는 비교우위의 단계, 수입대체의 단계, 다국적기업의 단계로 구분하고 있고,[38] 산토스는 식민지적 종속의 형태, 금융 · 산업적 종속의 형태, 새로운

36) Johan Galtung, "A Structural Theory of Imperialism," *Journal of Peace Research*, No. 2, 1971, p. 83.

37) R.H. Chilcote and J.C. Edelstein(eds.), *Latin America: The Struggle with Dependency and Beyond*, Cambridge, Mass.: Sckenkman Publishing Co., 1974, Chapt. II.

38) Celso Furtado, "The Concept of External Dependence in the Study of Underdeve-lopment," C.K. Wilber(ed.), *The Political Economy of Development and Underdevelopment*, New York: Random House, 1979, pp. 120-127.

유형의 종속 형태로 구분[39]하고 있다. 각 단계는 국민경제 전체에 파급되는 경제성장을 가져오는 데에 아주 불리한 소비와 투자의 구조를 낳게 한 소득불평등을 만들어 내거나 심화시킨 것으로 특징지어진다.

여기에서 다국적기업이란 한 나라에 모회사의 본부를 두고 다른 여러 나라에 자회사를 가지고 있는 회사를 뜻한다. 이러한 다국적기업의 출현을 뮬러(R. Muller)는 혁명적 현상이라고 하였다.[40] 특히 선켈(O. Sunkel)은 오늘날 종속의 핵심은 발전된 국가들의 가장 강력한 경제적 대리인인 다국적기업에 의한 저발전국가의 침투[41]라고 주장하였고, 산토스는 다국적기업에 의한 지배와 착취가 이루어지고 있는 현대적 종속의 유형을 새로운 종속[42]이라고 하였다.

3. 종속의 새로운 유형: 종속적 발전론

1960년대 후반에 들어서면서 지금까지의 종속이론의 논리로써는 설명할 수 없는 상황이 남미의 몇몇 국가에서 나타났다. 이들 국가들에서 일정한 경제성장과 산업화 현상이 일어나게 된 것이다. 이렇게 새롭게 출현한 주변부의 산업화 현상이 발생하면서 종속이론의 수정이 불가피해졌고, 이에 신종속론 내지는 종속적 발전이론의 관계에 대한 새로운 인식이 필요하게 되었다. 신종속론 또는 종속적 발전론은 제3세계 일부의 경제성장을 현실로 받아들이면서도 고전적 종속이론의 비판적 시각을 견지하였다

1) 종속적 발전이란?

종속적 발전이론은 종속이론의 비관론과 자율적 발전이론의 낙관론의 중간에 위치한 것으로 볼 수 있다. 이것은 종속이론이 상정하는 바와 같이 제국주의의 착취적이고 부정적인 영향을 인정하면서, 새로운 산업성장의 문제를 해명하려는 시도[43]라고 보아야 할 것이다.

카르도소나 에반스의 논의[44]를 거쳐 구체화된 종속적 발전론은 세계 자본

39) T. Dos Santos, "The Structure of Dependence," 위의 책, p. 231.

40) 염홍철 편저, 『제3세계와 종속이론』, 한길사, 1980, p. 224.

41) O. Sunkel, "National Development Policy and External Dependence in Latin America," *Journal of Development Studies*, Vol. 6, No. 1, Oct. 1969.

42) Dos Santos, 앞의 글, p. 232.

43) 김진균 편저, 『제3세계와 사회이론(역사와 사회 I)』, 한울, 1985, p. 301.

주의체제 내의 중심부 국가들 간의 경쟁과 이에 따른 종속의 내부구조의 변화를 중시한다. 카르도소는 새로운 산업현상이 구체화되고 있는 상황 속에서 이행과정의 계기 등을 중심적으로 규명하고, 반면에 에반스는 변화된 현상을 전제로 그것의 작용원리와 내부적 모순관계의 변화를 탐구한다. 이들은 모두 종속과 발전의 양립성을 인정하여, 종속하에서의 발전현상을 규명하려 하고 있다.

2) ADD(Associated-Dependent Development)와 삼자동맹

카르도소는 그의 저서에서 방법론적 차원에서 종속적 발전이 가능하다는 가능성을 열어 놓았고, 1973년 저작에서는 국제 자본주의의 성질변화에 많은 강조점을 두었다. 즉, 국제 자본주의의 구조변화는 새로운 국제분업을 낳고, 이 분업의 국제적인 현실체로서의 다국적기업의 작용을 통해 종속국의 산업발전에 기여하게 된다는 것이다.[45] 이와 같은 다국적기업의 성장은 경제적 제국주의에 대한 전통적인 견해의 재구성을 요구하는 것이다.

새롭게 형성된 '연합된 종속적 발전'(associated-dependent development)은 국제 자본주의의 역동성에 일국의 경제를 종속시키고 국제화된 부르주아지, 군부 기술관료제, 중간계급의 타협 위에서 그 역동성을 유지시켜 가는 체제로 파악된다.[46] 그의 설명에 의하면 ADD는 경제의 새 영역인 사적 국가경제, 외국경제, 공공경제를 동시에 혹은 분화된 형태로 확대한다는 것이다. 정치적으로 볼 때 ADD는 이런 경제영역들을 통제하고 있는 사회집단들 간의 관계체제를 구성함을 필요로 하고 있다. 이러한 체제의 의미는 내부의 집단관계를 기본으로 하면서 국제분업의 변화에 대한 대응에 의해 지속되어 가는 종속적 발전현상인 것이다.

한편 에반스는 국제분업의 변모 위에서 종속적 발전의 결합성에 대한 내적 해명에 초점을 두고 있다. 그는 종속적 발전을 다음과 같이 규정하고 있다. 종속

44) F.H. Cardoso, "Associated-Dependent Development: Theoretical and Practical Implications," A. Stepan(ed.), *Authoritarian Brazil*, New Haven: Yale University Press, 1973; *Authoritarian Brazil: Origins, Policies and Future*, New Haven: Yale University Press 그리고 Peter Evans, "Industrialization and Imperialism: Growth and Stagnation on Periphery," *Berkely Journal of Sociology* 20, 1975-1979; *Dependent Development: Alliance of Multinational, State, and Local Capital in Brazil*, Princeton University Press, 1979.

45) F.H. Cardoso, "Associated-Dependent Development: Theoretical and Practical Implications," 위의 책, p. 149.

46) 위의 글, p. 163.

적 발전은 주변부에서의 자본축적과 어느 정도의 산업화를 의미한다. 종속적 발전은 종속의 특수한 현상으로서, 국제자본과 국내자본의 연합 내지는 동맹을 그 특징으로 하고 있다. 국가 또한 능동적 파트너로 그 동맹에 참가하는데, 그 결과 형성된 삼자동맹(triple alliance)이 종속적 발전의 출현에 있어 기본적인 요소이다.[47] 이른바 삼자동맹의 중심에는 국가가 자리잡고 있다. 국가는 국영기업을 소유·경영하는 국가부르주아, 다국적기업과 국내기업에 값싼 생산요소를 제공하고 안정된 투자여건을 보장하는 억압기구, 그리고 국내산업 부르주아와 국제자본가를 연결시켜 주는 협상중재자 등 다면적이고 중요한 기능을 수행한다. 이 삼자동맹은 지배계급을 구성하는 각 분파간의 관계와 같이 내부적 경쟁 속에서 대외적 단결을 도모한다. 따라서 이 세 구성원들 간의 관계는 계서적 관계가 아닌 평등한 관계로서, 각 분파들은 개별적 이익을 위해 경쟁을 벌임과 동시에 동맹형성을 통해 공동의 이익을 추구한다. 그러나 에반스는 종속적 발전이 정치적 배제, 즉 권위주의에 의존하고 사회경제적 탈절, 즉 불균형 성장을 가져올 수밖에 없다는 주장도 같이 하고 있다. 종속적 발전은 모든 주변부 국가들이 도달할 수 있는 그런 단계는 아니다. 오직 소수의 몇 개 국가만이 도달 가능하다. 국가부르주아와 국제자본이 동맹에 이를 수 있는 국가들이 국제체제 내에서 그들의 분명한 위치를 차지하고 있어, 이른바 반주변부(semi-periphery)를 형성하고 있다는 것이다.[48]

반주변부로 돌입하게 되는 이런 국가들은 여타의 제3세계 국가들과는 애매한 관계를 가지고 있다. 모든 국가들이 여전히 중심부에 대해서는 불리한 입장이나, 그 인접국에 대해서는 우월한 위치이다. 반주변부의 정치적·군사적 자원들이 반제국주의(Subimperialism) 생성에 충분요건이 되지는 않으나, 만일 그들이 저개발국에 시장을 가지고 있거나 그들의 원료 및 식량공급지에 직접적이고 저렴한 상태로 접근을 할 수만 있다면, 신종속의 길로 더욱 빠르게 나아갈 수 있다는 사실은 여전히 가능하다.

4. 제3세계 발전의 분석과 방향

제3세계, 특히 라틴아메리카의 발전을 위한 대안이론이자 서구의 기존 방

47) Peter Evans, *Dependent Development*, p. 23.

48) I. Wallerstein, "The Rise and Future Demise of the World Capitalist System: Concepts for Comparative Analysis," *Comparative Studies in Society and History*, September 1974 참조.

법론에 대한 비판으로서 제시된 종속이론에 대한 종속이론가들의 접근법은 몇 가지 측면에서 특징화될 수 있다. 먼저 제3세계의 현실적 저발전은 오늘날에 이르기까지의 역사적 배경과 조건을 도외시하고는 설명될 수 없다는 역사론적 입장이다. 그리고 확산이론에서 보는 발전논리는 비인간주의적이라는 것이다. 또한 행태주의를 신봉함으로써 부분을 통해 전체를 이해하려는 것도 원자론적 환원주의의 오류에 빠져 있는 것이라고 비판한다.

종속이론가들은 전체는 부분의 종합 이상이며 진리는 바로 전체라는 포괄적 구조 속에서 탐색되어야 한다는 전체론의 입장에서 발전론을 전개하고 있다. 종속이론의 기본적인 연구방법은 세계체제적 시각에서 외부적 관계에 의한 내부구조의 분석인 것이다. 이것은 기본적으로 일국자본주의적 시각이 아니라 세계자본주의적 시각에 선다는 것을 의미한다. 종속적 발전론 역시 세계체제적 발상이 관철되고 있다는 점에서 종속이론의 연구방법과 그 맥을 같이한다. 종속적 발전론은 내적 요인과 외적인 상호작용을 고려하면서 종속의 틀 안에서 발전의 결합성에 대한 내적 해명에 초점을 두고 있다.

그러나 이와 같이 제3세계를 조명하던 학문적 패러다임이 빛을 잃기 시작한, 1980년대 후반부터 세계정치의 변화는 가히 혁명적이었다. 동구 사회주의 국가들이 급격한 변화를 겪으면서 유럽에서는 동서냉전이 종식되고, 1980~90년대는 민주혁명의 시대로 불러도 손색이 없을 만큼 라틴아메리카, 동유럽, 동아시아의 많은 국가에서 군부 권위주의와 일당독재가 무너지고 민주정부가 들어섰다. 그리하여 민주주의 정치체제와 신자유주의 경제정책은 세계화시대의 표준이 되었다. 당분간 제3세계에 대한 연구는 단일 패러다임의 지배하에 구체적인 연구과제를 수행하는 방향으로 나아갈 것이다. 다원민주주의와 시장경제라는 틀 속에서 이러한 체제로의 이행이나 공고화, 경제발전의 수행능력 및 업적 등이 분석 · 평가될 것이다.[49] 그러나 이것도 제3세계 전반의 보편적인 현상이 될 수 있을지에 대하여는 회의적이기 때문에, 새로운 시대를 조망할 수 있는 이론이나 접근법 등의 개발이 요구된다. 세계체계론으로 유명한 월러스틴(I. Wallerstein)은 2012년 한국을 방문하여 모 일간지와의 인터뷰에서 종속이론은 여러 측면이 있기 때문에 현대 자본주의 상황을 설명하는데 유용한 점이 있다고 하였다.

49) 신윤환, "비교정치와 제3세계의 이해," 강정인 외, 『현대정치의 이해』, 도서출판 오름, 1997, p. 185.

제 5 절 한국 정치발전 논의와 방향

1. 한국의 근대화 정치 논의와 정치발전

정치발전을 보는 시각은 학자에 따라 다르다. 초기 정치발전 이론가들은 대체로 사회·경제적 지표들을 통하여 정치발전을 규정하려고 했는데, 이들은 주로 비정치적 변수에 초점을 맞추어 정치발전을 정의하려고 하였다. 이 입장을 취하는 학자들은 정치발전을 근대화란 개념과 동일시하여, 전통과 근대 양분법적으로 다루려 하였다. 이들이 공통적으로 가지는 명제는 성장, 공업화, 서구화였다. 우리 현대정치사에서 제3공화국은 근대화가 정치발전이라는 생각을 가졌고, 당시 몇몇 정치학자들은 이러한 논거를 제공해 주기도 하였다.

조국근대화의 기치는 1960년대 제3공화국이 내세운 가장 중요한 국가사업이었고, 정당성이 약한 군부통치의 명분을 확보하기 위해 적극적인 경제성장정책을 추진하였다. "우리의 지상목표는 분단된 조국의 재통일이다. 근대화는 당면목표이며, 경제개발은 우리의 당면과제다"라 하여 근대화정치론을 표방하였다. 박정희 정부가 추진한 일련의 경제개발 결과 한국은 급속한 성장을 경험했고, 통치기반을 상당히 넓힌 것도 사실이다. 근대화정치는 정부의 정책결정과 집행과정에서 군의 하향명령식 방식이 그대로 도입되었다. 그것은 중앙집권화와 탈정치화였다. 이러한 과정에서 국가기능을 확대하고 강력한 중앙정부를 앞세워 정치적 통합을 강화하였다. 민주적 토론과 다양한 견해의 인정보다는 일사불란한 명령계통과 효율성이 강조된 결과 경제성장이라는 목표 추진은 가능하였으나, 정치과정의 민주화는 상반된 길을 걸었다. 그러나 정부는 경제성장과 정치적 조건을 갖추었다 하여 정치발전임을 주장하였다.

제3공화국이 추진한 조국근대화 사업으로 인해 한국사회는 처음으로 급속한 경제성장과 이를 통한 사회의 구조적 변화를 경험하였다. 그들은 이를 정치적 정당성과 통치기반으로 이용했고, 상당한 정도로 성공했다. 그러나 이를 위한 민주정치의 희생과 사회적 모순의 심화는 국민의 정치적 불만에 구조적 조건을 제공하였다.[50] 국가의 성장위주 정책은 계층과 지역간 불평등을 낳았고 노동자들의 희생을 가져와 국민들의 불만을 심화시켰다. 이렇게 되면서 더 이상

50) 김영명, 『고쳐 쓴 한국현대정치사』, 을유문화사, 1999, p. 184.

경제성장이 정치적 정당성의 원천이 될 수 없다는 사실이 확인되었다. 그것은 정치발전이 아닌 헌팅턴이 말한 정치적 쇠퇴의 일면을 보여 준 것이었다.

유신헌법의 선포는 정권의 지속적인 개인화와 독재화는 경제성장의 과실만으로 국민적 지지를 얻으려 했던 정부에게 정치적 저항의 기틀을 제공했다. 집권세력의 위기의식은 1972년 10월 유신체제를 선포하여 가장 탄압적이고 권위적인 정치체제인 제4공화국을 탄생시켰다. 이때의 정치모토는 근대화 정치가 아니라 한국적 민주주의였다. 그 목표는 경제발전과 안보를 위한 능률의 극대화에 있었다. 한국적 민주주의를 내세웠지만, 이는 민주주의라는 이름에 걸맞지 않게 정치적 탄압으로 특징지어졌다. 제5공화국은 사실상 유신체제를 승계하였다. 전두환 대통령이 정권의 정당화를 위해 내놓은 것은 7년후 평화적 정권교체를 하겠다는 단임제였다. 1980년대 중반 한국사회는 친군사정권과 도전세력 사이에 대립이 격화되었고, 시민세력이 연합한 1987년 6 · 10민주항쟁은 민주화운동의 분수령이 되었으며, 6 · 29선언을 가져왔다. 이는 민주정치 이행과정의 시발점이 되며, 한국정치발전을 의미하는 것이었다. 이는 대통령 선출방식이 간선제에서 직선제로, 정치활동 규제 완화 등 정치적 개방선언의 의미를 갖기 때문이다. 헌법 개정과 여소야대 국회의 탄생 그리고 문민정부 등장과 평화적 정권교체 등으로 이어진 한국의 정치과정에서 시민사회의 형성은 한국정치발전의 징표로 볼 수 있다.

2. 한국 정치발전의 방향

윤형섭 교수는 "한국정치의 나아갈 길"에서 한국 정치발전의 세 가지 차원을 다음과 같이 전개하였다.[51] 첫째, 정치체계적 차원에서 우리가 유념해야 할 과제는 무엇보다도 정통성의 확립이다. 이것이 없이는 어떤 정치체제도 안정을 얻을 수 없으며, 안정이 없는 상태에서 능력증대는 기대할 수 없다. 둘째, 정치구조적 차원에서 볼 때 구조의 분화와 기능의 전문화가 정치발전의 지표임에 틀림없다. 그러나 그것은 필요조건일 뿐 충분조건은 아니다. 정치충원이 전문적인 지식과 경험, 그리고 업적을 기준으로 하는 보편주의적이며 평등적인 근대화 방식으로 이루어질 때 비로소 기능의 전문화는 정치발전이라는 커다란 맥락 속에서 그 의미를 찾게 된다. 셋째, 정치문화적 차원에서 본 한국 정치발

51) 윤형섭 외, 『한국정치 어떻게 볼 것인가』, 박영사, pp. 418-421.

전의 과제는 우리의 과도기 문화구조를 시급히 합리적 문화로 개편하는 일과 우리의 양극화 문화유형을 합리적으로 전환하는 일이다.

윤형섭 교수의 이 같은 논의는 앞에서 설명한 파이의 정치발전이론을 원용하여 제시하고 있는 것 같다. 여기에 하나를 덧붙여서 설명하면 한국 정치발전의 가장 중요한 요인은 국민의 의식구조를 민주화하는 것이다. 그 중에서 지역주의 의식의 타파는 한국 정치발전의 요체라 생각한다.

민준기 교수는 한국이 당면하고 있는 중대한 과제는 2020년대에 가서 민주주의가 얼마나 공고화되는가라고 한다. 한국이 새롭게 창출하려는 정치발전의 목표는 안정 · 평등 · 민주주의이고, 이 세 가지 차원의 상호작용은 발전증후군이라 한다.[52] 이는 파이가 설명하고 있는 능력 · 평등 · 분화와 유사한 면을 보여주고 있다. 특히 이들 정치발전증후군이 제대로 상호작용을 하지 못할 때 긴장과 갈등이 발생하고 위기가 발생한다고 했는데, 안정 · 평등 · 민주주의에 대한 설명과 대비시켜 보면 홍미로운 결과를 도출할 수 있다.

정치적 안정의 확보는 그 사회가 구성원들 사이에 동질성을 확보하고 있을 때 가능하기 때문에 정치적 합의는 안정성의 필수조건이다. 일체성의 위기를 극복하기 위해서는 국민들의 강한 공동체의식과 수평적 통합과정이 필요하고 이것이 안정의 주요 요인이 될 수 있다. 여기에 파이가 주장하는 정부의 능력이 정치적 안정을 가져 올 수 있을 것이다. 평등은 파이가 주장하고 있는 것과 동일한 것으로 볼 수 있다. 즉, 국민적 시민권, 보편주의 법질서, 업적규범으로 이것이 제대로 지켜지지 않을 때 참여와 침투 그리고 분배의 위기가 발생할 수 있다. 이러한 평등문제는 국민들이 공적 권리를 갖게 하고, 그것을 보장받는 것으로 보편적 시민권과 기회균등이 이루어지는 것이다. 민주주의는 국민들의 폭넓은 지지를 바탕으로 자유화되어 정치적 안정화체제를 말한다. 민주화가 당면한 최대과제는 자유와 권력을 어떻게 조화시켜 정치질서를 확립하고 안정을 이루느냐에 있다. 이같이 안정, 평등, 민주주의는 서로 밀접히 관련되어 있고, 파이가 말하는 위기를 극복해 감으로써 정치발전을 이룰 수 있다.

한국의 정치발전은 권위주의체제에서 민주화의 다원주의로 이행에서 나타나는 문제점을 제거하고 새로운 정치질서를 창출하는 것이다. 윤형섭 교수나 민준기 교수의 정치발전도 이러한 맥락에서 이해할 수 있다.

52) 민준기 외, 『한국의 정치(전정판)』, (주) 나남, 2008, pp. 555~572.

제7장
계급이론의 비교

제 1 절 계급분석과 역사

1. 계급분석

일반적으로 '공통적인 특성을 지니는 사람들의 집합체'라 일컫는 계급에 대한 분석은 플라톤 이래로 사회 · 정치체계의 연구에 중요한 분석도구로 작용하였다. 정치와 사회연구의 이론으로서 계급분석은 계급 개념의 본질이 무엇이냐에 대한 다양한 이해와 밀접하게 관련되어 진행되었다.

마르크스(K. Marx), 스미스(A. Smith), 베버(M. Weber) 등과 같은 뛰어난 학자들은 경제적 경쟁과 정치적 갈등 및 사회적 변동 패턴을 설명하기 위하여 계급에 기초한 계층화 개념을 사용해 왔다. 특히 마르크스가 그의 이론을 소개한 이래 핵심적 개념을 정의하고 또 재정의하려는 수많은 중요한 시도가 진행되어 왔다.

계급은 한 사회 내에서 그 구조를 설명할 수 있는 가장 중요한 포괄적인 단위이다. 그런데 계급에 대한 접근은 갈등에 초점이 맞춰져 있다. 이러한 관점에서 계급분석은 경쟁과 긴장의 원인과 결과로서 생기는 정치사회적 패턴 분석에 사용되었다. 이같이 계급분석은 불평등, 불일치, 불균형 등의 문제를 연구하는 지적 경향을 보여준다. 그러나 서구 사회과학자들은 계급이라는 어휘를 특수한 의미가 부가된 제한된 용법으로보다는 넓은 의미로 인식할 필요가 있다고 주장한다. 계급 개념을 마르크스적 좁은 의미의 해석에서 벗어나 포괄적 개념으로 확대 해석하자는 주장과, 계급 개념 대신 계층 개념을 사용하고 그 밑의 하위개념으로 계급을 두자는 것 등이다.

계급분석이 체계적으로 발전된 접근방법에 뒤늦게 대두된 이유는 몇 가지 이유가 있는데, 가장 중요한 요인은 미국 사회에서 계급이론이 중요한 의미를 가지지 못했다는 것이고, 여기에 계급이론이 마르크스의 연구와 동일시되어 왔다는 점이다. 또한 행태주의적 접근이 과학적 통칙과 객관적 타당성을 지향하는데, 계급이론이 이를 결여하고 있다는 학자들의 생각 때문이기도 했다. 그러나 여러 가지 문제에도 불구하고 비교정치 연구에서 계급적 접근방법은 관심을 끌고 있다.

라스웰(H.D. Lasswell)은 1950년에 쓴 『권력과 사회』(*Power and Society*)에서

계급 개념은 정치이론에 있어서 가장 혼란되고 가장 격렬한 논쟁을 자아내는 개념이라 하였다.

2. 계급의 역사

계급(Class)이라는 말은 라틴어 *Classis*에서 나온 것이다. 로마시대 초기에 로마 전역의 시민들을 가문과 연령 그리고 영지에 따라 구분하였다. 로마시민을 여섯 개의 모둠으로 구분하여 이를 *Classis*라 불렀다. 영어권에서 비교적 오늘날과 같은 뜻으로 정치와 계급을 연관시켜 계급(Class)이라는 말이 사용된 것은 1760년대 중반부터라고 한다.

라틴어에서 계급이 일정한 기준에 의하여 사람들을 구분하는 말로 사용되었다는 것은, 사회현실에도 계급과 같은 차등성이 존재하였다는 것을 의미한다. 아테네의 솔론(Solon)은 정치사회제도의 개혁을 단행하여 전 시민을 재산의 소유액에 따라 제1계급, 기사계급, 농민계급, 노동자계급의 4계급으로 나누고 400인 협의회를 창설하였다. 이상적인 정치사회를 모색하였던 플라톤(Plato)도 정치사회를 계급에 의하여 구성하는 것이 바람직하다고 믿었다. 그의 『국가론』을 보면 인간의 영혼에도 세 부분이 있듯이 국가라는 정신적 조직체에도 세 계급이 있다. 금의 인물로 된 통치계급, 은의 인물로 된 군인계급, 철의 인물로 된 생산계급이 그것이다.

그리스 시대에는 거의 대부분의 사상가들이 사회구조를 계급적인 관점에서 이해하였으며, 로마의 공화정 시대에도 계급을 바탕으로 하는 사회체제가 유지되었다. 로마사회는 귀족 · 시민 · 자유민 · 노예의 4가지 계급으로 구성되어 있었는데, 점차 두 계급으로 통합되었다.

중세유럽의 봉건제도는 군사적으로 주종제, 정치적으로 지방분권제, 사회경제적으로 장원제 혹은 농노제를 특징으로 한다. 장원의 경지는 영주 직영지와 농민보유지가 있었으며, 국왕 및 대제후는 수백 수천의 장원을 소유하였고, 그 밑에 수개의 촌락을 소유하는 소제후가 있었다. 기사 중에는 한 개의 장원밖에 소유하지 못하고 직접 부하를 양성하는 능력이 없는 자도 있었다. 농노는 유력자에게 예속되어 생계를 유지하는 사람들로, 고대 노예와는 달리 독립된 일가를 이루고 어느 정도 소득을 올리며 생계를 꾸려 나갈 수 있었다. 중세의 계급구조는 소유에 의한 구분이나 현대적 의미에서의 생산관계에 의한 구분이 아

니라, 신분에 의한 사회적 성층화였다.[1)]

혁명 이전의 프랑스에서는 신분제도가 법적으로 규정되었는데, 이 규정에 따르면 각 신분에 속하는 사람들은 다른 신분으로 상향 이동할 수 없으며, 신분을 뛰어넘는 대등한 의식도 가질 수 없었다. 제1신분이 성직자였고, 제2신분은 귀족이었다. 도시에서 부를 장악한 부르주아들은 자녀를 수도원에 보내어 지식과 교양을 습득하게 하였는데, 이로 인해 부르주아는 제3신분으로 자리잡게 되었다. 1789년 대혁명으로 신분제가 무너지고, 이전의 사회적 신분과는 상관없이 시민이라는 대등한 개념이 일반화되기 시작했다.

그러나 이러한 계급에 대한 정의에도 불구하고, 마르크스가 계급을 정의한 후로 계급에 대한 논의와 수많은 이론적 시도가 진행되어 왔다. 또한 마르크스와는 다른 측면에서 계급문제를 광범하게 제기시킨 학자는 베버이다.

제 2 절 마르크스의 생애와 이론

1. 마르크스의 생애

마르크스는 초기의 사회주의 사상가들을 이성과 휴머니티에 호소하여 사회주의 사회를 이루려는 공상론자에 불과하다고 하였다. 마르크스는 그들의 공상적 요소를 제거하고 그의 사적 유물론과 잉여가치설을 기초로 하여 종래의 사회주의 사상을 비판적으로 흡수함으로써 독자적인 이론을 수립하였는데, 소위 이를 과학적 사회주의라 부른다. 마르크스의 주장에 따르면 모든 경제조직은 경제적인 공동의 이익을 바탕으로 하여 형성된 계급을 대두시키게 되며, 이러한 계급 사이에는 필연적으로 갈등이 조성된다고 한다.

마르크스는 1818년 프러시아 라인지방의 트리어(Trier)에서 유태인 집안의 8남매 중 장남으로 태어났다. 그의 아버지는 꽤 벌이가 좋은 변호사로, 유태교에서 루터교 신자가 된 계몽주의에 젖은 자유주의자였다. 그는 그의 아들 역시 법조계에 투신하기를 바랐고, 이에 따라 마르크스는 고등학교를 졸업한 뒤 1835년 본(Bonn) 대학에서 법률공부를 시작했다.

그는 원래 예술과 시를 좋아했으나 베를린(Berlin) 대학으로 옮기면서 헤겔

1) 진덕규, 『현대정치사회학 이론』, 삼영사, 1988, p. 423.

(Hegel) 좌파들과 교분을 가지면서 급진주의 성향을 갖게 되었고, 학자의 길로 들어서서 예나(Jena) 대학에서 철학박사 학위를 받았다. 그의 급진적인 의식 때문에 본 대학에서 임용을 거부당하고 대신 언론계에 발을 들여 놓게 되었다.

1843년 프러시아 정부의 검열제가 강화되면서 파리로 떠나 주로 영국의 고전경제학을 공부하였고 유명한 『경제철학수고』(1844)를 집필하였다. 그곳에서 엥겔스(F. Engels)와 역사적인 해후를 하였고, 1845년 다시 프러시아의 압력에 의한 프랑스 정부의 요구로 브뤼셀(Brussel)로 떠나 『독일 이데올로기』(1846)를 집필하였다.

1847년 봄 마르크스는 엥겔스와 함께 런던에 있는 한 비밀결사인 '공산주의 동맹' 에 가입하였다. 그들은 그해 11월 런던에서 개최된 이 동맹의 제2차대회에서 『공산당선언』을 기초하였고, 이를 1848년 2월혁명과 때를 같이하여 출판하였다. 프랑스 2월혁명의 발발과 동시에 마르크스는 브뤼셀에서 노동자들을 조직화한 혐의로 벨기에 정부로부터 국외추방을 당하였다. 독일 3월혁명 후 4월 초에는 쾰른시로 잠입하여 '신라인신문' 을 창간하고 편집장이 되어 사회주의 혁명운동을 고취하는 동시에, 『임노동과 자본』을 별쇄본으로 발표하였다. 그러나 이 신문은 반혁명세력의 부활과 함께 프러시아 정부의 탄압을 받아 1849년 5월 19일자 호를 마지막으로 정간되었으며, 마르크스는 추방되어 파리로 이주하였으나 국외로 추방되어 런던으로 이주한 후에는 오로지 사회주의 경제학의 저술에 몰두하였으나, 가정생활은 매우 곤궁하였다. 그는 엥겔스의 원조와 『뉴욕트리뷴』지에 기고하며 생계를 유지하였다. 그는 곤궁한 생활 속에서 망명가 집단으로부터 이탈하여 수십 년 동안 런던 도서관에 다니면서 저작활동에 전념하였다.

1859년 마르크스는 『경제학 비판』을 발간하여 변증법적 유물론과 사적 유물론을 경제학에 적용하였다. 한편 자본주의의 성장과 함께 노동운동도 고조되어, 1864년 9월 28일에는 런던에서 국제노동자협회, 즉 제1인터내셔널이 창립되었다. 마르크스는 이 조직의 중심인물이 되어 창립사와 규약을 기초하였다. 그리하여 그는 소위 마르크스주의자 이외의 영국의 자유주의적 노동조합주의자, 독일의 라살레(F. Lassalle)의 국가사회주의자, 프루동 및 바쿠닌과 같은 무정부주의자 등 각종의 입장에 서는 자들을 참가시켜서 이들 분파와의 공동투쟁전술을 형성하였다.

1867년 마르크스는 경제학 분야에서 일생의 대저 『자본론』 제1권을 발간하였다. 그는 자본론의 완성을 위해 연구를 계속하였으나, 그의 생전에 간행되지 못하고 결국 제2, 3권을 미완성의 원고로서 엥겔스에게 물려 주게 되었다. 그는 다년간의 망명생활의 곤란과 과로로 1874년경부터 만성기관지염의 악화로 병마에 시달렸으며, 1883년 3월 14일 일생을 마쳤다.

2. 마르크스의 이론

크게 보아 마르크스의 이론은 접근방법에 있어서 유물변증법 및 유물사관, 경제에 있어서 노동가치설에 입각한 잉여가치론, 그리고 정치에 있어서 계급투쟁론 및 프롤레타리아 독재론으로 요약할 수 있다.

1) 유물변증법 및 유물사관

유물론 및 유물변증법은 마르크스 이론의 기둥이다. 마르크스는 헤겔의 변증법을 유물변증법으로 전이시켰다. 마르크스와 엥겔스는 헤겔이 지니고 있는 관념론적 결함과 포이에르바흐(L.A. Feuerbach)의 유물론[2]이 내포하고 있는 형이상학적 · 기계론적 성격을 근본적으로 비판함으로써 그들의 변증법적 유물론을 정립하였다. 마르크스와 엥겔스에 의하면 변증법이란 인간사회 및 사고의 일반적인 운동 또는 발전의 법칙이다. 엥겔스는 『자연변증법의 수고』에서 ① 양의 질로의 전화, ② 대립물의 통일 투쟁의 법칙, ③ 부정의 부정의 법칙을 주장하였다. 유물변증법을 유물론과 변증법이 결합된 것으로 볼 때 물질의 변증법적 운동을 자연계뿐만 아니라 인간사회까지도 확대시켜야 한다는 것이 유물변증법적 관점이라 볼 수 있다.

이러한 유물변증법을 인간사회에 적용한 역사관을 유물사관이라고 하며, 이를 좀더 부연해서 설명하면 다음과 같다. 즉 ① 모든 사회는 경제적 토대(하부구조)가 상부구조를 결정함으로써 경제적 시민사회가 정치적 국가를 규정 또는 제약한다. ② 역사발전의 원동력은 사회적 진화상의 어떤 시점에서 생기는 생산력(노동과 생산수단)이다. 그리고 이 두 가지의 결합된 양식이 생산양식이다.

2) 포이에르바흐의 유물론은 헤겔의 관념론에 대한 비판에서 시작한다. 그는 『헤겔철학의 비판』에서 우리가 철학을 시작한다는 것은 추상적인 개념으로서가 아니라, 우리의 실제의 경험이 주어진 것에서 시작해야 한다고 주장했다. 철학은 현재의 인간, 경험하고 있는 인간으로부터 시작해야 한다는 것이 그의 유물론이다.

또한 생산에 있어 맺어지는 관계가 생산관계이다. ③ 사회적 현실이 의식을 결정한다. 인간의 사상이나 이데올로기는 그 사회의 소유관계에 기초한 계급관계를 대변하는 허위의식에 불과하다.

결국 생산양식은 경제구조를 결정하며 경제제도는 상부구조를 결정한다고 보는 것이 마르크스 유물사관의 관점이다. 시간이 지남에 따라 생산력의 발전은 스스로 성장을 구속하는 기존의 생산관계와 모순·갈등을 일으키게 된다. 그러나 생산관계나 제도의 기초가 되는 것은 생산력이므로 갈등은 결국 생산력에 유리하게 해소되면서 낡은 경제구조는 무너지고, 상부구조 전체도 완만하게 또는 급격하게 붕괴된다. 이른바 사회혁명이 시작되어 낡은 생산관계는 폐지되고, 발달된 새로운 생산력에 적응하는 새로운 생산관계가 수립된다.[3] 마르크스는 생산양식을 기준으로 하여 인류사회의 발전을 ① 원시공산제, ② 고대 노예제, ③ 봉건제, ④ 자본주의제, ⑤ 공산주의제의 5단계로 구분하였다.

2) 마르크스의 경제이론

마르크스의 경제이론은 노동가치설에 근거를 두며, 자본가의 잉여가치 착취로 인한 모순을 지적하고 있다. 잉여가치는 노동력이 생산과정에서 생산한 총가치로부터 임금에 상당하는 가치를 뺀 나머지 부분의 잉여노동가치를 말한다. 그는 자본가들이 노동자들에게 지불하는 임금 이상의 생산되는 양으로부터 이익을 얻는다고 믿었다.

마르크스는 생산과정에서 가치증식을 표준으로 자본을 불변자본(constant capital)과 가변자본(variable capital)으로 분류하였다. 불변자본이란 생산수단, 즉 원료나 보조원료, 보조재료 또는 노동수단으로 전화되는 자본 부분(기계) 등과 같이 생산과정에서 가치가 변화하지 않는 자본 부분이다. 가변자본이란 노동력으로 전화된 부분(노동력 구입에 사용되는 자본)으로 가치상의 변동이 일어나는 자본 부분이다. 그러므로 자본의 동일한 구성부분이 가치증식 과정의 입장에서는 불변자본과 가변자본으로 구별된다.[4]

마르크스는 불변자본(C)의 총자본에 대한 비율, 바꿔 말하면 총자본(C+V)에 있어서 불변자본의 구성비율을 자본의 유기적 구성도라 불렀다. 상대적 잉

3) 이환구, 『정치사회사상사』, 형설출판사, 1994, p. 398.
4) 칼 마르크스 지음, 김영민 역, 『자본 I-1』, 이론과 실천, 1987, p. 248.

여가치는 분업과 협업 및 기계화를 통하여 생산력을 증대시킴으로써 가능하다. 따라서 자본의 유기적 구성도는 생산과정에 있어서 기계화의 발달 정도, 즉 생산력의 발전도를 나타내는 지표이다.

자본주의 사회의 자유경쟁체제에서 경쟁에 승리하기 위하여는 생산비를 낮춤으로써 이윤을 획득하는 방법을 택할 것이다. 생산비를 낮추기 위한 노동자의 임금인하 방법에는 한계가 있으므로 대규모의 능률적인 기계설비를 택하지 않을 수 없다. 가변자본을 희생으로 한 불변자본의 끊임없는 증대를 수반하며 행해진다.[5] 결국 이는 가변자본에 대한 불변자본의 비율을 높이는 것인데, 이로 인하여 자본의 유기적 구성도가 높아지면 자본가의 이윤은 점차 감소한다. 이와 같이 자본가들이 노동자 대신 기계를 쓰면서부터 이윤은 노동에서 추출되는 잉여가치로부터 얻어지는 것이므로 그들의 이윤율을 계속 유지해 나가기 위해서는 임금을 감소시킬 수밖에 없다고 생각한 것이다.

자본주의 사회가 진행되면 소수 자본가의 수중에 자본이 몰리게 되고 대기업체의 경쟁에서 몰락한 중소기업은 프롤레타리아화하게 된다. 결국 사회는 점점 부익부 빈익빈의 현상이 첨예화되고 계급대립의 모순이 극대화하여 급기야 자본주의가 붕괴에 직면한다는 것이다.

마르크스의 노동가치설은 그것이 지니는 도덕적 · 인간적 요소를 고려한다고 해도 그 실용성, 효용성 등에서 많은 결함이 지적되고 있다. 과연 상품의 가치가 노동에 의해서만 형성되는 것인지, 조직 · 발명 · 자본 · 기계 등의 효율적인 사용, 유통 등에서는 가치창출이 불가능한지, 또한 질이 서로 다른 노동 사이에 그 설명의 비교기준은 무엇인지 많은 의문이 제기된다.

3) 마르크스의 정치이론

마르크스의 정치이론은 계급투쟁설, 폭력혁명론, 국가소멸론과 프롤레타리아계급 독재론 등으로 요약할 수 있다. 그는『공산당선언』첫머리에서 "지금까지 모든 사회의 역사는 계급투쟁의 역사이다…. 이 투쟁은 항상 사회 전체가 혁명적으로 개조되거나 그렇지 않으면 투쟁하는 계급들이 함께 몰락하는 것으로 끝나고 말았다"고 적고 있다. 마르크스에 의하면 세계를 움직이는 원동력은 유물사관에 입각한 계급간의 충돌 또는 계급투쟁이라는 것이다. 계급은 양분화

5) 칼 마르크스 지음, 김영민 역,『자본 I-3』, 이론과 실천, 1987, p. 712.

되었는데, 생산하지 않으면서 생산수단을 소유한 소수자 계급과 생산수단을 소유하지 못한 채 생산에만 종사하는 다수자 계급이 그것이다. 이러한 노동분화는 단순한 분화가 아니라 적대적 분화인 것이다. 그러므로 계급적으로 분화된 사회는 모순 · 대립적 사회로 계급투쟁이 불가피하다.

계급투쟁의 주 요인은 무엇이냐. 그것은 생산자로서의 인간이 노동분화에 근거해 있는 사회 안에서 자신의 생활조건에 대한 반항심으로 '인간의 자기소외' 에 대한 것이다.[6] 마르크스에 의하면 현재 프롤레타리아 인간은 자본가와 노동자간의 노동분화로 새로운 생산력을 자유로이 발전시킬 수 없는 것에 대하여 반항하게 된다. 이러한 생산자로서의 인간 반항심이 부단한 역사의 추진세력이고, 이것이 주기적으로 강도의 극에 이르러 혁명적 대변혁으로 폭발했다가 그 결과 사회적 변환과 더불어 한동안 침잠되곤 한다는 논리이다.

계급투쟁에서 기인하는 것이 폭력혁명론이다. 사회 전체는 부르주아와 프롤레타리아의 2대 계급으로 구별되며, 수적으로 우세한 프롤레타리아계급은 폭력혁명을 통하여 사회주의 사회를 건설한다. 프롤레타리아계급은 수적으로 우세함에도 불구하고 경찰, 감옥, 법정 등 자본가계급이 장악하고 있는 국가적 강제력의 수단을 갖고 있지 않기 때문에 폭력혁명을 전개해야 한다. 국가란 부르주아계급의 집행위원회에 불과하다. 국가는 이들 계급의 필요에 의하여 탄생한 계급적 산물이며, 군대 · 경찰 · 감옥 등 강제력을 행사하여 지배계급의 이익을 옹호하는 통치기구이다.

이같이 마르크스는 국가를 계급통치의 도구로 인식했으며, 정치적 지배체제를 계급들 사이의 갈등의 한 표현으로 인식하였다. 마르크스는 국가의 역할과 기능을 법적인 정당성과 관료체제, 행정부와 군대 등 두 가지 관점에서 이해하였다. 즉, ① 국가는 특정 지배집단을 지속적으로 유지할 수 있도록 사회적인 조건을 제공해 준다. ② 국가는 실제로 계급을 추구하는 도구이며, 국가의 목적은 지배계급의 이익증진에 있다.[7] 이러한 인식이 상술한 바와 같이 국가를 부르주아계급의 집행위원회에 불과하다고 하고 있다.

따라서 마르크스의 인식에 의하면 계급 없는 사회가 되면 국가도 역시 소

---

6) 이 소외 개념은 헤겔과 포이에르바흐에 의해서 철학적 개념으로 발전되었고, 다시 마르크스에 의해서 혁명적 개념으로 발전되었다. 마르크스는 인간의 상품화 현상을 자기소외로 규정하였다. 그는 소외된 노동의 형태를 ① 자기 노동생산물로부터의 소외, ② 노동 그 자체로부터의 소외, ③ 類的 존재로부터의 소외로 나누어 설명했다.

7) 진덕규, 앞의 책, p. 99.

멸하면서, 현재 국가가 가지고 있는 강제적인 구조 대신에 단지 통상적인 행정적 편의 기능만 담당하게 될 것이라 전망했다. 그러나 자본주의 사회에서 사회주의 사회로의 이행기에 기존의 지배세력들의 반발을 제압하기 위하여, 일시적으로 국가의 기능이 대단히 강화되는 프롤레타리아 독재체제가 수립된다. 이러한 프롤레타리아 독재는 자본주의를 타도하고 계급 없는 공산주의 사회로 도달하기 위한 준비기에 수립되는 잠정적인 정치형태라고 설명한다.

제 3 절 베버의 생애와 이론

1. 베버의 생애

베버(M. Weber)는 1864년 튜린겐지방 에르푸르트에서 태어났고, 1869년 이사를 해 주로 어린 시절을 베를린에서 보냈다. 베버의 아버지는 행정관이었고 베를린시의 참사관과 프러시아 의원으로 일했기 때문에 경제적으로 부유한 가정에서 자랐다. 아버지는 비스마르크 시대의 자유주의적 지식인에서 벗어나지 못한 안정을 추구하는 정치인이었다. 어머니는 종교적 여성으로 칼빈주의적인 경건성을 생활신조로 삼고 있었다. 아버지의 권위주의적 행태와 어머니의 종교적 성격이 집안의 불화로 나타났고, 두 사람은 공공문제에 대하여도 느끼는 바가 서로 달랐다.

베버는 15살 때부터 대학생처럼 노트를 작성하면서 광범한 독서를 했다. 18살에 하이델베르크 대학에 입학하여 법학을 공부하였다. 베버의 대학생활은 철저한 학구생활과 지적인 사색의 연속이었다. 군복무를 위해 1년간 스트라스부르크에서 보냈는데, 거기에서 작은아버지 부부와 아주 친하게 지냈다. 작은아버지의 가정은 훨씬 진보적이고 자유주의적 분위기였기 때문에, 베버는 그의 가정에서 맛볼 수 없었던 자유와 정의를 느꼈다. 이후 베버는 아버지의 권위적인 태도보다는 어머니의 지적 지향에 경도되었다.

1889년 「중세 상업조직체의 역사에 관한 고찰」이라는 제목으로 박사학위 논문을 쓴 베버는 다음 해 제2차 사법시험에 합격했고, 이후 법제사에 관한 연구에 흥미를 가지게 되었다. 베버는 1893년 결혼을 하고 독립된 생활을 할 수 있었고, 베를린 대학에서 강사 생활을 하였다.

1894년 프라이부르크 대학의 정교수가 되고, 1896년에는 하이델베르크 대학의 경제학 교수로 초빙되었다. 그러나 베버는 병에 시달려 순탄한 교수 생활을 할 수 없었다. 이런 와중에도 1904년 『프로테스탄트 윤리와 자본주의 정신』 제1부를 출간하였다. 그는 3개월 동안 미국을 여행하면서 미국사회에서의 프로테스탄트의 영향과 민주주의 사회에서의 관료의 역할 등을 세밀하게 관찰하였다. 미국에서 돌아온 후 저술에 착수하여 『프로테스탄트 윤리와 자본주의 정신』 제2부를 완성하였다. 하이델베르크에 머물고 있던 1906년에서 1910년까지 건강 때문에 강의실보다는 서재에서 연구를 계속하였지만, 뛰어난 동료들과 지적인 토론을 열렬히 교환했고 젊은 학생들과의 토론과 지도에도 많은 시간을 할애하였다. 1910년에는 퇴니스 등과 함께 독일사회학회를 창립하기도 하였다.

베버는 열렬한 민족주의자였기 때문에 당시 비스마르크가 제창한 강력한 독일 통일과 발전정책을 지지하였으나, 동부지역 농민들을 무시하는 경제정책 때문에 비판적인 태도를 취하였다.

베버의 삶은 학자로서 일관되었지만 끊임없이 현실정치에 대한 자기 내적인 유혹을 받고 살았다. 당시 영국의 산업혁명에 따른 영향을 받아 독일 전역에 산업화의 열기가 퍼져가고 있었다. 그러나 동부지역은 여전히 전통적인 지배체제가 유지되었다. 전반적으로 독일 경제구조는 부르주아의 지배를 받게 되었으나, 정치는 관료적 보수주의에 의하여 유지되었다. 독일의 이 같은 시대적 분위기에 따라 군부나 관료는 국가발전을 명분으로 하여 권위적 관료주의를 발전시킬 수 있었다. 따라서 독일 사회를 정확하게 이해하기 위해서는 단순히 계급 측면에서 모든 문제를 살펴볼 것이 아니라, 계급 · 신분 · 권력의 세 가지 측면에서 접근하는 것이 필요하다고 생각하였다. 1916년 가을 하이델베르크로 돌아와 『경제와 사회』의 여러 장을 썼다. 1918년 비엔나 대학으로 옮겨와 '유물사관의 실증적 비판' 이라는 제목으로 세계종교와 정치사회학을 강의하였다. 1919년 뮌헨 대학에 부임하여 강의하고 그 내용은 학생들의 요청으로 정리되어 『일반경제사』로 출판되었다.

베버는 대학교수로서 보편적으로 상층이 가지고 있었던 자유 · 보수주의적 정치이데올로기를 가지고, 정치에 대하여 비교적 온건한 비판적 인식을 가진 지식인이었다. 베버는 1919년 1월 말에 강연한 것을 10월에 『소명으로서의

8) 이 책은 『직업으로서 정치』로도 번역되어 있으나, 베버는 정치에 대한 가장 높은 차원의 표현인 소명이라는 개념을 쓰고 있다.

정치』[8]로 발간하였다. 현실정치에 참여하지는 못했지만, 그는 이 책에 고도의 지적 · 정신적 사고를 응축하였고, 그가 가졌던 정치관의 모든 것을 보여주고 있다. 그의 일생일대의 대저였던 『경제와 사회』의 연구를 계속하였지만, 병으로 인하여 생전에 출간하지도 못하고 1920년 54세 나이로 사망하였다.

2. 베버의 이론

1) 자본주의 정신

베버에 있어 서구 근대사회와 전근대적 동양사회, 유럽 중세사회를 비교하는 데 가장 큰 설명변수는 자본주의였다. 전근대사회에서 자본주의는 특유의 생산체계를 갖추지 못하고 주어진 생산양식 속에서 오직 이윤을 추구하기 위하여 비합리적이고 강권적으로 진행되었다. 그러나 베버가 분석한 자본주의는 서구 근대자본주의였다. 이는 인간의 자유로운 노동에 근거하여 합리적인 자본재 생산조직으로 시장에서 교환을 전제로 한 경영 · 생산체계이다. 베버는 이같이 서구 근대자본주의에서 나타난 특성인 합리적 조직과 경영은 역사상 다른 곳에서 존재하지 않았던 상인과 산업가들의 새로운 태도를 자본주의 정신이라고 불렀다. 자본주의 정신의 가장 중요한 원천은 프로테스탄티즘, 특히 금욕적인 청교도주의에 있다고 주장한다.[9] 상인과 산업가들은 이전 시대나 다른 문화에서의 부자들과는 달리 사치스러운 생활을 위해서 부를 사용하려 하지 않았고, 자신들이 거느린 기업을 확장시키기 위해 부를 재투자하였다. 베버는 이런 태도가 종교로부터 추출되었다고 생각하였다.[10] 프로테스탄티즘과 자본주의 대두가 서구 근대사회의 발전과정에서는 기능적으로나 본질적으로 잘 접합된다는 것

9) 『프로테스탄트 윤리와 자본주의 정신』(*The Protestant Ethic and the Spirit of Capitalism*, 1905)은 베버의 유명한 저서이다.

10) 김승현 · 윤홍근 · 정이환, 『현대의 사회과학』, 박영사, 1994, p. 104.

11) 콜린스(R. Collins)는 베버의 자본주의를 '합리화된 자본주의'라 규정하고, 여기에는 자본의 기업경영, 합리적 기술의 동원, 자유로운 노동력의 활용, 아무런 규제도 받지 않는 시장제도, 계산된 상행위 등이 내포되어 있다고 한다. 이러한 합리적 요소들은 서로 복합적인 구조를 이루는데, 프로테스탄트 윤리와 합리적 자본주의 사이의 매개적 변수로서는 관료제와 시민성을 들 수 있다. 결국 당시 교회의 성격과 관료적 성격에 의해서 자본주의와 프로테스탄트는 연관될 수 있었다. 이처럼 연관된 매개변수에 의하여 프로테스탄트라는 윤리적 가치는 자본주의라는 사회제도를 가져올 수 있었다. Randall Collins, *Weberian Sociological Theory*, Cambridge University Press, 1986, pp. 28-29; 진덕규, 앞의 책, 재인용, p. 144.

이다.[11)]

프로테스탄트의 윤리는 인간의 나태함을 경멸하였고, 향락을 금기시하였으며, 근면함을 삶의 의무로 받아들이도록 강조하였다. 또한 인간을 직업을 하나님의 소명의식으로 이해함으로써 경제적 활동에 헌신적으로 기능할 수 있게 하였다. 이러한 의식은 근대자본주의의 발전에 발맞추어 소비에 대한 제약과 자본축적의 강조 그리고 확대재생산을 위한 투자의 욕구라는 경제적 발전을 더욱 증대시킬 수 있었다. 이러한 프로테스탄티즘의 윤리적 성격과 자본주의 발전의 필요성은 서로 쉽게 결합될 수 있었는데, 이것이 마침내 자본주의 성장을 가져오게 되었다고 한다.[12)] 이같이 베버는 중세사회의 전통적인 경제가 근대사회의 합리적인 경제로 변화하는 데에 있어 종교적 역할을 중요하게 생각했던 것이다. 베버의 이러한 명제는 자본주의의 합리적인 측면을 강조한다는 면에서 계몽적인 성격을 지닌다.

2) 사회구조의 인식

베버의 사회구조에 대한 인식은 구체적으로 존재하고 있는 경험적 실체보다는 그럴 것으로 생각되는 개연성을 합리화한 면이 강하다. 베버에 의하면 사회구조는 그 사회에 살고 있는 모든 사람들의 차등적인 위계순서이다. 사회구조의 가장 중요한 기준이 되고 있는 것을 사회계급으로 보았다. 계급은 유사한 경제적 생활양식을 공유하는 집단이며, 경제적 변화에 동일한 대응성을 보여주는 집단이다. 공동생활은 소득을 위하여 시장에서 재화나 기술을 부릴 수 있는 힘에 의해서 결정된다. 그러므로 베버는 노동시장이나 상품거래를 중심으로 사회계급을 설명하고 있다. 이는 사회계급 자체가 그 계급 구성원들의 주관적인 의식이나 객관적인 기준에 의하여 형성되고 있음을 의미한다.

사람들은 사회계급뿐만 아니라 명예나 신분에 의해서도 서열을 매길 수 있는데, 이것을 신분집단이라고 표현하였다. 신분에 의한 서열은 경제적인 서열인 사회계급과 일치하지 않는다. 경제적으로 같은 계급이라 해도 신분적인 서열은 다를 수가 있으며, 신분상승을 위한 전략적인 행동에서도 차이가 난다. 같은 계급에 속하는 사람보다는 같은 신분에 속하는 사람들 사이에서 좀더 강

---

12) 진덕규, 앞의 책, p. 140.

한 유대의식이 나타나고 있다. 그들은 공통된 생활양식과 가치관, 습관 또는 통혼이나 다른 신분집단과 대결관계 때문에 서로 깊은 유대감을 갖게 된다.[13]

베버는 계급과 신분집단 이외에도 사회구조를 분석하는 기준으로 정치권력을 들고 있다. 그는 경제적 영역에서 생활기회의 불균등이 계급분화를 가져오고, 사회적 영역에서 사회적 신분과 위신 차이가 지위집단을 출현시키는 것처럼, 정치영역에서의 권력 접근성 차이가 파벌을 출현시킨다고 말하였다.

정치권력은 이미 설명한 사회계급이나 신분집단에서의 위치와 중복될 수 있으나, 독자적인 영역을 가지며 권력점유의 정도에 따라 일정한 계층성을 보여준다. 베버는 "권력이란 다른 사람이 싫어하고 저항할지라도 자신의 의지를 그 사람에게 부과시킴으로써 일정한 의도적인 결과를 얻어 낼 수 있는 힘"이라고 권력의 개념을 정의하였다. 이러한 권력을 효과적으로 장악하고 유지 · 확대하기 위하여 조직된 제도적 장치가 곧 정당이다. 정당은 정치투쟁을 전개하며 권력을 장악하기 위한 조직적 결사체인데, 정당에 의하여 권력을 차지한 개인은 정치적 위치를 상승시키기 위해 노력한다.

3) 국가와 관료제

베버는 영토와 폭력을 근대국가의 고유한 특징으로 파악하였다. 국가에 의한 폭력행사는 정상적인 수단은 아니지만 이것은 국가의 고유한 수단이라는 것이다. 국가는 특정 영토 내에서 질서를 유지하는데, 자본주의 사회에서 질서란 재산권의 보호와 대외적으로 국민경제적 이익의 옹호를 의미한다. 국가의 제반 제도들은 궁극적으로 강제력의 독점에 기초하며, 이 독점적 소유가 흔들리면 정치질서 또한 위기를 맞게 된다.[14]

질서의 기초가 되는 강제력은 본래 인간이 싫어하는 것이지만, 국가는 이를 감추고 그가 독점하고 있는 물리적 강제력을 일체성 확보를 위해 행사하게 된다. 그러면 국민들이 불평, 불만을 늘어 놓으면서도 권력적 지배를 승인하고 허용하는 근거는 무엇인가?

한 사회에서 지배체제는 그 정당성을 국민들이 자발적으로 인정하고 수용하게 될 때 이루어진다고 생각했다. 이를 지배의 이념형이라 부르는데, 베버는

13) 위의 책, p. 133.
14) 김승현 · 윤홍근 · 정이환, 앞의 책, p. 106.

정당성의 근원에 입각해서 국가유형을 분류하였다. 베버에 있어서 국가는 윤리적 가치 구현을 전제로 하는 것이다. 그러므로 권력을 실제로 점유하고 있는 지배자의 정당성이 어디에서 연유되고 있는지가 그 기준이 된다. 합리적인 법제도나 기구를 바탕으로 통치하는 국가, 전통적인 가치나 상징을 바탕으로 통치하는 국가, 개인의 특수한 자질이나 인격과 정서적 상징을 중심으로 하는 지배질서, 즉 카리스마를 바탕으로 하는 국가가 그것이다. 베버는 근대국가라면 합법적 지배를 바탕으로 하는 국가여야 한다고 생각했는데, 이는 전근대적인 전통적 국가로부터 발전되었다고 규정했다.[15)]

합리적 · 법적 권위가 가장 구체적으로 잘 드러난 것이 관료제이다. 관료제도에는 비효율적이고 낭비적이며 비합리적인 성격도 들어 있지만, 그것은 합리성과 효율성을 이루기 위해서 조직화된 제도로 시작되었다.[16)] 국가를 운영하는 상황에서 관료제는 불가피한 것이며 이는 관료조직이 그 정확성, 속도, 분명성, 강등과 경비감소라는 기제 측면에서 어느 조직형태보다도 기능적으로 우월하기 때문이다.

이같이 베버가 관료제를 비판하면서도 그 불가피성을 지적했던 것은 그것을 현실성과 연관시켜 인식했기 때문이다. 관료제는 현실적 차원에서는 비인간적인 속성을 보여 주기도 한다. 그러나 일상적인 행정기능을 담당하는 관료들은 일정한 행정의 목표를 이루기 위하여 그들의 권위와 능력을 동원하고, 그것을 위해서 규범이나 규칙을 제정 · 적용시키는 데 치중하게 된다. 관료제의 등장은 부분적으로는 전통의 붕괴에서 비롯되었으며, 사회를 합리적으로 발전시키려는 의도에서 시작되었다.

관료제적 국가로서의 진전은 자본주의 발달에 의하여 촉진되었지만, 의회와 정당제도 및 자본주의 발달 그 자체가 관료에 의한 국가권력의 독점을 견제하는 것으로 보았다.[17)]

15) 진덕규, 『현대정치학』, 학문과 사상사, 1997, p. 418.

16) Doyle Paul Johnson, *Sociological Theory: Classical Founder and Contemporary Perspectives*, New York: John Wiley, 1981, p. 225.

17) 김승현 · 윤홍근 · 정이환, 앞의 책, p. 108.

제 4 절 마르크스와 베버의 인식 차이와 계급 비교

이상에서 살펴본 바와 같이 마르크스와 베버는 정치 · 경제 · 사회를 바라보는 인식 차이가 있다. 여기에서는 그 차이는 무엇이고, 마르크스와 베버가 계급을 어떻게 보고 있는가를 분석하여 본다.

1. 마르크스와 베버의 인식 차이

로크 이래로 자유주의 정치이론은 국가를 공적이고 제한적 구조로 간주하였고, 이러한 이해를 바탕으로 입법권과 행정권의 구분과 같은 정치권력의 제도적 이론에 접목시켰다. 자유주의 이론의 가장 큰 관심은 역시 국가와 개인의 관계였다. 즉, 주권을 가진 독립적 권위체로서의 국가와 국가권위 관계를 결정할 권리를 갖는 개인간의 관계에 대한 것이었다. 이는 국가주권을 국가권력의 원천이 되는 시민주권에 연계시키는 문제였다.

자유주의 이론과 자유민주주의 이론은 국가주권의 한계를 정당화시키는 한편 국가주권 자체를 정당화시키려고 시도해 왔다. 홉스 이래로 이러한 이론들은 권력과 법, 의무와 권리를 조화시키려고 하였다. 국가는 구성원에게 안정과 번영의 기초를 제공하기 위하여 강제력을 독점해야 하지만, 이것이 국가가 시민의 정치적 · 사회적 자유를 빼앗는 것을 정당화할 수는 없다. 이러한 딜레마를 극복할 수 있는 혁신적인 제도적 장치로서 대의민주주의를 설파한 것이 바로 자유민주주의자들이었다. 이성, 법, 선택의 자유는 시민들의 정치적 평등을 인정함으로써 가능한 것으로 생각되었다. 뿐만 아니라 평등은 시민이 자유롭게 자신의 사적인 이익을 위해 활동하는 사회적 환경을 조성한다. 그러므로 자유시장에 기초한 민주적 입헌국가의 권위와 자유를 동시에 보장한다는 주장이다.[18]

정치적 정향을 전혀 달리하는 마르크스와 엥겔스도 폭정에 대한 자유민주주의자들의 정치적 평등을 위한 투쟁이 인간해방의 역사에 큰 진전을 가져온 것을 부정하지 않는다. 그러나 자유 · 평등 · 정의라는 위대한 보편적 이상이 정

---

18) 위의 책, p. 43.

〈표 7-1〉 마르크스와 베버 사상의 본질적인 개념 내용

이론적 방향	마르크스	베버
체 계	단일적 자본주의 국가와 지배계급(국가를 통해 정치적으로 지배하는 경제계급). 상부구조(이데올로기)와 하부구조(현실). 생산력, 생산관계, 생산양식이라는 하부구조의 변화는 상부구조와 갈등과 그 변형을 낳는다.	경쟁과 권력 배분을 촉진하는 물질적인 힘과 정당화된 지배로 이루어진 다원적인 국가. 합리성, 기능적 분화, 전문화는 질서, 조화, 능률을 낳는다.
문 화	지배적 권위는 위계적이며 국가 그리고 지배계급과 관계되어 있다. 문화적 신념과 상징은 이데올로기와 허위의식인 상부구조의 일부로 받아들여진다. 착취와 정당화되지 못한 권위는 지배계급의 지배를 나타내는 매개변수이다.	지배적 권위는 세 이념형(전통적 · 카리스마적 · 합리적)과 관련된 신념과 상징에 바탕을 두고 있다. 합리적 권위의 일상화는 점증하는 사회화를 반영한다. 자발적 행위(복종)와 더불어 개인주의와 정당화된 통제는 자유의 매개변수이다.
발 전	사적 유물론과 변증법, 관념적이고 환상적인 개념화가 아닌 역사적 현실의 사실에 바탕을 둔 이론. 발전은 인간욕구와 관계되어 있고, 인간의 의식은 인간존재와 물질적 세계(생산력과 생산의식)의 변증법적 상호작용에 기초를 두고 있다. 자본주의의 발전에 초점을 둔다.	합리화와 이념형적 유물론, 명확성에 바탕을 둔 이론. 관념과 그 사회적 영향의 체계화, 발전의 선행조건을 강조함. 자본주의 발전에 초점을 두고 있다.
계 급	자본주의하의 대립적 계급으로서 부르주아와 프롤레타리아. 산업자본가와 토지소유자는 임금노동자와 갈등. 그러나 이 거대계급들 속에 계급분파가 존재한다. 권력은 생산수단을 통제하는 지배계급에 집중되어 있다.	계급과 지위집단들은 공동체 내의 권력과 이해의 분산에 영향을 주는 이념형으로 간주된다. 각 지위집단 내의 개인들의 유동성과 각 계급 내의 지위집단들의 유동성은 창의력, 성취력, 재능에 기초하고 있다. 계급의 연대보다는 분절화, 이는 종교적 신념, 종족적 충성심, 민족주의 결과로 보인다.

출처: Ronald H. Chilcote, *Theories of Comparative Politics: The Search for a Paradigm*, Boulder Colorado: Westview Press, Inc., 1981, p. 106.

치적으로 자유스러운 투표와 시장경제하에서 자유로운 사적 이익의 추구만으로 실현될 수 없다고 주장한다. 민주국가와 자유시장 옹호론자들은 이 체제하에서 자유가 보장되고 불평등도 최소화할 수 있다고 주장하는 데 반해, 마르크스주의자에게는 자본주의 경제는 체계적 불평등을 야기하고 그런 이유에서 진정한 자유에 큰 장애가 된다는 것이다. 즉, 공식적인 정치적 평등으로는 인정되지만 계급적 불평등 때문에 그 의미가 크게 제약된다는 것이다.[19]

그러나 베버가 젊었을 당시 유럽은 이미 마르크스가 살던 그러한 상황은

19) 위의 책.

아니었다. 대륙의 정치적 · 기술적 · 경제적 조건은 완전히 달라졌다. 1870년 프랑스와 프러시아간의 전쟁으로부터 제1차 세계대전이 발발할 때까지 유럽의 주요 국가들은 식민지 쟁탈에 관한 것을 제외하면 내외적으로 평화로웠다. 선진 유럽국가들의 내부적 상황은 마르크스의 혁명과 예견을 거부하는 듯하였다. 이와 같은 사실을 염두에 둘 때 자본주의 사회에서 합리주의가 전개되리라고 간파한 베버는 많은 이들에게 마르크스와 대립되는 인물로 보였다.[20]

베버는 이론적 측면에서 마르크스적 계급의식이란 잘못된 것이며, 변증법적 유물론에 입각한 역사해석은 단순하고 비과학적이라고 비판하였다.[21] 프로테스탄트와 같은 종교적 가치체계가 사회변동에 영향을 미쳤다는 베버의 인식은 마르크스의 유물사관과 대조적이다. 베버는 경제적 요인에 의해 결정되는 계급 개념을 좀더 확대하여 동일한 생활기회를 공동으로 가진 사람들의 집합체로 규정한다.[22]

베버는 마르크스주의자들이 주장하는 경제주의적 인식을 처음부터 거부하면서, 인간의 행위나 사회구조를 경제결정론으로 인식하게 되면 기계적이고 단일적인 사회진화론으로 나아가게 된다고 하였다. 그러므로 베버는 사상이나 종교 또는 문화는 인간행위에 독립변수적인 기능을 행사하게 된다고 생각하였다. 전체적으로 볼 때 마르크스에 대한 베버의 언급은 직접적이라 할 수 없다.[23]

베버는 그의 개념들을 엄밀하고도 포괄적인 이론으로 종합하려 하지 않았으나, 그의 저술 전체는 한 사상체계로서 현대 사회과학에 깊이 자리잡고 있다. 베버와는 달리 마르크스는 자신의 과거 저술과 경험적 탐구 또는 축적된 통찰력을 바탕으로 점차 포괄적인 이론을 구성해 나갔다.

마르크스와 베버의 사상의 본질을 밝히는 데 도움이 되는 그들의 정향 사이의 본질적 차이는 마르크스가 모든 역사시대를 관류하는 획일적 패턴을 발견하고자 한 데 있다. 베버는 유럽자본주의를 단일문명으로서 유럽역사의 정점으

20) Ronald H. Chilcote, *Theories of Comparative Politics: The Search for a Paradigm*, Boulder Colorado: Westview Press, Inc., 1981, p. 99.

21) 위의 책, p. 99.

22) 베버는 마르크스의 계급이론의 업적을 인정하면서도 그것이 지나치게 단순화되어 있다고 지적하면서 다차원적 접근의 필요성을 주장하였다. 경제적 자원, 사회적 지위, 정치적 영향력을 계층분화 요인으로 들고 있다.

23) 마르크스의 대부분의 저술들은 베버 생존시에 출판되지 않았고, 이때에는 정치운동가들이 자신들을 마르크스주의자라고 주장할 만큼 논쟁의 대상이 되지도 않았다. 위의 책.

로 보았다. 이러한 의미에서 유럽사의 각 시기들은 그 규칙성보다는 특수성 때문에 더 중요하다.

2. 마르크스와 베버의 계급 비교

여기에서는 마르크스의 계급에 대한 정의와 베버의 정의를 중심으로 살펴본다. 베버는 두 개의 거대한 계급을 강조한 마르크스와는 대조적으로 무한한 계급과 집단의 존재상황을 예기하였다. 베버는 또한 계급분절화가 민족주의와 종족적 충실성에서 비롯된 반면, 마르크스는 계급의식이 프롤레타리아를 혁명세력으로 공고화시킨다고 믿었다. 철학자 뢰비트(Karl Loewith)는 베버의 '합리화' 개념을 마르크스의 '소외' 개념과 대비시키면서 베버를 근대성의 본질과 인간의 조건에 대해 가장 깊이 있게 해명한 학자로 평가했다.

1) 마르크스에 있어서 계급

마르크스 이론의 기저에는 계급이 있다. 계급은 한 사회의 가장 기본적인 집단범주인데, 이러한 계급의 역사가 바로 인간사회의 역사라는 것이다. 그러므로 마르크스의 계급이론은 단순히 사회적 불평등 현상을 기술하고 설명하기 위한 수준에 머물지 않고, 역사해석과 사회변혁을 위한 실천적 준거로 제시되었다.

계급에 대한 개념은 마르크스의 정치경제에 대한 이해의 기반이 되고 있다. 그는 자본론에서 계급 개념을 제시하고 있다. 계급 개념은 기본적으로 생산수단과 생산관계에서 비롯되었다고 하고 있다. 마르크스의 계급개념은 '생산수단에 대하여 공통의 관계를 맺는 사람들의 집단' 으로 정의할 수 있다. 유물사관을 보면 "역사발전의 원동력은 사회적 진화상의 어떤 시점에서 생기는 생산력(노동과 생산수단)이다"라고 하면서, 이 두 가지가 결합된 양식이 생산양식이고 생산에 있어 맺어지는 관계가 생산관계라고 한다. 계급은 바로 생산관계 속에서 나타나는 소유에 의하여 비롯된다는 것이다. 생산수단은 사회에 따라 목축, 토지, 자본 등으로 이를 소유한 계급과 그렇지 못한 계급으로 사회가 나누어져 있다고 보았다. 마르크스는 계급의 출현과 분화현상이 기본적으로 노동의 분화과정에서 유래한다고 보고 있다.

이와 같이 마르크스는 역사적 시기와 생산양식들에 관련된 생산관계를 기술하고 분석하기 위해 계급을 사용하였다. 일반적으로 그는 지주, 산업자본가, 노동자라는 3개의 주요 계급에 대해 언급했다. 한쪽에는 생산수단의 소유자 및 근대적 자본가인 부르주아가 존재하고, 다른 한쪽에는 생산수단을 소유하지 못한 채 생존을 위해 자신의 노동력을 파는 근대적 임노동자가 존재한다. 그의 분석의 핵심 초점은 지배계급에 관한 것뿐만 아니라, 갈등상태에 놓여 있는 지배계급과 피지배 대중간의 관계 그리고 피지배계급에 대한 착취에서 기인하는 투쟁관계에 맞추어지고 있다. 생산관계 속에서의 계급의 분화는 단순한 수평적 분화를 의미하지 않고 서로 적대적인 갈등상태에 놓여 있기 때문에, 마르크스는 계급관계를 억압과 착취의 관계로 규정짓고 있다.

2) 베버에 있어서 계급

베버의 사회구조의 인식에서 설명한 것처럼, 그는 계급은 경제적 · 사회적 · 정치적 영역에서 표출된다고 보고 있다.

베버는 ① 많은 사람들은 공통적으로 그들의 생활 기회 속에서 특정한 인과요소를 가지고 있으며, ② 이러한 요소는 상품의 소유와 소득의 기회 등의 경제적 이익에 전적으로 대표되고, ③ 상품이나 노동시장 등의 조건 아래에서 나타난다는 시장상황에서 계급지위가 결정된다고 보았다. 이것은 계급의 시장적 지위(market position)를 의미하는 것이다. 이같이 시장지위에 의해서 계급형태가 결정되기 때문에 계급은 자본가계급과 무산자계급 이외에 다양한 형태를 띨 수 있다는 것이다. 이 양 계급 이외의 중간계급이라 할 수 있는 전유계급의 존재를 강조하고 있다. 전유계급은 기업의 전문관리층에 종사하거나 국가 경제정책에 영향력을 행사할 수 있는 경제적 지위에 있는 사람들이다. 베버는 현대의 신중간계급이라 할 수 있는 전문기술 및 관리계층의 중요성을 인정했던 것이다.[24]

계급을 결성하는 사회적 요인은 신분집단이다. 각 계급은 많은 신분집단들로 구성되어 있으며, 한 계급 안의 신분집단들은 상대적인 시장이익에 따라 위계적으로 순위가 매겨진다. 계급 내의 신분집단들의 관계는 시장의 요구가 변함에 따라 언제든지 다시 편성될 수 있다. 시장변화는 한 신분집단을 낮은 계급에서 높은 계급으로 상승시킬 수 있다. 마찬가지로 어떤 신분집단은 하강하

24) 김승현 · 윤홍근 · 정이환, 앞의 책, p. 192.

기도 한다. 베버가 중요하다고 생각했던 것은 근대자본주의적 민주주의에 내재한 개인주의와 성취의 윤리이다. 개인은 재능과 창의력을 발휘하면서 교육과 전문화를 통해 상층의 신분집단으로 올라갈 수 있고 아울러 생활유형을 변화시킬 수 있다. 신분집단과 그 집단 내의 개인은 유동적이다. 개별적 재능과 진취적 기상이 사회 내의 개인과 집단의 지위를 변화시킬 수 있다.

이러한 논지는 사람들이 명목상 속하고 있는 계급의 전반적 운명보다 신분집단의 운명에 더욱 높은 관심을 갖는다는 것을 의미한다. 베버는 계급의식을 부정하고 있다. 왜냐하면 베버가 보기에는 계급의 서술적 범주를 구성하는 개인들의 집단 내에는 이익의 공유가 불충분하기 때문이다.[25] 계급을 생산력과 생산의 관계가 아니라 이념형으로 보았다. 베버는 산업화가 전개되고 사회가 복잡해질수록 계급구조도 다분화적 성격, 계층적 성격으로 변화될 것이라 예견했다.

베버에 있어서 정치란 국가들 사이에서든 국가내 집단들 사이에서든 권력에 관여하고자 하는 또는 권력배분에 영향력을 행사하고자 하는 분투와 노력을 뜻한다고 할 수 있다. 정치를 하는 사람은 권력을 추구하고 그가 추구하는 권력은 다른 어떤 목적을 위한 수단일 수도 있고 또한 권력 그 자체를 위한 것일 수도 있다. 정치적 결사체가 일정 규모가 되면 정치적 이해관계자들에 운영되는 조직이 될 수밖에 없고 여기에서 정당이 탄생했다. 정당이라는 단어는 처음에는 순전히 귀족들의 추종자 의미로 사용되었으나, 새로운 정당조직 형태는 민주주의, 보통선거, 대중동원 및 대중동원의 필요성이 제기되면서 명사들의 지배와 주도적 역할은 막을 내렸다.[26] 선거를 통하여 정당은 통치권력을 가지게 되고, 지지자들은 보상의 기회를 가져다 줄 것을 기대한다. 당의 추종자, 특히 당관료와 당 사업가는 당연히 그들의 지도자가 승리하면 개인으로든 관직의 형태로든 일정의 지위를 차지하게 된다. 이것은 계급에 의한 것이 아니라 정당에 참여하고 선거에 종사하여 얻는 일종의 엽관제인 것이다.

제 5 절 계급분화 논의와 한국의 경우

현대사회의 구조적 성격을 이해하는 데 도움을 줄 수 있는 계급 및 계층이

25) Ronald H. Chilcote, 앞의 책, p. 125.

26) 최장집 엮음, 박상훈 옮김, 『막스베버 소명으로서의 정치』, 폴리테이아, 2011, p. 166.

론은 다양한 관점에서 제시되고 있다. 그러나 이들은 마르크스와 베버를 이론적 원천으로 삼고 있다. 소위 네오마르크스주의자들은 마르크스 이후 전개된 사회적 변화를 마르크스적 관점에서 해명하려 하였고, 베버주의자들은 베버가 제시하고 있는 계층구조의 결정요인을 현대에 맞게 더 세련시켰다. 한편 한국사회에서도 계급분화와 적용문제가 논의되었다.

1. 중간계급 논의

네오마르크스주의자들의 계급이론은 마르크스가 공백으로 남겨 놓은 부분을 메우는 한편 마르크스의 예견이 빗나간 현상들을 설명하고 있다. 특히 중간계급의 등장과 확충현상은 중요한 문제였다. 중간계급은 외견상 자본가계급의 진영에도 속하지 않고 그렇다고 노동자계급으로도 분류할 수 없는 그러한 유형의 계급을 말한다. 마르크스는 중간에 위치하고 있는 자영업자 같은 소(쁘띠)부르주아는 노동계급으로 전락할 것이라고 전망했지만, 산업이 발달하면서 정신노동자, 중간관리자, 전문기술자, 감독직 생산노동자들은 노동자로 범주화할 수 없는 하나의 계급으로 성장하였다. 풀란차스(N. Poulantzas)는 이러한 계급을 신중간계급으로 분류하였다.

풀란차스는 프롤레타리아와 신중간계급을 구별하기 위하여 경제적 · 정치적 · 이데올로기적 기준을 제시한다. 경제적 기준에서 생산적인 노동자는 노동계급에 속하고, 비생산적 노동자는 신중간계급에 속한다. 정치적 기준에서 감독적 위치와 비감독적 위치로 구분하였다. 정신노동과 육체노동의 분화는 생산과정의 방향과 계획으로부터 노동자를 제외시키는 이데올로기적 지주이다. 위에서 말한 세 가지 기준들에 의해 현대 자본주의사회에는 신중간계급이 등장하며, 하나의 단일계급을 형성한다고 풀란차스는 주장한다.

물론 신중간계급과 같이 이들을 동일한 계급으로 범주화할 수 없다는 입장도 있다. 이들은 이데올로기가 통일되어 있지 않기 때문에 동일한 계급으로 규정할 수 없다는 것이다.

결과적으로 네오마르크스주의에서 계급투쟁은 이러한 모순적 계급위치에 있는 사람들이 사회주의운동에서 노동계급과 연대세력으로 어느 정도 가담할 것인가에 의하여 결정된다고 본다.

27) 김승현 · 윤홍근 · 정이환, 앞의 책, p. 45.

신베버주의 계급론은 베버의 논지를 주요한 이론적 원천으로 삼고 있다. 베버의 저술은 후일 정치학의 발전에 크게 영향을 미쳤다. 특히 다원주의 이론과 국가의 국내외적 성격을 강조하는 관점의 발달에 미친 영향이 크다. 소위 고전적 다원주의 이론은 주로 라스웰(H.D. Lasswell), 트루먼(D. Truman), 달(R. Dahl) 등에 의해 개진되었으며 1950년대와 1960년대에 영향력이 컸다.[27]

라스웰은 계급을 "일개 또는 그 이상의 특정 가치를 형성, 배분, 향유하는 데 있어서 유사한 관계를 가지는 실행에 종사하는 하나의 주된 인간 집합체"라 정의하고 있다.[28] 그는 계급의 정의를 가치와 연계시키고 있다. 보통 논의되고 있는 경제적 계급은 부와 관련시킨 정의이고, 다른 가치에 있어서도 부는 성립될 수 있다. 복지계급은 복지가치와의 관련에 의하여 규정되는 계급이고, 존숭(尊崇)계급(deference class)은 존숭가치와의 관련에 의해서 규정되는 계급이다. 사회계급은 그 사회에 있어서 중요한 모든 가치와의 관련에 규정되는 계급이라는 것이다.[29] 또한 그는 베버와 같이 계급의 중요한 본질은 직업이 아니라 지위라고 주장한다.

영국의 사회학자 파킨(Frank Parkin)은 베버의 관점을 빌려 사회적 불평등의 주요 원인은 권력의 불평등한 분배에 있다고 보고 있다. 그는 권력 개념에서 '사회적 폐쇄'라는 개념을 추출하였는데, 이는 어떤 자원이나 기회를 놓고 한 개인이나 집단이 다른 집단 사람들을 배제시키는 과정이라 하고 있다. 사회적 폐쇄라는 배타적 독점 노력은 자산의 소유관계에서뿐 아니라 인종, 종교, 성, 지역 등 다차원에서 광범위하게 진행될 수 있기 때문에, 이 모든 것이 사회적 불평등과 계층대립의 원인이 될 수 있다는 것이다. 신베버주의자들은 대개 파킨과 유사하게 계층구조를 구분하고 있다.

이상에서 보는 바와 같이 계급과 그 분화에 있어 마르크스주의적 시각과 베버주의적 시각은 차이가 있다.

2. 한국의 경우

한국사회의 계급구조의 변화와 관련해서도 네오마르크스주의의 이념적 전

28) Harold D. Lasswell and Abraham Kaplan, *Power and Society: A Framework for Political Inquiry*, Yale University Press, 1950; 김하룡 역, 『권력과 사회』, 법문사, 1980, p. 111.

29) 위의 책, p. 113.

망이 서로 갈등양상을 보여 왔다. 중간계급 또는 중산층의 프롤레타리아화가 현실적으로 진행되고 있는지 여부와 관련하여 두 갈래의 서로 다른 입장에 있다.

마르크스주의적 시각을 한국에 적용하려 했던 학자들은 중간계급, 특히 신중산층은 직업의 불안정성 및 탈숙련화 그리고 사무직 노동의 여성화 등으로 프롤레타리아화한다고 주장한다. 그러나 현대자본주의 사회에서 이러한 명제의 현실성이 결여되고 있는 한 중간계급의 프롤레타리아화 이론은 무가치화한 것은 아니더라도 그 유용성은 매우 의심스럽다고 주장하는 학자들도 있다. 여기에서 보면 오히려 비프롤레타리아의 명제를 받아들이는 베버주의적 입장이 중간계급 또는 중산층에 대한 설득력 있는 표현으로 판단된다.[30]

우리 사회에서 생산직 육체노동자들에 대한 화이트칼라의 임금수준의 상대적 우월성이 감소해 가는 경향이 있지만, 아직도 화이트칼라의 정치적·이데올로기적 우위성은 강하게 유지되고 있다. 이러한 우월성은 교육수준, 승진기회 등 여러 측면에서 강하게 나타나고 있고, 정신노동을 선호하는 가치관이 크게 남아 있다. 아마도 이를 가장 잘 대변한 것은 우리 사회를 소용돌이로 몰아넣은 대학입시일 것이다. 이러한 관점에서 볼 때 중간계급의 프롤레타리아화는 현실성이 거의 없다.[31]

한국의 신중간계급을 다른 차원에서 연구한 학자도 있다. 정철희 교수는 한국 민주주의의 공고화에 기여할 세력으로 신계급에 주목하고 있다. 그는 "신계급은 신중간계급의 일부로, 경영감독직과 구별되는 전문직 종사자, 전문가 등을 일컫는다"라고 정의하고 있다. 신계급은 사회·문화적인 면에서 민주적인 가치를 정립시키는 데 기여하여 민주주의를 공고화하는 데 기여할 것이다. 그리고 신계급이 탈물질주의와 같은 새로운 가치를 다른 집단보다 많이 수용하고 있다는 사실이 왜 민주주의의 공고화에 기여하는가를 설명한다고 하고 있다.[32]

최장집 교수는 민주화 시대의 한국 사회에서 베버정신이 정치적 이성을 탐색하는 길잡이가 될 수 있으리라 기대하고 있다. 그는 민주화 이후 한국의 사회구조는 다원화되고 과거와는 다른 형태로 계층화되었다고 한다. 경제 역시 세계경제의 선진국으로 부상하면서 크게 변화했다. 그러나 사회의 여러 수준에

30) 양춘, 『한국사회 계층구조와 동학』, 고려대학교 출판부, 2000, p. 182.
31) 위의 책.
32) 정철희, 『한국시민사회의 궤적』, 아르케, 2003, pp. 207-216.
33) 최장집 엮음, 앞의 책, p. 101.

서 일어난 빠르고 커다란 변화에도 불구하고 정치의 이념은 편협한 이데올로기에 묶여 있고, 정치에 대한 이해는 부정적이고 경직적이어서 민주주의의 가치와 작동원리에 상응하지 못하고 있다고 한다.[33] 한국 사회에서 정치와 권력을 이해하기 위해서는 베버의 정치사상을 집약한 『소명으로서의 정치』가 반영되어야 한다고 주장한다.

제8장
엘리트이론

앞에서도 설명한 바와 같이 오늘날 정치학자들이 내세우고 있는 접근방법의 특징은 종래에 있어서 정치학의 주제였던 국가의 제도나 그 구조의 범위를 확대 · 심화해야 한다는 것이다. 정치학의 중심대상은 이제 국가의 일반개념에 관한 설명이나 제도의 역사적 변천을 비교하는 데 그치지 않고 정당 · 압력단체의 활동 및 인간관계 등 동적 현상을 중요시하고 있다. 사회 전반에 광범한 영향을 미치는 중대한 정책결정은 항상 소수의 엘리트에 의하여 내려지는 것이 현대사회의 불가피한 현실이다.

정부의 형식적이고 제도적 장치를 강조하기보다는 비교적 소수인 정치적 의사결정자들의 행위에 관심을 집중시키고 있다. 정치엘리트들은 사회에서 대부분의 정치권력을 장악하며, 가장 중요한 정치적 권력을 행하는 집단이다. 현대 엘리트연구에 큰 기여를 한 학자인 라스웰(H.D. Lasswell)은 "하나의 경험학문으로서의 정치학은 권력의 형성과 배분에 관한 연구이다"라고까지 말하고 있다. 여기에서는 먼저 고전적 엘리트이론을 설명하고, 그 후 미국에서 활발하게 논의되었던 다원주의 엘리트 논의를 중심으로 검토해 본다.

제 1 절 고전적 엘리트이론

엘리트라는 어원은 17세기 매우 탁월한 상품을 가리키는 말로 사용되다가, 그 후 군의 정예부대나 귀족의 상위층과 같은 우수한 사회집단을 지칭하게 되었다. 그러나 엘리트라는 용어가 사회과학 분야에서 오늘날과 같이 사용된 것은, 19세기말~20세기 초기의 세 학자인 파레토(V. Pareto), 모스카(G. Mosca), 미헬스(R. Michels)에 의해서였다.

파레토는 『정신과 사회』(*The Mind and Society*, 1935), 모스카는 『지배계급』(*The Ruling Class*, 1939), 그리고 미헬스는 『정당론』(*Political Parties*, 1949)에서 정치엘리트에 관한 최초의 체계적이고 포괄적인 분석을 제시하였다.[1)]

1) Gaetano Mosca의 엘리트 분석은 1896년에 첫 출간된 그의 저서 *Elementi di Scienza Palitica*에서 하고 있다. *The Ruling Class*, New York: McGraw-Hill Book Co., 1939는 영역서이다; Vilfredo Pareto, *The Mind and Society*, London: Jonathan Cape, 1935; Robert Michels, *Political Parties*, Glencoe: The Free Press, 1915.

1. 모스카의 엘리트론

1) 정치계급과 비정치계급

모스카는 어떠한 사회에 있어서도 '소수의 지배'가 불가피하다는 기본명제를 내세우고 있다. 즉, "모든 사회에 있어서… 두 개의 계급, 즉 '지배하는 계급'과 '지배를 받는 계급'이 나타나게 된다. 항상 수가 적은 첫 번째 계급은 모든 정치적 기능을 수행하며, 권력을 독점하고, 권력이 가져오는 이익을 향유하게 된다. 수가 많은 두 번째 계급은 첫 번째 계급에 의하여 지시를 받고 통제받게 된다."[2)]

모스카는 정치체계에 있어서 정치계급과 비정치계급을 구별하고 그 중 통치하는 소수자에 초점을 두어 중요성을 강조하고 있다. 그에 의하면 정치계급이란 지배하는 소수자로서, 모든 정치적 기능을 수행하고 권력을 독점하며 권력이 가져다 주는 이점을 누린다. 이 정치계급을 상위층과 하위층으로 나누고, 전자는 정당의 수뇌들과 같은 최고 핵심적 지위에 있는 자들이고, 후자는 소위 유사엘리트라 할 수 있는 지식인, 기술자, 공무원 기타 조직에 있어서 전문인 등으로 대중들과 보다 많은 접촉을 가지고 있는 집단들이다. 이들은 수적으로 우세할 뿐 아니라 사회에 있어서 리더십을 위한 모든 능력을 갖추고 있다. 말하자면 앞으로 장군이 될 수 있는 군대의 하급장교단과 같은 존재이다. 그리고 지배를 받는 다수의 비정치적 계급은 전자에 의하여 지도되고 통제되기 마련이다.

2) 정치계급의 지배

모스카가 정치계급의 불가피성의 근거로 제시하고 있는 것은 무엇인가? 엘리트는 조직의 힘, 정치적 신조, 사회세력의 통제 등을 통하여 그들의 지배를 유지하여 나간다.

첫째, 모스카는 사람들의 성격과 사회의 구조적 · 조직적 요인을 강조함에 있어서 보다 사회학적 입장에 있다.[3)] 모스카에 있어서 지배계급의 힘은 그들이

2) Gaetano Mosca, 위의 책, p.50.

3) Martin N. Marger, *Elites and Masses*, New York: D. Van Nostrand Co., 1981, p. 66.

조직화된 소수라는 데 있다. 이들은 지배계급의 조직성과 그들 비교적 소수의 구성원간에 쉽게 이루어진 커뮤니케이션의 이점을 가지고 있기 때문에, 다수의 비조직된 피지배층이 대항조직을 갖추고 반대하는 것을 쉽게 약화시킬 수 있다는 것이다.

둘째, 엘리트는 이념을 통한 감화 면에서 장점을 지닌다. 모스카는 정치계급이 지니는 권력이 법률적 · 도덕적인 기초나 원칙에 입각하고 있으며 이를 정치적 신조(political formula)라 부르고 있다. 정치적 신조는 권력의 실질적 행사를 정당화하고 합리화하는 신화에 근거를 두고 있으며, 인간의 통치현상이 단순히 물질적 · 지적 힘에 의해서뿐만 아니라, 보편적인 도덕원칙을 지니고 있기 때문에 존경을 받고 영향력을 행사할 수 있다는 것을 가리킨다.

셋째, 정치계급은 사회적 세력(social force)을 통제할 수 있다. 사회적 세력은 군사력, 토지, 돈, 종교, 교육 등을 의미하는데, 이것들은 권력을 소유하고 보존하는 데 필수적인 요소들이다. 시대와 장소에 따라 어느 것에 가치를 부여하느냐가 다를 수 있지만, 이러한 다양한 요소들은 각기 사회적 세력으로서 권력의 자원을 형성한다고 볼 수 있다. 엘리트는 이러한 사회적 세력의 통제나 조작에 우월한 위치를 점하게 된다.[4]

3) 엘리트의 권력유지와 교체

모스카는 상위에 있는 사람들은 그들만의 이익을 고집하는 것이 아니라 사회의 여러 세력들을 대표하는 동질성을 가지고 있다고 생각하였다. 성공적인 엘리트 지배는 사회적 세력을 적절히 통제하거나 흡수할 수 있고 사회세력간의 상호 견제와 균형을 유지할 때에 가능하다. 이들 상층계급은 주로 신중간계급으로 알려진 하층계급과 손을 잡고 여타의 사회적 계급과 관련을 맺고 있다. 그러므로 민주주의 사회에서 소수의 지배자는 다수의 피지배자를 일방적으로 압제하는 것이 아니고, 오히려 이들 사이에 상호 연관적인 행위가 어느 정도 나타나고 있다고 보았다.

모스카는 사회에서 새로운 이익을 대표하는 사회세력이 형성될 수 있다고 설명함으로써, 어느 정도 새로운 엘리트의 대두 가능성을 말하면서 엘리트의

4) 오명호, 『현대정치학이론』, 박영사, 1992, pp. 318-319.

유동화를 심리적인 면과 함께 사회적으로도 설명하고 있다.[5] 엘리트들은 다양한 사회세력들의 압력과 도전에 직면하여 슬기롭게 문제를 풀고, 새로운 정책에 적응해 가야 하는데, 이에 실패할 경우 엘리트의 재구성은 불가피하다. 그러므로 모스카의 엘리트이론은 중류계급을 위한 정치 이데올로기를 만든[6] 측면도 분명히 있다.

2. 파레토의 엘리트론

1) 엘리트의 구조와 요소

파레토(V. Pareto)의 엘리트이론에 있어서 주요 개념은 엘리트와 비엘리트, 통치엘리트와 비통치엘리트, 잔기(residues), 파생체(derivation), 엘리트의 순환 등이다.

파레토는 우선 사람들을 엘리트와 비엘리트로 나누고 정치, 경제, 예술 등 인간활동의 모든 분야에 있어서 월등히 우세한 엘리트와 그렇지 않은 대중으로 크게 나누었다.[7] 상층에 있는 엘리트는 통치엘리트와 비통치엘리트로 구성된다. 통치엘리트는 정치적 지배에 직접 · 간접으로 상당한 역할을 담당하는 사람들이고, 나머지는 비통치엘리트들로 이들은 정치에 대하여 별다른 영향을 미치지 못하는 사람들이라고 보았다.[8] 통치엘리트는 모스카의 정치계급에 속한다.

파레토는 엘리트의 특성과 관련하여 심리적 측면을 강조하고 있다. 인간에 심층적으로 내면화된 가치기준으로서의 정서가 구체적인 인간의 행위로 표현되는 것이 잔기이다. 그것은 여섯 등급[9]으로 나누어지는데, 처음 2등급만이 정치엘리트의 연구와 특별한 관련을 가진다. 결합의 잔기는 지능 · 민첩성 · 설득 · 책략 등을 의미한 반면, 지속적 결합체의 잔기는 힘 · 충성 · 애국심 · 보수

5) T.B. Bottomore, *Elites and Society*, London: C.A. Walts & Co., 1964, 진덕규 역, 『엘리트와 사회』, 박영사, 1976, p. 19.

6) Geraint Parry, *Political Elites*, London: George Allen & Unwin, 1977, p. 42.

7) 가령 학생들이 시험점수의 고하에 따라 그 우열이 점수화되듯이 사회의 여타 분야도 0점에서 10점까지 서열화한다면 최고점수를 맞은 사람은 엘리트라는 이름을 붙일 수 있다.

8) 진덕규 역, 앞의 책, 제1장.

9) ① 결합(combination), ② 지속적 집합체(group persistence), ③ 활동(activity), ④ 사교성(sociality), ⑤ 성실(integrity), ⑥ 성(sex).

주의 등을 반영한다. 전자를 간계 혹은 여우라 부르고, 후자를 통제 혹은 사자라 부른다. 파생체는 모스카의 정치적 신조와 매우 근접한 것으로, 이는 인간의 행동을 정당화하기 위해서 사용되는 합리화이다.

통치엘리트가 대중을 지배하는 데 있어서 간계와 통제를 사용한다고 주장한다. 엘리트는 도덕적 · 지적 설득력뿐 아니라 물리적 통제력도 이용할 수 있다. 일반적으로는 한두 가지 방법을 선호하여 사용하고 있으며, 그것은 여우와 사자가 가지고 있는 잔기의 속성이다. 엘리트가 몰락하는 이유는 엘리트가 적당한 시기에 적절하게 대처하지 못한 무능력 때문이다. 파레토는 통치엘리트 중에서 폭력사용을 주저하다가 자신의 파멸을 초래했던 역사적인 사례가 많았음을 제시하고 있다. 그는 또한 폭력과 동의의 유사한 혼합을 융합시킬 수 있는 엘리트에 관해서 논하고, 두 가지 잔기와 파생체 본능 · 감정 · 표현 등의 용어를 자주 사용하였다.

2) 엘리트 순환이론

파레토의 엘리트 순환이론은 마키아벨리 이래 이탈리아의 전통에 뿌리박고 있는 '소수자의 지배'의 관념을 계승하면서, 특히 마르크스의 계급투쟁 사관에 대한 비판의 시각에서 구성된 것이다.[10]

정치체계에 있어 엘리트의 위치를 유지하는 능력으로서 그들의 충분한 순환을 들고 있다. 파레토는 잔기변화와 엘리트 순환의 관계를 강조한다. 즉, 통치엘리트는 대중으로부터 활기와 잔기의 적당한 비율을 공급받음으로써 질적 체질 개선을 통하여 그들 자신을 유지해 나갈 수 있다는 것이다. 그러나 파레토는 통치엘리트와 대중간의 단절이 사회의 보편적 현상임을 주장하고, 이들의 폐쇄적이고 접근 불가능성은 정치의 불안정성, 즉 혁명이나 격변의 징조가 된다고 하였다.

---

10) 이극찬, 『정치학』, 법문사, 1985, p. 192.

3. 미헬스의 엘리트론

1) 과두제

미헬스(R. Michels)의 논리는 모든 정당은 과두제적으로 조직되어 되어 있다는 데에서 출발한다. 미헬스의 연구는 정당, 특히 독일 사회민주당에 초점을 두고 있지만, 그의 분석은 일반적으로 모든 종류의 공·사적 조직, 즉 정부 관료조직, 법인, 노동조합, 대학, 전문기관, 각종 우호단체, 종교적 집단 등에 확대 적용된다. 간단히 말하여 그의 이론은 현대사회에 있어서 정치적 조직형태에 알맞은 것이었다.

미헬스도 앞의 두 학자처럼 권력에 대한 열망과 인식을 인간의 고유한 심리적 특성으로 보았다. 그러나 대사회집단의 과두제적 본질을 설명함에 있어서 이러한 특성은 조직의 일반적 요소에 비해 부차적인 것이라고 하였다. 이에 관하여 미헬스의 다음과 같은 구절을 주목할 필요가 있다.

> 지도자들의 편에서 보아 권력에 대한 자연적 탐욕을 불러일으키게 한 상대자는 바로 대중들의 무관심과 그들에 대한 지도의 필요성에 있다. 민주주의적 과두제의 발달은 이러한 인간의 본질적 특성에 의하여 촉진되고 있는 것이다. 그러나 이는 조직과 행정, 전략의 필요성에 의하여 시작된 바가 심리적 결정론에 의하여 완성된 것이다.[11)]

민주주의적 조직이라 할지라도 과두제는 그 조직의 규모나 복잡성 때문에 부득이 발생하지 않을 수 없는 것이며, 다수의 사람들이 효과적인 방식으로 한 단위체로서 결정을 내린다는 것은 불가능하다. 현실적인 대안이란 결국 관료들에게 권한을 부여하여 전체로서 집단을 위한 결정을 내리도록 할 수밖에 없다. 이러한 권한의 대행으로 안전한 지도집단이 수립되는 것이며, 그의 말대로 "조직이 있는 곳에 과두제가 있는 것"이다.[12)]

---

11) Robert Michels, *Political Parties*, tran. by Eden and Cedar Pau, New York: Free Press, 1962, p. 205.

12) 위의 책, p. 365

2) 과두제의 유지

미헬스가 제시한 또 하나의 중요한 문제는 과두지배체제의 유지에 관한 것이다. 그가 열거하고 있는 과두제 유지의 수단으로는 다음과 같다.

첫째로 일반적 윤리원칙이라는 용어로, 그들의 존재를 합리화하여 그들과 그들의 계획에 대한 지지를 증대시킨다. 이는 모스카의 정치적 신조나 파레토의 파생체와 유사함을 보여준다.

둘째로 그 성원들의 충성 및 헌신을 들 수 있는데, 이는 충원에 의하여 해결하는 방법이 있다. 지지세력을 확보하기 위하여 자리를 만들거나, 정치적 야망과 능력을 갖춘 사람들을 정당에 충원하는 것이다.

셋째로 재정적 독립으로, 그들의 지위를 더 잘 유지할 수 있다. 아무리 고귀한 이념을 앞세우는 정당이라 할지라도 이상주의로만 유지될 수 없으며 물질적 보상이 병행되어야 한다는 것이다.

넷째로 내부적 갈등을 회피하고 그들의 권력남용과 책임회피를 막는 능력이 있다. 다섯째로 대중으로부터 새로운 개인들과 이념을 흡수하고 동화시킬 수 있는 능력이 있다는 것이다.[13] 특히 미디어의 이용은 지도자들의 명성과 이미지를 대중들에게 전파시키는 데 크게 기여한다.

4. 고전적 엘리트이론의 비교

파레토, 모스카, 미헬스 등에 의하여 형식화된 정치엘리트 이론은 정치체계에 있어서 누가 실제로 의사를 결정하고, 어떻게 그리고 왜 그들이 그렇게 하는가를 발견하려고 노력하여 왔다는 데 장점이 있다.

모스카의 엘리트이론은 기본적으로 파레토와 비슷한 지배계급관을 갖고 있다. 그러나 파레토는 거의 전적으로 심리적 · 비합리적 변수를 가지고 엘리트를 설명하고 있는 데 반하여, 모스카는 사람들의 성격과 사회의 구조적 · 조직적 요인을 강조함에 있어서 보다 사회학적 입장에 있다. 이에 비해 미헬스는 정당활동에 있어서 과두제의 불가피성을 주장하였다. 그는 주로 사회조직의 차원에서 엘리트주의를 논하며 앞의 두 학자에 비하여 과학적이다.

13) James A. Bill and Robert L. Hardgrave, Jr., *Comparative Politics: The Quest for Theory*, 김기우 역, 『비교정치이론』, 박영사, 1993, p. 217.

이들은 혹은 광범한 역사적 비교의 원용을 이용해서 그리고 전 세계에 걸쳐서 존재해 왔던 정치체계의 분석을 통하여 그들이 제기한 의문을 해결하고자 하였지만, 이들 연구방법은 엄격한 경험적 기술을 결여하고 있다는 비판을 받고 있다. 그들은 보다 정확하고 엄격하며 세련된 방법론에 관하여 단지 부분적으로 성공적인 대체를 수행했을 뿐이다.[14)]

그럼에도 이들이 새로운 정치이론을 수립하여 엘리트 개념을 제시한 것은 당시 유럽 전역에 확산되었던 노동운동의 발전과정에서 유물론에 정신적 · 지적 에너지와 자신감을 부여해 준 마르크스 사회이론에 대한 대항이론으로서 큰 의의를 갖고 있었던 것이다.

〈표 8-1〉 고전적 엘리트이론가들의 비교

비교차원	모스카	파레토	미헬스
기본적인 관점	모든 사회에는 두 계급, 즉 지배계급과 피지배계급이 존재	모든 사람은 엘리트에 의해서 통치된다.	모든 종류의 인간조직에는 과두제적 경향이 내재한다.
주요 개념들	정치계급, 정치적 신조, 사회세력	통치엘리트, 잔기, 파생체	과두지배체제, 일반적 윤리원칙, 권력
기본적인 의문들	• 엘리트의 본성은 무엇인가? • 사회에서 엘리트의 기반은 무엇인가? • 엘리트는 어떻게 유지되는가?	• 엘리트의 본성은 무엇인가? • 어떤 환경하에서 엘리트가 변화하는가? • 엘리트 자체는 어떻게 유지되는가?	• 왜 조직들은 위계적으로 조직되는가? • 과두제의 속성은 무엇인가? • 과두제는 어떻게 유지되는가?
주요 절차들	광범위한 역사적 비교	광범위한 역사적 비교와 사회심리학	자료수집과 통계분석

출처: James A. Bill & R.L. Hardgrave, Jr., *Comparative Politics: The Quest of Theory*, Columbus, Ohio: Charles E. Merrill Publishing Co., 1973, p. 157.

14) 위의 책, p. 230.

제 2 절 현대적 엘리트이론

1. 라스웰의 엘리트론

라스웰(H.D. Lasswell)은 현대정치학에 있어서 고전적 엘리트이론가들의 이론과 분석들을 재검토하고 재형식화하는 데 공헌이 큰 학자이다. 그는 『권력과 사회』(*Power and Society*)라는 저서를 통하여 인간중심 정치학을 제시하고 있다. 과학으로서 인간중심 정치학은 추상적인 제도나 조직이 아니라 인간 상호관계를 중심으로 이루어진다고 하고 있다.

라스웰은 고전적 엘리트이론가들의 이론을 분석하기 위해 정치신화를 들고 나왔다.[15] 정치신화를 어떤 사회에서 통용되는 기본적 상징의 유형이라 하고, 기본적 상징은 그 사회에 있는 여러 인간 상호관계에 관한 가장 일반적인 전망을 공식화하는 것이라 하였다. 또한 그 사회의 권력관계, 권력실행에 관한 기본적 요구와 기대로 구성된 정치교의(political doctrine)[16]는 정치신화의 구성요소이다.

라스웰은 정치신화와 유사한 개념으로 모스카의 정치적 신조와 파레토의 파생체 개념을 들고 있다. 그는 모스카의 정치적 신조는 정치교의까지를 포함하여 설명하고 있다며, 권력의 유지는 권력장악자의 정치적 신조 여부에 달려 있으며 정치적 신조의 해석도 권력장악자에 의하여 결정된다고 설명했다.

정치신화의 또 다른 중요한 구성요소는 사회적 규범을 여러 가지로 이론화하는 것, 즉 무엇이 옳고 무엇이 선하며 무엇이 정당한가에 관한 논리를 세우는 것인데, 이것은 파레토의 파생체에 포함되는 것이라 하였다. 그런데 파생체는 항상 새로운 것이어야 한다는 법은 없고, 교의 자체가 사회구조의 변화를 요구하는 형태를 취할 수도 있다는 주의를 환기시킨 것은 파레토의 기교라 하고 있다.

또한 라스웰은 미헬스의 정치적 교의가 유토피아로 꾸며지는 현상에 특히 관심을 가졌고, 미헬스의 일반적 윤리원칙도 권력을 뒷받침하는 것이라 설명하

15) Harold D. Lasswell and Abraham Kaplan, *Power and Society: A Framework for Political Inquiry*, Yale University Press, 1950, 김하룡 역, 『권력과 사회』, 법문사, 1980, pp. 179-190.

16) 정치교의는 헌법의 전문이나 헌장, 공식선언 등에 권위 있게 천명된다. 정치적 교의는 인간의 사회적 본성의 참된 요구에 상응하는 것으로 이것을 안다는 것은 권력에 복종하고 있는 자뿐만 아니라 현실적으로나 실질적으로 중요한 일이다.

고 있다.[17]

라스웰은 엘리트도 권력관계 중심으로 설명하고 있다. 그는 권력관계는 권력을 가진 사람들과 권력에 예속된 사람들로 구성되는데, 엘리트는 집단에서 권력을 가장 많이 가진 자이다. 그리고 중간엘리트는 권력을 비교적 적게 가진 자이고, 대중은 권력을 가장 적게 가진 자라고 설명한다.

집단에서 여러 사람들이 향유하는 권력의 양은 중력에 있어서든, 영역 또는 범위에 있어서든 반드시 어떤 차이가 있게 마련이다. 따라서 어떤 경우에 있어서도 엘리트와 대중을 구별하는 것은 가능하다. 엘리트의 규모는 대중에 비하여 당연히 그 규모가 작다. 엘리트, 중간엘리트 그리고 대중 사이를 구별하는 선을 어디에 그을 것인가 하는 것은 뚜렷이 표시된 바 없다. 어찌 보면 이는 특정 문제와 관련시키지 않고서는 불가능한 문제지만, 대체로 다른 중요한 가치에 비해 경험적으로 낮은 지수의 권력배분을 가지는가 어떤가 하는 것으로 구분을 삼는 것이 보통이다.[18]

정치엘리트는 정치체에서의 권력소유자와 그 구성집단으로 구성된다. 이들은 일정기간 자신이 전적으로 책임을 떠맡는 지도자를 배출할 수 있는 사회적인 구성체의 집단이다[19]라고 하여 정치엘리트를 일반엘리트와 구별하고 있다. 또 엘리트가 전형적으로 충원되는 사회적 구성체(사회의 여러 계급을 포함한)라는 개념을 도입하고 있으며, 이는 사회계급적인 관념과는 대립되는 것으로 엘리트 구성의 보편성을 나타낸다.

2. 밀스의 파워엘리트론

엘리트 연구를 미국의 정치과정에 경험적으로 적용하는 데 주도적 역할을 한 학자로는 헌터(F. Hunter)[20]와 밀스(C.W. Mills)를 들 수 있다. 이들은 고전적 엘

17) 김하룡 역, 앞의 책, pp. 189-190.

18) 위의 책, p. 283.

19) Harold D. Lasswell, *Politics: Who Gets What, When, How*, New York: Meridian Books, Inc., 1958, p. 13.

20) 엘리트론자인 헌터는 사회의 권력구조를 애틀랜타市(Georgia州의 Atlanta)의 저명인사들을 대상으로 한 명성방법(representational method)에 의하여 연구하였다. 그는 저명인사록에서 정선된 정치계, 경제계, 자유기업, 지방정부관료, 문화계, 교육계 등의 지도자들 중 지역사회 내의 정책형성과정에서 가장 영향력 있는 자는 경제계와 자유기업계의 지도자임을 발견하고, 결국 미국 권력구조의 최상부는 경제적 인사임을 밝혀 내고 있다. Floyd Hunter, *Community Power Structure*, Chapel Hill: Univer-sity of North Carolina Press, 1953, p. 76.

리트이론가들의 영향을 크게 받았고, 실증적 연구를 하여 그들의 주장을 뒷받침하였다. 특히 미국의 진보적인 학자인 밀스는 그의 『파워엘리트론』(*The Power Elite*, 1956)에서 현대 미국 사회에서는 결코 다원적 엘리트 같은 것은 존재하지 않고, 본질적으로 단일의 거대한 지배세력인 특정 엘리트가 존재할 뿐이라고 주장하였다.

밀스는 미국의 고위집단에 있는 사람들을 중심으로 하는 지위방법(positional method)에 의하여 권력의 집중적 경향을 설명하고 있다. 밀스는 엘리트의 지위와 구성은 개인의 능력이나 심리학의 차원에서 설명할 수 있는 것이 아니고 특정 사회의 사회 · 경제적 구조에 의하여 파악해야 한다고 주장한다.

그는 미국 사회를 대상으로 한 연구에서 중앙집권적 조직화가 잘된 대기업체, 정부관료 및 군부의 정상을 차지하고 있는 세 부류의 지도자를 권력엘리트라고 규정하고 있다.[21] 그에 의하면 이들 삼자는 삼위일체가 되어 오늘날 미국의 주요 정책을 요리하고 있다. 이들은 서로의 이익을 보호하기 위하여 군 · 산 · 정의 복합체를 이루고 있다. 군부의 장성과 대기업의 경영자들은 서로의 이익을 추구하기 위하여 군수산업을 추구하고 있다. 이것은 국방비의 증액을 가져오게 되는데, 정치인들이 이에 합세하게 되어 국가의 막대한 예산이 사용되고, 결국 여기에 생기는 돈이 이들 엘리트의 수중으로 들어간다는 것이다.

그는 제도를 중요시하여, 현대사회에 있어서 권력은 제도화되어 있으며 사회에서 특정 제도가 핵심적 지위를 차지하고, 이 제도의 최상위에 있는 자가 사회구조의 전략적 명령을 내리는 위치를 점하고 있다고 설명한다. 이러한 힘은 역사를 변화시키는 능력이며, 따라서 한 사람이나 집단의 힘으로 다수의 사람들의 활동방향을 바꾸어 나갈 수 있다.[22]

밀스에 따르면 최고위직 인사들끼리 서로 돌아가면서 그 자리를 차지하는 역할교류가 빈번하게 일어나고 있으며, 이를 통해 엘리트 사이의 결속력이 강화된다. 그러므로 파워엘리트들은 미국의 중요한 정책결정을 그들만의 영향력 하에 행사한다. 형식적으로는 권력이 분산된 것으로 보이지만, 실제로는 그 권력이 통합된 소수 엘리트의 수중에 들어 있다.[23] 그리하여 밀스는 미국에 있어

---

21) 이들 권력엘리트들은 지역사회의 신 · 구 상층계급과 대도시권에서의 4백여 개의 가문을 배경으로 하고 있으며, 지방에까지 활동영역을 넓혀 전국적인 파워엘리트 집단체제로 편입되어 있다. 김용욱, 『정치학: 이슈와 성찰』, 법문사, 2002, p. 119.

22) 예를 들어, 한국전쟁 참가나 히로시마의 원폭투하 결정은 미국 정부의 주요 정책결정이 극히 소수의 제도적 관직 담당자의 수중에 집중되고 있다는 전형적인 사례이다.

서 정부 · 경제계 · 군부의 권력집중을 신랄하게 비판하고 있다. 파워엘리트들은 이제 어떤 사람이나 세력에 의해서도 붕괴될 수 없으며, 그들 사이의 결속력은 더욱 공고해지고 있다. 특히 밀스는 이들이 강한 결속력을 유지하고 있는 요소로서 ① 사립고등학교, 명문대학으로의 일정한 수학 통로에 의한 그들 사이의 강한 동문의식, ② 배타적인 특정 사교클럽으로서의 친밀감, ③ 파워엘리트에 속한 이른바 명문가족들 사이의 결혼관계, ④ 그리고 중요한 대기업의 대주주로서 공동참여 등을 지적하였다.[24)]

밀스는 권력의 매개역할을 할 수 있는 언론매체가 대중사회에서 지배상층의 의견을 무제한적으로 피지배 다수에게 반복적으로 주입시키는 역할을 수행하여 자율성보다는 추종적 사회풍토를 부추기고 있다고 지적하고 있다. 이리하여 다수의 대중은 대중문화가 만들어 놓은 일정한 틀 속에 매몰되어 무의식적으로 살아가게 된다. 지식인들 역시 기득권에 편승하여 서구의 자유주의 속성과는 달리 반자유주의적이고 비이성적이라고 비판하였다.

3. 달의 다원주의 엘리트론

달(R. Dahl)은 권력의 누진적 불평등과 통치엘리트의 권력독점 현상을 강조하는 밀스 같은 지배엘리트론을 부정하면서, 미국과 같은 선진사회에서는 권력이 경제 · 사회적 발전에 따라 분산되고 다원화되어 가고 있다고 말한다. 그는 미국 사회는 특정 계급에 의하여 지배되는 것이 아니라 다원적 세력에 의하여 지탱된다고 하는 다원주의 엘리트론을 전개한다.

달이 미국의 다원주의에 관하여 내세우고 있는 몇 가지 특징들을 간단히 소개하면 다음과 같다.[25)]

첫째, 정치권력은 서로 다른 여러 분야에 분산되어 있다. 미국 다원주의 이론과 실천에 있어서 기본적인 요소는 주권이 단일의 중심부에 집중되어 있지 않고 여러 곳에 분할되어 있다는 사실이다. 이러한 권력의 다초점성은 사람들이 서로 노력하고 경쟁하여 강제력의 발동을 최소화하는 계기가 된다. 미국 정치에 있어서 두드러진 현상으로는 미국인들이 서로 대화 · 교섭하고, 협상 · 타

23) 진덕규, 『현대정치학』, 학문과 사상사, 1997, p. 300.
24) 진덕규, 『현대정치사회학이론』, 삼영사, 1988, p. 117.
25) Robert A. Dahl, *Pluralist Democracy in the United States: Conflict and Consensus*, Chicago: Rand McNally, 1967, p. 24.

협하여 엘리트간에 조정을 통한 평화적 문제해결 방식을 모색하는 것이다.

둘째, 특정 엘리트 내에 있어서도 수많은 이슈에 관하여 엘리트간에 의견일치가 이루어지지 않고 있으며, 엘리트 내에 있어서 경쟁은 정치지도자의 권력을 제한하는 주요 수단이다. 같은 엘리트 내에 있어서도 가령 민주당과 공화당, 노동조합 지도자와 경영자 등이 있어 서로 대립하고 있다. 그리고 같은 민주당이라 해도 자유파와 보수파가 있고, 노동지도자들 중에는 막대한 군비지출을 지지하는 자와 이를 반대하는 자가 있다. 따라서 주요한 이슈나 목표사업에 있어서 엘리트 내의 전원 의견일치라는 것은 있을 수 없고, 언제나 모든 주요목표를 성취시킬 수 있는 막대한 권력자원을 독점하고 있는 엘리트는 없다. 결국 어떤 이슈에 대한 지지를 얻기 위해서는 다양한 목표를 가지고 있는 서로 다른 분파의 지도자들이 연합해야 하는 것이다.

셋째, 엘리트체제에 있어서 일반시민들이라 해도 정치과정에서 완전히 배제되어 있는 것은 아니다. 자발적인 결사나 각급의 행정부로 구성된 중간수준의 권력이 시민의 정치참여를 촉구한다. 또 비록 시민들이 직접 의사결정에 참여하지 않는다 해도 경쟁하는 정당들의 정기선거를 통해서 책임을 묻는 것으로 엘리트들에게 영향을 미칠 수 있는 것이다.[26]

달은 미국 동부의 소도시(New Haven)의 권력 분포상태와 그 변천을 실증적으로 분석하였다.[27] 그 결과 그 사회를 지배하는 사람은 단일적인 인사나 사회세력이 아니라 각 문제나 영역마다 영향력을 행사하는 다양한 사회세력이 존재하며 이들의 협의에 의하여 결정된다는 것이다. 달은 이러한 다두제적 권력구조는 지방의 소도시에 국한된 문제가 아니라 미국 사회 전체의 주도적인 현상임을 강조하였다. 결국 현대 민주주의 사회는 단일적이고 피라미드 형식의 권력구조를 보여 주기보다는 다양한 유형과 성격의 엘리트들로 복합구조를 이루고 있다.

---

26) Martin N. Marger, 앞의 책, p. 49.

27) 달은 그 지역의 공직자 선출 문제, 공공교육 문제, 도시재개발 문제 등 3가지 중요한 영역에서 영향력을 행사하는 사람들은 각기 다르다는 것을 밝혔다. 구체적으로 역대 시장 46명의 출신과 직업적 배경을 조사한 결과, 독립 초기에는 법률가 · 전문직에 종사하는 상층 귀족출신의 독점, 19세기 중반부터는 사업에 종사하는 기업가 출신이 등장, 20세기에 와서는 중하층 서민들이 시장이 되었음을 밝혀냈다. 서민출신 엘리트가 등장한 시기에 와서는 정치적 자원이 각계 각층에 더욱 더 분산되었다고 주장했다. 김용욱, 앞의 책, p. 121.

제 3 절 현대 엘리트론의 논쟁

오늘날 급격한 사회변화의 소용돌이 속에서 조직의 하부구조는 점차 전문화 · 자율화되어 대중과 긴밀한 접촉을 유지하고 있으며, 그 동안 정태적이고 무력하다고만 생각하였던 대중도 이제 동태화 · 집단화되면서 거대한 사회세력으로 정치과정의 일익을 담당하고 있다. 따라서 종래에 어느 정도 단순한 형태로 엘리트 지배를 부동의 원리로 보았던 고전이론가들의 주장은 많은 비판의 대상이 되고 있다. 특히 다원주의 엘리트론의 주장이 그렇다.

1950~60년대에 있어서 다원주의 엘리트론자들은 미국 사회에 있어서 권력은 고도로 분산되어 있으며, 기업도 다원적 정치체제에 있어서 권력경쟁에 나선 많은 이익집단 중의 하나로 간주하고 있다. 1970년대에 와서 기업의 권력에 관하여 자유민주주의적 정치학들 간에 두 개의 서로 다른 입장이 대립했는데, 이는 수정적 다원주의자와 신보수주의자들이다. 전자는 기업의 정치권력을 비판하여 다원주의 민주이론의 재구성을 내세우고, 후자는 과거 수십 년간 기업의 정치적 지위가 크게 약화되어 있으며, 미국의 정치권력은 전보다 더욱 다원적이라고 주장한다.[28)]

여기에서는 주로 대기업을 중심으로 논의되는 문제를 살펴보려 한다. 수정적 다원주의는 대기업의 권력이 정치권력을 압도하고 있으므로 이에 대한 제한을 주장하고, 신보수주의는 대기업을 옹호하는 입장이다.

1. 수정적 다원주의

월남전이 본격화되었던 1970년대의 군산복합체(military-industrial complex)와 이들 역할의 증대는 신좌파의 새로운 비판을 가져왔고, 기업은 이 시기에 와서 환경오염 등으로 인해 소비자집단들로부터 직접 공격의 대상이 되었다. 네이더(R. Nader) 같은 대기업 비판론자는 기업의 책임을 정치적 의제로까지 삼으려고 하였다. 전자는 기업의 세력이 미국 민주주의에 하나의 심각한 문제로 대두되고 있음을 경계하는 입장으로서 달(R.A. Dahl), 나델(M.V. Nadel), 린드블롬(C.

28) 이 내용에 관하여는 Lawrence B. Joseph, "Corporate Political Power & Liberal Democratic Theory," *Policy*, Vol. XV, No. 2, Winter 1982, pp. 246-267 참조.

Lindblom)을 들 수 있다.

다원론자였던 달은 최근 대기업의 횡포를 비판하여 "대기업의 요체라고 볼 수 있는 사적인 지배가 공공의 권위를 차지하고 있다"고 비판하고, 대기업을 단지 요먼(yeoman) 농부들의 사유재산이나 초기 미국에 있어서 독립기업가들의 확대로 보는 것은 잘못이라고 지적하고 있다.[29] 대기업은 사기업체라고 하기보다는 공공의 목적에 이바지하는 사회적 기업이나 인간에게 권력을 행사하는 정치체계라 하였고, 나델 역시 기업이 정책결정에 미치는 특권적 역할을 비판하고 있다.

린드블롬에 의하면 자유민주주의 이론가들은 이익집단에 관한 것만을 제외하고 대기업의 특권적 지위를 설명하지 못하고 있다고 한다. 오늘날 사회과학자들이 모든 이익집단들을 동등한 비교의 수준에 두고 있는 오류를 범하고 있으며, 이는 다음 두 가지 예에서 분명하다고 한다.

첫째, 사회 각 분야에서 많은 결정들이 흔히 정부가 아닌 시장체계 내의 기업집행부에 의하여 이루어지고 있다. 자본주의 시장사회 내에는 두 종류의 공무원, 즉 정부지도자와 사업집행부가 있으며, 후자는 노동력의 조직, 투자, 자원의 분배 등 중요한 사회적 기능을 수행하고 있는데, 이들은 모두 정부가 행한 결정은 아니면서 공공정책으로 간주된다. 만일 기업이 수행하고 있는 이러한 중요한 기능들(직장이나 주요 재화 및 용역의 공급 등)이 잘못된다면 사회적 무질서를 포함한 큰 불안이 조성되며 마침내는 정부의 권위를 위협하게 된다.

둘째, 기업은 이데올로기적 방어수단에 의하여 그들의 지위를 정당화하는 역할을 하고 있다. 개인기업들이란 바로 정상적인 민주정치 유지와 실현을 위해서 반드시 필요한 것이라는 점을 대중의 심리에 심어 줌으로써 그들의 특권적 지위를 유지하려고 한다.

이러한 노력에서 기업엘리트들은 정부엘리트의 협조를 얻어서 시민들에게 다음과 같은 것들을 주입시킴으로써 기본적인 이슈들을 정치적 의제에서 제외시킬 수 있는 것이다. 시민들로 하여금 기업의 자율성, 현존의 부의 배분, 기업경영에 있어서 근로자들의 제한적 권리, 기업과 정부간의 밀접한 타협 등을 도전할 수 없는 기존 질서의 기본적 덕행으로 받아들이도록 하고 있다.

그러므로 정치가 더욱 다원화되기 위해서는 기업에 권력이 집중되어 있는

29) Robert A. Dahl, *After the Revolution?: Authority in a Good Society*, New Haven: Yale University Press, 1970, pp. 115, 119-120.

것을 막아야 한다는 논리이다.

2. 신보수주의

미국의 보수주의는 처음부터 뉴딜과 거대정부에 반대하여 자유방임주의를 옹호하는 것으로 나타났다. 1960년대 미국의 정치현실은 격동의 시절이어서, 반전운동과 인종갈등 문제로 미국의 국론은 분열되고 존슨 행정부의 복지정책인 '위대한 사회' 정책을 둘러싼 찬반양론이 격화되었다. 이러한 상황에서 신보수주의가 등장하였다. 신보수주의는 미국의 정치체계는 보다 다원화되어 가고 있는데, 기업의 정치적 권력은 현저히 약화되었다고 보는 입장으로 커크패트릭(J. Kerkpatrick), 윌다브스키(A. Wildavsky), 윌슨(J.Q. Wilson) 등이 이에 속한다.

신보수주의자들은 기업의 정치적 힘이 쇠퇴일로에 있음을 주장한다. 커크패트릭에 의하면 기업이 이른바 새로운 계급, 즉 지식엘리트들에 의하여 공격을 받고 있으며, 이들은 전통적인 미국의 가치나 제도에 대하여 반대되는 입장에 있다. 다시 말하여 새 계급들은 기업과 시장체계에 반하는 정책을 발전시키는 데 중요한 역할을 수행하고 있다고 주장한다.

그리하여 윌다브스키 같은 학자는 국가의 관료적 권력에 맞서서 개인생활을 보호하는 다원주의의 보루로 대기업을 옹호하고 있다. 만일 생산의 통제를 개인기업으로부터 정부로 옮긴다면 미국인들이 가지고 있는 사회적 다양성을 상실하게 된다고 말한다. "현존의 다양성의 근원은 보호되어야 하며 자본주의에 대한 위협요소로부터 공격받고 있는 다른 제 요인과 마찬가지로 대기업도 보호받지 않으면 안 된다"고 주장한다.[30)]

오늘날의 미국 네오콘(Neo-Conservative)들이 신보수주의 영향을 받은 것은 사실이다. 그러나 1980년대 신보수주의자들은 경제 쪽에 치우친 반면, 현재의 네오콘들은 정치, 외교에 더 많은 관심을 가지고 있다. 특히 조지 W. 부시가 집권하면서 네오콘의 주장은 더욱 강화되었다. 워싱턴의 외교평론가인 짐 로브는 "네오콘은 부시 행정부 안팎에서 혈연 또는 개인적 유대를 통하여 뭉친 일종의 부족집단 같다"고 평했다.

네오콘의 주요 자금줄은 유대인 재력가와 군산복합체이다. 네오콘은 군산

30) Aaron Wildavsky, "Changing Forward Versus Changing Back," *Yale Law Journal*, Vol. 88, No. 1, November 1978, p. 234.

복합체가 강력한 후원자이기 때문에 그들의 이념을 가리켜 '군사화된 보수주의'라 하기도 한다. 그들은 작은 정부를 외치면서도 안보국가를 위해서는 무한 팽창을 주장하는 모순을 드러내고 있다.[31]

제 4 절 한국 사회에서 지배엘리트

엘리트이론을 보면서 생각하게 되는 것은, 어떠한 모델이 우리 사회에 적용될 수 있느냐 하는 것이다. 여기에서는 한국의 현대정치사를 대통령 중심으로 설명하면서, 지배권력 변화를 조명해 보려 한다.

1. 카리스마적 1인지배

해방 이후 우리 사회를 지배한 것은 미군정이었다. 미군정 사령관으로 임명받은 하지 중장은 당시 미군 사령관들 중 한반도에서 가장 가까운 오키나와 근해에 있었다는 이유로 남한 통치의 책임을 부여받았다. 그렇기 때문에 그의 통치능력을 저평가할 수밖에 없다.

한편 해방이 되자 당시까지 억압되었던 정치세력들이 급격하게 분출하면서 저마다 정치적 대안을 가지고 각축전을 벌였다. 당시 정치세력들은 크게 박헌영을 중심으로 한 공산당 세력, 김구를 중심으로 한 임시정부 세력, 지주 출신이 다수인 한민당 세력, 중도파 정치세력 등이 있었다. 미군정은 각 정치세력간 세력균형의 조정자로서 역할을 하였으나, 역시 우익에 힘을 실어 주었다.

5 · 10선거가 치러져 제헌의회가 구성되고 대한민국 정부가 수립되었다. 그리고 이승만이 대통령에 당선되었다. 이승만 정권은 본질적으로 한 사람에 의해 지배되는 가부장적 체세였다. 조선조 500년을 지배한 전주 이씨의 후손인 그는 양녕대군의 서자인 장평부정(長平副正)의 후손으로 다시 왕(?)이 되어 대한민국을 지배하게 되었다. 이승만은 정치적 지배를 유지하기 위하여 물리적 강제력을 통해 야당세력을 억압하였다. 당시 시민사회가 발달하지 않은 상태여서 이승만의 개인적 카리스마는 국민의 지지를 끌어낼 수 있었다. 미국의 프린스턴 대학에서 철학박사 학위를 받은 그를 국민들은 '이승만 대통령'이라 부르기

---

31) 강준만, 『나의 정치학 사전』, 인물과 사상사, 2005, pp. 629-631.

보다는 '이승만 박사'라고 불렀다. 그를 국부(國父)라고까지 칭하였다. 당시 자유당은 이승만의 집권연장을 위한 도구였고, 그 창당의 주역은 권력 2인자인 이기붕이었다. 부통령선거에 한 번 낙선한 그는 3·15부정선거에 의하여 당선되었으나, 이것은 이승만 정권의 최후를 재촉하였다.

2. 군부출신 주도의 군부·관료·재벌의 지배연합

대학생을 중심으로 한 학생세력에 의하여 주도된 4·19혁명은 지배권을 민주당의 장면 내각에 넘겨 주었으나, 1년을 넘지 못했다. 장면 내각은 한국전쟁을 통해 과대성장한 군을 통제하지 못하였고, 군부는 5·16쿠데타를 통해 지배권을 확보하였다. 그 중심에는 박정희가 있었다. 이 이후로 한국을 지배한 주류층은 군출신들이었다. 김종필은 군의 헌병대 조직을 이용해 중앙정보부를 만들었고, 김종필을 중심세력으로 공화당을 창당하였다.[32] 쿠데타 세력들은 군복을 벗고 선거를 통해 권력의 핵심을 장악하였다. 신민당의 대통령 후보로 김대중이 김영삼을 누르고 나와 박정희와 벌인 대결에서 박정희의 승리로 끝났으나, 다시 한번 야당의 존재를 확인시키는 계기가 되었다. 그 후 박정희는 유신이라는 강권체제를 통하여 1인지배체제를 강화하고, 국민에 대한 통제를 배가시켰다. 이렇게 박정희는 명실공히 18년 동안 한국을 지배하였다.

박정희 시대의 국가주도 자본주의는 국가주도의 경제성장, 적극적인 외자도입을 통한 수출지향 산업화로 국가와 자본가의 동맹관계를 성립시켰다. 여기에서 재벌이 탄생하게 되었고, 정경유착도 시작되었다. 이때 군부·관료·재벌의 지배연합체제가 형성되었다고 보는 학자도 있다.[33] 한국 사회의 경제력이 커질수록 재벌의 영향력도 극대화되어 갔다. 그러나 당시에는 이러한 재벌의 영향력이 정치적 영향력으로까지 확대되지 못하였다.

또한 정치적 탄압이 가중되는 가운데 저항세력도 성장하게 되었다. 유신말기에는 노동운동과 학생·재야의 반체제운동이 야당의 정치적 도전과 결합하여 성장하게 되었다. 그 동안 누적된 국민의 불만의 폭발은 부마사태로 나타났고, 이에 대한 처리 등에서 나타난 참모들 간의 갈등으로 대통령이 피살되었고 유신체제는 막을 내렸다.

32) 김영명, 『고쳐 쓴 한국 현대정치사』, 을유문화사, 1999, pp. 169-170.
33) 위의 책, p. 190.

12·12쿠데타를 계기로 지배의 공백기가 끝이 나고 신군부가 강력한 정치권력자로 등장하였다. 최규하 대통령은 1980년 연두기자회견을 통해 개헌을 주도한다 했으나, 이미 무력화는 가속화되었다. 그해 봄 민주화의 열풍은 대학가를 휩쓸었고, 4·19 이후 최대의 정치적 반대운동이 전개되었다. 그러나 이미 권력의 추는 옮겨갔다. 당시 합수부장이었던 전두환이 중정부장직까지 겸직하면서 실질적인 지배권은 전두환으로 옮겨간 것이다.

광주에서 민주항쟁이 발생하자, 전두환을 중심으로 한 군부세력은 이를 정치권력을 굳히는 기회로 삼았다. 1980년 9월 1일 전두환은 대통령에 취임하였다. 권력의 핵심부에 있는 신군부세력은 전두환을 중심으로 집단지도세력을 이루고 있었다. 재벌기업으로의 자본집중은 더욱 강화되었고, 심한 정경유착 현상도 나타났다.

1985년의 총선에서 선거 3주를 앞두고 급조된 신민당이 돌풍을 일으켰다. 여당인 민정당에 이어 신민당이 제1야당이 되었는데, 의석에서는 뒤졌지만 실질적 표에서는 여당을 앞섰다. 이것은 민주화를 바라는 국민의 열망을 보여주는 것이었다. 저항세력의 구심체로 새로운 야당의 출현을 의미하는 것이기도 하였다. 그 동안 군사정권의 성장정책과 자본주의 경제체제 아래서 부를 획득한 성장지배연합층과 경제성장 과정에서 낙후되어 상대적인 박탈감에 빠져 있던 저소득층 사이에 균열이 일어났다. 기업체를 중심으로 그 동안 잠재되어 있던 노사갈등이 첨예하게 대립되어 나타났다.

3. 민주화와 민간부분의 강화

6·10민주항쟁은 민주화운동의 분수령이 되어 6·29선언을 가져왔다. 대통령 직선제에서 분열된 저항세력과 단합된 집권세력의 싸움은 36%를 득표한 노태우의 승리로 끝났다. 노태우 정부는 권위주의에서 민주주의로, 군사정권에서 민간정권으로 옮겨 가는 과도기적 성격을 띠었다.

1990년 3당통합으로 보수세력의 대연대를 구축하였다. 민정당이 주축이 되어 김영삼의 통일민주당과 김종필의 신민주공화당과 합당하여 거대여당인 민자당이 탄생했다. 재벌기업들도 경제단체협의회 등을 통하여 자신들의 이익수호를 위하여 국가에 압력을 가하는 수준으로 성장하였다.

현대의 정주영 회장이 국민당을 창당하여 제14대 대통령 후보로 입후보했다는 것은 기업이 단지 기업이 아닌 한국 사회의 지배세력으로 성장했다는 것을 말해주는 예이다. 당시 '현대가 망하면 대한민국이 망한다' 라는 말이 있을 정도로 지배세력으로의 확신을 가지고 있었다. 제14대 대통령에 김영삼이 당선되어 선거에 의한 순수한 민간정부가 탄생했다. 김영삼 정부에 들어서 자치단체장까지 선거를 확대시킨 것은 지방자치의 발전을 가져온 평가할 만한 사건이었다. 민주화 덕분으로 시민사회는 이전의 정권에 비하여 확실히 활성화되었다. 이들의 투쟁 일변도의 정치참여도 온건한 방향으로 전환되었다.

4. 시민사회의 성장과 지배권력 분석의 함의

1998년 12월 18일 대통령 선거가 실시되었고, 김대중이 대통령에 당선됨으로써 50년만에 여·야의 수평적 정권교체가 이루어졌다. 이것은 지역주의의 연장이라는 현실에도 불구하고, 잠재되어 있던 민주주의에 대한 열망이 맺은 결실이었다. 김대중 정부에 들어서 정치사회에 대한 변화의 요구는 시민단체(NGO)의 성장으로 나타났다. 시민단체가 열린 정치를 실현케 하는 촉매제 역할을 하며 각광을 받았고, 정치뿐만 아니라 시민사회 영역에도 많은 변화를 가져다 주었다. 분단 55년만에 남북정상회담의 성사는 분단사의 한 획을 긋는 중대한 사건이었다.

2002년 2월 19일 제16대 대통령 선거에서 노무현이 대통령으로 당선되었다. 이 선거에서 인터넷을 통한 네티즌들의 역할은 주목할 만한 현상이었다. 또한 그 동안 중요한 정치세력으로 성장해 온 시민단체는 그 영향력이 점증하고 있는 실정이다. 2004년 10월 시사저널의 '누가 한국을 움직이는가' 조사에서 한국을 움직이는 가장 영향력 있는 집단으로 시민단체 등 NGO가 1위에 올라섰다.

지금까지 이렇게 한국 현대정치사를 지배세력 위주로 서술한 것은 누가 한국의 지배엘리트인가를 규명하기 위한 것이다. 한국도 밀스가 주장하는 바와 같이 파워엘리트가 지배를 독점해 온 것을 알 수 있다.

그러나 김영삼, 김대중, 노무현 정부로 오면서 다원주의 엘리트로 지배가 확산되어 가고 있다는 것을 알 수 있다. 이러한 상황에서도 미국의 수정적 다원주의자들이 주장하는 바와 같이, 한국 사회에서 대기업은 그 위력을 발휘하였다. '한국을 대표하는 것은 대기업이다' 라는 이데올로기적 방어수단에 의하여 그들의 지위를 정당화할 뿐만 아니라, 막강한 내적 지배권력을 형성하고 있다.

노무현 대통령이 청와대에서 벌인 기업총수들 초청간담회에서 "권력이 기업에 있다"라고 한 것은, 대기업의 국가 기여도를 인정하는 말이기도 하지만, 진정으로 기업의 파워에 대하여 인정하고 있는 것이기도 하다.

한국의 2012년 대통령선거에서 보여 주었던 소위 경제민주화에 대한 논쟁은 미국에서 대기업을 중심으로 논의된 현대 엘리트 논쟁의 한 면을 볼 수 있는 것이었다. 특히 순환출자제를 두고 이를 규제해야 한다는 주장과 이를 자유롭게 해야 한다는 주장은 대기업의 경영권 문제와 연결된 것이었다.

제9장
정치리더십

제1절 정치리더십의 연구

우리 사회의 화두가 되고 있는 것의 하나는 리더십이다. 이는 기업에서부터 국가 경영에 이르기까지 성패를 좌우하는 핵심적인 요인으로 인식되고 있다. '조직구성원의 활동에 영향을 미침으로써 조직의 목표를 성취해 내는 지도력이다' 라고 정의할 수 있는 리더십은 정치학에서도 중요한 영역으로 자리를 잡아가고 있다. 현대정치학에서 정치리더십은 하나의 연구주제로서 학문적 연구의 주류에서 제외되어 왔다. 제2차대전 이후 현대정치학을 대표했던 미국 정치학자들의 행태주의적 접근은 그들의 지적 전통과 정치적 경험에 따라 정치학의 과학화에 치중하여 정치리더십은 그 대상에서 비켜나 있었다.[1]

1. 정치리더십의 개념

오늘날 일상적으로 사용되는 리더십이란 개념은 지도자의 지위, 통솔력, 지도력, 또는 지휘와 통솔 그 자체를 의미하고 있다. 리더십은 일종의 영향력이지만, 그것은 문자 그대로 지도자와 추종자의 관계에서 보여지는 영향력이다. 그런데 양자의 영향관계의 특징은 추종자가 지도자의 지도를 자발적으로 받아들여 집단의 공동목적을 달성시키기 위하여 서로 협력하는데 있다고 볼 수 있다. 리더십이란 공동목표를 달성하기 위하여 한 개인이 집단성원들에게 영향을 미치는 과정이라고 일반적으로 정의한다.

켈러만(B. Kellerman)은 정치리더십에 관한 방대한 연구서를 내놓았다.[2] 고전에서부터 현대 사회과학자들이 내놓은 연구물들 중 정치리더십 분야로 분류할 수 있는 43편을 모아 7개의 주제를 설정하여 편집하였다. 그는 서문에서 리더십은 권력관계, 영향력과 설득의 형태, 집단과정의 기능, 개별적 개성의 기능과 관련 있다고 말하고 있다. 때로 리더십은 조직화된 체계 내의 공식적인 직위와 연관을 맺고 있고, 은연중에 혹은 명백한 지지를 이끌어 내는 비공식적인 것과도 관련이 있다고 한다. 그는 "정치리더십이 다른 리더십의 형태와 다른가?"

1) 정윤재, 『정치리더십과 한국의 민주주의』, 도서출판 나남, 2003, p. 20.
2) Barbara Kellerman, *Political Leadership: A Source Book*, Pittsbrugh, Pa.: University of Pittsbrugh Press, 1986.

라고 자문한 뒤, 일반적으로 '그렇다' 라고 대답하고 있다. 정치리더십은 공공복지에 영향을 미치는 정책에 대한 통제를 의미하고, 정치리더들은 법적으로 인정된 국가 정부의 직위를 차지하는 것으로부터 그들의 힘이 도출될 수 있다고 한다. 그러므로 많은 정치리더십에 관한 연구는 대통령 리더십의 연구로 모아지고 있지만, 여기에 국한시켜서만 생각해서는 안된다. 정치사회운동의 리더로서 마틴 루터 킹(Martin Luther King, Jr.) 목사는 개인적인 강력한 개혁운동을 강한 공공의 정감으로 전이시킨 능력에 의하여 힘이 주어졌다. 각 장의 주제는 "지도자가 역사를 변화시키는가?", "지도자들은 왜 지도하는가?", "추종자들은 왜 따르는가?", "지도자들의 유형은 어떻게 나눌 수 있는가?", "지도자들은 추종자들과 어떻게 관계를 맺는가?", "모든 상황에 적합한 리더십은 있는가?", "실제 지도자들은 리더십에 대하여 무어라 말했는가?" 이다.

여기에서 정치리더십 개념은 위 연구에서 공통적으로 제시하고 있는 것을 모아서 정의한다. 지도자는 권력을 소유하고 행사하지만 그의 역할이 추종자들과의 관계에서 수행되고, 그들의 동기나 목적을 충족시키면서 동시에 자신의 목적을 달성한다는 점에서 단순히 권력가치를 많이 획득한 권력장악자와 다른 의미를 갖는다고 볼 수 있다. 더욱이 지도자가 추종자들이 요구할 수 있는 일상적인 욕구나 필요성을 충족시키는데 그치지 않고, 그러한 것을 초월하여 공동체의 보편적인 도덕적 · 물질적 목표들을 실현하려고 할 때, 그의 역할이나 행태는 정치지도자의 특수한 행태로서 인식될 수 있다. 따라서 정치리더십은 정치목적을 달성하기 위하여 국민의 자발적인 동의와 지지를 획득하고 그들에게 만족감을 부여하는 정치기술이라고 할 수 있다.[3)]

2. 정치리더십의 접근방법

리더십은 세계 도처에서 발휘 방법과 질량에 따라 조직의 성패를 좌우시키는 중요한 키워드로 표출된지 오랜 시일이 흘렀다. 그러나 한국은 대통령을 대상으로 하는 연구가 권위주의적 정치체제로 인하여 연구에 제약을 받아 왔다. 연구는 대통령제에 대한 주제를 가지고 법학적인 연구와 규범적인 접근을 중심으로 다루어질 정도였으나 권위주의 정치체제가 붕괴되면서 대통령에 대한 학문적 관심이 높아졌다.

3) 김재영 외, 『새로운 정치학의 이해(제3판)』, 삼우사, pp. 190~192.

정치리더십은 리더의 여러 분석변수에 따라 혹은 연구의 방법에 따라 다양한 유형의 리더십이 나타날 수 있다. 일반적인 리더십 연구에서는 두 가지 접근법을 사용한다. 하나는 천부적으로 태어날 때부터 리더의 자질을 갖추고 있다는 미시적 접근이고, 다른 하나는 후천적인 변수들에 의해 리더십이 결정된다는 거시적 접근이다. 전자는 개인에 초점을 맞추고 접근하는 것으로 신체, 개성, 인격, 지능, 언변 등을 변수로 보고 판단한 것이며, 후자는 리더가 속한 사회, 관습, 경제, 세계 등 리더의 리더십 변수를 제외한 상황변수에 따라 리더십을 발휘할 수 있는가 없는가가 결정된다.

리더십의 접근방식은 주장하는 연구자에 따라 표현을 달리하기도 하는데, 시대에 따라 자질론(특성이론)-행태론(행동이론)-상황론(상황이론)의 순서대로 발전했다는 주장도 있다. 대통령의 정치리더십에 관하여 대통령직의 기관이 헌법이나 법적으로 어떠한 권위와 기능을 가지는가에 따라 거시적 · 법적 · 제도적 · 규범적인 것부터 대통령의 개인적 · 인간적인 특성 및 역동성을 미시적 · 경험적으로 접근하기도 한다. 그리고 법적 접근법, 제도적 · 조직적 접근법, 정치권력적 접근법, 심리적 · 개인적 접근법 등을 들 수 있다.

한편 표현의 차이에 따라 리더에 초점을 맞추는 자질론 접근법, 리더 이외의 모든 상황이나 환경을 중요시하는 상황론 접근법, 자질론과 상황론의 상호작용에 역점을 두는 상호작용론 접근법 등이 주로 발전되었다. 또한 상황론에서 추종자(구성원)를 분리시켜 리더십에 짝지어진 팔로어십을 강조하는 접근법이 있다. 리더십은 어떠한 영역에서 발생하든 간에 리더 · 추종자 · 상황 · 과업이라는 기본적 네 가지 요소를 공통적으로 가진다는 견해 등이 있는데, 여기에서는 대표적 이론인 자질론, 상황론, 상호작용론을 알아 보고자 한다.[4]

1) 자질론적 접근

전통적인 영웅이론에서 리더란 본래 개발되기보다는 타고난 선천적인 본성이 더욱 중요하다는 믿음에서 나온 것으로, 자질론은 리더 개인에 초점을 맞추어 그의 성격과 행태를 포함한 특성을 고찰하는 것이다. 칼라일(T. Carlyle)의 영웅론 외에 베버의 카리스마론, 마키아벨리의 군주론, 공자의 군주론, 플라톤

4) 이명남, "리더십이란?: 창조적 리더십의 이론적 기초," 호남정치학회 엮음, 『2007 대통령후보 리더십 청문회』, 도서출판 부키, 2007, pp. 32-38.

의 철인정치론 등을 개인적 리더십이라 할 수 있다. 대통령의 리더십은 일반 사람과 달리 태어날 때부터 특별한 능력이나 자질을 지녀야 한다는 이론이다. 우수한 두뇌, 미래 예측력, 설득력, 통솔력, 신체적 조건 등의 조건을 두루 겸비한 사람이 대통령이 되어야 한다는 것이다. 그러나 우수한 자질과 능력을 지니고 있어도 시대적으로나 환경적으로 대통령이 되지 않을 수도 있다.

자질론에 따르면 대통령이 된 사람은 경세제민(經世濟民)의 비전과 경륜이 있든가, 초인적인 의지와 용기가 있든가, 사람의 마음을 사로잡는 카리스마가 있든가, 기선을 제압하는 승부사 기질이 있든가, 청중을 감동시키는 쇼맨십이나 언변이라도 뛰어나야 한다. 부도덕하지만 권모술수도 일종의 자질이고 다른 사람보다 빠른 판단력, 능청과 넉살, 위트와 유머도 자질이다.[5] 대통령이 환경적으로나 사회적으로 악조건인 상황에서도 이를 극복하며 좋은 업적을 남기고 훌륭한 리더십을 발휘하는 사례에 대하여 설명하는 것에는 한계가 있다.

한편 후천적 자질론은 지도자의 리더십은 다양한 노력의 변수에 따라 후천적으로 가능하다는 이론으로, 이는 선천적인 자질론과 상반되는 개념이다. 리더는 다른 사람보다 열정적이고, 위험을 수용하고 낙관적이며 설득적이고 공감적이라고 말하는데, 이러한 특성의 일부는 후천적으로 학습되고 개발되는 등 환경요인에 의해 영향을 받는다. 즉 대통령의 자질은 태어날 때부터 결정되는 것이 아니고, 후천적으로 자기의 의지와 노력 그리고 교육을 통하여 대통령의 리더십을 발휘할 수 있다는 것이다. 이러한 후천적 자질론의 장점은 선천적 자질론이 지니는 결정론적 한계를 극복하여 후천적인 자질의 육성과 교육의 효과가 리더십 형성에 어떤 영향을 미치는지를 설명하기에 적합하다. 그러나 후천적으로 자질을 육성하고 교육시킬 경우 어떻게 대통령의 정치리더십을 지니게 되는가를 설명하는 데에 한계가 있다.

이 이론적 접근을 이용한 대표적인 연구는 대통령의 자질, 성품, 시대적 상황과 관련하여 국민들이 요구하는 대통령의 심리적·개인적 유형을 접근시켜 역대 미국의 대통령을 분석한 바버(J. Barber)의 연구를 들 수 있다. 그는 국민대중이 대통령에 요구하는 상황적 성격을 화해·갈등·양심으로 하고, 시대적 상황이 대통령에게 요구하는 유형을 대통령의 '활동에너지'와 '직무에 대한 태도'를 중심으로 구분하였다. 전자를 적극적-소극적으로, 후자를 긍정적-부정적으로 나누어 양자의 조합에 의해 가능해지는 대통령의 심리적 특성의 유형을

5) 김호진, 『한국의 대통령과 리더십(개정증보판)』, 청림출판, 2008, 61-62면.

적극-긍정형, 적극-부정형, 소극-긍정형, 소극-부정형의 네 가지로 나누어 분석했다. 이러한 분석에서 중요한 것은 각 유형마다 장단점이 있기 때문에 이들 사이에 우열이 없다는 것이다. 그러므로 특정 유형에서 발휘될 때는 대통령의 성격이 국정운영에 긍정적으로 작용한다는 것이다. 이러한 분석틀은 대통령 후보의 성격분석을 통하여 미래 대통령의 국정운영 방향을 예측할 수 있기 때문에 유권자가 미래의 대통령을 선택하는 데 도움이 된다는 것이다.

2) 상황론적 접근

스펜서(Herbert Spencer)를 비롯한 문화적 혹은 사회적 결정론자들이 리더는 역사의 진로에 중요한 영향력을 행사할 수 없다면서 상황적 접근법을 제시했다. 이들에 의하면 역사의 진로는 개인들이 거의 통제할 수 없는 사회적 · 문화적 힘의 비인간적인 상호작용에 의해 결정된다. 리더 개인은 그가 살았던 시대의 산물이기 때문에 그들은 자신들 주위의 사회적 힘들을 상징화하여 반영할 뿐이라는 것이다.

상황적 접근은 리더 이외의 모든 상황을 주요 변수로 보며, 이 변수가 리더십에 미치는 영향을 규명하려는 것이다. 리더 주변의 조직적 특성과 구조, 문화 · 사회 · 경제적 여건, 국제적 제약 등은 특정 리더십을 형성하는데 영향을 미친다. 또한 세계체제론적인 시각에서 국제체제와 세계자본주의체제의 구조가 한 국가의 정치 · 경제에 미치는 영향도 주요 연구 분야로 등장하였다.[6]

상황론은 시대적 상황이 리더를 만들 수도 만들지 못할 수도 있다고 본다. 즉 개인의 자질과 시대상황이 잘 조화되었을 때 훌륭한 리더가 나온다는 것이다. 상황론적 시각은 대통령직을 역임한 리더에 대해서는 설명이 되지만, 특정 개인이 미래의 대통령으로서 어떤 국정수행 능력과 자질을 가져야 할지에 대한 예측력이 낮다. 상황론에서 개인으로서의 리더는 무력하고, 모든 사람들이 동일한 상황에서 동일한 방식으로 행동할 것이라고 여긴다. 상황론적인 시각에서는 리더십을 개인적 수준, 조직 및 국가적 수준, 국제체제적 수준 등으로 구분해서 체계적인 연구를 할 수 있으나 다양한 변수와 요인들 때문에 이론화에 어려움이 있고, 리더의 자의성이 상황의 불가피성으로 악용될 수 있다.[7]

6) 이명남, 앞의 책, p. 35.
7) 위의 책, pp. 35~36.

3) 상호작용론적 접근

위에서 설명한 자질론과 상황론적 접근은 단일 요인으로 리더십을 이해하여 개인과 상황간의 상호작용 측면을 고려하지 않고 있다. 자질론은 개인만이 역사적 · 정치적 과정에서 중요하다고 본다. 상황론에서 개인은 중요하지 않으며 리더들이 야기한 것처럼 보이는 변화가 사실은 비인격적인 사회과정의 상호작용 결과라고 본다. 그러나 상황을 리더십의 결정적 변수로 보는 것은 리더의 특성을 리더십의 결정적 변수로 보는 것과 같기 때문에 문제가 있는 것이다. 그러므로 리더와 상황의 상호작용으로 리더십을 파악하는 절충적 입장이 당연할지도 모른다.[8] 홀랜더(Edwin P. Hollander)는 리더십이란 리더만의 전유물이 아니라 리더는 물론이고 구성원 및 상황과의 상호작용의 산물임을 [그림 9-1]에서 보여주고 있다.[9] 그는 리더십을 지도자와 추종자간의 거래라는 시각에서 이해하였다. 지도자와 추종자간의 상호 의존관계에서 본질적인 것은 공정하다는 인식과 신뢰에 있으며, 지도자가 추종자나 집단에 제공할 수 있는 중요

[그림 9-1] 리더와 리더십의 형성

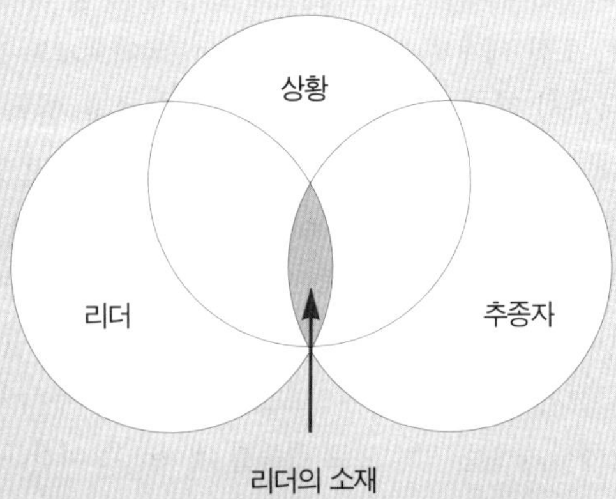

출처: 이명남, 앞의 책, p. 36, Hollander(1978) 재인용.

8) 위의 책, p. 36.
9) 위의 책, p. 38.

한 편익은 불확실성을 감소시키는 것이라고 하였다.

이는 리더십을 지도자 · 추종자 · 상황이라는 3자간 상호작용의 산물로 보는 종합적 접근방식으로, 지도자와 주어진 환경의 특성이 가장 잘 어울릴 때 훌륭한 지도자가 나올 수 있다고 보는 것이다.[10]

제2절 정치리더십의 유형

정치리더십의 유형은 분류기준의 설정에 따라 여러 가지로 나눌 수 있다. 여기에서는 지도자의 성향을 기준으로 분류한 바버와 조직을 이끌어가는 성격과 방법으로 유형화한 레윈과 리피트를 중심으로 설명한다.

1. 바버의 분류

바버(J. Barber)는 직무처리에 따라 정치리더십을 분류하였다. 그는 리더가 얼마나 정열적으로 일하는가에 따라서 적극형과 소극형으로 분류하고 일에 대

〈표 9-1〉 바버의 리더십 유형

유 형	특 징
적극적-긍정형(active-positive)	지도자로서의 사명감이 넘치고 활동적이며, 성격이 활달하고 매사에 낙관적이다. 승부사(gamesman)형으로 불리기도 한다
적극적-부정형(active-negative)	야수형으로 불리기도 하는 이 유형은 사명감이 넘치고 활동적이지만, 속이 검고 공격적이며, 정서가 불안정하다.
소극적-긍정형(passive-positive)	일명 장인형으로 불려지며, 낙관적이고 신솔하다. 그러나 지도자로서 사명감이 부족하고, 책임윤리도 빈곤하다.
소극적-부정형(passive-negative)	사원형으로 불리는 이 유형은 폐쇄적이고 내향적이며, 자신감과 열정이 부족하다는 비판을 받는다.

출처: 김호진, 앞의 책, p. 85.

10) 최 진, 『대통령 리더십 총론』, 법문사, 2007, p. 20.

한 만족도에 따라서 긍정형과 부정형으로 하여 앞 〈표 9-1〉의 4가지 유형으로 분류하였다.[11]

1) 적극-긍정형: 승부사형(勝負師型)

적극적으로 일하며 즐기는 스타일이며 상대적으로 자존심이 높고 주위 환경과 성공적으로 조화를 이룬다.[12] 성취욕이 강하고 과업지향적이며 목표를 분명히 정한다. 그러나 일을 지나치게 많이 벌이고 정책에서 단기적 성과를 추구하는 단점이 있다. 자기 혼자만의 생각이 강해서 참모들이 리더가 무엇을 추구하는지 이해하기 어려워 정책 집행에 어려움을 초래하는 단점이 있다. 이 유형은 정해진 법규와 전통에 따라 정치게임을 하면서 경기에서 이기는 방법을 아는 능력이 있다. 활동성과 만족성이 비교적 일치하며 상당한 자존의식과 자기가 성공한 사례들을 스스로 경험하며, 가치로서 생산성을 내세우고 적응력과 유연성의 능력을 표출시킬 수 있다. 뚜렷한 목표를 세우고 그 목표를 달성하고자 일생 동안 노력한다. 머리가 좋고 합리성을 강조하지만 정치에서의 비합리성을 간과하기 쉬운 취약점을 갖는다. 주요 관심사는 도전하는 것이며 스스로 승자라고 증명할 수 있는 경쟁에 뛰어든다.

이 유형에 속하는 미국 정치지도자는 제퍼슨, 루즈벨트, 트루먼, 케네디, 부시 대통령이다. 실패한 대통령으로 카터 대통령이 이 유형에 속한다. 한국의 김대중 대통령도 이 유형으로 분류할 수 있다.

2) 적극-부정형: 야수형(野獸型)

적극적으로 일하지만 그것에 대한 자신의 평가가 낮거나 부정적인 지도자이다. 일하지 않으면 안된다는 강박관념이 있기 때문에 자신의 생활을 즐기지 못하는 리더형이다.[13] 매우 야심적이며 모든 일에 치밀하게 준비하고 꼼꼼하게 집행을 통제하는 특징이 있다. 권력욕이 강하여 모든 일을 투쟁의 대상으로 보기 때문에 권력을 획득하고 유지하는 것이 목적이다. 생활은 적극적이고 열심

11) James Barber, *The Presidential Character: Predicting Performance in the White House*, 4th ed. Englewood Cliffs, New Jersey: Prentice-Hall. 1992.

12) 정윤재, 앞의 책, p. 48.

13) 위의 책.

이나 완벽주의적 성격으로 노력에 비해 상대적으로 업적이 낮으며 야망이 많아 권력지향적이고 출세에 급급하다. 공격성이 강하고 이를 자제시키는 데 문제점이 있다. 인생이란 권력을 성취하고 유지하기 위한 고된 투쟁이라 생각한다.

야수형은 동료들을 적이나 범죄자로, 부하들을 이용하기 위한 수단으로 생각하는 경향이 있다. 이 형에는 사자형과 여우형이 있다. 사자형은 부하들의 뛰어난 충성에는 상을 준다. 신뢰나 상호 의존이 요구되는 역할이 필요한 상황에서 성공적인 유형이다. 여우형은 교활하고 유혹적이며 농간을 부리고 배신한다. 대부분 야수형은 여우형으로서 착취지향적이고 자기애적이며 권위주의적이면서 영도자로 숭배되기를 바란다.

성공한 대통령으로 미국의 링컨, 윌슨, 애덤스, 후버, 존슨 대통령이 이 유형에 속한다. 실패한 대통령은 닉슨이 이 유형에 속한다.

3) 소극-긍정형: 장인형(匠人型)

성격이 부드럽고 조언에 귀를 기울이며 협동적이다. 누구에게나 사랑과 칭찬받기를 원한다. 일을 적극적으로 하지 않고 대부분 주위 사람들과 좋은 관계 유지에 많은 시간을 보낸다. 그러나 자신의 일과 역할에 대해서는 긍정적인 리더이다.[14] 이 유형에 속한 사람이 지도자가 되면 합의와 협력을 그 결과로 얻기 위하여 감상적인 사랑을 추구하는데, 자기의식이 강한데 비하여 피상적인 낙관주의를 갖는 것이 문제점이다. 이들은 대인관계가 원만하나 용기와 결단이 부족하고 우유부단해서 어려운 과업을 추진하기에는 역부족이다.

바버는 이 유형에 속한 인물로 성공한 대통령으로 메디슨과 태프트, 레이건을 들고 있고, 실패한 대통령으로 하딩을 예로 들고 있다.

4) 소극-부정형: 사원형(社員型)

일을 열심히 하지도 않으며 자신이 그 같은 일에 합당치 않다고 여기기 때문에 정치지도자의 위치와 일을 즐기지 못한다. 부과된 의무적인 일만 하는 것을 자신이 쓸모없다는 심리적 저평가에 대한 정당한 보상이라고 여기는 리더이다.[15]

14) 위의 책, pp. 48-49.
15) 위의 책, p. 49.

맡은 일에 충실하지만, 자신감과 정열이 부족하고 폐쇄적이며 축소지향적이다. 이러한 유형의 지도자는 정치 자체에 부정적이고 정치상황을 잘 이해하지 못하는 경향을 드러낸다. 이들의 단점으로는 두려움이 많고 복종형이며, 모험적 성공보다는 안전주의형이다.

바버는 이 유형에 속하는 인물로 워싱턴과 아이젠하워를 들고 있으며, 구광모 교수는 한국의 최규하 대통령이 여기에 해당한다고 분류하고 있다.

2. 레윈과 리피트의 유형

레윈(K. Lewin)과 리피트(R. Lippitt)는 조직을 이끌어 가는 성격과 방법으로 정치리더십을 분류하고 있는데, 일반적으로 가장 많이 소개되고 있다. 이들이 실험을 통하여 발견한 리더십은 권위주의적 리더십, 민주주의적 리더십, 자유방임적 리더십이다. 이 세 가지 리더십 유형을 의사결정 방법, 활동목표, 리더의 참여 정도, 리더의 역할 정도에 따라 〈표 9-2〉와 같이 분류하고 있다.

〈표 9-2〉 레윈과 리피트의 세 가지 리더십 유형

유형	권위주의적 리더십	민주주의적 리더십	자유방임적 리더십
결정	방침은 집단 외부자인 성인인 리더에 의해 결정되고 성원에게 강요된다.	방침은 필요시 리더의 도움을 받아 집단토의에 의해 선정된다.	집단이나 학생들이 좋은대로 자유롭게 결정하게 하고 리더는 통제하지 않는다.
목표	리더에 의해 성원의 활동이 그때 그때 지시되고 성원은 앞일에 대하여 잘 모른다.	목표는 지시된 여러 가지 중에서 집단이 선택한다.	활동 있을 때만 알려줄 뿐, 일에 대해 왈가왈부하지 않는다.
리더의 참여	리더가 해야 할 일이나, 같이 일할 자 등을 정하고 불평하지 못하게 한다.	일의 분담을 리더가 암시만 하고 효과적인 방법을 성원들이 정한다.	리더는 전혀 참가하지 않는다.
리더의 위치	리더는 개인적·감정적으로 칭찬이나 비판을 한다. 그 외는 집단에서 분리되어 있다.	실제적인 일은 하지 않지만 객관적으로 비판하고 리더는 한 성원으로 활동한다.	어떤 종류의 비판도 하지 않고 일에 대하여 강요하려고도 하지 않는다.

출처: 김재영 외, 앞의 책, p. 198.

레윈과 리피트는 이러한 리더십을 실험한 결과 다음과 같은 결론을 얻었다. ① 권위주의 리더십에서 고도의 긴장상태가 발견되었다. ② 민주적인 분위기에서 보다 협조적인 노력이 나타났다. ③ 민주적인 분위기에서 보다 객관적인 태도의 변화가 나타났다. ④ 민주적인 분위기가 보다 건설적이다. ⑤ 민주적인 분위기에서는 '우리' 에 대한 감정이 큰 반면에, 권위주의 분위기에서는 '나' 에 대한 감정이 지배적이었다. ⑥ 민주적인 분위기에서 집단구조가 보다 안정적이고 고도의 단결을 유지한 반면에, 권위주의 분위기에서는 권위에 대한 영향력이 사라지면 집단구조가 무질서해지는 경향이 발견된다. ⑦ 권위주의 집단에서는 민주적인 집단에 비하여 조화가 부족하다. ⑧ 민주적인 분위기에서 집단의 목표나 집단의 재산에 대한 느낌이 보다 잘 발전되었다. ⑨ 양쪽 집단에 있던 사람을 한 명씩 교체했을 때 민주적인 집단으로 온 사람에 대하여 지배적인 형태를 보이지 않았으나, 권위주의 집단으로 간 사람에 대해서는 지배적인 형태가 증가하였다.[16)]

이와 유사하게 현대 정치형태를 기준으로 하여 민주주의적 리더십, 전체주의적 리더십, 권위주의적 리더십, 관료주의적 리더십으로 분류하기도 한다. 또한 제3세계의 지도자에 의한 분류를 7가지 형태로 제시하기도 한다. 즉 역경극복형, 계몽군주형, 유아독존형, 기업형, 문화형, 대중지향형, 폭군형이다.

제3절 번즈의 변혁적 리더십

번즈(J.M. Burns)는 1978년 내놓은 『리더십』(*Leadership*)이라는 저서를 통해 리더십을 하나의 학문분야로 개척하였다. 미국 정치뿐 아니라 현대의 정치학과 역사학 전반에서 리더십에 관한 새로운 관심을 불러일으키는데 크게 공헌하였다. 정치 · 사회적 삶 속에서 권력현상을 무시할 수 없지만, 인간관계를 권력관계로만 파악할 수 없고 상호설득, 교환, 변혁 등의 관계가 어우러지는 리더십의 관계로 접근해야 한다고 주장하였다. 번즈는 2003년 그간의 연구성과와 철학을 반영하여 『변혁적 리더십』(*Transforming Leadership*)을 출간하였다.[17)] 그는 리더십

16) 김재영 외, 앞의 책, pp. 198~199.
17) 이 책은 2006년에 조중빈 교수에 의해 『역사를 바꾸는 리더십』으로 번역되었다. 번즈의 리더십은 원전과 번역본을 함께 참조하여 서술하였음을 밝혀 둔다.

이라는 말은 있는 것을 그대로 서술하는 기술적 용어일 뿐만 아니라, 어떻게 하라고 지시하는 처방적 용어라고 하고 있다. 리더십의 발휘는 지도자가 추종자에게 힘을 실어 주는 것이라 보고 있기 때문에, 21세기의 진정한 리더십이 추구하는 것은 '행복추구'라 하고 있다. 여기서는 두 권의 책을 중심으로 정치리더십을 어떻게 정리하고 있는가를 살펴본다.

1. 번즈의 리더십의 시각과 정의

번즈는 리더십은 지상에서 많이 관찰되는 현상이면서도 그에 대한 이해가 부족한 현상이라고 하였다. 그는 정치분석을 리더십의 개념에 입각하여 재구성하려고 시도하면서, 많은 사람들이 정치를 권력현상 자체에 집착하고 있다고 지적하였다. 정치를 권력으로 간주하는 것은 우리로 하여금 정치에서 권력이 담당하는 지대한 역할을 이해하지 못하게 하고 더구나 리더십의 정치적 역할을 외면하게 할 수 있다고 하였다.[18]

번즈는 정치사회의 삶 속에서 권력현상을 무시할 수 없지만 인간관계가 사물관계처럼 기계적이거나 비인격적인 것이 아니기 때문에, 정치현상 속에서 인간관계를 권력 개념으로만 파악할 수 없다는 것이다. 인간관계는 상호설득, 교환, 승화, 변혁 등의 관계가 어우러진 리더십의 개념으로 접근하는 것이 바람직하다고 주장했다. 그러므로 리더십은 "추종자들로 하여금 지도자와 추종자들 모두가 공유하는 가치와 동기인 욕구, 소망, 기대 등을 충족시키는 어떤 목적을 위해 행동하도록 지도자가 유도하는 것"이라고 정의하고 있다.[19] 그러므로 야만적 권력을 휘두른 히틀러와 스탈린은 절대자이지 지도자는 아니라는 것이다.

리더십의 본질을 이해하기 위해서는 권력의 본질을 이해하여야 한다. 왜냐하면 리더십은 권력의 특별한 형태이기 때문이다. 그러나 단순히 권력을 휘두르는 자가 가지고 있는 자원에 기초한 관계로서가 아니라, 미래 지도자와 그들을 따르는 자들의 필요 · 요구 · 동기 · 가치 · 능력의 창조적이며 역동적인 상호작용에 권력이 기초한다고 본다.

번즈는 다음 세 가지 기준과 규범이 리더와 관련이 있다고 하였다. 즉, ①

---

18) James MacGregor Burns, *Leadership*, New York: Harper & Row, 1978. p. 11.
19) 위의 책, p. 19.

정숙, 절제, 청결, 대인관계의 성실함, 자제 등과 같은 오래된 행동규범을 뜻하는 미덕, ② 성실함, 약속 준수, 믿음직함, 상호관계, 책임 등을 반영하는 거래적 행위인 윤리, ③ 질서, 자유, 평등, 정의, 행복추구 등처럼 변혁적 가치라고 할 수 있는 공적 원칙이다. 그리고 리더십을 크게 변혁적 리더십과 거래적 리더십으로 구분했다.

2. 정치리더십의 유형과 변혁적 리더십

상술한 바와 같이 번즈는 리더십의 기준과 규범으로 이같이 미덕 · 윤리 · 가치를 주장하면서, 변혁적 가치들이 변혁적 리더십의 핵심에 자리잡고 이에 의해 유도되고 평가되는 심원하고 영속적인 변화가 변혁적 리더십의 궁극 목적이라 한다.[20] "우리는 변화의 시대에 살고 있다"는 말은 하나의 명제처럼 쓰이고 있다. 다각적인 면에서 혁명적인 변화가 20세기 우리 사회를 휩쓸었고, 앞으로도 그 변화는 계속될 것이다.

인간사회의 변화는 어느 누군가가 의도적으로 주도권을 잡는 것에서 시작한다. 그것은 군사쿠데타에서 대학 설립에 이르기까지, 새로운 정부를 창출해 내는 것에서부터 벤처기업을 설립하는데까지 아주 다양하다. 문제의 핵심은 누가 어떤 여건하에서 무슨 이유로 무엇을 향해 어떤 방법으로 진행하면서 변화의 주도권을 잡느냐 하는 것이다.[21]

번즈는 거래적 리더십(transactional leadership)과 변혁적 리더십(transforming leadership)이 지난 20여년간 연구와 논의의 중점이 되어 왔다고 한다. 거래적 리더십은 정치의 기본적이고 일상적인 요소로서 변화를 추구하되 신중하며, 그러한 변화조차도 마음에 내켜하지 않는다. 주로 서구 선진국가에서 흔히 볼 수 있는 것으로 공동목적의 성취보다는 수단적 가치에 충실하면서 자원의 공정한 분배와 개인 및 집난과의 합리적 거래를 통해 집단구성원의 이익을 증진시키고자 한다. 그러므로 거래적 지도자는 중개인 역할을 하며, 특히 이해관계가 심하지 않을 때 그의 역할은 비교적 중요하지 않고 자동적인 것일 수 있다.[22]

변혁적 리더십을 살펴보기 위해는 다음의 설명이 전제되어야 한다. '바꾸

20) James MacGregor Burns, *Transforming Leadership*, New York: Harper & Row, 2003, p. 213.
21) 위의 책, p. 17.
22) Burns, 앞의 책, 1978, p. 35.

다' (change)[23]와 '변혁시키다' (transform)라는 동사의 정의를 정확하게 구별해야 한다고 한다. 그러나 무엇을 변혁시킨다는 말은 보다 심층적으로 파고드는 것을 의미한다. 즉, 다른 실체로 변화되어 눈에 보이는 형식이나 내적 특성에 근본적인 변화가 일어나는 것이다. 이같이 너비와 깊이가 있는 변화는 바로 변혁의 리더십을 통해 일어난다. 이는 '태도, 신념, 가치, 요구' 등에서 구조적 개조를 이루어 내는 변화를 말하는데, 개조의 효과가 널리 미치며 또 변화에 가속도가 붙어서 그 결과 새로운 문화와 가치체계가 옛 것을 대체하는 정도에 이르게 되는 것을 의미한다.[24]

변혁적 지도자와 추종자간의 맹렬한 상호작용은 그 자체가 변화의 강력한 원동력이 된다. 1990년대의 모든 리더십 학자들은 추종자의 역할을 강조했다. 몇몇 학자들은 한 걸음 더 나아가 지도자와 추종자들이 상호의존적인 집합체로 융합되어 있어서 그 역할의 차이를 분별하기 어려울 정도라고 주장하였다. 번즈는 이를 사실상 리더십 자체를 부정한 것이라고 하였다.

지도자들은 사람들을 변화의 과정에 참여시키고, 집단정체성과 집단능력감을 고무시키는데 앞장선다. 이로 인해 더 강력한 자기가치감과 자기능력감이 생기게 되며, 탈바꿈하는 변화를 추구함으로써 사람들은 그들 자신을 탈바꿈할 수 있게 한다. 이러한 과정을 기술하기 알맞은 단어가 힘 실어주기(empowerment)라는 말이다. 변혁적 지도자들은 사람의 머리 위에 권력을 행사하는 대신 추종자들을 옹호하고 고무한다. 이 과정에서 긴장이 발생할 수 있다. 지도자들이 편협한 이해관계를 넘어 초월적인 목표를 향해 함께 노력하자고 추종자들을 고무할 때, 지도자들은 추종자들의 증대하는 능력감과 충돌할 수도 있고 목적과 목적이 서로 충돌할 수도 있다. 추종자들이 지도자들을 앞지를지도 모른다. 그들은 스스로 지도자가 될지도 모른다. 이것이 변혁적 리더십을 참여적이고 민주적으로 보이도록 한다.[25]

23) '바꾸다' 라는 말은 어떤 것을 다른 것으로 대체하는 것, 주고 받는 것, 자리를 맞바꾸는 것, 어떤 장소에서 다른 장소로 자리를 옮기는 것을 의미한다. 거래적 리더십에는 이러한 특성이 있다고 한다.

24) Burns, 앞의 책, 1978. p. 36.

25) Burns, 앞의 책, 2003, p. 26.

3. 창조적 리더십

1) 지도자와 추종자의 관계

리더십의 최상 형태의 효능은 창조성이다. 제도가 창조적 개인에게 미치는 영향보다 더욱 신비스럽고 중요한 것은 창조적 개인이 사회에 미치는 영향이다. 가장 단순하게 본다면 창조적 리더십은 한 개인이 현존하지 않는 상황을 상상하는 데에서 시작된다. 이러한 최초의 창의적인 통찰력 또는 불꽃은 더욱 큰 변화의 비전으로 만들어지고, 이것을 이루기 위해 가능한 방법들이 모색되며, 리더십이라는 운명적인 행위로 그 비전이 다른 사람에게 전달된다. 중대한 변화에 대한 대부분의 아이디어들은 어떤 사람들은 추종자로, 다른 사람들은 반대자로 만들기 때문에 갈등이 발생한다. 이러한 갈등이 변화를 추구하는 과정에서 리더십과 팔로워십(followership)을 역동적인 힘으로 융합시킴으로써 변혁적 리더십과 팔로워십에 강력한 동기를 공급한다.[26]

창조적 리더십의 궁극적인 검증은 새로운 아이디어를 가지는 것뿐만 아니라 그것을 현실에 끌어들여 약속했던 변화를 실제 세계에 가져다 주는 데 있다. 그렇게 하기 위해 지도자가 되기를 원하는 사람은 도움이 필요한 사람들에게 손을 내뻗어야 한다. 미래의 추종자들은 창조적 리더십에 의해 형성된 새로운 틀이 그들의 근본적인 욕구, 불만, 희망에 직접적으로 와 닿을 때에만 리더십에 반응을 보인다. 그들은 '아하!' 하는 깨달음의 계기가 있어야 하고, 변화의 절실함을 알고, 그 변화의 가능성을 보아야 하며, 변화의 방향을 전망할 수 있어야 한다.[27]

와이너(Robert Paul Weiner)는 창조성이란 새롭게 공유된 의미들이 참여자들의 상호작용을 통해 그리고 이론과 실제라는 시련을 통해 성장하고 변화하는 가운데 참여자들이 그 의미를 형성하고 재확인하는 집단적인 노력이라고 기술하고 있다. 최상의 상태일 때, 창조적 사고행동은 지도자와 추종자에게 모두에게 확신을 준다. 그들이 처한 상황이 '출구가 없는 닫힌 세상'이 아니라, '언젠가 변혁할 수 있는 다만 제한된 상황'이라는 확신을 주고 또한 갖게 해야 한다.

26) 위의 책, p. 153.
27) 위의 책, p. 168.
28) 위의 책, p. 169.

실질적 변화를 가져오기 위해 협력하는 투쟁에 동참시키고 힘을 실어 주는 믿음이 그것이다.[28]

2) 힘 실어 주는 지도자

힘을 실어 주는 지도자들은 모든 지도자들이 그랬듯이 추종자와의 연대에서 단지 주도권만을 잡는 것이 아니다. 그들은 잠재적 추종자들의 물질적 욕구, 그리고 자기결정과 자기개발을 위한 심리적 욕구를 인식하고 이에 대한 응답으로 창조적 연대를 맺는다. 그러나 시울라(Joanne Ciulla)는 지도자들이 힘 실어주기의 도덕적 약속을 무시하고 대신 추종자들을 좀 더 효과적으로 이용하기 위한 형식과 언어의 유희로 이를 사용할 때 발생하는 '가짜 힘 실어주기'에 경고한다. 이는 냉소주의를 싹트게 만들고 팔로워십을 붕괴시킨다.

정치학자 쿠토(Richard Couto)는 국민통합(민초들을 연합시키는)과 관련된 어려운 리더십 과제와 관련하여 공동체에 기반을 둔 조직들 사이에 보이는 차이를 설명하고 있다. 그는 '심리-정치적'(psycho-politics) 힘 실어주기와 '심리-상징'(psycho-symbolic) 힘 실어주기를 대비했다. 심리-정치적 힘 실어주기는 사람들의 자존심과 그들 자신의 삶에 대한 지배력을 앙양시켜 공동의 이익을 위한 행동에 민주적으로 참여하도록 만든다. 심리-상징적 힘 실어주기는 사람들의 자존심을 충족시켜 주기는 하지만, 그들을 정치적으로 무력한 채로 남겨 두며 환경을 바꾸고자 하는 동기가 유발되지 않는 상태로 남겨 둔다.[29]

지도자와 추종자 사이의 이러한 역동적이고 서로 힘을 실어 주는 상호작용에 의해 중대한 변화가 발생한다. 그 과정은 복잡하고 다중적이며, 너무도 유동적이며 변화적이어서, 먼저 지도자와 추종자로 불려진 사람들이 서로 승계하고, 서로 합쳐지고, 서로가 서로를 대체한다. 지도자와 추종자의 역할은 찰나적이고 가변적이며 구분이 불가능하기조차 하다.

힘 실어주기에 관한 이러한 관점은 리더십 자체의 역할을 감소시키는 것이 아니라 오히려 증진시킨다. 리더십은 지도자가 추종자가 되고, 반대로 추종자가 지도자가 되면서 체제에 에너지를 공급한다.[30]

29) 위의 책, p. 184.
30) 위의 책, p. 185.

4. 변혁적 리더십의 가치란?

공적 가치는 인간들이 만들 수 있는 가장 넓게 적용되는, 가장 절실하게 느껴지는, 가장 오랫동안 지속된 도덕에 바탕을 둔 약속이기 때문에 가장 강력한 원칙이다. 자유, 정의, 평등, 행복 같은 공적 가치들은 수세기 동안 지속되고 번성하고 발전해 왔다. 이러한 공적 가치들은 인간의 욕구와 필요에 기초하고 있으며, 그들의 정치적 · 사회적 태도에 깊은 영향을 주고 일상의 행위를 형성한다. 번즈는 세계인권선언이 전 세계 사람들의 요구와 필요를 반영한 다양한 가치들을 모두 포함할 만큼 광범하게 규정하고 있다고 한다.

개방적이고 다원적 사회들이 등장하면서 가치에 토대를 둔 리더십의 역할이 확대되고 복잡해졌다. 민주주의 국가에서 전국적인 지도자가 되려고 하는 사람들을 위한 유일한 해법은 다수의 욕구와 필요, 희망과 기대를 강력하게 나타내는 가치에 사람들을 동원하는 것이다. 사람들을 동원할 수 있는 기회는 일반적인 가치와 지역적인 이해관계간의 상호작용과 갈등에서 생긴다. 대부분의 민주국가에서 전국적인 지도자들은 안전, 자유, 평등, 정의, 공동체 등의 최고의 가치들에 대한 타당한 해석과 우선순위를 놓고 경쟁할 것이다. 이러한 과정을 거치면서 공공선을 지향하게 된다.

가치는 지도자가 보다 폭넓은 지지자들에게 다가가는 능력을 강화시키고, 보다 광범위한 가치와 가치체계에 대한 지지를 획득하는 능력을 강화시키고, 궁극에는 통치를 구성함으로써 지도자들에게 힘을 실어 준다. 가치는 지고한 도덕적 목적보다는 보다 완전하게 실현하기 위해 사회를 변혁시키고자 하는 리더십을 위한 힘의 원천이 된다. 가치에 의해 유도되고 평가되는 심원하고 영속적인 변화가 변혁적 리더십의 궁극적인 목적이며, 그 리더십의 실질적인 영향력과 도덕적 정당성을 구성한다.[31)]

리더십이 불러온 변화는 가치, 무엇보다도 행복이라는 가치를 얼마나 실현했는지에 따라 측정되어야 한다고 번즈는 말한다. 변혁적 리더십이 생생한 욕구와 필요로 점철된 사람들의 입장에서 출발하여, 행복을 추구하는 기회를 확대하는 데에서 절정을 이루어야 한다. 궁극적으로 행복하게 살고 싶다는 것은 소중한 꿈이다.

31) 위의 책, p. 213.

그러나 변혁적 리더십의 목표는 그것을 하나의 과정으로 추구해 가는 행위로 보아야 한다. 헐벗고 억압받는 사람들은 별 희망이나 기대 없이 답답함 속에서 살아가지만 그들이 느끼게 되는 욕구는 절실하다. 지도자는 이러한 욕구에 담대하게 대처하고 변화를 가져가는데 필요한 해결책과 수단방법을 가지고 대처해야 한다. 이는 물질적인 것에만 해당하는 것이 아니라 변화 가능성에 대한 느낌, 변화를 이룰 수 있다는 신념, 그 변화의 주역이 될 수 있다는 자신감을 불어넣어 주어 기를 살리기도 한다. 사람들의 희망을 일깨우는 첫 불꽃을 일으키는 것에서 시작하여 리더십은 매 단계에서 필요하다. 리더십이 가지는 가장 중요한 역할은 사람들에게 힘을 실어 주는, 즉 그들을 위해 행복을 추구하는 기회를 창조하고 확장시키는 것이다.

제4절 터커의 기능적 리더십

터커(R.C. Tucker)[32]에 의하면 번즈의 절대주의나 권위주의 체제에서 정치리더십을 논의할 수 없다는 사고방식은 정치를 분석하는 데는 많은 문제점을 야기시킨다고 하였다. 그는 번즈가 지도자와 추종자의 관계는 독재적인 리더십 형태로부터 고도로 참여적이거나 민주적인 것에 이르기까지 광범위하게 포함하고 있다는 사실을 간과하고 있다고 지적하였다. 독재자들도 자발적인 추종자들을 가질 수 있기 때문에, 지도자와 추종자의 관계란 극단의 경우 독재적인 리더십 형태도 가질 수 있다는 것이다. 그러므로 정치에 대한 리더십 접근법은 권위적이거나 독재적인 리더십의 현상을 그 연구대상에서 제외시켜서는 안된다고 한다.[33]

1. 정치과정에서 정치리더십

리더십은 이상적인 형태의 정치적 지배가 아니라, 정치과정을 면밀히 연

32) 소련정치와 마르크스-레닌주의, 스탈린 연구에 탁월한 업적을 남긴 터커는 그의 저서 『리더십과 정치』(*Politics as Leadership*)에서 리더십을 지도자가 그의 권한을 수행하고자 하는 활동으로 정치리더십의 과정을 설명하고 있다.

33) Robert C. Tucker, *Politics as Leadership*, Columbia & London: University of Missouri Press, 1981, pp. 12-13.

구해 보면 실제로 발견할 수 있는 사실을 다루게 된다. 터커는 정치지도자란 정치공동체 구성원들의 행동에 일정한 방향을 제시하거나 그러한 방향제시 과정에서 의미 있게 참여하는 사람들이라고 규정하고 있다.[34] 정치리더십은 정치단위체를 둘러싼 환경이 구성원 전체나 일각에 의하여 심각한 문제상황으로 인식될 때 그 과정이 활성화되기 시작한다. 정치리더십이 직접적으로 발휘될 수 있는 경우는 정치공동체가가 정책을 형성하고 공표하며 이를 집행해야 할 상황에 직면할 때이다. 그러므로 터커가 말하는 정치리더십은 정치지도자가 정치환경을 진단하고, 그에 대한 적합한 처방을 내리고, 처방한 정책반응에 대하여 구성원의 정치적 지지를 동원해 내는 과정이라고 할 수 있다.[35] 터커의 정치리더십에 대한 이러한 접근은 리더십이 어떠한 상황에서, 어떻게 발휘될 수 있는가를 분석하는 기능적 측면을 강조하고 있다.

정치리더십이 발휘되는 것은 정치지도자가 그가 접한 정보를 해석하고 행동지침이 되는 목적과 관심 그리고 우선순위를 결정하는 때부터이다. 국민들에게는 심각한 문제임에도 불구하고 정치지도자들에게는 대수롭지 않게 취급되는 일이 있을 수 있는데, 이는 제대로 인지하지 못하거나 회피하기 때문이다. 터커는 이러한 예를 제2차 세계대전중의 미국과 영국 정부의 역할을 들고 있다. 나치의 유태인 대학살을 양국의 정치지도자가 제대로 인지하지 못하고 모든 수단을 동원하여 구조조치를 취하지 못했다고 한다.

정치과정에서 정치리더십의 기능적 접근의 예로 1998년 한국의 상황을 들 수 있다. 김대중 대통령이 취임하면서 한국의 외환위기의 원인이 일시적인 외환유동성 부족이 아니라, 한국경제의 구조적 문제에 기인한다고 인식하고 경제정책 패러다임을 '민주주의와 시장경제의 병행발전'으로 전환함과 동시에 위기극복을 위한 대응책을 단계적으로 추진하였다. 즉, 민주주의와 시장경제의 병행발전이라는 경제운영철학을 바탕으로 온 국민들이 참여한 금모으기운동, 노사정위원회를 통한 노사협력방안 도출, 금융·기업·노동·공공 부분 등 4대 부분에 결처 구조개혁 등을 추진함으로써 정치리더십을 발휘하였다.[36] 터커가 말하는 정치리더십은 이같이 상황이 발생했을 때 그것을 진단하고 처방을 내려 국민적 지지를 동원하는 것이다.

34) 위의 책, p. 15.
35) 위의 책, p. 31.
36) 이동우, "김대중 대통령의 정치리더십 연구," 전북대학교 박사학위논문, 2012, p. 174.

터커는 정부의 정책결정 같은 제도화된 리더십 이외에 관심을 가지고 제기한 것은, 문제되는 환경에 의하여 직접 영향을 받는 민간들의 변화를 위한 운동이다. 사회운동을 통한 리더십 연구와 같이 기존의 정치학이 권력중심적 연구경향을 탈피해야 한다고 강조하였다. 그리하여 그의 저서에서 지금까지 소홀히 취급하였던 사회정치운동과 지구적 차원의 문제들을 분석하는데 관심을 가졌다.

2. 기능적 접근

터커는 정치리더십은 지도자가 집단이 처한 상황을 규정하고 직접 행동을 취하는 상황에서 발휘된다고 하면서, 이것을 지도적 기능이라 하고 세 가지 측면으로 구분하고 있다. 정치리더십은 상황을 권위적으로 진단하는 임무, 주어진 문제를 해결 또는 완화하기 위하여 행동경로를 고안해 내는 처방의 임무, 지도자들이 정의한 상황판단 및 이들이 처방하는 정책반응에 대하여 그 공동체의 정치적 지지를 동원해 내는 임무 등 세 가지의 주요 임무를 지닌다는 것이다. 터커는 이상의 세 가지 기능을 진단적 기능, 정책형성기능, 정책수행기능으로도 설명할 수 있다고 한다.[37]

첫째, 진단적 기능은 문제가 발생한 상황에 대한 인지와 분석기능이다. 이는 지도자가 집단을 위하여 상황을 권위적으로 진단하는 것으로 상황규정기능인 것이다. 지도자는 특정 가치에 입각하여 문제를 제기 · 인식 · 해결하기 위하여 상황을 진단하는 것이다. 진단이 다르면 이에 대한 대응도 다르기 때문에 어떤 비전이나 목적을 가지고 현상을 진단하느냐는 아주 중요하다.

둘째, 처방적 기능으로 정책형성기능이라고 할 수 있다. 정책형성기능은 문제 해결을 위하여 구체적인 처방을 내리는 것이다. 지도자가 진단한 상황을 해결하기 위하여 집단으로 하여금 취해야 할 행동이나 행동경로를 고안해 내는 것이 처방의 임무이다. 여기에서 지도자는 집단의 목적에 이바지할 수 있는 정책을 제시해야 하는데, 자신의 목적을 집단 전체의 목적과 동일시하는 경우가 있다.

셋째, 동원적 기능으로 정책수행기능이다. 정책수행기능은 국민들의 지지를 끌어내는 것이다. 지도자들이 정의한 상황판단 및 이들이 처방하는 정책반

37) Tucker, 앞의 책, pp. 18-19.

응에 대하여 그 공동체 구성원들의 정치적 지지를 동원해 내는 것이다.

진단적 기능은 문제가 발생한 상황에 대한 인지와 분석기능이고, 정책형성 기능은 문제 해결을 위하여 구체적인 처방을 내리는 것이고, 정책수행기능은 국민들의 지지를 끌어내는 것으로 가장 중요하다. 터커는 정치리더십의 기능은 혼재되어 있기 때문에 처방과 진단의 기능을 나누는 것이 애매할 때가 있다 하면서도, 모든 기능에 포함되는 가장 중요한 것은 비전을 제시하는 것이라고 강조한다.

그러나 정치리더십의 기능에서 좀 더 주의 깊게 살펴 보아야 할 대목이 있다. 지도자들이 집단이 처한 상황분석에서 올바른 판단력과 정치적 분별력을 갖지 못하고 오진하는 경우가 있다는 것이다. 물론 여기에는 의도적인 오진도 포함되어 있다. 상황을 해결하기 위한 처방에 있어서도 정치지도자가 집단의 목적에 기여할 수 있는 방식으로 행동계획을 고안해야 하는데, 정치지도자 자신의 목적에 정치공동체의 목적을 맞추는 경우가 있다. 정치공동체의 지지를 얻는데 있어서도 집단이 처한 상황을 공공연히 극화시켜 규정하면 설득하기 쉽기 때문에, 정치지도자에 따라서는 자기가 원하는 방향으로 국민을 끌어들이기 위하여 현실을 왜곡하는 경우도 있다.

나이(J.S. Nye)도 정치리더십은 지도자와 추종자의 권력관계로 보면서도 중요한 것은 상황이라고 한다. 그는 "지도자는 추종자들의 걱정을 덜어 주기 위하여 즉흥적인 의사결정을 할 경우 문제가 발생할 수 있다"고 하면서, 정책결정이 어떻게 이루어져야 할지를 설명한다. 지도자가 다루어야 할 다양한 상황이 존재하지만, "문화적 맥락, 파워 자원의 배분, 추종자의 욕구와 수요, 시간의 긴급성 그리고 정보의 흐름"[38]은 어느 상황에서나 고려해야 할 지도자의 상황지능 기술이다.

3. 사회정치운동과 인류를 위한 리더십

제도화된 리더십이 문제의 환경들을 행동이 요구되는 상황으로 규정하지 않은 채 어느 시점에 도달하면, 민간지도자들의 리더십이 작동할 것이다. 정치공동체 안에 있는 어떤 개인들이 독자적으로 지금까지 용인된 상태는 옳지 못

38) Joseph S. Nye Jr., *The Powers to Lead*, 김원석 역, 『조지프 나이의 리더십 에센셜』, 교보문고, 2008, p. 153.

하다고 하여 앞으로 고쳐야 할 것으로 진단할 것이다. 그들은 변화를 위한 제안을 마련하고, 이들을 채택할 것을 공개적으로 촉구할 것이다. 그러나 정치적 권위, 즉 정부가 어떠한 행동을 취하지 않을 때, 민간지도자들이 진단과 행동처방에 적극적인 모습을 보여줄 수 있는데, 이런 상황이 발생하면 변화를 위한 운동이 일어난다. 이것을 사회정치적 운동이라 지칭하고 있다. 따라서 국가와 권력엘리트들을 중심으로 하는 연구에서 벗어나 지금까지 소홀히 취급했던 사회정치운동에 적극적인 분석적 관점이 제기된다.

사회정치적 운동은 다음 두 가지 의미에 있어서 리더십 현상에 해당한다. 첫째, 이러한 운동은 제도화된 권위가 정치적 공동체 내에서 요청되고 있는 리더십을 제공하지 못하는 경우에 재야에 있는 개인들이 발휘하는 리더십 행위를 통하여 일어나는 특징이다. 둘째, 사회정치적 운동이 일단 일어나게 되면 제도화된 권위로써는 쉽게 얻을 수 없는 변화를 유발하는 리더십이 종종 나타난다. 이런 리더십은 성공할 수도 그렇지 못할 수도 있다.

왜 이러한 리더십이 발생하는가? 제도화된 정치권위에 의하여 문제상황으로 규정되지 못한 채 지속될 때, 그리고 그 결과 변화를 위한 어떠한 행동도 일어나지 않을 때 발생한다. 그러면 정치리더십이 이를 왜 상황으로 규정하지 않는가? 첫째, 문화라고 불리기도 하는 오래된 관습 또는 인습 탓을 들 수 있다. 둘째, 주어진 여건에 대한 일반적 무지에 기인한다고 한다.[39]

변화를 위한 운동들은 공식적인 권위를 대표하는 리더십이 실패했을 때 일어나는 경향이 있다는 것이 터커의 설명이다, 즉, 정치공동체에 대한 문제상황으로 규정될 만하거나, 그렇게 규정되어야만 하는 여건이 발생했음에도 불구하고 그렇게 되지 못했을 때, 또는 공식적인 권위가 발휘하는 리더십이 변화를 막는 억압 등의 부정적인 것으로 판단될 때 이러한 운동이 자주 일어난다고 한다. 이러한 것에는 개혁적 리더십과 혁명적 리더십이 있는데, 개혁적 리더십의 대표적인 예는 킹(Martin Luther King, Jr.) 목사이고 혁명적 리더십의 예로 레닌을 든다. 킹 목사가 주도한 민권운동은 개혁운동의 대표적인 것이고, 레닌은 볼세비키혁명의 운동과정에서 지도자의 기능을 수행하였다.

터커가 관심을 가진 리더십을 하나 더 소개하면 리더십과 인류의 장래에 관한 것이다. 인류는 위험상황에 돌입했고, 생존의 위기에 있다는 것이다. 그가 이같이 주장하고 있는 것을 총체적으로 분석해 보면 '지구환경 문제'라고

39) Tucker, 앞의 책, p. 80.

할 수 있다. 각국의 정치도자들은 이 문제에 대하여 상황을 권위 있게 정의하고 역할을 하는데 태만했다. 그들은 민족국가적 이익에 집착하기 때문에, 행동을 요하는 환경의 도전을 문제상황으로 규정하는데 실패했다. 정부지도자가 생존의 위기가 도래하고 있음을 사람들에게 알리지 못한 것을 단순히 리더십의 결함으로 표현했지만, 앞날은 그 이상으로 어둡다는 것이다. 오늘날에 있어 정치리더십이 인류의 앞날을 개선하기 위하여 현명하게 대처하지 못하면 그 책임을 면할 수 없다는 것이다.

정부의 리더십이 잘못되면 민간리더십이 출현하여 이를 공동체상황으로 정의하고 이에 대한 바람직한 조치를 취하고자 한다. 민간지도자들이 이에 성공하면 하나의 운동으로 일어나게 된다. 인류공동체를 위해 민간지도자로서 활약하는 이들을 일컬어 인류당(The party of humnity)이라 하고, 이들은 다양한 국적과 직업을 가진 회원들로 구성되어 있다고 한다. 인류당의 리더십 활동은 위기상황의 진단뿐 아니라 진단에 필요한 증거들을 널리 알리고 분석하여 사람들로 하여금 인류의 현재 및 미래상황의 본질이 무엇인가를 깨닫게 하는 것이다. 그리고 위기상황의 진단에 대한 많은 지지를 동원하는 것이다.[40] 이같이 지구적 차원의 문제 해결은 기존의 정치학과 국가가 아니라 지구적 리더십의 창출과 행동으로 가능함을 시사한다. 터커가 권력중심적 연구경향을 비판하고 이 같은 리더십을 제시한 것은 정치학자로서 현재 인류가 처한 피하기 어려운 생존 차원의 위기와 국내정치의 황폐함을 극복하기 위한 처방이다.[41]

제5절 한국에서 정치리더십 연구

1. 한국의 대통령 정치리더십 연구

한국의 정치학계에서 정치리더십에 관한 연구는 주로 대통령의 리더십을 중심으로 연구되었다. 이 분야의 선구적 연구는 1976년 서대숙과 이채진에 의해서였다.[42] 전통적 정치리더십으로 조선조에 대한 분석과 한국 입법부와 행정

40) 위의 책, p. 132.
41) 정윤재, 『정치리더십과 한국의 민주주의: 한국 대통령 리더십 연구』, (주) 나남, 2012, p. 46.

부 정치지도자의 리더십 문제, 그리고 정치리더십의 대중인식을 다루고 있는 이 연구의 또 하나의 특징은 공산주의체제에서 정치리더십을 다루고 있는 점이다. 남북한 건국 50주년을 맞이하여 그동안 정치지도자를 총평가하고 21세기 바람직한 지도자상을 그려 보고자 '남북한 정치지도자의 리더십과 치적 공과' 라는 대주제로 1998년 학술대회를 개최하였다. 여기에서 발표된 역대 한국 대통령 그리고 김일성과 김정일 정치리더십의 분석에 대한 논문은 한국에서 정치리더십 연구의 외연을 확대할 수 있는 계기가 되었다.

그 후 정윤재는 한국정치에 대한 문제의식과 정치리더십 관련 논문들을 모아서 2003년 『정치리더십과 한국민주주의』라는 저서를 발간하면서, 한국 정치학계에서 정치리더십 연구를 촉진하는 계기되었으면 하는 염원을 담는다고 하였다. 이 책은 현대정치학에 대한 비판적 검토와 함께 정치리더십에 대한 이론적 논의와 주요 연구사례들을 제시하고, 역대 대통령의 정치리더십뿐만 아니라 김규식과 신익희의 정치리더십도 분석하고 있다.[43] 김호진은 『대통령과 리더십』을 출간한 이후 이를 전면 개정하여, 『한국의 대통령과 리더십』을 2008년에 내놓았다. 그는 직업으로서 정치와 정치인을 설명하고 국가경영을 위한 조건 · 덕목 · 주요 변인 · 전략 등을 분석하면서, 역대 대통령의 정치리더십을 유형화하여 제시하였다. 2006년 한국정치학회 호남지회에서 대통령 후보로 거론되는 8명을 선정 그들에 대한 정치리더십을 분석하는 학술회의를 열고, 다음 해 이를 '정치리더십의 이론적 기초' 라는 연구와 함께 5명 후보에 대한 리더십 분석을 『리더십 청문회』라는 저서로 출간하였다. 2007년 최진의 저서 『대통령 리더십 총론』은 리더십이 무엇인가를 설명하고 대통령 리더십의 일반이론과 정치리더십의 토대가 되는 여러 이론을 소개하고 있다. 또한 대통령 리더십과 권력의 상관관계를 설명하고 역대 대통령의 정치리더십을 분석한 다음, 이를 이론과 결부시켜 대통령 리더십의 성공전략이 무엇인지를 논의하고 있다.

한국정치학회와 관훈클럽이 2007년 1월 '한국 대통령 리더십 학술회의'를 개최하였고, 그 결과를 한국정치학회가 수정 · 보완하여 『한국의 대통령 리더십과 국가발전』이라는 책으로 출간하였다. 이승만 대통령에서 노무현 대통

42) Dae-Sook Suh & Chae-Jin Lee, *Political Leadership in Korea*, Seattle and London: University of Washington Press, 1976.

43) 정윤재는 이 책의 개정증보판으로 『정치리더십과 한국민주주의: 한국 대통령의 리더십 연구』를 2012년 출간하였다. 정치에서 리더십의 중요성에 대한 인식이 일상화된 것으로 보인다면서, 한국과 외국 지도자들에 대한 수준 있는 연구들의 생산을 주문하여 정치와 민주주의에 대한 균형

령까지 한국의 역대 대통령을 국가발전과 상관관계 속에서 파악하고 대통령 리더십에 대한 새로운 시각을 제시하고 있다.

2. 바람직한 정치지도자의 리더십

이상에서 정치리더십이 무엇이며 어떻게 접근해야 하는지를 살펴보았다. 바버의 정치리더십의 유형화는 미국 대통령들이 어디에 속하는지를 예시하고 있는데, 이는 한국 대통령의 정치리더십을 분류할 때 가장 빈번하게 쓰이고 있다. 또한 레윈과 리피트는 조직을 이끌어 가는 성격과 방법으로 정치리더십에 접근하고 있어, 이를 한국의 대통령에 적용하여 권위적 · 민주적 · 자유방임적 리더십으로 설명하고 있다. 번즈는 대통령으로서의 진정한 평가는 지도자로서의 성공 정도, 공적 가치의 실현, 그리고 그들이 국민을 위해 했던 선정 등에 따라 내려진다고 주장한다. 또한 터커는 정치지도자가 어떠한 이상을 가지고 상황을 진단하고 처방하여 국민의 동의를 끌어 내는가 하는 정치리더십의 기능적 측면에 중점을 두고 연구하였다.

웨슬리 대학과 듀크 대학 총장을 역임한 정치학자로서 코헤인(Nannerl O. Keohane)은 2011년에 『리더십의 사색』(*Thinking about Leddership*)이라는 저서를 출간했다.[44] 그는 제3장 '누가 리더가 되고 어떤 리더들이 성공할 것인지를 무엇이 결정하는가?' 에서 다음과 같이 문제를 제기하고 있다. 왜 어떤 사람은 리더가 되고 다른 사람은 되지 못하는가? 왜 어떤 리더들은 공통의 문제들에 대해 해법을 제안하면서 다름 사람들로 하여금 그것들을 따르도록 앞으로 나서는지, 또는 정규적으로 그렇게 할 수 있는 권한을 그들에게 부여하는 지위를 어떻게 차지하는가?[45] 마지막 질문은 어떤 사람이 대통령이 될 수 있는가로 해석할 수 있다. 코헤인이 리더십에서 가장 중요하게 생각하는 것은 판단력이다. 그는 판단력이 "리더십의 중심이요, 핵심이다"라고 한다. 그리고 지도사들이 가신 성보활용능력과 소통과 타협 등의 개인적 기술력과 개인적 성격을 들고 있다. 개인적 성격으로는 열정과 균형, 공감과 초연함, 용기 · 절제 · 비전을 제시하고 있다.

잡힌 시각의 성숙과 확산을 기대하고 있다.

44) 이 책은 심양섭 · 변영우에 의하여 『성공하는 리더십의 조건』이라는 제목으로 번역 출간되었다.

45) 심양섭 · 변영우 역, 『성공하는 리더십의 조건』, 명인문화사, 2012, p. 103.

그러면 과연 바람직한 정치리더십을 설명하기 위해서는 정치지도자의 어떠한 면을 보아야 할 것인가? 가장 중요한 것은 지도자와 추종자의 관계를 어떻게 가져가야 하는가이다. 오늘날 행정부 수장들은 정치적 리더로서 입법부나 사법부 지도자보다 훨씬 강력한 리더십을 발휘할 수 있으며, 정보의 수집 능력에 있어 뛰어난 능력을 보였다. 특히 위기시에 국난을 극복하면서 종래의 지도자상과는 매우 다른 면이 강조되었다. 또한 대중민주주의가 보편화되면서 정치적 리더의 중요성도 또한 중시하게 되었다. 따라서 현대국가의 지도자들은 대중조종을 위한 강력한 중심조직을 형성하고, 때로는 대중의 합리적 판단에 호소하며, 그보다는 비합리적인 감정에 호소하기 위하여 대중의 마음을 끄는 추상적인 상징을 조작함으로써 대중을 흡수하고 있다. 이와 같이 지도자의 인격이나 행동양식이 대중화 · 상징화의 경향을 갖게 되자, 한편으로는 다분히 조작된 이미지에 의존하는 지도자들이 나타나게 된다. 그러나 바람직한 리더십은 상징에 의하여 만들어진 것이 아닌 국민들이 다가갈 수 있도록 하는 것이다. 어떻게 국민들에게 힘을 실어 주고 국민들이 동의하도록 이끌어 갈 수 있는 창조적 리더십이 필요하다.

정치리더십에서 반드시 지향해야 것은 무엇일까? 최진은 그의 저서 결론에서 비전과 변화와 화합의 리더십을 3대 흐름이라 하고 있다.[46] 여기에서는 번즈와 터커 그리고 코헤인 등의 주장을 정치리더십으로 결부시켜 다음과 같이 여섯 가지로 나누어 조명해 본다.

첫째, 판단력을 갖추어야 한다. 판단력은 경험, 직관, 그리고 지능을 결합하는 의사결정과 심의에 접근하는 방식으로서의 특별한 정신적 능력 또는 기술로 이해할 수 있다. 판단력은 주어진 상황에서 무엇이 새로운 것인지를 식별하고 그에 따라 자신의 대응을 적응시키는 능력으로, 자신이 내린 정책결정이 어떤 결과가 초래될지를 이해하고, 앞에 놓인 노선들에서 제기될 수 있는 장애들을 인지하는 능력이다.[47] 특히 정치리더십을 기능적으로 접근한 터커의 경우, 판단력은 문제가 제기되는 상황을 인지하고 여기에 적절한 처방을 내리는 능력이라고 할 수 있다. 이러한 판단력은 정치지도자의 중심적인 능력으로, 이는 경험과 성찰로 세련화되고 연마될 수 있다.

둘째, 비전의 리더십이다. 터커는 정치리더십의 기능적 접근을 하면서 모

46) 최 진, 앞의 책, pp. 679-680.
47) 심양섭 · 변영우 역, 앞의 책, pp. 115-116.

든 것을 비전과 연결시키고 있다. 정치지도자에게 있어 정확한 상황의 판단은 리더십을 발휘하기 위한 가장 중요한 요인이다. 국민들은 정치지도자가 전략적 계획 또는 새로운 방향 설정의 차원에서 국가를 위한 비전을 밝혀 주기를 원한다. 그 상황에 가장 적합한 구체적인 비전 제시는 국민에게 희망을 준다. 이는 목표를 뚜렷하게 결정하는 것이고, 국민들에게 권한을 위임하고 민주적으로 의사결정을 하는 것이다. 다만 비전은 추상적이고 거창한 구호가 아니라 사람들의 가슴에 와 닿는 구체적이고 실천적인 대안이어야 한다. 그러나 이 모든 것은 행복과 통하여야 한다. 번즈가 말하는 리더십의 최종 가치가 행복이라는 말에 적극 동의한다. 정치지도자가 추구해야 할 리더십의 본질은 국민의 행복에 있다는 것이다.

셋째, 국제적이고 미래지향적 안목은 정치리더십의 필요적 요소이다. 현대 정치지도자의 중요한 덕목 중 하나는 국제적인 혜안을 가지는 것이다. 변화하는 국제사회에 대응하고 주도할 수 있는 능력을 갖추어야 한다. 변화를 주도하기 위해서는 활력이 넘치는 적극적인 자세가 필요하다. 급변하는 시대에 머뭇거리고 과거에 연연하면 국제사회에서 낙오되기 쉽다. 미국의 트루먼 대통령은 “대통령은 끊임없이 사건에 대처해야 한다. 결단을 내리지 못하면 사건이 대통령을 처리한다”라는 말을 했다. 정치지도자가 너무 국내문제에 매몰되어 변화하는 세계추세에 대처하지 못하면 국민이 불행해질 수 있다. 미래지향적 안목으로 대외정책을 추진할 수 있어야 한다.

넷째, 혁신적이고 창조적인 리더십이 필요하다. 자기혁신과 사회혁신을 이끌어갈 열정이 있어야 한다. 끊임없이 노력하고, 노력하는 자세야말로 지도자의 제일의 자질이라 할 수 있다. 정확하게 민심을 읽고 국민의 동의를 끌어낼 수 있어야 한다. 변혁적 지도자와 국민들 간의 상호작용은 그 자체가 변화의 강력한 원동력이 된다. 그러나 다분히 감성적이고 즉흥적인 변화는 위험하므로 경계해야 한다. 국민적 동의를 바탕으로 추진하는 합리적 변화여야 성공할 수 있다.

다섯째, 타협과 신뢰의 리더십이 필요하다. 정치지도자들이 자주 겪는 활동은 그들의 목표를 달성하기 위하여 타협하는 것이다. 타협은 서로 긴장관계나 갈등관계에 있는 잠재적 결과물들 사이에서 결정해야 하는 것이다. 타협은 화합을 의미하는 것으로 여기에서 리더십의 가장 중요한 요인은 바로 신뢰이다. 타협형 리더십은 양극단을 배제한 중용의 리더십이다. 한국처럼 지역갈등과 세대

대립, 정파충돌의 현상이 심한 나라에서는 너그러운 포용력이 절실하다. 한국 사회에 필요한 것은 '증오의 종식' 이라는 말이 많이 등장한다. 이는 지도자의 변화를 요구하는 것인데, 변화와 화합의 리더십은 서로 상충하는 것 같지만 리더십의 성공을 위해 반드시 함께 가야 할 동반관계이다. 화합의 리더십에 가장 핵심이 되는 것은 신뢰이다. 인위적인 화합이 아닌 신뢰가 바탕이 되는 지도자의 진실성이 국민의 마음에 전달될 때 정치리더십은 발휘될 수 있다.

여섯째, 소통의 리더십이다. 와이너(Robert Paul Weiner)는 힘을 실어 주는 리더십을 창조적 리더십이라 하고 있다. 지도자는 상이한 배경의 사람들에게 다가서서 다양한 형태의 소통을 할 준비가 되어 있어야 한다. 지도자와 국민 사이에 서로 힘을 실어 주는 상호작용에 의하여 중대한 변화가 발생한다는 것이다. 서로 힘을 실어 주는 상호작용 중 가장 중요한 것은 대화이다. 마음과 마음이 통하는 대화는 상하의 수직관계가 아니라 수평적 대화이다. 성공적 소통이란 서로에게 신뢰를 주고 용기를 주는 마음과 마음이 통하는 대화일 것이다. 소통은 기술이나 기교가 아니라 지도자의 생각을 밝히되 강요하지 않고, 국민의 이야기를 귀기울여 듣고 이해하려는 진심인 것이다.

제10장
집단이론

제 1 절 집단연구의 발전

20세기 초만 하더라도 사회현상을 연구하는 사회과학자들의 탐구대상은 개별행위자로서 개인이나, 전체로서 국가였다. 개인과 전체 사이에 존재할 수 있는 중간범위의 분석단위인 집단에 대한 관심에는 소홀히 하였다. 집단에 대한 연구는 1930년대 소집단에 관한 연구를 필두로 행해지게 되었고, 1950~60년대에 행태주의와 구조주의 영향으로 정치학에서 이익집단간의 경쟁을 정치과정의 요체로 설명하게 되었다.

1. 집단연구

이익집단을 포함한 사회집단들에 대한 연구는 정치적 다원주의에 영향을 받았다. 다원주의 사회의 주체인 개인은 다양한 선호와 가치를 지니고 있으면서 자신의 이익을 최대한으로 실현시키고자 한다. 또한 개인은 자신의 선호와 목표에 따라 행동을 결정하며, 비슷한 선호를 공유하는 사람들끼리 집단을 형성한다. 따라서 다원주의 사회는 이익의 증대를 위하여 개인들로 구성된 무수한 이익집단과 결사체의 조직들이 복잡하게 얽혀 있는 체계라 할 수 있다.

다원주의는 과거의 국가주권 개념을 거부하고 개인과 국가 사이에 집단 개념을 도입하여 정치현상을 분석하는 데 초점을 두었다. 다원주의에 따르면 국가는 여러 사회집단 중의 하나이며, 개인이나 집합체들에게 어떤 제재나 의무를 부과할 수 없다. 이 시각에서 정치의 요체는 자유로이 경쟁하는 이익집단들이 정부나 국가의 정책결정 과정에서 서로 자신들의 요구가 반영될 수 있도록 하는 경쟁과정이 된다. 정부의 결정이나 활동은 이들 경쟁관계에 있는 이익집단간 상호작용의 결과를 반영하는 것으로 설명할 수 있다.

그러므로 다원주의에서는 사회적인 모든 것들이 정치적 의미를 갖는다. 따라서 사회에 대한 연구로부터 정치분석의 독특성을 분리시키는 것은 어렵게 되었다. 즉, 정치와 정부, 권력과 권위 등과 같은 정치적 요소들이 모여 사회현상들에 내재하고 있는 것으로 간주되었다. 결국 정치적 다원주의는 정치영역의 확대를 전제로 했다.[1)]

1) 신정현, 『비교정치론』, 법문사, 2000, pp. 88-89.

정치학에서 집단연구는 1908년에 발간된 벤틀리(A.F. Bentley)의 『정치과정론』(*The Process of Government*)에 의하여 제기되고 발전되었다. 벤틀리에 의하면 사회는 집단의 복합물로서 집단현상을 배제하고는 정치현상이 존재하지 않는다. 그리고 공공정책은 집단이익의 충돌과 타협의 산물이다. 따라서 정치연구는 집단간의 상호작용에 관심을 기울여야 한다는 것이다. 그 당시 미국에서는 농산물 가격을 그대로 유지하려는 농민과 가격을 인하시키려는 도시 상공업자 사이에 심각한 이해대립과 5대호 주변의 공업자본가와 뉴욕 중심의 금융자본가 사이의 이해대립, 농민과 철도자본가 사이의 수송요금으로 인한 이해대립 등의 상황이 정치에 반영되고 있었다. 각 이익집단들은 정당을 통해서 이익집단의 특정한 주장이 국회의 정책결정에 반영되도록 노력했다.[2]

그 후 특수한 이익집단이나 집단체계에 관한 수많은 연구가 있었으나, 이에 대한 상세한 개념과 이론적 평가에는 관심을 두지 않고 있었다. 벤틀리의 집단연구를 재평가하게 한 것은 1951년 트루먼(D.B. Truman)의 『정치과정론』(*The Governmental Process*)으로, 이는 집단이론을 정착시켰다고 할 수 있다. 그는 일정한 이익을 정치적으로 해결하기 위해서 영향력을 행사하는 압력단체로 이익집단을 규정하였다.

집단이론은 정치연구에서 전통적 · 제도적 · 법률적인 접근에 대한 직접적인 반발로 나타났으며, 또한 규범적 강조로부터 벗어나 경험적인 요소들에 보다 관심을 갖는 방향으로 몰아갔다. 당시의 정치학이 외형적인 정부제도에 대한 공식적 연구에 치중해 있음을 비판하고, 좀더 경험적이고 확실한 자료에 근거한 연구에 관심을 둘 것을 지적했다.

2. 이익집단

현대사회에서 사람들은 서로 다른 이익을 추구하며, 다양하고 분화되어 있기 때문에 스스로의 이익을 실현하거나 지키기 위해서 정치적으로 영향력을 행사하게 되었다. 정치의 힘을 동원해서 자기의 이익을 더 늘리거나 지켜야 할 필요가 생겨나게 된 것이다. 이러한 의도로 사람들은 서로 같은 이해와 생각을 가진 사람들과 함께 조직을 만들었고 이렇게 해서 이익집단이 탄생했다. 학자

2) 진덕규, 『현대정치학』, 학문과 사상사, 1997, p. 347.

들은 이익집단에 대한 정의를 조금씩 달리하고 있는데, 여기에서는 집단을 어떻게 정의하고 또한 이익집단을 규정하고 있는지를 살펴본다.

벤틀리에 의하면 집단은 단순한 인간의 물리적 집합체가 아니라, 한 사회의 인간들의 일정한 부분이다. 그는 집단은 어떠한 한정된 행위과정을 향해 움직이는 경향을 가진 활동의 집합체(mass)라 한다. 그러므로 집단의 본질을 활동과 이익으로 보고 있다. 트루먼은 범주집단의 개념을, 어떤 공통적인 특징들을 공통적으로 가지고 있는 개인들의 집합이라고 규정하고 있다. 그리고 이익집단을 "하나 혹은 그 이상의 공유된 태도에 기초해서 그러한 공유된 태도를 견지하는 행위양식을 수립 · 유지 · 고양시키기 위해 사회에서 다른 집단들에게 어떤 요구를 행하는 집단"이라고 규정한다. 그는 이익집단의 개념에서 '상호작용의 양태'를 중요시한다. 벤틀리와 트루먼의 집단 개념은 상이한 면도 있으나, '개인들의 집합체, 상호작용, 집단의 공동선을 추구하기 위한 행동'이라는 핵심적인 견해에 있어서는 동일하다. 이 두 학자의 집단에 대한 정의를 종합해 볼 때, "집단은 공동의 이익을 추구하기 위하여 다양한 정도로 상호작용하는 개인들의 집합체"로 규정할 수 있다.[3]

이익집단의 개념을 정의한 논의 중에는 키(V.O. Key)의 견해가 공감을 얻고 있다. 그는 『정당과 압력집단』(*Parties and Pressure Groups*)에서 "이익집단은 공공의 정책결정이나 정책에 영향을 미치기 위해서 형성된 사적인 임의집단인데, 집단의 이익을 달성하기 위해서 정부와 의회에 영향력을 행사하지만 정당과는 달리 직접적인 정치권력을 장악하거나 국가권력의 행사나 경영에 참여하려는 의도를 가지지 않은 집단"이라고 정의하고 있다. 이처럼 이익집단은 그 집단의 이익을 정책에 반영시키기 위해 조직된 단체인 것이다.

이러한 정의 가운데 내포된 핵심 개념은 이익집단이란 정권획득을 지향하지 않지만, 정부의 정책에 자기들의 특수이익을 반영시키려고 노력하는 집단적으로 활동하는 조직체라는 점이다.

3. 시민사회

최근 수년간에 걸쳐 이익집단과 시민의 이익집단 참여로 형성된 광범위한

3) James A. Bill & R.L. Hardgrave, *Comparative Politics: The Quest of Theory*, 김기우 역, 『비교정치이론』, 박영사, 1993, p. 172.

네트워크를 통해 시민사회가 창출되는지에 대한 관심이 증대되어 왔다.[4] 시민사회라는 말은 다양한 의미로 쓰일 수 있는데, 넓은 의미에서는 시민과 국가의 관계를 매개하는 집단들의 집합체를 지칭하는 개념이다. 시민사회는 국가, 기업, 가족, 개인으로부터 상대적인 독자성을 유지하면서 공익 또는 집단적 이익의 보호 · 증진을 위해 집단행동을 하는 자발적 · 매개적 집단들의 집합체이다.

알몬드는 시민사회는 국가의 규제와 통제에 자유롭고자 하는 단체라 하면서, 다음과 같이 설명하고 있다. 코뮤니티 집단, 자발적 조직, 종교집단 등과 매스미디어나 인터넷을 통한 자유로운 커뮤니케이션과 정보에 접근하는 조직도 시민사회의 중요한 부분이다. 사람들은 공동목표를 성취하기 위하여 어떻게 그들의 이익을 조직화하고 표현하고 상호 활동하는지를 배운다. 그들은 역시 정치과정 그 자체가 직접적 결과를 가져오는 가장 중요한 학습이라는 것을 안다. 그러므로 활동적인 결사적 집단의 시스템은 아노믹 혹은 비결사적 활동이 발전되도록 학습할 수 있다. 집단개입은 역시 소수의 개인자원과 시민들이 정치에 접근할 수 있는 중요한 루트이다. 집단활동은 시민들이 그들의 선호를 발전시키고 명확하게 하는데 도움을 주고, 정치적 사건에 중요한 정보를 제공하고, 정당이나 선거에서보다 깨끗하고 정확하게 시민의 이익을 표출시켜 준다. 그러므로 이익집단에 다양하게 개입된 활동적인 공중은 민주정치 발전을 위한 비옥한 토양을 제공한다.[5]

이렇게 볼 때 현대적 의미의 시민사회는 강화된 정부의 권한 때문에 행정국가화의 경향을 띠게 되어 관료제의 역기능에 대안으로 등장한 것이다. 20세기말 신자유주의의 등장 및 참여민주주의의 확산과 함께 다시 부활된 것이 현대적인 의미의 시민사회이다. 오늘날 현대 시민사회는 NGO를 중심으로 공공서비스의 생산, 민주주의적 가치의 재생산, 인간소외의 극복 등의 문제들과 밀접하게 관련되어 있어서, 각종 사회문제에 대한 진단과 해결대안을 제시하는데 없어서는 안될 현대사회의 주된 구성요소로 등장했다.

정치경제적 상황이 한 국가를 초월하여 상호의존하기 때문에 정치경제 발전의 면에서 유사하게 세계시민사회의 발전에 관심을 가지게 된다. 한 국가에서 개인과 집단들은 유사한 관심을 가진 다른 국가와 연결되고, 결합함으로써

4) G.A. Almond & Russell J. Dalton & G. Bingham Powell, Jr. & Kaare Strom, *Comparative Politcs Today: A World View*(8ed.), New York: Pearson Longman, 2006, p. 68

5) 위의 책, PP. 68-69

그들의 개인적 영향력을 강화한다. 환경문제가 대표적인 예이다. 선진 민주국가의 환경집단은 그들 나라에서 직면하고 있는 이슈들을 전파(지도)함으로써 개발도상국의 환경집단들이 전문적이고 조직적인 자원이 되도록 도와 준다. 국가집단들은 국제적 컨퍼런스나 정책포럼, 인터넷뿐만 아니라 사회관련 네트워크를 통하여 국경을 초월한 만남이 이루어진다. 이것은 국내정치의 국제적 맥락이 어떻게 세계를 통하여 성장하는가 하는 하나의 표시이다.

알몬드는 특히 민주주의 이행 국가의 시민사회 발전에 대하여 관심을 가졌다. 동유럽과 다른 새로운 민주화국가가 직면하는 문제 중 하나는 조직적 단체가 억압되고 통제된 사회에서 어떻게 결사적 집단생활을 건설하느냐이다. 공산당과 정부관료제는 40년 동안 이들 국가를 지배해 왔고, 정부는 그들이 추구하는 목표에 맞추어 결사적 활동을 통제해 왔다. 경제적 빈국들도 역시 마찬가지이다. 만약 민주화가 성공적인 기회를 가지려면 시민들이 정치과정에 개입하고 그들의 이익을 표현하는 시민사회의 발전이 필요하다.[6]

제 2 절 이익집단의 유형

이익집단은 어떠한 기준에 따라 분류하느냐에 따라 학자마다 방법이 다양하다. 이익집단은 구조나 스타일, 재정과 지지기반 등에 따라 큰 차이가 있고 사회적 기반과 목표, 혹은 조직상의 특성 등 여러 기준에 의해 분류되고 있다. 일반적으로 대표적인 유형으로는 솔즈베리와 알몬드의 분류이다.

1. 솔즈베리의 분류[7]

1) 이익의 내용에 의한 분류

학자들이 가장 보편적으로 사용하는 사회 · 경제적 부문에 따른 구별이다. 그 전형적인 예로 농업, 실업, 전문직업, 기타 분야를 든다. 이와 아울러 어떤 특

6) 위의 책, p. 69.

7) Robert H. Salisbury, "Interest Group," Fred I. Greenstein and Nelson W. Polsby(eds.), *Handbook of Political Science*, Vol. 4, Mass.: Addison-Wesley, 1975, pp. 173-175.

정 정책이나 목표를 표방하고 나선 명분 혹은 촉진집단(cause or promotional group)이 있다. 그들의 구성원이 특정의 명분에 의하여 결합된 수많은 이익집단들이 존재하는데, 이들은 회원들의 경제적 이익이나 혜택보다는 어떤 특정의 정치철학적 목표지향성을 갖고 있다. 가령 이들은 정치적으로 특정 국내외 정책의 결정에 진보주의적 개혁을 주장하는 압력을 행사하기도 하고, 낙태수술에 대한 자유를 제한하여 태아의 생명을 보호하는 특정의 법률 개정에 영향을 미치는 경우도 있다.

또한 전술한 직업단체(농업, 상업, 전문직업) 등과 달리 비직업적 공통의 관심사에 기초한 수많은 임의집단들이 있다. 예를 들어, 재향군인회 등은 직업보다는 과거의 공통된 생활경험에 따라 조직된 단체이다. 그 외에 인권과 민족집단, 종교집단 등은 보다 특이한 내용을 그들의 이익으로 주장한다. 그 이익의 내용은 물질적 · 경험적 이익에서부터 가치표현, 연대감 등에 이르기까지 다양하다.

2) 조직형태에 의한 분류

미국의 트루먼은 집단기능에 있어서 조직형태를 중요시하고, 이를 연합조직집단(federally organized group)과 단일조직집단(unitary organized group)으로 분류하고 있다. 전자는 주로 독일과 미국 등의 연방국에서 나타나는데, 이는 지역적 조직의 연합적 성격에 기인하기 때문에 조직의 응집력이 약하다. 또한 단체 내의 권력작용에 따라 민주적 형태와 협동적 형태로 구분하기도 한다.

3) 회원형태에 의한 분류

이는 주로 우튼(G. Wootton)의 분류방식에 의한 것으로, 회원단위의 유형을 세 가지 차원에서 구분하고 있다. 첫째, 활동의 최저단위로서 개인들의 필요성에 따라 조직되는 집단으로 지방단위의 노동조합, 둘째, 중간단위 집단으로서 더 이상의 상위구조를 갖고 있지 않으면서 동시에 최저 활동단위로서 조직된 국제적 노동단체, 셋째, 각 분야별 회의를 망라하는 정상집단(peak group) 등이다. 정상집단은 산하에 여러 구성단체를 두고 주로 집단간의 조정, 정보교환, 타 집단에 대한 대표성의 업무 등을 수행한다.

2. 알몬드의 분류

알몬드는 조직상의 특성에 따라 이익표출의 기능을 네 유형으로 나누고 있다. 이를 간단히 설명하면 다음과 같다.[8]

1) 아노미적 이익집단

아노미적 이익집단(Anomic Interest Group)은 폭동, 시위, 암살 등 정치체계에 대한 불만이나 항의의 자연발생적 표현으로 일어나는 비조직적 집단이다. 이러한 아노미적 이익집단은 비조직적이거나 그 집단을 위한 계속적인 활동이 제한되어 그들의 이익이 정당하게 대변되지 못할 때, 때마침 어떤 사건이 발생하거나 선동적인 지도자가 나타나게 되면 이를 계기로 잠재적인 불만이 폭발될 수가 있다. 이런 경우 그것은 예상하지 못한 사태로 흔히는 걷잡을 수 없는 상황으로 폭동화될 수 있다. 그 예로 1832년 선거법이 개정되기 전 영국 지방의 동요와 곡물더미에 대한 방화사건이나 미국의 킹(Martin Luther King, Jr.) 목사 암살 직후 흑인지역에서, 그리고 1976년 미국의 캄보디아 침공후 많은 대학캠퍼스 내의 아노미적 집단시위를 들고 있다.

2) 비결사적 이익집단

이는 아노미적 이익집단과 마찬가지로 전문화된 조직을 가지고 있지는 않지만, 인종 · 혈연 · 언어 · 종교 · 지역 · 직업과 같은 문화적 · 경제적 이익에 기반을 두고 있으며 그 계속성도 존재한다. 비결사적 이익집단(Nonassociational Interest Group)은 대개 두 가지 종류가 있다. 첫째는 커피 애호가 등 소비자 이익집단과 같이 구성원들이 공통적 이익을 의식하고 있으나, 그것이 명백히 나타나지는 않고 결사나 제도적 차원에서 공식적인 조직이 없는 경우이다. 둘째로는 소규모의 혈연, 경제 내지 인종적 하위집단으로 그들 구성원이 서로 친숙하게 잘 알고 있는 경우이다. 이들은 역시 장기간에 걸친 계속성은 가지고 있으나 그들의 이익표출은 간헐적이며 전문화되어 있지 않다. 이들은 외부환경이 그들의

8) Gabriel A. Almond(ed.), *Comparative Politics Today: A World View*, Boston: Little, Brown & Co., 1974, pp. 74-78.

이해관계를 심하게 침해할 때 반응하며, 만일 외부압력이 지속되면 상설적 조직으로 전환하여 다른 유형의 이익집단으로 전환할 수도 있다. 특히 혈연·지연의 유대가 있는 이익집단이 그러하다.

3) 제도적 이익집단

이 집단은 흔히 정당, 회사, 입법부, 군부, 관료, 교회 등의 조직에서 발견된다. 이들의 모조직은 고도로 분화된 역할구조를 갖고 있지만 그들 조직은 이익표출 이외의 특별한 조직목표와 기능이 있다. 제도적 이익집단(Institutional Interest Group)은 그 조직기반을 활용할 수 있는 비교적 충분한 자원이 있고 정책결정기구에 쉽게 접근할 수 있는 위치에 있기 때문에 그 영향력이 막강하다. 또한 이익표출 이외의 정치적·사회적 기능을 목적으로 한, 전문적으로 고용된 인물에 의하여 구성된 공식적 조직이다.

여기서 특히 주의할 일은 정당도 이익집단의 기초가 될 수 있다. 정당의 이익집단적 특성은 자체 구성원의 이익을 대표하고 결합하는 당의 기능과 특수이익을 표출하여 자기들의 제도적 지위를 이용하는 당내 파벌의 형태로 구별된다. 또 입법부·관료·군대는 국가기구이기 때문에 그들 자신의 봉급인상을 요구하는 경우는 이익표출로 볼 수 있으나, 사회의 어떤 집단의 이익을 대표하려고 할 때 그것은 독자적인 제도적 집단으로 볼 수 없다.

다만 제도적 이익집단은 그의 조직기반이 활용할 수 있는 자원과 정책결정기구에 대한 접근 가능성 등의 영향력으로 인하여 사회에서 막강한 힘을 구사할 수 있다. 특히 후술할 결사적 이익집단이 이를 원용하게 되고, 일당독재하의 전체주의 체제에서는 더욱 그렇다. 그러나 다원주의 사회에서 제도적 이익집단을 너무 강조하면 근본적으로 이익집단 개념상의 문제가 제기된다.

4) 결사적 이익집단

결사적 이익집단(Associational Interest Group)은 특수한 집합체의 이익을 명시적으로 대변하는 고도로 조직화되고 특수화된 전문화된 구조를 가진 조직체이다. 노동조합·기업인·직업인들의 조직체인 이들의 특성은 특수집단이익의 명백한 표출, 전문화된 직업적 인원, 이익대표 및 요구표출을 위한 절차, 질서

등으로 요약할 수 있다.

이들 결사적 이익집단의 중요성이 강하게 강조되면서 보다 발전된 사회에서 많은 연구대상이 되고 있다. 이들의 전략과 목표는 사회에서 흔히 정당한 것으로 인정되고 있으며, 현대사회에 있어 가장 대표적인 이익집단의 유형으로 설명되고 있다.

제 3 절 이익표출의 방법과 공공선

1. 이익표출의 방법

이익표출의 실효를 거두기 위해서는 이익집단들이 정책결정작성자들의 핵심에 접근할 수 있어야 한다. 비록 집단의 구성원들이 그들 이익을 직접 · 간접으로 표현할 수 있다고 해도 반드시 결정과정에 침투하여 영향을 미친다고 볼 수는 없다. 이익집단에 따라서 각기 그 접근전략이 다양하고, 정치체제마다 그 세력을 조직하고 분배하는 방식도 다르기 마련이다. 예를 들어, 일당독재체제의 국가와 같이 주요한 합법적 통로가 단지 하나밖에 없는 경우 모든 집단들이 이에 쉽게 접근하기란 곤란하다.

그들의 요구들은 때로는 왜곡되고 지도층에 이르는 정보가 차단됨으로써 끝내는 불만집단간에 불안과 긴장을 고조시킬 수 있다. 이와 같이 사람들은 그들의 요구나 이익이 단지 지도자들에게 전달될 뿐만 아니라 그들의 호의적인 반응을 얻어 내는 방식으로 노력을 다한다. 그리하여 사람들은 특정의 요구통로로 결정작성자들에게 자신들의 요구를 확실하게 하는 전략이나 기법을 발전시키고 있다.

이익집단이 그들의 목직을 달싱하기 위하여 사용하는 접근통로를 몇 가지로 나누어 분석해보면 다음과 같다.

첫째, 개인적 접촉으로서 정치엘리트에게 접근할 수 있는 주요한 수단은 가족이나 친인척 · 학교동창 · 동향출신, 기타 유대를 이용하는 방법이다. 아무리 조직의 합리성이 강조되고 있는 현대사회라고 하더라도 친척, 친구, 가까운 이웃 등 깊은 정의를 통한 요구는, 전혀 면식이 없는 낯선 사람들로부터 제기된 공식적인 접촉보다 훨씬 호의적일 것이라는 점은 부정할 수 없다. 그러나 종종 그 부작용도 심하게 나타나고 있다.

둘째, 직·간접 대표에 의한 것이다. 이익집단은 의회나 행정부에 직접 대표를 보내서 그들로 하여금 결정작성구조의 구성원으로 관여하게 함으로써 그들 집단의 이익을 직접적이고 계속적인 교류에 의하여 표출하고자 한다.

셋째, 매스미디어의 활용이다. 텔레비전·라디오·신문·잡지 등 매스미디어와 정당도 중요한 이익표출의 제도적 채널을 담당한다.

넷째, 입법부 및 집행기관과의 접촉이다. 여기에 나타난 전형적인 로비전략은 국회 분과위원회에 참석하거나 국회의원에게 정보를 제공하는 경우, 내각 관료와의 접촉, 기타의 활동들이다.

다섯째, 이익표출의 수단으로 항의적 시위, 파업 기타 형태의 영향력 행사는 그것이 비폭력적이면서도 때로는 극적이고, 직접적으로 압력을 정부에 가하고, 또 불법적일 때도 있다. 그러한 시위는 아마도 아노미적 이익집단의 자연발생적인 행동이거나 혹은 조직집단들이 인습적 방법을 이용하는 경우 효과가 없다고 느낄 때 흔히 사용된다.

끝으로 가장 극단적인 강압수단으로 테러리즘이 있다. 테러는 암살, 다른 집단이나 정부요인에 대한 무장공격, 유혈사태의 도발 등이 있는데, 요즘 세계의 많은 지역에서 끊임없이 발생하고 있다. 테러의 전술은 전형적으로 정치적 게임의 규칙을 변화시키기 위한 일부 집단들의 욕구를 반영한 것이다.

2. 집합재(collective goods) 이론

이같이 이익집단의 구성원들은 그들의 목표달성을 위하여 여러 가지 방법에 의하여 활동을 하게 된다. 그러므로 일반적 기존의 집단이론은 전통적으로 개인들은 공동의 목표나 혹은 공공의 선을 획득하는 기회를 향상시키기 위해서 결속한다고 가정하였다. 그러므로 왜 개인들이 집단에 계속 참여하는가는 개인이 집단활동을 통해 그들의 목표를 달성할 수 있다고 보기 때문이라는 것이다. 기존의 집단이론 학자들의 추론과정에서 잠재되어 있는 것은, 개인이 자신의 이익을 추구하는 것과 같은 양식으로 집단은 그들의 이익을 추구한다는 가정이다. 그러므로 정치체계는 개인들이 어떤 공동의 이익을 획득하는 것을 보장하기 위해서 그 집단을 통하여 일하고 있는 개인들로 구성된 경쟁관계 집단들의 망으로 간주된다.

그러나 올슨(M. Olson, Jr.)[9]은 기존의 이론과는 다르게 주장하고 있다. 그 차이는 집단의 구성원들이 그 목표를 추구하고 달성하는 방법에 대한 올슨의 결론에서 찾을 수 있다. 올슨은 대집단[10]들에 속해 있는 합리적이고 자기본위적인 구성원들은 공공선(common good)을 위하여 일하지 않으며, 그러한 결과 집단들은 자주 그들의 목표를 성공적으로 획득하지 못하고 있다고 주장한다. 어떤 집단의 목표나 목적이 보편적이라는 그 사실은 집단에 속해 있는 사람들이 집단의 이익과 달리 행동해도, 집단의 목표달성에 의하여 얻어진 이익에서 배제되지 않는다는 것을 의미한다. 그는 집단 속에 있는 개인들은 공동의 이익이나 집단이익을 달성하려고 행동하지 않을 것이라고 결론짓고 있다. 물론 집단이 강제력을 사용하거나 집단목적 달성에 개별적 자극이 있을 경우에는 집단이익을 위해 행동한다고 하고 있다.

올슨에 의해서 공식화된 집합재 이론은 경험적인 면에서 또한 대집단만을 설명하고 있기 때문에 논리적인 기초면에서도 비판을 받았다. 그럼에도 불구하고 '이익집단 일체감의 위기' 등을 생각하게 하여, 비교정치학에서 집단이론의 계속적인 발전에 이바지한 바가 크다. 빌(J.A. Bill)과 하드그레이브(R.L. Hardgrave)가 주장하는 바와 같이 올슨의 이론은 집단행위 패턴에 관해서 근본적으로 중요한 의문을 제기하고 있으며, 또한 집단 상호작용 정치에 대해서 새롭고 고무적인 통찰력을 제공하고 있다.[11]

제 4 절 이익집단정치: 조합주의이론

집단이론에서는 정부를 주요한 이익집단들의 이익갈등이 토의되고 해결되는 장으로 간주하거나, 정부 외에서 활동하는 집단들 상호간의 경쟁에 의한 균형회복 과정에서 중립적인 지위를 지닌 심판자로 간주하였다. 그러나 집단이론이 정치과정에서 정부의 역할을 경시하고 있다는 비판이 있다. 또한 정치과정

9) 올슨(1932~1998)은 집단행위이론을 확립한 경제학자이다. 그는 1965년 『집단행위의 논리』에서 집합재라는 개념을 도입하여 집단이나 조직이 살아가기 위한 합리적인 기반을 밝혀 정치학에서 조직이나 집단에 대한 견해를 변화시켰다.

10) 올슨은 그의 이론에서 소집단은 예외로 하고 있다. 또 중간집단을 '둘 혹은 그 이상의 성원들이 공공선이 획득되기 전에 동시적으로 행동해야 하는 집단'으로 규정하고 있다. Olson, *The Logic of Collective Action*, p. 46, 김기우 역, 『비교정치이론』, 박영사, 1993, p. 187 재인용.

11) 위의 책, pp. 189-190.

에서 이익집단간의 지나친 갈등과 대결, 특정 집단에 의한 이익의 과도한 독점과 이익집단의 잘못된 이익표출 방법으로 정치적 불안정과 부패를 조성할 수도 있다. 국가의 주요 목적인 공공선의 추구가 오히려 다원주의적 이익집단 정치에 의하여 침해됨으로써 국가의 존립목적까지도 문제가 된다는 비판도 대두되었다.[12)]

이러한 인식에서 국가론의 등장과 함께 비주류이론으로서 등장하고 있는 것이 조합주의이론이다. 원래 조합주의 국가이론은 20세기 전반에 일부 유럽 국가와 중남미를 지배했던 유력한 것으로, 중세 가톨릭 지배사회의 길드 개념에서 연유하는 기능적 단체인 조합에 그 구조적 근원을 두고 있다. 이탈리아의 무솔리니(B. Mussolini)가 조합국가를 시도함으로써 발전되기 시작하였다.[13)] 조합주의의 특징과 사회정치 형태는 서구 선진 산업사회와 남미제국에서 발견되고 있고, 남미의 몇몇 나라들은 스스로 그들 국가를 조합주의 국가로 자처하기도 한다. 조합주의는 근대화나 발전이론이 지향하고 있는 합의모델이나 마르크스주의를 필두로 하는 갈등모델을 절충한 제3의 모델이라고 볼 수 있다.

조합주의의 개념으로는 슈미터(P.C. Schmitter)의 정치적 정의를 대표로 들 수 있다. 조합주의는 이익대표체계의 한 유형으로, 그 구성단위는 국가에 의해 승인되거나 허가받은 제한된 수의 단독적 · 강제적 · 비경쟁적 · 위계적으로 구성되고 기능적으로 분화된 제 범위 안에서 조직된다. 이들 구성단위들은 각 단위체들의 지도자 선출과 요구 및 지지의 표출에 대한 통제에 순응하는 대신 각 범주 안에서 그 구성원의 이익을 대표할 독점권을 부여받고 있다.[14)] 그는 사회발전에 따른 제도화의 관점에 따라 사회조합주의와 국가조합주의로 분류한다.

사회조합주의는 선진 자본주의 국가로서 복지국가의 형태를 지닌 오스트리아, 스웨덴, 노르웨이, 핀란드 등이 대표적인 사례에 속한다. 이는 다원주의적 양태를 지닌 것으로 국가로부터 이익집단들의 자율성이 보장되고 아래로부터의 점진적 진화 · 발전을 특성으로 하고 있기 때문에, 현대국가에서 이익집단 정치를 발전시킬 수 있는 유용한 틀로 보고 있다. 이는 다원주의 요소가 가미되

12) 윤형섭 · 김영래 · 이완범, 『한국정치 어떻게 볼 것인가』, 박영사, 2003, p. 296.
13) 김영래, "한국이익집단에 대한 국가의 통제: 조합주의적 이론을 중심으로," 최상룡 외, 『현대한국정치와 국가』, 법문사, 1987, p. 349.
14) Philippe C. Schmitter, "Still the Century of Corporatism?" P.C. Schmitter and G. Lehmbruch(eds.), *Trends Toward Corporatist Intermediation*, Beverly Hills, Ca.: Sage Publication, 1979, p. 13.

어 있기 때문에 자유조합주의 혹은 조합주의적 다원주의라고 한다.

슈미터는 그 특징으로 첫째, 이익집단은 정부 차원의 정책결정 과정에 개입하여 정부가 설치한 각종 위원회에 참석한다. 둘째, 노조와 같은 이익집단은 정당과 밀접한 관계를 가지면서 정책형성에 참여한다. 셋째, 한 국가 내에 존재하는 대부분의 이익집단은 수직적으로 구조화되어 있으며, 그 가입은 강제적이며 전문적인 직업적 이익집단은 비경쟁적 · 독점적인 조직에 의해 대표된다. 넷째, 노조 · 기업 · 정부 등 3자는 극한적인 방법으로 이익을 추구하지 않고 타협한다. 그러므로 사회적 조합주의는 다원주의가 지니는 낙관적 시각에 따른 집단간의 경쟁을 통한 이익갈등의 조화와 균형이 너무 이상적이라고 비판하면서, 사회적 균형 · 협동 · 합의 발견을 이념적 요인으로 하는 이익대표체계로서 기여하게 된다는 것이다.

이에 반하여 국가조합주의는 엄격하게 중앙관료적인 권력에 종속된 하위의 지역적 단위를 지닌 정치체계와 관련되어 있다. 국가의 강력한 힘에 의하여 통제되는 이익집단체계를 의미하는 것으로 스페인, 포르투갈, 칠레, 멕시코, 페루 등에서 나타나고 있다고 주장한다. 이는 국가가 이익집단을 사실상 종속화시키면서 각종 제도적 · 법적 · 행정적 장치를 통하여 이익집단들의 조직과 활동을 통제함으로써 국가의 정책목표를 달성하기 위해 이익집단들을 대중동원의 기제나 정당화의 도구로 이용하는 것이다.[15] 이는 국가가 이익집단에 대한 일방적 억압을 통해 이익갈등의 분출을 억제시킴으로써 외형상으로는 갈등을 조정하고 있으나, 장기적으로는 이익갈등을 내재화하여 정치적 불안정을 야기하기도 한다.

제 5 절 NGO

1. 이익집단과 NGO

우리는 이익집단과 NGO(Non-Governmental Organizations)를 어떻게 연결시키고 구별할 것인가에 대하여 많은 고민을 한다. 여기에서는 NGO를 쟁점특화집단(issue-specific groups)으로서의 이익집단으로 규정하고자 한다.

15) 윤형섭 · 김영래 · 이완범, 앞의 책, p. 297.

최근에는 이익집단의 전통적인 생성 기반인 협소한 사회경제적 범주들(예: 인종, 종교, 기업, 향군, 노조, 농민 등)을 뛰어넘어, 새로운 문제영역에서 사회구성원들이 공유할 수 있는 공통의 정책목표를 지향하는 새로운 이익집단이 분출하고 있다. NGO는 이런 유형의 집단을 의미한다. 새로운 문제영역은 매우 일반적이고 보편적인 쟁점들로부터(예: 민주화, 인권, 종교-문명간 공존, 反세계화 등) 구체적인 쟁점들에 이르기까지(예: 환경, 반핵, 선거 등) 그 정향이 매우 다양하다.

기존의 이익집단들이 특수한 이해관계를 공유하고 있는 제한된 회원제(멤버십)만을 갖고 있는 반면에, 이들은 보다 광범한 보편적 회원제를 유지하고 있는 것이 일차적 특징이다. 예를 들어, 기존 이익집단은 현실적 이해관계를 같이 하는 사람들만이 구성원이 되어 그 분포가 집단 참여자와 비(非)참여자로 분리되는 등 극단적으로 이분법적이고 대립적이었다. 그러나 NGO의 대표적인 영역이라 할 수 있는 환경의 영역에서는 직업, 성별, 국적, 경제적 소득의 격차 등 모든 면에서 구별 없이 다양한 성원들로 구성되는 특성을 지닌다.

이러한 새로운 유형의 이익집단은 기존의 '이익' 개념 자체도 근본적으로 변화시키고 있다. 공공선(public good)이라는 관점에서 이익집단을 규정할 경우에도, 기존의 개념은 단순히 공적 이익과 사적 이익, 또는 일반이익과 특수이익이라는 기준에 근거하는 경향이 강했다.

그러나 이러한 개념 인식으로는 현재의 NGO(쟁점특화집단)가 지향하는 이익 개념을 충족시키지 못한다. 왜냐하면 NGO에는 형식, 규모, 취급문제 영역, 이익의 결과적 분배대상 등의 측면에서 사회 전체적인 보편성을 갖지 못하는 경우가 있다 하더라도, 그들이 궁극적으로 지향하는 목표나 상태가 특수계층의 협소한 이익이 아니라 사회 전체를 위한 것일 수 있기 때문이다. 따라서 이익 또는 이익집단의 개념 · 유형 · 성격 · 추세 등도 다양한 수준에서 재조정될 필요가 대두되고 있다.

2. NGO의 개념

일반적으로 NGO는 Non-Governmental Organizations의 약자로 '비정부기구'로 번역할 수 있다. 이런 의미에서 본다면 NGO는 사실상 정부가 존재한 이래 어떤 형태로든 늘 있어 왔다고 할 수 있다.

NGO라는 용어는 1950년 2월 유엔 경제사회이사회에서 결의안 제288호가

통과되면서 공식적으로 사용되기 시작했다. 당시 NGO는 정부의 대표가 아니면서도 유엔과 협의적 지위를 인정받은 공식적 조직을 의미했다. 그러나 오늘날에는 개별 국가의 정부에 대응하는 시민사회의 다양한 조직들에 대해서도 NGO라는 개념을 광범위하게 사용하고 있으며, 오히려 국제적인 조직들에 대해서는 INGO 또는 Global NGO라는 용어를 사용하게 되었다.

NGO를 문자 그대로 이해한다면 정부기구가 아닌 모든 기구들이 NGO에 속하게 된다. 그러나 NGO를 비정부기구로만 본다면 기업과 같은 영리단체들도 NGO에 속한다고 할 수 있다. 이러한 혼란을 피하려면 NPO(Non-Profit Organizations)라는 개념이 적절할 수 있다. NGO에 대한 개념 정의는 학자들이 강조하는 바에 따라 조금씩 달리하고 있다. 이를 종합해보면 NGO는 비정부적 · 비영리적 · 비당파적 · 공익적 · 자발적 · 자율적 성격을 지닌 기구라고 할 수 있다.

NGO를 좀더 구체적으로 설명하면 다음과 같다.[16] ① NGO는 정부조직과는 무관하게 사적으로 조직된 비정부, 비국가, 비당파적 행위자이다. ② 개인들의 자발적 참여에 의하여 활동하는 비영리조직으로서 환경보호, 인권보호, 난민구호, 개발지원 등과 같은 공공선 실현에 관심을 갖고 있다. ③ NGO들이 추구하는 목표를 달성하기 위하여 압력단체로서의 성격을 가지고 있으며, 이는 국내외적 영역에서 광범위한 정치참여를 유도한다. ④ 이들의 활동하는 영역이 주로 인간의 기본적인 삶과 관련된 사항이기 때문에 억압적인 또는 권위주의적 정치체제를 민주정치체제로 변환시키려는 활동을 하고 있으며, 이런 과정에서 시민사회의 주축이 된다. ⑤ NGO는 광범위한 대중참여를 유도하기 때문에 풀뿌리 조직의 성격을 가지며 또한 자율성과 독립성을 가진다. 풀뿌리 조직은 자율성과 독립성이 지켜질 때 생명력을 가지며, 동시에 이를 통하여 광범위한 대중참여를 유도할 수 있다.

이상과 같이 NGO를 정의함에도 불구하고 비당파적이라는 것을 어떻게 보아야 하느냐, 또한 공익적(공공선)을 어떻게 보아야 하느냐 하는 문제가 있다. NGO는 기본적으로 제도화된 정당정치에 참여하지 않는 기구를 말한다. 하지만 이것이 '비당파적' 이라는 것을 의미한다고 말하기 어렵다. 시민사회가 다양한 세력들로 분화되어 있는 사회에서 '적극적 공동선' 을 추구하는 NGO들은

16) 김영래, "지방화 시대의 NGO와 민 · 관 파트너십에 관한 연구," 『NGO연구』, 제2권 제1호, 한국NGO학회, 2004, p. 81.

특정 정당과의 선택적 친화성을 가질 수밖에 없으며, 심지어는 독일의 녹색당처럼 NGO들이 자신들의 정치적 목적을 달성하기 위하여 직접 정당을 형성하기도 한다. 또한 NGO가 공공성의 특성을 벗어나는 경우가 있고, NGO가 아닌 친목단체나 직능단체로 결성된 단체 중에서 NGO와 같이 공익활동을 하는 단체도 있다.

3. NGO의 유형

NGO들은 환경에서 평화, 법, 정치, 예술, 문화, 체육 등에 이르기까지 사회 거의 전 분야에서 활동하고 있다. 이들은 여론형성을 통해 시민들을 학습시키고 그들이 직접 참여하여 스스로 문제를 해결할 수 있도록 지원함으로써 참여민주주의를 실현시키려 노력하고 있다.

조희연 교수는 NGO를 다음과 같이 4가지 유형으로 나누고 있다.[17]

첫째, 공익실현을 지향하는 NGO들이다. 이는 다시 사회행동적 NGO와 사회서비스적 NGO로 구분할 수 있다. 사회행동적 NGO는 캠페인 등 다양한 사회행동을 통해 특정한 사회개혁적 목표를 성취하기 위해 활동하는 단체이다. 이는 사회 자체를 개혁하여 사회적 약자나 결핍자들이 나타나지 않도록 하기 위해 활동하는 단체이다. 이에 반해 사회서비스적 NGO는 사회적 약자나 결핍자들에게 자원봉사 등의 서비스를 제공하는 단체를 말한다. 즉, 사회에서 서비스 결핍으로 느끼는 개인이나 집단에게 직접 서비스를 제공한다.

둘째, 집단이해를 실현하기 위한 NGO들이다. 이들은 일반적으로 이익집단이라고 불리는 단체와 혼재해 있다. 이 양자의 경계선에 있거나 양자의 성격이 복합되어 있는 단체들이 많이 있다. 단체의 성격에도 불구하고 특정 국면에서는 공적 이해 실현을 지향하는 단체로서의 성격이 강하나, 후에 집단구성원의 이해를 증진하는 이익집단적 성격이 강한 단체로 변하는 경우도 있다.

셋째, 각종 동호회나 취미클럽과 같이 정치 · 경제 · 사회적 이슈와는 관계없이 특정 관심에 따라 단체를 구성하는 친교공동체 NGO들이다. 이들은 이익집단적 행동을 하는 경우가 있다.

넷째, 이러한 유형에 속하지 않는 다양한 성격의 자발적인 NGO들이다.

17) 조희연, "한국 시민사회단체(NGO)의 역사, 현황과 전망," 김동춘 외, 『NGO란 무엇인가』, 도서출판 아르케, 2000, pp. 128-129.

제 6 절 한국에서 NGO의 역사와 과제

행정자치부에 따르면 2004년 9월 현재 5천여 개의 NGO가 정부에 등록되어 있다. 한국 NGO의 전체 숫자는 정확하게 계산하기 어렵지만, 2005년 현재 공식 · 비공식, 온라인 · 오프라인을 포함하여 2만여 개가 될 것으로 보인다. 활동영역별로는 사회적 약자와 관련된 NGO가 전체의 46% 정도를 차지하고 있다. 개별 영역별로는 환경 NGO가 가장 많고, 그 다음으로 장애인, 자원봉사 · 구호, 시민사회 일반, 여성, 사회복지 일반 등의 영역에서 활동하는 NGO가 많다.

2005년도를 기준으로 NGO의 설립연도를 보면, 1987년 6월항쟁 이후 설립된 단체가 90%를 넘는 것으로 보인다. 그만큼 한국 NGO의 역사는 짧으며 6월항쟁이 한국 NGO의 성장에 커다란 분기점이 되었다. 이와 같이 한국 사회에서 일기 시작한 민주화 · 자유화와 더불어 NGO는 폭발적인 증가를 가져왔다.

김영래 교수는 한국 NGO의 과제를 다음과 같이 이야기하고 있다.[17] 첫째, 대중에 기반을 둔 NGO가 되어야 한다. 둘째, 시민사회의 대변자로서 일반시민으로부터의 요구를 파악하고, 이를 정부의 정책결정에 연결하는 매개체로서의 역할을 충실히 수행하기 위하여 전문화된 체계를 구축하는 것이 필요하다. 셋째, NGO의 발전을 위하여 민주적 정치과정의 확립이 필요하다. 넷째, 자율성의 제고도 시급한 과제이다. 다섯째, NGO는 정부로부터 자율성의 확보와 더불어 정부와 지속적인 제도적 연계망을 구축해야 한다. 여섯째, NGO들은 국가기업과는 달리 고도의 신뢰성을 일반국민으로부터 유지하게 되므로 조직의 운영과 사업추진에 있어 철저한 투명성과 높은 수준의 도덕성이 요구된다. 마지막으로 국제화 · 세계화의 시대적 흐름과 함께 NGO간의 국제적 연계도 강화해야 한다.

한국의 NGO들도 이제 새로운 전략과 사고가 요구된다. 가장 중요한 자율성과 독립성을 갖추려 최선의 노력을 다해야 할 것이다. 그리고 각 NGO들은 그들이 추구하는 목표를 달성하기 위한 방법에 있어서도, 투쟁중심이 아닌 세련된 참여행태를 발전시킴으로써 시민들의 적극적인 호응을 얻을 때 더욱 번창해 나갈 것이다.

17) 김영래, "21세기의 새 정치의 화두: 시민운동," 윤형섭 외, 앞의 책, pp. 340-342.

제11장
정치체제와 정부형태

제 1 절 정치체제의 개념

우리는 일반적으로 체계와 체제라는 개념을 구분하여 사용하지만 혼용하여 사용하는 경우도 있다. 체계(system)라는 용어가 주요 개념, 기능 및 구조를 확인하기 위해 사용된 반면에, 정치체제(political regime)라는 용어는 개별적인 제도적 장치, 즉 일정한 국가에 있어서 정치적인 제 관계가 구성되고 패턴화되며 조직화되는 방식을 의미한다. 체계는 분석적 개념을 나타내고 체제는 경험적 및 기술적 범주를 나타낸다.[1]

정치체계는 구조와 기능으로 구성되어 있다. 기능은 행해져야 할 일과 관련되어 있고, 구조는 제도 · 기구 · 장치 및 이러한 것들이 행해지는 절차와 관련되어 있다. 체계이론은 정치체계의 주요 기능 그리고 그 기능간의 상호관계와 상호의존을 시사해 주지만, 단지 일반적인 견지에서 시사해 줄 뿐이다. 한편 정치체제는 이러한 기능들이 제도 · 절차 및 구체적인 관계로 조직화 · 형체화되는 개별적인 방식과 수단을 의미한다.[2]

모든 정치체제는 그들이 수립하는 제도를 통하여 기능을 수행하려고 다양하게 시도하고 있고, 또한 그 정치체제들이 일반적으로 심판을 받게 되는 것은 그 기능을 수행할 수 있는 능력의 견지에서이다.

정치체제를 개념화하고 분석하는 데 있어서 몇 가지 기본적인 공통요소를 다음과 같이 설명할 수 있다. 첫째, 엘리트의 구성형태이다. 어느 정치체제이건 정치적 계층이 존재하고, 상층에 자리잡고 있는 것이 정치엘리트이다. 이 계층의 성격이 정치체제의 성격과 밀접히 연관되어 있다. 둘째, 정치체제가 어떠한 사회구조하에 존재하느냐이다. 정치현상은 집단현상이고 그 집단의 구조가 어떠한가는 정치체제와 밀접한 관계가 있다. 셋째, 정치체제를 구성하고 있는 구성원들의 정치적 행태이다. 정치현상을 이 세 가지 요소를 기반으로 해서 파악할 경우, 이 요소간의 배합에서 어떠한 양태가 나타날 것이다. 이러한 양태를 가리켜 정치체제라 할 수 있다.

이러한 것을 바탕으로 살펴보면 정치체제란 광의로는 국가경영의 기본적

1) Roy C. Macridis, *Modern Political Regimes-Patterns and Institutions*, Boston Toronto: Little, Brown and Company, 1986, 김강녕 역, 『현대정치체제론』, 인간사랑, 1990, p. 31.

2) 위의 책, pp. 18-19.

틀로서, 국가목표 · 정부구조 · 권력배분 · 헌정운영 절차에 관련된 원칙과 규범을 의미하며, 협의로는 정부구조와 형태만을 의미한다.[3] 좀더 간략하게 설명하면 정치체제란 한 국가 내에서 일정한 정치적 이념 · 목표 또는 신조를 구현하기 위해 정치적 활동을 조직화하고 원활한 정치생활을 유지하기 위한 일정한 구조(제도)와 장치를 갖춘 정치적 단위체라 할 수 있다.

제 2 절 정치체제의 분류도식

1. 정치체제의 고전적 분류

플라톤(Plato)은 『국가론』에서 지혜와 덕을 갖춘 철인이 통치해야 한다면서, 통치계급은 모든 욕심을 버려야 한다는 이상국가론을 펼쳤다. 그러나 그의 『정치가론』에서는 이상국가론을 배제하고 현실국가를 논하면서 민주정치를 호의적인 위치에 두었다. 그는 철인왕이 지배하는 이상국가 혹은 순수한 군주정은 신성하고 너무 완전무결하여 인간이 모방할 수는 있지만 획득할 수 없는 '하늘나라에 고정된 모형' 으로 규정하고 있다. 이렇게 볼 때 플라톤은 차선의 국가로 군주정과 민주정의 혼합형태를 의도한 것으로 보인다.

아리스토텔레스(Aristotle)가 그의 『정치학』에서 언급하고 있는 이상국가는 플라톤의 차선국가이다. 민주정치를 주장했던 그는 정상형태와 타락형태로 대분류하여 군주제, 귀족제, 입헌제가 타락하면 참주제, 과두제, 폭민제가 된다고 생각하였다. 군주가 사회 전체를 위해 통치하면 군주제이고, 이것이 타락하여 군주의 이익을 위해 통치하면 참주제가 된다. 소수가 공공이익을 위해 통치하면 귀족제이고, 부패하여 소수 특권계급의 이익을 위해서 통치하면 과두제가 된다. 그리고 다수가 공익을 위해 통치하면 민주제이며 다수가 빈민계급만을 통치하면 폭민제가 된다.

마키아벨리(Machiavelli)는 그의 『군주론』에서 모든 국가를 군주국과 공화국으로 양분하고, 공화국을 다시 귀족정체와 민주정체로 나누었다. 그리고 이러한 정상국가 형태에서 타락한 군주국의 형태로 참주국, 귀족정체의 타락형으로 과두국, 민주정체의 타락형으로 무정부상태를 논하였다.

---

3) 김용욱, 『정치학: 이슈와 성찰』, 법문사, 2002, p. 279.

몽테스키외(Montesquieu)는 정치체제를 공화정, 군주정, 전제정의 셋으로 분류하고 공화정을 다시 민주공화정과 귀족공화정으로 양분했다. 그는 민주공화정은 덕, 귀족공화정은 절제, 군주정은 명예, 그리고 전제정은 공포라는 정서가 부수되며, 그 정서들이 각기 정치체제 안정의 기초가 된다는 것이다.[4)]

2. 정치체제의 현대적 분류

1) 매크리디스의 분류

매크리디스(R.C. Macridis)는 정치체제의 기능과 성격을 나타내는 것으로서 각기 다른 제도와 관련을 맺고 있는 네 가지의 주요한 상호작용 과정을 다음과 같이 설명하고 있다.[5)] 첫째, 우리가 정부라고 부르는 것으로서, 본질적으로 국가와 그 기관을 의미하는 통치조직이다. 둘째, 체제 자체를 유지 · 존속시키기 위해서는 지지가 필요한데, 지지를 이끌어 내는 동의조직이다. 셋째, 체제 내에서 개인과 집단의 행위자들은 다양한 이익을 표명하려는 이익조직이다. 넷째, 체제 내에는 시민적 · 사회적 · 정치적 권리가 존재하는데, 어느 권리를 강조하고 방식은 어떠한가가 문제이다.

매크리디스는 모든 정치체제는 통치 · 동의 · 이익 · 권리간의 관계에 있어서 부단한 역동성이 존재하고, 다양한 집단 및 결사체와 통치구조간에는 끊임없는 상호작용과 긴장이 존재한다고 보았다. 이같이 통치 · 동의 · 이익 · 권리가 조직화되는 상이한 방식에 바탕을 두고, 정치체제를 민주주의 체제 · 전체주의 체제 · 권위주의 체제로 나누었다.

2) 파이너의 분류

파이너(S.E. Finer)는 『비교정부론』(*Comparative Government*)에서 참여와 배제, 강제와 설득 그리고 질서와 대표성을 비교기준으로 하여 정치체제를 분류하고 있다.[6)] ① 참여와 배제의 차원은 국민대중이 통치과정에 어느 정도 관여하느냐,

4) 김순규 외, 『정치학의 이해』, 박영사, 2000, p. 250.
5) 김강녕, 앞의 책, pp. 19-30.
6) S.E. Finer, *Comparative Government*, New York: Basic Books, Inc., Publisher, 1971, pp. 37-61.

아니면 배제되느냐의 문제이다. ② 설득과 강제의 차원은 국민대중의 통치에 대한 복종이 공약에 의한 것이냐, 아니면 공포에 의한 것이냐는 문제이다. ③ 질서와 대표성의 차원은 그 제도가 얼마만큼 통치자로 하여금 국민대중의 실제적이고 현실적인 가치를 반영하는 것이냐, 아니면 계속성과 장래의 가치를 위하여 국민의 가치를 무시하느냐를 의미한다.

파이너는 이러한 비교기준을 적용하여 모든 정치체제를 다음 5가지 유형으로 분류하였다. ① 자유민주주의는 정치적 다원주의가 보장되는 설득과 타협을 갖춘 체제이다. ② 전체주의는 하나의 당에 모든 권력이 집중되어 있어 정부의 대표성이 거의 없고, 다른 하위집단들도 여기에 거의 종속되어 있는 체제이다. ③ 군부체제는 다양한 강제와 공포의 체제 중 전형적인 것이다. ④ 사이비민주주의는 정치적 조종과 통치자에 대한 맹종을 특징으로 하는 체제로서, 자유민주주의의 외양은 갖추고 있으나 조작과 존경에 의하여 유지되는 체제이다. ⑤ 준민주주의는 여러 정당이 있으나 한 정당이 효과적인 통제를 독점하고 있어, 각종 사회단체가 통제되고 언론의 자유가 제한되는 체제이다.

3) 기타 분류

다원국가론을 주도했던 맥키버(R. MacIver)는 그의 저서 『정부체제론』(*The Web of Government*)에서 정부형태를 분류하기 위하여 조직적 기반, 경제적 기반, 사회적 기반, 주권구조 4개의 도식을 제시하고 있다.[7] ① 조직을 기반으로 한 분류에서는 과두제와 민주제 둘로 나누고, 과두제에서는 군주제 · 독재제 · 신권제 · 다두제를, 민주제에서는 직접민주제 · 제한군주제 · 공화제를 제시하였다. ② 경제를 기저로 해서는 씨족경제적 원시정부, 봉건정부, 자본주의 정부, 사회주의 정부, 사회주의-자본주의 정부로 나누어 설명한다. ③ 사회적 기반을 놓고 한 분류는 종족정부, 도시국가, 지방정부, 민족정부, 다민족정부, 세계정부로 나누고 있다. ④ 주권의 소재에 따른 분류에서는 단일정부, 제국 식민지속국, 연방정부로 나누었다.

뢰벤스타인(K. Loewenstein)은 권력의 분할과 집중을 기준으로 입헌주의와 전제주의로 양분하고, 전자는 다시 직접민주제 · 회의제 · 의회제 · 내각통치 · 대통령제 · 집정부제로, 후자는 절대군주제 · 인민투표적 황제제 · 신대통령제

7) Robert M. MacIver, *The Web of Government*, New York: The Free Press, 1965, p. 114.

로 나누어 설명하고 있다. 실즈(E. Shils)는 모든 정치체제를 정치적 민주제, 후견 민주제, 근대화 과두제, 전체주의 과두제, 전통적 과두제로 분류하고 있다. 라이파트(A. Lijphart)는 민주국가의 정치제도를 다수제와 합의제로 분류하고 있다. 정치권력이 다수자의 수중에 집중시키느냐, 아니면 분산 내지는 분배되어야 하느냐에 따른 것이다. 영국과 뉴질랜드의 정치제도를 다수제의 대표적인 모형으로 설명한다. 합의제 정치제도의 대표적인 국가로는 스위스와 벨기에를 들고 있다. 미국의 대통령제는 합의제와 다수제의 중간형태로 보고 있다.[8)]

4) 본 저서에서의 분류

상술한 바와 같이 정치체제는 그 분류기준이 어떠냐에 따라 다양하게 나누어 볼 수 있다. 그러므로 단순하게 정치체제를 분류한다는 것은 어려울 뿐만 아니라 상당히 모험적인 일이라 할 수 있다. 여기에서 분류해서 설명하고자 하는 것은 비교적 잘 알려져 있고 이론적 기반도 갖추어져 있는 민주주의 정치체제, 전체주의 정치체제, 권위주의 정치체제로 나누어 설명한다.

제 3 절 정치체제의 유형과 특징

1. 민주주의 정치체제

민주주의 정치체제는 법치주의와 대의정치를 정통성의 기반으로 하고 있는 체제이다. 헌법은 개인의 권리를 명백히 규정할 뿐만 아니라 또한 정치체제를 구성하고 조직화한다. 국민에 의한 직접민주정치가 아니라 국민의 대표로 정부를 운영하는 대의징치제를 행한다.

또한 민주적 정통성의 핵심은 두 개의 지주를 토대로 하고 있다. '다수'와 '소수'라는 지주와 '정부'와 '반대'라는 또 하나의 지주에 의해 뒷받침되는 것이다. 이러한 민주적 정통성을 가진 정치체제는 공개적인 방법에 의하여 정치엘리트를 충원함으로써 확립될 수 있다. 엘리트 충원양식을 선출과 선발로 나

8) Arend Lijphart, *Democracies: Patterns of Majoritarian and Consensus Government in Twenty-One Countries*, New Haven: Yale University Press, 1984, pp. 1-45.

눈다면 공개적이고 경쟁적인 선거를 통해서 다수에 의해 선출된 지도자가 집권층을 형성해야 정통성이 인정된다.[9]

민주적인 체제와 비민주적인 체제의 구별은 그 국가가 야당의 존재와 행동을 인정하느냐, 하지 않느냐에 따라 결정된다. 한 정치체제 내에 야당다운 야당이 존재하고 그것을 인정하며 자유로운 활동이 보장될 때, 정권의 평화적 교체는 물론 국민의 선택폭도 넓어져 민주정치가 제대로 운영될 수 있다.[10] 민주적인 정당들은 정부의 지배권을 얻기 위해 서로 경쟁을 벌이는데, 양당제에서는 두 개의 다수당이, 다당제에서는 넷 혹은 그 이상의 정당이 서로 팽팽하게 경쟁한다.

민주정치는 국민이 고도의 정치참여를 필요로 하는 체제이다. 국민의 정치화 수준이 높을수록 그 체제가 민주적 성격을 지닐 수 있다. 다양한 이익을 추구하는 수많은 이익집단이 형성되어 있으며 직업의 전문화도 고도에 이르고 있다. 그러므로 민주주의 정치체제에서는 다원적 가치추구를 허용하되 모든 가치를 동시에 만족시킬 수 없을 경우 우선순위를 정해서 이에 대한 국민의 합의를 얻어 체제의 정통성을 확보하고 강화한다.[11]

이러한 민주주의 정치체제의 대표적인 정부형태로는 의원내각제와 대통령 중심제를 들 수 있다. 이 밖에도 이원정부제가 있다. 정부형태에 대해서는 제4절에서 자세하게 설명한다.

2. 전체주의 정치체제

전체주의 정치체제에서는 유일한 공식적 이데올로기가 존재한다. 전체주의 사회에서는 독자적인 신념체계, 가치관 그리고 세계관을 개발하여 공식적 이데올로기로 내세우고 이를 이용하여 지배자들은 그들의 권력을 정당화하거나 합법화한다. 공식적 이데올로기는 전체 국민을 하나의 합의점에 이르게 하는 원동력이 되어, 한 국가의 국민통합 기능을 담당하게 된다. 이것이 미치는 범위는 정치 · 경제는 말할 것도 없고 문학 · 예술 · 역사에 이르기까지, 그리고 전 국민의 사생활에 이르기까지 침투하게 된다. 전체주의 정치체제에서 지배자

9) 한배호, 『비교정치론』, 제3판, 법문사, pp. 359-360.
10) 김용욱, 앞의 책, p. 299.
11) 한배호, 앞의 책, p. 362.

에 의하여 공식화된 이데올로기는 하나의 신앙이며 교의와 도그마이다.

전체주의 정치체제에서는 카리스마적 지도자와 소수의 권력엘리트가 권력을 독점한다. 이들의 권력행사는 일방적이며 공식적인 이데올로기를 구현하기 위해서는 대중의 마음을 사로잡는 카리스마적 지도자와 그를 뒷받침하는 엘리트 조직이 필요하다. 전체주의적 정치체제에서 카리스마적 지도자가 막강한 권력을 행사하지만 그 권력의 장치로 단일정당을 구축하고 있다. 정치적 기능이 사회 전체에 침투되고 당 조직망이 사회 말단에 이르기까지 철저하게 뻗어 있는 정치체제이다.

전체주의 정치체제는 개인이나 제 집단의 자발적인 활동은 인정하지 않고 특정 이데올로기나 신화를 창조하여 그것을 국가의 목표로 삼아 사회 전체를 통제하고 대중을 동원하는 체제이다. 매크리디스는 전체주의적 정치체제를 다시 공산주의적 전체주의 정치체제와 비공산주의적 전체주의 정치체제로 나누어 설명하고 있다. 공산주의적 전체주의 정치체제의 전형적인 국가로 구소련을 들고 있다. 정치권력은 최상부에 집중되어 있고, 집권층들은 자유롭고 공개적인 선거를 치르지 않아도 되기 때문에 자신의 행동에 책임을 지지 않는다. 국가의 목표는 '사회주의체제를 강화하고 발전시키기 위해서 혹은 공산주의 건설'에 있다.

기본원리는 모든 국가기관이 선출되고 인민에게 책임을 지는 민주적 중앙집중주의지만, 하위조직체는 상부조직체의 결정을 준수해야 한다. 중앙국가기관이 다른 모든 기관들에게 그들의 결정을 강제할 수 있을지라도 이들은 공산당에 예속되어 있다. 당관료가 정부관료를 겸하고 정부관료가 공산당의 배려에 의하여 선출되고 지위를 유지하며, 또한 정부관료들은 공산당의 감독하에 일하고 모든 것이 공산당에 의하여 좌우된다. 그러므로 국가는 당내에 존재하며, 중앙집권적 · 독점적 · 절대적인 통치구조를 만들어 내는 것은 당지도층이다.

비공산주의적 전체주의 정치체제의 대표적인 모형은 이탈리아의 파시즘(1922~1944)과 독일의 나치즘체제(1933~1945)이다. 이들은 양차 대전 사이에 출현하여 정권을 장악했다가 사라진, 우익적인 전체주의 정치체제로 언급된다. 이들은 다수의 경제적 이익집단의 이익과 일치되고 좌익정당 및 노동조합의 이익과 배치되게 권력을 장악하였다. 그러나 그들 다수의 이데올로기 및 정치적 표명에 있어서는 단일정당, 이데올로기 및 동원 등과 관련시켜 볼 때 공산주의적 전체주의 정치체제와 매우 유사하다. 또한 그들이 추구한 기본적인 구조가

정치권력의 집권화와 집중화를 지향했다는 점에서 유사하다.[12)]

3. 권위주의 정치체제

권위주의 정치체제는 국민의 합의에 의한 권력의 행사가 아니라, 권력엘리트가 정권을 자의적으로 행사하는 체제이다. 권위주의 정치체제의 국민 다수는 정치적 무관심층을 이루고 있다. 이들은 체제에 대해 맹종적이거나 체제에서 소외되어 있어서 지배집단과 그 반대세력 사이의 대립·갈등에 개입하지 않고 그 배후에 머물고 있을 뿐이다.[13)] 국민 다수의 무정치화와 극히 제한된 정치적 다원주의가 권위주의체제 정치과정의 성격을 형성하는 상황적 요인이다.[14)] 다원주의가 제한되고 있는 권위주의체제이기 때문에 특정한 이익을 추구하는 자원적인 이익집단의 수는 극히 제한되며, 공식적으로 체제가 인정·허가하는 이익집단은 대개가 친체제적인 성격을 띠고 있다.

전체주의 정치체제에서처럼 국민들에게 이데올로기에 대한 동조나 일체화를 강요하지 않기 때문에 권위주의체제에 대한 지지세력이나 반대세력은 그 수가 극히 제한된다. 그만큼 정치의 유동성과 예측 불가능성도 높다.

권위주의 정치체제의 정책결정 과정은 주로 관료조직(군부) 내에서 결정된다. 대통령 같은 최고지도자의 의사가 정책방향과 내용을 결정하고 그것을 행정부가 관료체제를 통해서 집행한다.

권위주의 정치체제 내의 정치과정은 폭력에 의한 탄압과 사적 접촉에 의한 협상으로 진행된다. 사적 접촉을 통한 타협이 이루어질 때는 어느 정도 안정되지만, 대립이 격화될 때 정권은 폭력을 동원한 탄압으로 되돌아간다. 그러므로 권위주의 정치체제는 아노믹한 상태와 잠정적인 안정 사이를 왕래하는, 근본적으로 불안한 체제이다.[15)]

권위주의 정치체제에서 민주주의 정치체제로의 전환은 체제 자체의 변화에 해당하는 것이며 쉽게 이루어지지 않는다. 그러나 상당히 시간이 걸릴지라도 권위주의 정치체제의 경제와 사회가 근대화될 때 궁극적으로 그것이 정치제

12) 김강녕 역, 앞의 책, p. 256.
13) 권위주의체제 정치에는 정권에 의해 허용되거나 관용되는 반대세력과 비합법적(저항적) 반대세력이 있다. 비합법적 혹은 저항적 반대세력은 지식인이나 대학생들로 구성되어 있다.
14) 한배호, 앞의 책, p. 403.
15) 위의 책, p. 405.

〈표 11-1〉 정치체제의 유형과 특징

정치체제의 차원	민주정치체제	일당전체주의 체제	권위주의체제 (군부 · 관료정권)
정통성	선거에 의해 선출된 지도층의 업적, 정책수행역량에 대한 지지 · 반대	이념구현에 의한 산출 기능 평가	권력장악세력에 대한 맹종 또는 순응
기능범위	• 고도의 정치화 수준을 기반으로 한 자발적인 정치참여 • 활발한 이익집단활동 • 개방적인 충원제도	• 고도의 정치화 수준을 기반으로 한 강제적 정치동원 • 이익집단의 존재부정 • 폐쇄적인 충원제도	• 저수준의 정치화, 한정된 정치동원능력 • 이익집단의 통제 • 폐쇄적 충원제도
정책결정	• 정책결정층의 다원성과 다수결원칙에 의한 결정 • 정책결정층과 대중간의 긴밀한 상호관계	• 정책결정층의 일원성 • 당의 정책결정 독점	• 정책결정층의 일원성 • 소수에 의한 집중화 • 관료에 의한 독점
목표	• 실용적 · 수단적 목표 추구 • 점진적 방법	• 이데올로기와 상충되지 않는 목표의 추구 • 급진적 방법	• 권력장악자의 소신 사고방식, 감흥 • 급진적 방법
제재	• 물질의 박탈 • 행동자유의 박탈	• 비순응자의 탄압과 숙청	• 물질/행동자유 박탈 및 반대세력의 무자비한 탄압/감금

출처: 한배호, 『비교정치론(제3판)』, 법문사, p. 358.

도와 수렴되면서 민주주의 정치체제로의 변화를 배제할 수 없다.[16]

린즈(J.J. Linz)는 정치적 다원주의와 정치적 동원이라는 두 가지 기준에 의하여 권위주의 정치체제를 7개의 유형으로 분류하였다.[17] 이들 중 가장 대표적인 권위주의 정치체제는 관료 · 군부 권위주의 체제이다. 이 체제는 보통 공업화가 초기단계에 있고 국민의 대다수가 빈곤한 농민층으로 구성되어 있는 사회에서 나타난나. 경제발전 수순에 비해 도시화 수준이 높고 인구의 다수가 수도권에 편중되어 있고, 중산층 전문직 종사가 상당수 있으나 그들은 신분상승의 욕구가 좌절된 체제이다.[18]

16) 위의 책, p. 407.
17) ① 관료 · 군부 권위주의체제, ② 유기체적 국가주의체제, ③ 동원 권위주의체제, ④ 아프리카형 권위주의체제(아프리카 스타일 일당체제), ⑤ 인종 민주체제(만델라 정부 이전의 남아프리카공화국), ⑥ 전제주의 이전의 권위주의체제, ⑦ 탈전체주의적 권위주의체제이다.
18) 김용욱, 앞의 책, p. 350.

제4절 정부형태의 특성과 평가

누가 국가를 이끌어 갈 것이냐 혹은 정치적 공동체의 대표를 누구로 할 것인가 하는 문제에서 발생하는 용어는 통치형태, 정부형태, 권력구조 등이다. 통치형태는 정부형태보다 광범위한 개념으로 쓰인다. 정부형태는 국가권력구조에서 권력분배 원리가 적용되는 형태를 말한다. 즉, 정부형태는 입법부 · 사법부 · 행정부 사이의 권력이 어떻게 배분되어 있는가, 그 배분된 권력을 어떻게 행사하는가, 이들의 관계가 어떠한가의 문제를 포함하고 있다. 특히 입법부와 행정부 사이에서 권력분립의 원리가 구체적으로 적용되는 형태를 말한다.

1. 통치형태와 정부형태

1) 통치형태의 유형

국가마다 다른 통치형태가 존재하지만 몇 개의 종류로 유형화할 수 있다. 여러 국가들은 군주제와 공화제 중 한 가지 형태를 취하고 있거나 이를 혼합한 입헌군주제를 택하고 있다. 군주제는 국왕 1인이 국가의 주권을 소유한 형태이며, 공화제는 다수가 지배하는 통치형태이다. 다시 말하면 군주제는 세습군주에 의해 통치되는 유형으로 국가의 모든 권력이 군주 개인에게 집중되어 있는 형태[19]이고, 공화제는 민주적인 헌법에 의거 정치가 행해지는 입헌제, 즉 헌법을 기반으로 정치가 이루어지는 정치체제이다.

입헌군주제에서 군주는 국가의 원수이지만 실질적 권한의 거의 없으며 헌법에 의하여 선출된 총리(수상)가 실권을 갖는다.[20] 입헌군주제 국가는 형식상으로는 군주제의 형태를 띠고 있지만 실제 정치는 군주제에 의해서가 아니라 헌법에 의거하여 민주적으로 이루어지고 있기 때문에 오늘날의 정부형태에서 입

19) 오늘날 군주제로 분류할 수 있는 국가는 아시아와 중동에 있는 사우디아라비아와 오만 정도이다. 형식적으로는 입헌군주제 모양을 하고 있으나 실제 정치는 절대군주제의 성격이 강한 부루나이 같은 국가도 있다.

20) 신명순 교수는 그의 저서에서 정부형태로 입헌군주제와 공화제를 채택하고 있는 국가는 세계 198개 국가 중 196개 국가라고 하고 있어, 거의 모든 국가를 입헌군주제나 공화제로 분류하고 있다. 신명순, 『비교정치(전정판)』, 박영사, 2010, p. 89.

헌군주제와 공화제는 실질적인 정치에서는 큰 차이가 없다.[21] 일본, 영국, 네덜란드, 노르웨이, 덴마크, 룩셈부르크, 스페인, 스웨덴, 벨기에, 모나코, 태국 등이 이러한 통치형태를 취하고 있다. 호주, 뉴질랜드, 캐나다 역시 입헌군주제를 택하고 있는데, 이들 국가들은 영국 여왕을 국가원수로 삼고 있으며, 평시에는 총독이 그 역할을 대신한다.[22]

2) 정부형태

여기에서 논의할 것은 공화제 국가나 입헌군주제 국가들이 채택하고 있는 정부형태이다. 각 국가의 정부제도들 간의 기능과 행태를 비교하고 연구하는 것이 비교정부행태론이다. 좀 더 구체적으로 설명하면 집행부와 의회간의 관계와 집행부의 성격 여부 등을 기본으로 정부형태를 분류하여 각국의 사례를 비교분석해 보는 것이다. 그러므로 정부형태론은 국가의 권력기관에 관한 기본지침으로 헌법과 입헌주의에 대한 연구가 주를 이룬다.

정부형태는 행정부와 입법부의 상호관계에 따라 양자가 공화 · 협조관계에 있는 내각제와 상호 독립관계에 있는 대통령제로 크게 나눌 수 있다. 예외적이긴 하지만 중간적 성격을 갖는 이원정부제가 있다.[23] 물론 각각의 정부형태를 취하는 있는 국가들도 그 운영에 있어서는 다양하다.

미국의 대통령제와 우리나라의 대통령제가 다르고, 영국의 내각제와 독일의 내각제도 다르다. 모두 서로 다른 장 · 단점을 가지고 있다. 대통령 선출의 방식도 다르고 그 권한에 대해서도 차이가 있다. 또한 영국은 입헌군주제로 왕이 형식상 통치를 하고 있고, 독일은 대통령을 의회에서 선거로 선출하는데 역시 상징적인 존재이다.

---

21) 신명순, 위의 책, p. 84.

22) 강원택, 『대통령제, 내각제와 이원정부제』, 인간사랑, 2006, p. 21.

23) 일반적으로 정부형태를 분류할 때 이같이 3개로 나누고 있는데, 용어상에 차이가 있다. 내각제의 경우 의원내각제로 사용하고, 이원정부제는 준대통령제(semi-presidential system), 이원집정제라는 용어를 쓰고 있다. 이 글에서는 내각제(parliamentary system)와 이원정부제(dual executive system)로 표현한다.

3) 분 류

이를 체계적으로 분석하여 민주적 정통성의 이원화 여부[24]와 국가수반과 행정수반의 분리 여부를 중심으로 정부형태를 〈표 11-2〉와 같이 4가지로 나누고 있다. 여기에서 일원정부제는 국가수반과 행정수반이 통합된 권력구조 형태이다. 일원정부제에서 행정부는 의회에서 구성되지만 행정부가 의회의 신임에 의존하는 사례[25]는 찾아보기 힘들고, 대부분 행정부가 의회로부터 독립된 형태를 취하고 있다.[26]

상술한 바와 같이 세계의 거의 모든 나라들이 입헌군주제나 공화제를 택하고 있고, 이들 국가들의 정부형태는 대통령제와 내각제가 주를 이루고 있다. 대통령제는 미국에서 시작하여 이후에 많은 국가들에서 채택하였다. 대통령은 행정부의 수반과 국가원수로서의 역할을 하고 있다. 전자는 내각을 이끌면서 국가의 주요 정책을 수립하고 집행하는 최고책임자로서의 역할을 말하는 것이며, 후자는 대외적으로 국가를 대표하고 대내적으로 국가통합을 상징하는 최고

〈표 11-2〉 권력구조 형태 분류

		민주적 정통성(democratic legitimacy)	
		일원적(unitary)	이원적(dual)
국가수반과 행정수반 (head of state & head of government)	일원적(unitary)	일원정부제 (unitary executive system)	대통령제 (presidential system)
	이원적(dual)	의원내각제 (parliamentary cabinet system)	이원정부제 (dual executive system)

출처: 진영재 · 최선, 앞의 글, 2009, p. 31.

24) 국민에 의해 구성된 입법부에서 행정수반을 선출한다면 민주적 정통성이 일원화되어 있는 것이고, 입법부와는 별도로 행정부의 수반이 국민에 의해 선출되거나 혹은 행정부 수반을 선출하는 선거인단이 국민에 의해 구성된다면 민주적 정통성이 이원화된다. 진영재 · 최선, "'한국적 권력구조'의 기원적 형태: 대한민국임시정부(1919년~1945년)의 헌법개정과 권력구조 변천사 분석," 『한국정치학회보』, 제43집 2호, 한국정치학회, 2009, p. 28.

25) 진영재 · 최선, 위의 글, p. 29.

26) 스위스와 레바논이 일원정부제의 대표적인 사례로서, 스위스와 레바논 모두 행정부가 의회에 의하여 선출되지만 의회로부터 독립된 특성을 공통으로 하면서도, 스위스는 집단통치 행정부인 반면 레바논은 1인통치 행정부라는 점에서 차이가 있다.

의 권위를 의미하는 것이다.[27] 이같이 대통령제에서는 행정수반인 대통령이 국가원수의 역할까지 맡아 1인에게 권한이 집중되어 있다.

내각제에서는 국가원수와 행정부 수반의 지위가 서로 분리되어 국가원수는 대외적으로 국가를 대표하는 역할을 하고 행정수반은 대내적으로 국가를 통합하여 행정을 총괄한다. 입헌군주제에서는 국왕이 국가원수의 역할을 맡고 총리(수상)가 행정부의 수반을 담당하는 것이며, 공화제에서라면 선출된 대통령이 국가원수라는 상징적 역할을 맡고 총리가 실제로 통치하는 행정부 수반의 역할을 맡는다.[28] 대통령제와 내각제는 분명하게 구분할 수 있는 정부형태이지만, 각각에는 또 다른 하위유형이 존재하기 때문에 단순화하기 어렵다.

대통령제와 내각제와는 다른 양자의 특성이 혼합된 형태의 이원정부제가 있다. 이원정부제로 지칭되는 것은 행정부를 이끄는 지도자가 대통령과 총리로 이원화되어 있다는 의미를 담고 있다. 이원정부제는 대통령제적 특징과 내각제적 특징을 동시에 가지고 있다. 그러므로 이원정부제는 학자들에 따라 중간형 대통령제, 내각제적 대통령제 등으로 다양하게 지칭하고 있지만, 단순히 대통령제와 내각제의 절충이나 혼합형태로 보는 것은 한계가 있다.

신명순 교수는 입헌군주제와 공화제를 채택하고 있는 196개 국가 중 102개국이 대통령제를 채택하고 있고, 81개국이 내각제를 그리고 13개국이 이원정부제를 채택하고 있다고 밝히고 있다.[29]

2. 대통령제의 특성과 평가

대통령제는 권력분립을 핵심으로 한다. 17세기말 존 로크(John Locke)는 영국의 국왕과 의회 사이의 오랜 기간 갈등이 국왕을 의회로부터 분리시킴으로써 해결될 수 있다고 보았다. 대통령제의 정부형태는 입법부와 행정부가 엄격히 분리·독립하는 권력분립의 원칙에 입각하여 조직되었다.[30] 대통령제는 미국에서 처음 시작되었으며, 이후에 많은 국가들이 미국 대통령제에서 변형된 형태의 대통령제를 채택하였다. 독재자도 자신을 대통령이라고 부를 수 있고 내각

27) 강원택, 앞의 책, p. 22.
28) 위의 책, p. 22.
29) 신명순, 앞의 책, pp. 92~93.
30) 이중호, "비교 정부형태론," 탁진환 외, 『현대 비교정치의 영역과 경향』, 도서출판 공익사, 2000, p. 248.

제하에서도 많은 대통령이 선출되는데, 대통령의 존재가 대통령제의 충분한 표시는 아니다.[31] 한국에서도 아주 짧은 기간 동안 내각제의 경험을 가지고 있으나, 60여년 동안 대통령제를 채택하고 있다.

1) 대통령제의 일반적 특성과 미국의 대통령제

(1) 대통령제의 일반적 특성

일반적으로 대통령제의 특성을 다음과 같이 단순하게 정리할 수 있다. 즉, 대통령이 국가원수와 정부수반의 이중역할, 의회와 행정부의 분리, 내각은 연대책임을 지지 않음, 대통령의 일정한 임기보장을 들고 있다.[32] 그러므로 대통령제에서 대통령은 권한이 막강하고, 실질적인 국정의 책임자이며, 행정부 우위의 정치를 펼치고 있는 것이다.

라이파트(A. Lijphart)는 대통령제와 내각제의 차이를 통하여 대통령제의 특성을 설명하고 있다.[33] ① 대통령제에서는 대통령이 행정수반으로서 헌법에 규정된 임기를 보장받으며, 탄핵 등 예외적인 경우를 제외하면 의회에 의해 사임을 강요받지 않는다. 대통령제의 가장 중요한 특징 가운데 하나는 임기가 고정되어 있다는 것이다. ② 대통령제에서 행정부 수반인 대통령은 국민직선이든 혹은 선거인단을 통한 방식이든 국민의 선택에 의해 결정된다. ③ 대통령제는 대통령 개인의 단독 집행부인 내각을 가진다. 그러므로 대통령제하에서 각료는 대통령의 보좌역이거나 부하에 불과하다. 대통령제에서는 대통령에게 분리되지 않는 독점적인 권한을 위임해 주고 있기 때문이다. 대통령제는 승자가 독식할 수밖에 없는 특성을 갖는다. 대통령제에서는 오직 한 후보만이 승리하며 2등은 의미가 없다.[34]

대통령과 입법부는 모두가 정해진 임기 동안 선출되기 때문에, 그 어느 쪽도 다른 쪽을 무너뜨릴 수 없으며, 이는 두 기관 각각에게 어느 정도 자율성을

31) Rod Hague · Martin, *Comparative Government and Politics*, 8th ed., 김계동 외, 『비교정부와 정치』, 명인문화사, 2011, p. 384.

32) 이상환, "한국의 바람직한 정부형태: 정치적 정당성과 효율성을 중심으로," 『한국정치 · 정보학회 2008년 동계학술세미나 발표 논문집』, 한국정치 · 정보학회, 2008, p. 57.

33) Alend Lijphart ed., *Parliament versus Presidential Government*, Oxford University Press, 1992, pp. 92-94.

34) 강원택, 앞의 책, pp. 28~32.

보장한다. 이러한 권력분리야말로 대통령제의 특징이다.

(2) 미국 대통령제

대통령제는 미주지역에서 집중적으로 나타난다. 미국뿐만 아니라 라틴아메리카 지역에서도 폭넓게 자리잡고 있다. 대통령제를 좀 더 이해하기 위해서는 미국 대통령제의 특징이 무엇인가를 알아볼 필요가 있다. 첫째, 행정부와 입법부 사이의 권력이 분리되어 있는 점이다. 입법부와 행정부는 엄격히 분리된 조직을 가지며, 분리된 기관들이 견제와 균형을 이루면서 함께 국정을 운영하도록 고안되었다. 이 제도에서는 총리직이 존재하지 않고 의원의 장관 겸직이 허용되지 않는다. 실질적으로 미국의 정책은 대통령과 상원 및 하원간의 부단한 협상과 타협 과정을 거쳐야 비로소 이루어진다. 만약 세 기관 중 어느 하나라도 동의하지 않으면 그 법안은 사장되게 된다.[35] 둘째, 국가원수인 대통령은 국민들에 의해 선출되고 임기가 보장되며, 국가원수인 동시에 행정부의 수반으로 장관을 임명하며 장관은 그에게 복종한다. 그러나 대통령이 내정한 장관들은 의회의 승인을 얻어야 한다. 셋째, 대통령은 의회를 해산할 수 없으므로 의회와 행정부 사이에는 견제와 균형이 이루어진다. 의원들은 대통령과 같은 정당에 소속되어 있다고 해서 일사분란하게 대통령의 정책을 지지하지 않기 때문에, 미국 대통령은 입법적으로 성공을 거두기 위해 소속정당과 무관하게 의원 개인을 설득하려는 노력을 경주해야 한다. 2010년 오바마 대통령이 '의료개혁법안' 을 통과시키면서 개별적으로 민주당 의원들을 설득하는 장면은 대표적인 예이다. 이 밖에도 여러 특징을 들 수 있다.[36]

미국에서 연원한 프레지던트라는 이름의 제도가 중남미나 유럽의 여러 국가로 확산되면서 미국 제도와는 다른 여러 가지 변형을 보였음은 잘 알려진 사실이다. 특히 중남미 국가들의 경우 식민지 의회의 경험이 없는 상태에서 미국

35) 박경산, "한국권력구조개편 1: '대통령제' 개혁과 헌법개정 과제," 박호성 편, 『한국의 권력구조 논쟁 III: 한국형 권력구조의 모색』, 인간사랑, 2003, p. 41.

36) 신명순 교수는 이 외에도 의회와 행정부 사이의 갈등이 있을 때 결정을 내리는 것은 사법부이고, 대통령제는 권력의 집중이 아니라 권력의 분리를 특징으로 하기 때문에 권력을 독점하는 핵심적 기구는 없다(신명순, 앞의 책, p. 95)는 등 10가지로 미국 대통령제의 특성을 요약하고 있다. 미국 대통령제에서 대통령과 사법부의 관계를 부언설명하면, 연방대법원의 판사는 대통령의 승인과 의회의 승인을 거쳐 임명되지만 독립성을 가진 종신직이다. 그러므로 대통령이나 의원들과 달리 임기가 없으므로 연방대법원 판사들은 자유롭고 독립성을 가진다. 이현우, "미국 대통령제와 권력의 공유," 박호성 · 이종찬 외, 『한국의 권력구조 논쟁 II: 권력구조의 운영과 변화』, 풀빛, 2000, p. 153.

의 프레지던트 제도가 도입되었을 때, 그것이 실질적으로 선출된 황제의 의미를 가졌다는 것이다. 한국의 대통령제도가 그와 같은 역사적 · 문화적 확산과정을 겪었다.[37]

상술한 미국 대통령제의 가장 큰 특징은 권력을 행사할 수 있는 주체를 입법 · 사법 · 행정으로 나누고, 이들 기구들이 권력을 공유하면서 상호 견제함으로써 어느 한 기구의 독주를 막는 형태라고 할 수 있다.

2) 대통령제의 평가

(1) 정해진 임기와 책임성

대통령제의 장점 중의 하나는 일단 대통령에 당선되고 나면 정해진 임기 동안 소신 있게 국정을 이끌어 갈 수 있다는 점이다. 이는 임기가 보장되기 때문에 행정부의 안정을 보장해 준다. 다당제와 내각제를 특징으로 하는 유럽의 여러 민주국가들에서 총리가 빈번하게 교체되어 정치위기에 직면하는 내각제에 비해 대통령제는 대통령의 임기가 보장되는 안정된 제도라는 것이다. 그만큼 정치적 안정성을 보장할 수 있는 장점을 가지고 있다.

그러나 이러한 장점은 상황에 따라서는 오히려 단점으로 바뀔 수도 있다. 예컨대 임기 중반 대통령의 무능이 부각되거나 중요한 정책에 대한 커다란 실정을 저질렀다면, 혹은 여러 가지 상황변화에 적절히 대처할 수 있는 다른 자질을 갖춘 지도자가 요구되는 상황이 발생할 수 있다. 이러한 경우 임기 고정성은 오히려 단점이 될 수 있다.

고정된 임기 문제에서 또 하나 문제를 제기하고 있는 것은 정치적 책임성과 반응성에 대한 것이다. 책임성이란 대통령 1인에 책임이 전가되어 내각의 집단책임적 성격이 내각제보다도 더 책임의 소재가 분명하다는 것이다. 그래서 대통령제하에서는 퇴임한 대통령을 놓고서 성공한 대통령과 실패한 대통령으로의 구분이 인구에 회자되는 것이다.[38] 정치인의 업무수행에 대한 정치적 책임을 묻는 제도적 장치가 선거다. 선거에서 유권자는 현 대통령의 업무수행에 대한 정

37) 프레지던트라는 본래의 겸손한 명칭이 한국에 와서 대통령이란 '거창한' 명칭으로 바뀌게 되었고, 19세기 중남미의 제왕적 프레지던트가 한국에 와서 명실상부한 이름을 갖게 되었다. 양승태, "대통령이란 무엇인가?: 한 공직의 실체에 대한 새로운 접근을 위한 시론," 『한국정치학회보』, 제42집 1호, 한국정치학회, 2008, p. 11.

38) 진영재 · 최선, 앞의 글, p. 7.

치적 책임을 물을 수 있을 수 있는 기회를 갖게 된다. 그러므로 대통령중임제는 단임제보다 장점이 있다고 볼 수 있다. 물론 재선에 성공하게 되면 다시 선거에 출마하지 못하기 때문에 정치적 책임을 묻기 어렵다는 점도 여전히 존재한다.

임기 고정성과 관련된 세 번째 문제점은 임기 후반에 갈수록 대통령의 통치력과 추진력이 약화되어 간다는, 즉 레임덕(lame duck) 현상이다. 단임보다는 두 번 하는 중임제 대통령제의 경우 다소 나은 형편이기는 하지만 근본적으로 제한된 임기로 인한 레임덕 문제는 마찬가지로 존재한다. 임기 말에 가까워질수록 대통령 권한은 급속도로 약화될 수밖에 없다. 특히 의회가 야당에 의해 장악되어 있는 경우에 레임덕 현상은 더욱 가속화된다.

(2) 인지성

대통령제의 장점으로 부각되는 두 번째는 인지성이다. 인지성이란 유권자가 자신이 찍은 후보가 당선된다면 그가 집권할 것이라는 것을 알면서 투표한다는 의미이다. 그러나 내각제 국가에서는 유권자는 정당이 공천한 의회의원 후보에게 투표하거나 정당에게 투표한다. 대통령 선거에서 승리하기 위해서는 전국적으로 폭넓은 지지기반을 가져야 한다. 또한 대통령은 국가 단합에 대한 자연스러운 상징이 되며, 국내와 국제적으로 친숙한 면을 제공해 준다.

내각제 국가들 중에는 다당제 국가들이 많기 때문에, 유권자들은 최종적으로 어떤 정당들이 참여하는 연립정부가 구성될지를 모르면서 투표하는 경우가 많다. 따라서 내각제 국가에서는 인지성이 낮다고 볼 수 있다.[39] 그러나 내각제에서 총리가 될 인물이 선거에 참여하는 정당의 당수로 압축되기 때문에 인지성이 약하다고 볼 수 없다. 내각제에서 의회정치의 길을 걷지 않고서는 총리가 될 수 없기 때문에 의회 내의 활동을 통해 인지성을 가진다.

(3) 대통령 지위와 의회 갈등의 이중성

대통령제의 원활한 작동과 관련하여 가장 중요하고 심각한 영향을 미칠 수 있는 것이 바로 이원적 정통성의 문제이다. 대통령제에서 국민들은 행정부 선거와 입법부 선거라는 두 개의 선거를 통해서 통치기구의 정통성을 부여하게 된다. 이를 이원적 정통성이라 한다. 이는 견제와 균형이라는 차원에서 권력집중을 막는 데는 도움이 되지만 또 다른 문제를 만들어 낼 수 있다. 특히 한 정당

39) 신명순, 앞의 책, p. 97.

만이 대통령직을 차지하고 다른 모든 정당들은 패배한 결과를 가져온다. 대통령이 속한 정당과 의회내 다수의석을 장악하고 있는 정당이 서로 다른 경우 문제가 생겨날 수 있다. 정통성을 부여받은 두 기구를 서로 다른 정당이 장악할 때, 이들 간의 정치적 대립이 대통령과 의회간 갈등이라는 기구간의 마찰과 갈등으로 발전되어 가는 것이다.[40)]

대통령제의 경우 한 사람에게 국가를 걸어버리는 것과 같으며, 따라서 법치주의 발전을 저해할 수 있고 위험이 클 수가 있다. 또한 대통령은 국가원수와 행정수반이라는 지위를 가지고 있다. 대통령제에서 문제는 이 두 역할이 충돌할 수 있다는 것이다. 국가원수로서 대통령은 국가통합의 상징으로 전 국민을 대표하는 역할이 기대되는 반면, 행정수반으로서 대통령의 역할은 정파적인 특성을 벗어나기 어려운 것이 사실이기 때문이다. 즉, 대통령은 전체 국가의 구성원을 대표하는 국가원수이면서 동시에 선거에서 자기를 지지해 준 일부 유권자들만을 대변해야 하는 한 정당의 지도자이다.

3. 내각제의 특성과 평가

내각제의 역사는 의회의 발전 역사와 같이 한다. 내각제는 혁명의 산물이 아니라 점진적인 개혁의 결과로서 이 과정은 군주와 의회의 관계에서 다음 3단계를 거쳐서 이루어졌다. 첫 번째 단계는 군주제가 주도적인 가운데 의회가 자기의 존재를 확대해 나간 단계이다. 두 번째는 군주의 주도권에 도전하는 사람들의 집합체인 의회가 입법권을 가지게 된 단계이다. 세 번째는 이 집합체인 의회가 행정부를 책임지는 의회가 되고, 군주는 전통적으로 행해 오던 권력의 대부분을 상실하게 된 단계이다.[41)] 내각제의 역사에서 보는 바와 같이 내각제는 민주주의가 발전되는 과정의 산물로 나타난 정부형태이다.

1) 내각제의 일반적 특성과 유형

(1) 내각제의 일반적 특성

내각제는 대통령제에 비해 훨씬 오래된 전통을 가지고 있다. 내각제에서

40) 강원택, 앞의 책, p. 61.
41) 이중호, 앞의 글, p. 250.

내각은 의회에 의해 구성되며, 의회에 책임을 지는 반면 행정부는 의회를 해산할 수 있는 권한을 갖는다. 내각제는 행정부와 입법부의 권력이 융합되어 있다.

내각제의 일반적인 특성에 대하여 많은 학자들이 정리하고 있다.[42] 여기에서도 이를 바탕으로 간략하게 요약하면 다음과 같다. ① 의회가 정통성을 지닌 유일한 기구로 내각은 의회에 의해 구성되고 신임 여부에 의해 존재한다. ② 행정부의 수반이 국가원수인 군주 또는 대통령과 내각의 수반인 총리의 두 부분으로 나누어져, 총리는 행정수반의 역할만을 담당하고 있으며 국가원수는 겸직하지 않는다. ③ 국가원수는 총리를 지명하며 총리는 각료를 임명한다. 국가원수는 총리의 지명에서 자유재량권이 거의 없으나 총리는 각료 임명에서 매우 큰 재량권을 갖는다. ④ 내각은 집단적인 집합체의 성격을 띠어 내각 구성원인 각료들은 내각의 결정에 대해 집단적인 책임을 진다.[43] ⑤ 내각의 각료는 대부분이 의회의 의원이다. ⑥ 내각제는 행정부가 의회에 정치적 책임을 지기 때문에, 의회가 최고의 권력을 갖는 정부형태이다. ⑦ 총리는 국가원수에게 의회를 해산하도록 요청할 수 있다. 내각제에서 국가원수는 총리의 요청에 의해 의회를 해산하지만, 일부 국가들에서는 행정부가 의회를 해산하는 권한을 제한하고 있다.[44] ⑧ 행정부는 의회에 대해 책임을 지기 때문에 유권자들에게는 간접적으로만 책임을 진다.

그러나 내각의 입법부와 행정부의 관계에서 정치운영의 주도권을 행사하는 것은 일반적으로 행정부이다. 행정부의 수반인 수상 혹은 총리는 대부분 정당의 당수인 경우가 보통이며, 이들은 정당을 매개 고리로 내각과 입법부인 의회에 대한 주도권을 행사한다. 이에 따라 영국의 총리는 미국과 같은 대통령제의 대통령보다 훨씬 많은 권한을 행사하고 있는 것으로 평가하기도 한다.[45]

내각제의 특성에서 좀 더 부연해서 설명해야 할 부분이 국가원수와 정부수

42) 내각제의 일반적인 특성은 학자들에 따라 조금씩 다르게 분석하고 있다. 신명순 교수(앞의 책, pp. 129-130)와 이중호 교수(앞의 글, pp. 251-252)는 일반적 특성을 8가지로 정리하고 있는데, 이는 베르니(D.V. Verney)의 내각제와 대통령제에서 밝히고 있는 특성에 근거를 두고 있다. Douglas V. Verney, "Parliament Government and Presidential Government," in Lijphart, Alend ed., *Parliament versus Presidential Government*, Oxford University Press, 1992, pp. 36-37.

43) 총리가 내각의 각료보다 높은 지위에서 많은 권한을 갖는 경우도 있지만, 그렇지 않고 다른 각료들과 동등한 위치에서 각료들을 대표하는 국가도 있다.

44) 무분별한 해산권을 방지하기 위해 헌법은 의회해산권의 발동 횟수와 시기를 제한, 총선 직후의 수개월 내와 의회의 임기만료 수개월 전의 기간에는 의회를 해산할 수 없다.

45) 김영태, "내각제 개헌의 의미와 가능성," 『한국정치의 재점: 헌법개정의 방향』, 한국정치학회특별학술회의 발표논문집, 2011. 4. 7, p. 42.

반이다. 대통령제 국가에서는 원수와 정부수반이 한 사람인데 반해 내각제에서 분리한다. 품격과 의례 측면에서의 리더십은 국가원수에게 있으며, 효율적인 리더십은 총리에 있다. 국가원수는 세습되거나 선출되는데 유럽과 아시아에서 왕족 국가원수가 많이 남아 있다. 서유럽 국가의 절반은 입헌군주제이며, 이에는 벨기에, 덴마크, 네덜란드, 스페인, 영국 등이 포함되어 있다. 캐나다와 같은 일부 과거 영국 식민지 국가의 경우는 총독이 군주 역할을 대신한다. 군주제를 제외하고 내각제하에서 대부분의 국가원수는 선출되는데, 국민에 의하여 직접 선출(아일랜드)되기도 하고 의회에 의하여 선출(이스라엘)되는가 하면 국가의회와 지역정부 대표들로 구성되는 특별선거인단에 의하여 선출(독일)되기도 한다. 내각제하에서 선출된 대통령은 군주에 비하여 운신의 폭이 넓지만, 자발적 의지에 의하여 별 영향력을 미치지 못한다.[46)]

(2) 내각제의 유형

내각제는 이와 같이 일반적인 특성을 가지고 있지만, 다양한 나라에서 채택하여 사용하고 있는 만큼 나라마다 그 운영방식에 있어서 적지 않은 차이점이 있다. 일반적으로 과반수 정부에 기반한 국가가 있고, 연립정부 혹은 소수정부에 기반한 형태들이 있다. 사르토리(G. Sartori)는 내각제의 유형을 내각과 의회와의 관계에 따라 세 가지로 구분하였는데 내각우위형, 의회우위형, 정당우위형 등 세 가지로 나누었다. 이를 총리중심형 내각제, 의회중심형 내각제, 중간형 내각제로 지칭하기도 한다.

첫째, 확실한 다수의 위치를 가진 단일정당에 기반하여 정부가 구성되는, 효율적이면서 안정적인 총리중심형 내각제의 전형적인 예는 영국이다. 선거제도는 1선거구 1인 선출제이며 이러한 선거제도의 결과로 정당체계는 양당제이다. 영국에서 총리는 집권당의 지도자이며, 다른 각료들에 비해 명백히 우위에 놓여 있고 다른 각료들의 임명이나 교체도 비교적 자유롭게 행한다.

영국처럼 단일정당이 집권하여 정당의 기율이 강하다면 집권당을 이끄는 내각총리는 매우 막강한 권한을 행사할 수 있다. 내각 구성원들은 의회에서 선출되며, 의원으로 남아 있다. 영국 총리는 자기 당이 단독으로 의회내 과반수를 차지하고 있기 때문에 야당이 주도하는 의회 불신임 투표로부터 자유로울 뿐만 아니라, 대통령제처럼 분점정부로 인한 갈등이나 교착상태를 겪을 필요도 없

46) 김계동 외, 앞의 책, pp. 401-402.

다. 영국 내각제는 내각의 집단책임을 원칙으로 한다. 내각의 각료들은 개인적으로 서로 의견이 불일치할 수 있지만 공개적으로는 그들은 내각이 내린 결정을 모두 지지해야만 한다.[47] 이 체제의 안정성의 열쇠는 내각을 하원의 시중이 아니라 주인으로 만들어 준다는데 있다. 집권정당은 내각과 의회를 장악하고 있으며, 의회의 의제와 일정에 대하여 완벽한 통제를 확보하고 있다.[48]

영국의 경우와는 약간 차이가 있지만 독일도 총리중심형 내각제의 대표적인 예이다. 비례대표제를 통해 입법부 의원을 선출하기 때문에 어떤 정당도 과반수 의석을 차지하지 못하는 상황이 발생한다. 이같이 독일 내각제는 영국과는 달리 기본적으로 연립정부에 의존하면서도 내각이 안정적으로 기능을 할 수 있도록 제도적 장치를 마련하였다. 히틀러를 출현시킨 것과 같은 정치적 혼란을 예방하면서도 총리의 강한 지도력을 중심으로 하는 내각제를 성공적으로 운영해 온 것이다.[49] 물론 독일에서 국가원수는 대통령인데, 대통령의 권한은 사실상 의전적이고 형식적인 권한에 국한되어 있다. 독일 대통령은 상 · 하의원들의 대표들로 구성된 연방회의에서 선출된다.

둘째, 의회중심형 내각제와 중간형태이다. 의회중심형 내각제는 단일정당의 독자적인 집권이 어렵기 때문에 불가피하게 다른 정당의 협조를 통해 과반의석을 확보함으로써 연립정부를 구성하는 것이다. 의회중심제의 특징으로 권력의 분열 문제와 정치인의 책임감 결여 등 부정적인 면이 많이 내포되어 있는데, 강원택 교수는 이를 다시 분류하여 연립정부형 내각제와 소수파 정부로 나누어 설명하고 있다. 소수파 내각이라 하더라도 일시적이고 예외적인 존재가 아니라 상당히 안정적인 통치를 행할 수 있다는 것이 그의 주장이다.[50] 이 외에 정당우위형이라고 칭하는 내각제가 있다. 스웨덴과 일본을 예로 들 수 있는데, 이들 국가에서는 다당제이면서도 하나의 정당이 수십년을 의회에서 과반수를 차지하면서 효율적이고 안정적인 내각제를 계속한 국가들이다.

내각제의 효율성이나 안정성을 결정하는 것은 역시 정당체계이고, 정당이 의회 내에서 얼마나 많은 의석을 확보하느냐에 달려 있다.

---

47) 한규선, "영국 의원내각제와 합의정치," 박호성 · 이종찬 외, 『한국의 권력구조 논쟁 II: 권력구조의 운영과 변화』, 풀빛, 2000, p. 197.

48) 김계동 외, 위의 책, p. 393.

49) 강원택, 앞의 책, p. 133.

50) 위의 책, p. 147.

2) 내각제의 평가

(1) 유연성

대통령제와 비교하여 내각제의 강점은 역시 제도의 유연함이다. 내각제의 집합적 결정구조는 국정수행의 일방적 지시가 아니라 토론을 통해 협의적으로 결정하게 된다. 이것은 권력의 집중화를 제도적으로 완화시키고, 민주성과 다원성으로 연결된다. 또한 내각과 의회의 갈등이 형성되어 정국이 교착상태에 빠져드는 것을 막을 수 있다. 내각제에서는 총리가 정치를 잘못할 때에는 의회에서의 불신임 투표나 정당 내에서의 지도자 경질을 통해 총리를 바꿀 수 있다.[51] 이와 같이 변화의 가능성은 대통령제에서 오는 체제의 경직성을 완화하고 정치환경의 유연성을 갖게 한다.

(2) 임기의 무제한과 총리 권한

내각에서 총리는 재선이나 연임을 금지하는 규정이 없기 때문에 집권당이 선거에서 승리하기만 하면 총리는 몇 년이라도 통치할 수 있다. 독일의 콜 총리는 16년, 영국의 대처는 11년 장기집권을 한 바가 있다. 이러한 장기집권에도 불구하고 내각제 국가들에서는 지도자의 장기집권이 아무런 정치쟁점이 되지 않는다. 이에 비해 대부분의 대통령제 국가들에서는 대통령에 권력이 집중되는 폐해를 우려하여 임기를 1회 또는 2회로 제한하고 있다.[52] 물론 임기가 제한되어 있지 않은 것이 반드시 긍정적으로만 작용하는 것은 아니지만, 대통령제에서와 같이 정책단절에 대한 강박관념에서 안정적으로 정책을 수행할 수 있다는 장점이 있다.

한편 내각제의 유형에서 언급한 바와 같이 영국의 경우 총리에게 권한이 집중되어 있으며, 영국식 내각제에서는 권력을 분산시키기보다 오히려 더 강력한 권한을 가진 1인 통치자가 등장할 가능성도 있다.

(3) 정치적 불안정

내각제 국가에서는 과반수를 차지하는 단일정당이 출현할 가능성이 낮기

51) 총리 경질은 세 가지로 이루어질 수 있다. 집권당 내부에서 결정하는 경우와 연립정부일 경우, 연립에 참여하고 있는 소수정당들이 내각에 대한 지지 철회, 야당에 의한 불신임 투표이다.
52) 신명순, 앞의 책, pp. 134~135.

때문에 연립정부가 구성되는 경우가 많으며, 이것이 정치의 불안정을 초래한다는 지적이 있다. 이 경우에 소수파 내각이 출현하고, 정치적 불안정으로 내각이 자주 바뀔 경우 정치의 연속성을 기대할 수 없다는 점이다.[53]

4. 이원정부제의 특성과 평가

대통령제와 내각제 이외 중요한 정부형태의 하나는 이원정부제이다. 이는 두 가지 형태를 결합한 독특하고 새로운 제도이다. 이 형태는 여러 가지 용어로 불리는데 이원집정제, 분할집정제, 준대통령제, 내각제적 대통령제가 그것이다. 이원정부제는 정치적 임무를 수행하는 선출직 대통령과 내각을 이끄는 총리를 결합하고 있다. 보통 대통령에 의하여 임명되는 총리는 일상적인 국내문제를 책임지고 있지만, 대통령은 이에 대한 감시역할과 대외문제에 대한 책임을 진다.

1) 이원정부제의 특성과 프랑스

(1) 이원정부제의 특성

이원정부제는 외형상 미국의 대통령제와 비슷해 보인다. 이원정부제에서도 대통령과 의회는 모두 국민들이 직접선거를 통해 선출한다. 대통령제처럼 대통령-의회는 이원적 정통성을 갖는다. 하지만 구체적인 운영방식은 대통령제와 상당히 다르다. 국가원수인 대통령은 행정권을 총리와 공유한다. 대통령제에서는 대통령 한 사람에게만 집중되었던 권력이 분산되어 권력을 가진 두 개의 기구가 존재한다.

일반적으로 이원정부제의 요소로 다음과 같은 것을 들고 있다. 첫째, 이원정부제란 내각제 요소와 대통령제적인 요소가 결합되어 있는 정부형태이다. 둘째, 집행권은 이원적 구조를 취하고 있나. 즉, 집행권이 대통령과 총리로 구성되고 대통령과 총리가 각기 실질적인 권리를 갖는다.[54] 셋째, 국민으로부터 선

53) 이러한 상황은 모든 내각제 국가들에서 일반적으로 나타나는 현상이라기보다는 의회중심형 내각제에서 나타나는 독특한 현상이다. 이탈리아에서는 1948년부터 1987년까지 모두 46번에 걸친 내각 교체가 있었으며 내각의 평균수명은 10개월이었다.

54) 대통령은 본인이 직접 통치를 하는 것이 아니라 내각을 통해서 통치를 한다. 대통령은 총리를 임명하고 총리는 장관을 임명한다. 또한 대통령은 언제나 총리를 해임할 수 있다. 그러나 총리는 동시에 의회의 신임에 의존해야 하기 때문에 총리는 의회로부터 불신임을 받을 수 있다.

출된 대통령은 의회로부터 독립되어 있으며 의회에 대하여 책임을 지지 않는다. 넷째, 대통령은 의회해산권을 가지며 위기시에 국가긴급권을 행사한다. 다섯째, 의회는 내각 불신임권을 갖는다.

이원정부제를 대통령제나 내각제와 다른 통치형태로 구분하기 위해서는 보다 엄격한 정의가 필요할 것 같다. 상술한 바와 같이 이원정부제가 대통령제와 다른 점은 의회가 내각을 불신임할 수 있는 권한이 주어져 있다는 것이고, 내각제와 다른 점은 대통령이 실질적이고 강력한 권한을 갖는다는 것이다. 이원정부제가 대통령제와 내각제의 중간형태라는 것은 바로 이러한 특성에서 비롯된다. 이원정부제는 대통령제라고 볼 수도 없고, 그렇다고 내각제라고 볼 수도 없는 절충형 정부형태로 현상을 이론적으로 설명한 시도에 불과할 뿐 고정된 정부형태로 볼 수 없다[55]는 주장도 있다.

이원정부제는 강한 대통령의 존재에도 불구하고 총리와 내각이 의회에 구속되기 때문에 이원정부제에서 중요한 점은 누가 총리와 내각을 지명할 수 있는 실질적인 권한을 갖느냐이다. 공식적으로는 대통령이 총리를 지명하고 총리가 장관을 지명하게 되지만, 야당이 의회를 주도하고 있는 상황에서는 대통령이 자신이 원하는 인물을 총리로 지명할 수 없다.

(2) 프랑스의 이원정부제 성격

이원정부제의 대표적인 국가는 현재 프랑스의 제5공화국이다. 역사적으로 보면 최초로 이 제도를 채택한 국가는 핀란드로 1919년부터 이원정부제를 채택하였다.[56]

프랑스는 현재 이원정부제를 채택하고 있는 국가들의 모델이라고 할 수 있다. 프랑스 제5공화국 정부형태는 의회제와 대통령제를 절충하여 만든 혼합체제로 반대통령제로 분류하는 경우도 있으나, 집행권의 권한이 국가원수인 대통령과 의회 다수세력에 기반한 내각정부로 이원화되었기 때문에 이원정부제로 볼 수 있다.[57] 프랑스 대통령은 임기가 5년이며 직선으로 선출된다. 대통령

55) 홍성방, 『개정판 헌법학』, (주)현암사, 2003. pp. 699-700.
56) 핀란드가 이원정부제를 택한 이유는 당시의 정치적 상황 때문이다. 1919년 우파 정치세력들은 입헌군주제를 채택하고자 하였으나 이것이 불가능해지고, 오히려 정치권에서 불신받는 좌파가 집권할 가능성이 생기자 이를 막기 위해 이원정부제라는 타협안을 채택하였다.
57) 석철진, "프랑스의 권력구조," 국제평화전략연구원 엮음, 『한국의 권력구조 논쟁』, 풀빛, 1997, p. 338.

은 총리를 임명하거나 해임할 권한을 가지며 각료회의를 주재한다. 또 의회를 해산할 수도 있다. 프랑스에서는 1958년 새 헌법을 채택하면서 이전의 내각제를 폐지하고 이원정부제를 시작했다. 1986년까지 28년간은 대통령이 소속한 정당이 하원에서 항상 다수의석을 차지하여 대통령제 국가와 똑같이 운영되었다. 그러나 1986년 선거에서 대통령이 소속한 정당이 의회에서 과반수를 획득하지 못하게 됨에 따라 이원정부제 특성이 나타나기 시작했다. 프랑스의 권력형태는 의회 다수파의 확보 여부에 따라 두 얼굴을 하게 되었다.[58]

이원정부제에서는 대통령이 소속한 정당이 의회의 다수를 차지할 때에는 대통령제와 유사한 정치가 실시된다. 즉, 대통령의 정당이 행정부와 의회를 모두 장악한 경우는 대통령의 의지가 국정에 강하게 반영되어 대통령제처럼 기능한다. 대통령과 총리는 밀월관계를 형성하고 대통령 우위의 정치를 펼치게 된다. 반대로 의회가 야당에 의해 주도되는 상황에서는 의회의 지지를 받는 총리의 권한이 크게 강화되어 내각제와 비슷한 형태의 정치가 이루어진다. 야당이 의회를 장악한 경우 대통령은 총리를 야당의원 중에서 지명할 것이며 이런 경우 내각제적 성격이 강해진다. 대통령과 총리는 더 이상 밀월관계가 아니고 경쟁과 갈등관계로 변하게 된다.

2) 이원정부제의 평가

(1) 책임의 분담

이원정부제는 대통령이 총리를 바꾸거나 정책을 바꾸도록 할 수 있기 때문에, 정치의 위기나 정권의 위기를 겪지 않고 정책을 변화할 수 있다. 대통령과 총리의 역할이나 권한은 크게 보아 외치나 내치로 분담되어 있다. 그러므로 이원정부제에서는 정책실패의 책임이 총리에게 돌아가 대통령은 이에 영향을 받지 않을 수 있나. 또 대통령이 만일 자기 역할을 못할 때에는 총리가 더 강력하게 기능함으로써 보완할 수 있다.[59]

58) 프랑스에서는 대통령이 소속한 정당이 의회에서 과반수를 차지하지 못하고 반대로 야당이 과반수를 차지하는 경우가 2006년까지 세 번 발생했다. 좌파 대통령이 우파 총리를 임명했고, 우파 대통령이 좌파 총리를 임명하기도 하였다(사회당의 미테랑과 우파 총리 시락, 우파 시락 대통령과 좌파의 조스팽 사회당 당수).

59) 신명순, 앞의 책, p. 186.

(2) 대통령과 의회의 알력 우려

이원정부제는 대통령과 의회간의 알력이나 갈등이 제대로 해소되지 않을 경우 위험이 나타난다. 먼저 대통령과 총리의 구분이 명확하지 않아서 이들 간 갈등을 초래할 소지가 많고 그 때문에 정치가 불안해질 수 있다. 다음으로 만약 대통령이 자기가 소속한 정당이나 다른 정당에 영향력을 행사할 수 없고 자기가 동의할 수 없는 정책을 지지해야 할 경우에는 권한이 극도로 제한된다. 정당들이 분열되어 정당체계가 약한 상황에서 대통령이 이러한 위치에 놓이게 되면 대통령이 야당들과 일치된 견해를 표명하기만 해도 정부는 심각한 위기에 빠지게 된다.[60] 이런 경우 내각제와 대통령제를 서로 교체해 가면서 제도적 유연성을 발휘함으로써 해결할 수 있다는 견해도 있으나, 이것이 쉽게 이루어지는 것은 아니다.

제5절 한국 정부형태의 조명과 논의

그동안 한국 정치과정에서도 권력구조에 개편 논의가 있어 왔고, 최근에 들어 헌법 개정 논의가 국회를 중심으로 다시 거론되고 있다. 헌법 개정의 가장 중요한 쟁점 중의 하나는 권력분립에 관한 논의이다. 그동안 많은 정치학자들과 헌법학자들이 그들의 논문에서 내각제 요소들이 가미된 한국의 대통령제가 견제와 균형의 원칙을 제대로 구현하지 못하고 있다는 주장도 개헌 논의의 개연성을 가지게 하고 있다. 대통령에게 과도하게 권력이 집중되어 있는 소위 '제왕적 대통령제' 를 부통령제를 두어서 권력을 분산시키거나, 내각제의 도입으로 권력구조를 바꾸어야 한다는 것이다.

한국의 권력구조에 대한 개편 논의는 정치권이 사회적 요구를 제대로 수용하지 못한 면이 있다. 많은 논의가 정권을 소유하고 있는 측과 그렇지 않는 측의 이해득실의 측면에서 제기되어 온 것도 사실이다. 그러면 과연 현재 제기되고 있는 권력구조 개편 논의인 개헌 문제는 시의적절한가? 시의적절하다면 어떠한 방향으로 논의되어야 하는가? 새로운 권력구조는 어떠한 형태로 이루어져야 하는가의 문제에 관심이 집중되고 있다.

여기에서는 이러한 논의의 전제가 되는 권력구조 형태를 분석해 보려고

60) 위의 책, 187.

한다. 개헌에 찬성이나 반대보다는 각국의 정부형태 분석을 바탕으로 그 장단점을 심도 있게 살펴봄으로써 정말로 한국이 어떤 정부형태를 가지는 것이 바람직할 것인가를 논의해 보려고 한다.

현재 우리나라의 정부형태는 1987년 제9차 헌법개정에 그 근간을 두고 있으며 5년 단임의 대통령제를 채택하고 있는데, 노태우 · 김영삼 · 김대중 · 노무현 · 이명박 대통령이 임기를 마쳤고, 2013년 2월에는 박근혜 대통령이 취임하였다. 현행 한국의 대통령제에 대해 대통령중심제라는 용어를 더 많이 쓰고 있다. 분명 대통령중심제라는 것은 학문적 용어가 아니지만 일반적으로 학계에서도 받아들여지고 있다.

한국의 대통령제에 대하여 '제왕적' 대통령제라는 평가와 더불어 최근 권력구조 개편 논의가 제기되고 있다. 한국의 권력구조 개편 논쟁은 정치권이 사회적 요구를 제대로 수용하지 못하거나 차기정권의 향방에 대한 관심이 제기될 때면 수면으로 떠오르곤 한다.

1. 내각제 이후 한국의 대통령제

1961년 5 · 16군사쿠데타로 군정이 실시되었고, 박정희는 내각제에 대한 반작용으로 대통령제를 확고하게 구상하였다. 1962년 10월 23일 신헌법요강이 발표되었고, 11월 3일에 헌법개정안이 마련되었다.[61] 대통령에게 긴급명령권, 계엄선포권, 입법거부권 등 막강한 집행권을 부여한 개정안은 12월 17일 국회가 해산된 가운데 국민투표로 확정되었다. 제3공화국 헌법은 미국식의 완전한 권력분립적 대통령제가 아니고, 새로운 집행권 우월적 경향을 띠게 되었다. 제3공화국의 대통령중심제는 고전적 대통령제가 아닌 대통령주의제이며 중남미 모델에 내각제 요소를 제도적으로 혼혈시킨 것과 일맥상통했다. 그 후 박정희는 3선개헌에 의하여 1971년 4월 27일 대통령에 당선되었다.[62] 대통령 선거에서 승리한지 불과 7개월 후에 국가비상사태를 선포하였다. 1972년 10월 17일에

61) 개정안은 강력한 대통령중심제를 채택했다. 그 이유는 제2공화국 시대의 내각제가 제대로 기능을 발휘하지 못한 약체였기 때문이라 했다. 따라서 대통령중심제가 정국이 안정되고 소신껏 일할 수 있는 민주적인 정부형태라 했다. 공보부, 『헌법개정과 국민투표』, 공보부, 1962, p. 74.

62) 선거결과는 박정희 후보가 김대중 후보를 94만 3천여표 차이로 누르고 당선되었으나, 선거운동이 시작되기 전부터 박정희와 김대중의 대결은 '황새와 뱁새' 게임으로 비유되었다. 그러므로 이 같은 차이에 만족할 수 없었는데, 국회의원 선거에서도 신민당과 근소한 득표율 차이를 보이자 박정희 정권은 위기의식도 느꼈을 것이다.

는 제3공화국을 파기하고 유신체제 수립을 위한 '특별선언문' 을 발표하였고, 국민투표에 부쳐진 헌법개정안은 정당가입이 허용되지 않는 통일주체국민회의 대의원이 대통령을 선출하도록 하였다. 제4공화국 당시 대통령은 초월적 국가기관으로서 긴급조치권을 부여받는 등 삼권분립의 헌정논리에 구속받지 않고, 삼권을 완전히 장악하는 '절대적 대통령' 으로 격상시켰다. 대통령은 의회해산권을 부여받았고, 국회의 국정감사권은 폐지되었으며, 중임제한은 철폐되었다.

1979년 10월 26일 박정희 대통령이 시해되는 엄청난 비극을 맞았다. 박대통령 사망후 최규하 국무총리가 대통령 권한대행을 맡고 2개월 후에는 유신헌법에 의하여 대통령이 되었다. 신군부는 1980년 5월 31일 '국가보위비상대책위원회' 라는 군사평의회 성격의 조직을 설치하였고, 8월 16일 최규하 대통령을 사임시켰다. 그리고 통일주체국민회의 대의원에 의하여 국보위 위원장인 전두환이 대통령에 당선되었다. 10월 27일에는 유신헌법을 폐지하고 제5공화국 헌법을 공포하고, 이 헌법에 의하여 대통령선거인단의 간선으로 다시 전두환이 대통령에 당선되었다. 대통령은 국가원수 지위와 함께 여당 총재와 행정수반의 지위를 겸했을 뿐만 아니라, 입법부와 사법도 거의 자의적으로 통제할 수 있었다. 대통령은 필요시에는 긴급조치권 및 계엄선포권을 발동할 수 있으며, 국회와 정당도 해산할 수 있었다.[63] 대통령의 국회해산권에 대응하여 탄핵소추와 국정조사권을 발동할 수 있었으나 형식에 불과하여 기본적으로 국회의 위상은 보잘것이 없었다.

1987년 4 · 13호헌조치 이후 범국민투쟁이 전개되자, 노태우가 민정당사에서 전격적으로 6 · 29선언을 발표하였다.[64] 1987년 대통령 선거에서 채택된 5년 단임 직선제는 민주화투쟁 절정기에 정치세력들이 이루어 낸 타협의 산물이다. 한국 역사상 여야 합의로 마련된 신헌법이 국민들의 압도적 지지로 국민투표를 통과했다. 제6공화국이 탄생했고 대통령 선거에서 노태우 후보가 김영삼, 김대중, 김종필 후보를 물리치고 대통령에 당선되었다.

63) 지병문 외, 『현대 한국정치의 새로운 인식』, 박영사, 2001, p. 348.

64) 가장 중요한 내용은 대통령 직선제 수용과 대통령선거법 개정이었다. 직선방식에서 단순다수선출 방식은 몇 사람이 대통령에 출마하더라도 한 표라도 가장 많이 얻는 사람이 당선되는 것이다. 절대다수선출 방식은 결선투표제를 도입하여 1차 투표에서 과반수의 지지를 얻은 후보가 없을 경우 2차 또는 3차 투표를 하여 과반수 이상을 득표한 사람이 선출되는 방식이다. 이때 절대다수선출 방식을 택하자는 주장도 있었으나, 단순다수선출 방식을 택하였다.

2. 현행 한국의 대통령제와 문제점 제기

1) 한국 대통령제의 특징

현행 한국의 정부형태는 대통령제를 원칙으로 하고, 내각제적 요소가 가미되어 있다. 먼저 헌법을 중심으로 살펴보면 첫째, 대통령은 국가원수인 동시에 행정수반의 지위를 갖는다. 둘째, 대통령은 국민에 의하여 직접선출되고, 국민으로부터 직접 그 대표성을 부여받고 있다. 셋째, 대통령은 5년 임기 동안 탄핵소추를 제외하고는 국회에 대하여 정치적 책임을 지지 않으며, 국회도 대통령에 대하여 불신임결의를 할 수가 없다. 넷째, 대통령에게 국회해산권은 없으나, 법률안거부권이 있다. 다섯째, 국무회의는 의결기관이 아니고 심의기관으로서 단순한 대통령 보좌기관에 불과하다.

이러한 대통령제에 내각적인 요소는 국무회의를 두고 임명에 국회동의를 필요로하는 국무총리를 두고 있다는 점과 국회가 국무총리와 국무위원에 대한 해임을 대통령에게 건의할 수 있다는 점이다. 또한 정부도 법률안을 제출할 수 있다는 것과 국무위원은 국회의원을 겸할 수 있다는 것이 대표적이다.

2) 한국 대통령제의 제 문제

대통령제에서 총리를 두는 것은 내각제적 요소를 일부 도입한 것으로 총리가 국무회의를 주재하고 행정부를 지휘하지만, 대통령에 의해 임면되고 의회의 신임 여부와는 관계 없는 것이 보통이다. 물론 우리나라에서는 국회의 동의가 필요하다. 일반적으로 대통령제 국가에서 총리를 두는 이유는 총리에게 행정적 실무를 맡아 수행하게 만듦으로써 행정적으로 문제가 있거나 대통령의 인기가 없을 때, 대통령은 자신에 대한 비난을 총리에게 전가시킬 수 있기 때문이다. 정부의 정책이나 정책수행에 잘못이 있어 대통령에 대한 국민적 비판이 강할 때 대통령은 총리를 바꿈으로써 정치국면을 전환시킬 수가 있다.[65] 국무총리는 독자적인 권력을 갖는 것이 아니라, 대통령의 대행자 및 보좌자로서의 권한을

65) 우리나라 헌법 제86조는 "국무총리는 국회의 동의를 얻어 대통령이 임명한다" "국무총리는 대통령을 보좌하며, 행정에 관하여 대통령의 명을 받아 행정각부를 통할한다"로 되어 있다. 제87조는 "국무위원은 국무총리의 제청으로 대통령이 임명한다"이다.

갖는 수석 국무위원으로서 지위를 갖는데 불과하다. 우리나라에서 총리는 대통령이 책임을 전가시키기 위한 장치이기 때문에 총리직을 폐지하고 국민의 검증을 거친 부통령제가 필요하다.

대통령제하에서 국정을 정당이나 의회를 통한 정치력으로 이끌어가는 것이 아니라, 관료적인 행정력으로 이끌어간다. 그러므로 집권여당이 스스로의 정책을 가지고 의회에서 활동하는 것이 아니라, 대통령의 정책을 의회라는 기관에서 절차적으로 통과시켜 주는 종속적인 역할을 한다. 정당으로서 역할보다는 대통령의 정책을 옹호하고 수비하는 역할밖에 할 수 없다. 의회나 정당이 정치적으로 해결할 문제도 법적 문제로 하강시켜 직접 대통령이 관장기구로 하여금 다루게 한다.

대통령제하에서 대통령은 그 주어진 임기 동안 국민이나 국회에 대하여 책임을 지지 않는다. 여기에 대한 반론은 오늘날 국민이 대통령제하에서 행정부와 의회가 정책결정의 주도권을 다툰다고 하여 국정의 책임소재를 구별하지 못할 정도로 단순하지 않다는 것이다. 또한 대통령제 장 · 단점의 특성에서 서술한 바와 같이 오히려 임기의 고정성이 책임성을 높이는 결정적 수단이 된다고 한다.[66] 정치인들 역시 책임을 지지 않는다. 여당 대통령에 종속되어 자기의 정책을 가질 수 없기 때문에 정책적인 책임을 질 수 없게 된다. 야당 또한 정강정책이라는 본연의 임무수행보다는 차기 대통령선거를 위한 선동적인 정책개발에 주력한다.

3) 정부형태의 전환 논리

한국 정치과정, 특히 대통령제에서 나타나는 문제점을 직접 제시하기보다는 원론적인 차원에서 내각제나 이원정부제의 필요성을 제시하기도 한다. 이규영 교수는 권력개편 논의와 관련하여 내각제가 대통령제보다 더 오래된 정치제도이고 안정적인 민주주의 실현이나 공고화에 더 적절한 점이 경험적으로 입증되고 있다고 하였다. 그는 권력구조 개편에 대한 공론화가 필요하다고 주장하면서, '한국형 의원내각제' 를 설명하였다.[67] 국부주의의 전통을 고려 대통령제

66) 강승식, "대통령제의 제도적 장점, 그리고 현행 헌법상 대통령제의 개정방향," 『정부형태와 지방분권, 바람직한 개헌 방향은』, 국회 미래헌법연구회 지역순회 전북토론회, 2009, pp. 18-19.

67) 이규영, "한국권력구조개편 2: '의원내각제' 의 대안 가능성," 박호성 편, 『한국의 권력구조 논쟁

를 유지하며, 상하원 합동회의에서 선출한다. 대통령은 대외적으로 대표하여 외국과 조약을 체결하며, 하원의 정당 의석을 고려하여 수상 후보를 추천하며 하원이 선출하는 경우 수상을 임명한다. 수상은 독일식 재상민주주의에서 행사하는 권한을 가지며 국정운영의 중심이 된다. 여기에 독일식 연방제도의 도입을 주장한다. 또한 권력구조와 정부형태가 모든 정치적 문제를 해결해 주는 절대적인 해법이 될 수 없지만, 현행 헌법의 근본적인 결함으로 인해 제왕적 대통령의 권위주의적 행태 등과 같은 많은 문제점을 제기하였다. 그리하여 권력분산적이고 유연성과 창의성이 강조되며 지속 가능성이 요구되는 사회변화에는 중앙집중적이고 경직된 현재의 대통령제보다 의원내각제가 더 적합한 권력구조라고 주장한다.[68]

내각제나 대통령제 선택의 문제점에 대하여 이정복 교수는 내각제는 우리 정당제도의 저발달로 인해 정치적 혼란을 초래할 수 있고, 대통령제는 국가영역과 사회영역간의 힘의 불균형 때문에 독재화될 위험성을 다분히 가지고 있다고 한다.[69] 대통령제의 독재적 요인을 제한하고 내각제의 정국불안 요소를 방지할 수 있다고 하여 이원정부제를 주장하는 학자들도 있다. 대통령제는 기본적으로 승자 권력집중이 강하고, 내각제도 대통령제에 비하여 권력의 분점 및 공유제에 기여할 수는 있으나 이것이 제도적으로 보장되지 않는다는 것이다. 그러므로 한국 권력구조 집중현상을 감안할 때, 의회와 행정부의 기능이 분화된 내각제와 대통령제가 공존하는 이원정부제를 검토해 볼 필요가 있다고 한다. 이원정부제는 권력의 분점효과가 강하고, 의회 역할을 확대하는 제도적 장치가 마련된다는 것이다.[70]

한국에서 이원정부제에 관심을 갖는 이유는 우선 총리의 존재와 관련이 있다. 각 정부형태의 특성에서 살펴본 바와 같이 외형적으로 볼 때 우리나라 대통령제는 미국보다 프랑스와 유사하다. 더욱이 정부형태의 작동과 관련하여 대단히 중요한 요소인 정당정치의 특성 또한 미국보다 프랑스에 가깝다. 한국은 미국 대통령제와 달리 의회 내에서 강한 기율을 갖는 정당이 기반이 되는 대통령

III: 한국형 권력구조의 모색』, 인간사랑, 2002, pp. 80-124.

68) 임성진, "의원내각제와 양원제," 『정부형태와 지방분권, 바람직한 개헌 방향은』, 국회 미래헌법 연구회 지역순회 전북토론회, 2009, pp. 31-37.

69) 이정복, 『한국정치의 분석과 이해(개정증보2판)』, 서울대학교출판부, 2008, pp. 512-513.

70) 김만흠, "민주화와 권력구조: 지역주의적 군주권력에서 민주적 시민권력으로," 국제평화전략연구원 엮음, 『한국의 권력구조 논쟁』, 풀빛, 1997, pp. 354-358.

제라는 점에서도 닮은 점이 있다.[71] 한국은 대통령제를 유지하면서 내각제적인 요소가 내재되어 있어 이원정부제에 많은 관심을 두고 있다.

3. 한국의 정부형태 선택 논의

1) 정부형태 선택안

국회의장 직속 헌법연구자문위원회는 2009년 8월 31일 개헌보고서를 국회의장에게 제출하였다. 이 보고서가 내놓은 한국의 정부형태는 〈표 11-3〉에서 보는 바와 같이 이원정부제와 미국식 대통령제의 복수안이다. 이 표에서 내용을 표기하고 있지는 않지만, 국회는 양원제로 하원 4년, 상원 6년의 임기를 제시하고 있다.

이 보고서를 제시한 연구진측은 한국 정부형태를 평가하면서, 이원정부제와 4년 중임의 정·부통령제를 다음과 같이 설명하고 있다. 현재 한국의 5년 단임 대통령제는 너무 권력이 집중되어 있어 폐해가 크고 정치적 책임성이 약화되어 있다. 또한 지나친 권력경쟁으로 인하여 국민통합을 저해하고 있기 때문에 권력을 분산할 필요가 있다는 것이다.[72]

이원정부제는 견제와 균형이라는 점을 강조하면서도 의회권한을 강화한

〈표 11-3〉 한국 정부형태 선택 보고서

정부형태	주요 내용
이원정부제 (이원집정제)	대 통 령: 5년 단임제 국민직선, 국회해산권(하원), 선전포고권, 계엄권, 긴급명령권, 궐위시 상원의장이 권한대행 국무총리: 국회(하원선출), 내각구성권, 통할권, 국군통수권, 법률안제출권, 조약비준제청권, 긴급재정명령 및 처분권
미국식 대통령제	대통령: 4년 중임의 정·부통령제, 대통령과 부통령은 국민직선 러닝메이트제, 국군통수권, 선전포고권, 조약체결비준권, 계엄권, 긴급명령권 부통령: 대통령 궐위 사고시 권한대행 및 승계권

출처: 『중앙일보』, 2009. 9. 1, p. 13.

71) 강원택, 앞의 책, p. 209.
72) 『중앙일보』, 2009. 9. 1, p.13.

것이다. 이 보고서는 대통령의 권한이 약화된다는 지적을 대통령의 국회해산권과 긴급명령권으로 보완하고 있다. 5년 단임의 대통령은 직접선거로 선출하며, 국가원수의 지위를 갖지만 행정적 권한은 줄어든다. 총리는 하원의원 재적과반수의 찬성으로 선출된다. 행정수반이며 군통수권자인 총리는 치안과 경제정책, 국방 등 국정 전반의 통활권과 내각구성권을 가진다.

미국식 대통령제 제시 취지는 대통령이 국정운영을 더 잘하려면 중임할 수 있어야 한다는 것이다. 4년 중임의 정·부통령제는 현행 대통령제의 내각제적 요소를 배제해 권력분립을 강화한 제도다. 정부의 법률안제출권을 폐지하고 예산법률주의를 도입해 국회의 권한을 키웠다. 국회의원의 장관 겸직을 금지하고 국회의 장관해임건의 제도를 폐지했다. 부통령은 대통령의 궐위나 사고시 대통령 권한을 대행한다.

이 보고서는 두 개의 안을 제시하고 있는데, 이원정부제에 더 큰 비중을 두고 있다. 국회의 권한을 대폭 강화시키고 있는 대목이 가장 눈에 띄는데, 국회를 중심으로 연구된 결과이기 때문일 것이다. 보고서에 나타난 이원정부제는 상술한 독일식 의원내각제와 유사한 양상을 보이고 있으나, 대통령의 국민직선이라는 것에서는 이원정부제의 특성을 뚜렷이 하고 있다.

보고서를 분석해 보면 그동안 우리 사회에서 제기되고 있던 대통령에게 지나친 권력이 집중되어 있는 '제왕적 대통령'을 막기 위하여 '분권형 대통령'에 초점을 두고 있다. 여기에서 이원정부제를 채택하고 있는 국가들과 다른 점은 총리 선출과 군통수권 문제이다. 대통령이 총리를 지명하지 않고 총리의 선출권을 국회가 갖도록 되어 있다. 또한 일반적으로 이원정부제하에서도 군통수권은 대통령이 가지고 있으나, '제왕적 대통령제' 문제를 권한이양을 통해 해결하려는 것이다. 한국 정부형태에서 내각제적 요소가 포함된 가장 대표적인 것으로 지적하고 있는 총리 문제를 염두에 두고 있다. 내각제와는 달리 대통령에게 의회해산권을 주되 실질적인 권력을 총리에게 주는, 대통령 권한 약화에 중점을 두는 이원정부제를 제시하고 있다. 이원정부제의 대표적인 특징인 국정 전반에 대한 통활권을 총리에게 주는 것이다. 이러한 정부형태에서 나타날 수 있는 문제점은 오히려 총리에게 지나치게 많은 권한을 부여하고 있는 점이다.

또 하나는 상술한 바와 같이 이원정부제에서 고려해야 할 것은 단지 대통령의 권한을 제한하는 것에 한정되어 있지 않고, 대통령과 의회와의 갈등이 심화되는 경우 혼란을 초래할 수 있다는 사실도 염두에 두어야 한다. 대통령의 국회해산권에 관한 것인데, 과연 이것이 우리의 정치문화에서 어느 정도 현실성을 가질 수 있을지는 의문이다. 대통령과 의회 다수파의 일치와 불일치의 문제에서 야기될 수 있는 문제를 상정하고 검토해야 한다.

미국식 대통령제 역시 권력분립과 견제와 균형이라는 측면에서 하나의 대안으로 제시되고 있다. 현행 우리나라의 대통령제와 비교해서 몇 가지 다른 점은 상술한 바와 같고, 총리 문제에 관련하여 생각해 볼 필요가 있다. 미국식 대통령제의 변형 문제로 부통령에게 대통령 권한의 일부 이양하는 것이다. 우리나라의 현행 총리제가 아니라 실제적인 총리를 두자는 것이다. 국민직선의 부통령직을 두어 권한과 책임을 주는 것이다. 물론 이것도 대통령과 부통령의 견해가 일치되지 않을 경우 어떻게 해결해야 할 것인가 하는 등의 상세한 검토가 필요하다.

한국정당학회와 중앙일보가 2012년 6월부터 7월 5일까지 19대 국회의원을 대상으로 '19대 국회에서 개헌' 에 대하여 설문조사를 하였다. 300명의 의원 중 233명이 설문에 응답했고, 이 중 202명이 개헌이 필요하다고 답하였다.[73] 통치권력구조와 관련해서 대통령중임제의 선호도가 68.2%로 가장 높았고, 이원정부제가 10.3%, 순수한 내각제 9.4% 순으로 답하였다.

2) 논의의 방향

향후 한국의 정부형태는 어떻게 가져가야 할 것인가? 나름대로 정리해 보면 다음과 같다. 첫째, 한국의 바람직한 정부형태로 대통령제, 내각제, 이원정부제 중 어느 것이 가장 적합한가? 정부형태를 비교하고 평가한 바와 같이 각각의 장단점을 가지고 있기 때문에 쉽게 대답할 수는 없다. 제도를 바꾼다고 정치가 확 바뀌는 것은 아니다. 우리의 독특한 경험과 특성을 고려해볼 때, 지금보다 더 바람직한 정부형태를 갖추기 위해서 정치 선진국이라 할 수 있는 미국이나 영국, 독일 혹은 프랑스에서 현재 운영되고 있는 정부형태를 도입하면 될 것인가? 아마 그대로 적용한다면 더 큰 혼란을 야기할 수도 있을 것이다.

여기에서 생각해야 할 것이 우리 정치권력에 관한 문제가 권력구조에 있는지, 아니면 정치인들에게 있는지를 올바르게 판단해야 한다. 구조의 문제라

73) 『중앙일보』, 2012. 7. 6.

면 몰라도 정치인들에게 있다면 어떠한 정부형태를 가져가더라도 여전히 문제점은 남게 된다. 결국 제도를 운영하는 것은 사람이기 때문에, 정권을 담당하고 있는 사람들은 스스로 제도가 효율성과 능률성을 갖도록 리더십을 발휘해야 한다.

둘째, 어떠한 제도가 정착되기 위해서는 그 바탕이 되는 문화와 상합해야 한다. 현재 헌법은 민주화과정 속에서 만들어져 많은 고민과 깊은 성찰이 있었지만, 어찌 보면 이전보다 좀 더 공정하게 정치권력을 배분하고 제한한 정부형태에 만족했다. 이제 사반세기에 가까운 시간이 흘렀고 정치상황도 변화되어 국민들의 의식수준과 정치적인 능력도 향상되었다. 그렇기 때문에 우리가 어떤 정부형태를 선택할 것인가에 대한 논의는 필요하다. 이는 개헌 논의가 필요한 시점이 되었다는 것을 말하는 것이다. 그러나 장기적이고 미래를 예측하면서 거기에 맞는 그리고 현재 우리 수준을 고려하여, 어떠한 정부형태가 언제 필요할 것인가에 대한 국민들의 공감대를 형성해 가야 한다. 이러한 노력 없이 단순히 피상적 정치현상에서 장단점을 찾는다면 바람직한 정부형태의 논쟁이 될 수 없다.

셋째, 한국의 정치권에서나 학계에서 정부형태에 관한 논의는 주기적으로 등장했다가 잠잠해지곤 한다. 문제는 이것이 하나의 정파에 의하여 전략적으로 이용되어서는 안되고, 특히 정권의 국면전환용으로 제기되어서는 오히려 커다란 부작용만 초래할 것이다. 정부형태 선택을 위한 개헌은 국가발전과 국민들의 합의라는 바탕 위에서 이루어져야 한다.

제12장
정치참여와 사이버정치

제 1 절 정치참여와 유형

제 2 절 정책적 참여: 거버넌스

제 3 절 정치참여의 다른 형태로서 전자민주주의

제 4 절 인터넷의 특성과 정치참여 과정

제 5 절 한국 웹사이트와 선거에서 인터넷의 영향

우리가 일반적으로 정치참여라 하면 가장 먼저 떠오르는 것이 민주정치와 선거이다. 고대 아테네로 거슬러 올라가 직접민주정치로부터 대의제도에 이르기까지 어떻게 정치에 참여하느냐는 중요한 문제였다. 이 과정에서 선거는 가장 중요한 참여의 수단이었다. 이러한 정치참여는 학자에 따라 정의에서부터 범위 등에 이르기까지 다양한 양상을 띤다.

최근 우리 사회에 대두되고 있는 거버넌스(Governance) 문제도 정부의 정책결정 과정에 NGO나 기업 등의 참여를 부각시키면, 정치참여에서 다루어도 가능하다고 생각한다. 또한 정보사회에서 정치참여 논의는 사이버공간에서 참여민주주의의 실현 가능성에 초점을 두고 모색해 볼 수 있다.

제 1 절 정치참여와 유형

1. 정치참여의 정의

정치참여가 무엇인가를 논의할 때 가장 먼저 생각나는 것이 민주주의이다. 일반적으로 국민에 의한 정부가 민주주의를 정의하는 데 핵심적인 요소라 할 수 있다. 특히 대의민주주의에서 국민에 의한 정부는 국민의 정치참여를 통하여 실현될 수 있다. 한국에서도 김대중 정부를 '국민의 정부'라 칭하였고, 노무현 정부를 '참여정부'라 부르고 있는 것도 바로 민주주의와 정치참여를 핵심으로 하고 있다는 것이다.

정치참여의 고전적인 저작이라 할 수 있는 『미국에서 정치참여: 정치적 민주주의와 사회적 평등』에서 버바(S. Verba)와 니(N.H. Nie)는 민주주의 국가에서 대중참여를 몇 가지로 나누어 설명하고 있다.[1] 즉, ① 정치참여를 통하여 국민에 의한 민주정부의 실현이 가능하다. ② 정치참여를 통하여 시민은 정치·참여목표의 설정, 우선순위의 결정, 목표달성에 요구되는 자원의 배분 등 중요한 정책의 방향과 전략에 영향력을 미칠 수 있다. ③ 정치참여는 국민의 의사가 정부에 전달되는 통로인 동시에 국민에게 만족감을 주는 통로의 기능을 한다. ④ 정부의 엘리트에 대한 국민들의 지지 혹은 반대를 표시할 수 있는 합법

1) Sidney Verba and N.H. Nie, *Participation in America: Political Democracy and Social Equality*, New York: Harper & Row, 1972, pp. 3-5.

적인 방법이다. 버바와 니는 정치참여를 체제 내에서 이루어지는 민주적 참여활동에 그 범위를 한정시키고 있다. 그러므로 이들의 정치참여에 대한 정의도 "정부요원의 선택이나 그들이 취할 행동에 다소간 직 · 간접으로 영향을 미칠 목적으로 사적 시민에 의하여 이루어지는 행위"라 하고 있다. 밀브레드(L.W. Milbrath)와 고엘(M.L. Goel)은 정부나 정치엘리트에 대한 지지적 활동까지도 정치참여에 포함시키고 있다.[2)]

이와는 달리 헌팅턴 등(S.P. Huntington and J.M. Nelson)은 정치참여란 반드시 민주적 · 반응적 또는 대의적 정부의 의미만을 포함하는 것이 아니라, 성공치 못한 영향력의 행사나 동원된 참여까지도 포함해야 한다. 심지어는 정치폭력까지도 특수한 참여형태로 다루어져야 한다고 하고 있다.

그러므로 정치참여를 현대정치 속에 어떻게 자리매김할 것인가에 대한 논의는 정치학도와 인접 사회과학자들의 중요한 연구주제의 하나이다. 사회와 정치체계의 연결현상이라 할 수 있는 정치참여의 위상은 어쩔 수 없이 그 현상의 토대가 되는 사회 및 정치체제의 변화와 그들간 관계의 존재 양태에 따라서 달라질 수밖에 없다.

현대국가에 있어서 일반 시민들의 정치적 활동은 선거과정이나 정책형성의 범위를 벗어나는 광범위한 영역에 걸친 다양한 형태를 취한다. 참여는 정치의 산출 측면에 대한 관여를 포함할 뿐만 아니라, 특별한 가치지향적 목표를 설정해 두고 정치와 비정치적 영역의 경계를 넘나드는 사회운동이나 비공식 집단활동을 통한 직접적인 참여행동도 현대사회에서는 어디에서나 볼 수 있는 생활의 일부가 되어 버렸다. 이러한 것을 바탕으로 정치참여는 개인이나 집단들이 국가의 구조나 국가의 권위의 선출 또는 국가정책에 영향을 미칠 목적으로 취하는 다양한 정치활동이라고 정의할 수 있다.

2. 정치참여의 유형

정치참여에서 연구해야 할 중요한 문제는 그 형태와 정도의 문제이다. 참여를 규명함으로써 이를 유형별로 나눌 수 있다. 참여의 정도는 누가 무엇 때문에 참여하는가를 설명해 주는 것이다.

2) L.W. Milbrath and M.L. Goel, *Political Participation: How and Why Do People Get Involved in Politics?*, 2nd ed., Chicago: Rand McNally College Publishing Co., 1977, pp. 2-3.

1) 참여의 유형

참여 양식에 대하여 가장 일상적인 구분을 하는 학자는 바네스(S.H. Barnes)와 카세(M. Kaase)였다. 이들은 정치참여의 유형을 〈표 12-1〉에서와 같이 인습적인 참여와 비습적인 참여로 구분하였다.

(1) 인습적인 정치참여

선거에 참여해서 투표권을 행사하는 것은 가장 기본적이고 대표적인 정치참여 유형으로 시민의 권리인 동시에 의무라고 할 수 있다. 시민의 한 표가 정치적인 결정수단이나 압력수단으로 작용하여 시민에 의한 정부나 정치인의 통제가 실현되는 가장 합법적인 절차이며 수단이라 볼 수 있다. 선거 때 특정 후보나 정당의 지지를 호소하기 위해서 선거운동에 참여하는 것과 특정 정당에 공식적인 당원으로 입당하여 당비를 납부하고 당의 정체성을 갖는 것이다.

집단활동으로는 먼저 각종 공식적 · 비공식적 시민단체에 회원으로 가입하거나 시민단체가 주관하는 행사에 참여하여 활동하는 것이다. 활동내용은 정치적 쟁점이나 국민적 관심사를 제기하여 정부의 정책결정이나 변화에 영향력을 행사하는 것이다. 또한 정치적 목적으로 개최되는 각종 집회에 참가하여 그들의 입장에 동조하거나 관심을 나타내는 정치참여가 있다.

또는 정치현안으로 부각되는 쟁점에 대하여 라디오 · 텔레비전의 토론 프로그램에 참여하고 신문 등에 기고하는 등 자신의 입장을 자유롭게 표명하는 것이다. 이러한 유형의 정치참여는 정보통신이 발달하면서 인터넷을 통하여 활발하게 진행되고 있다.

〈표 12-1〉 정치참여의 유형

인습적 참여	비인습직 참여
투 표	청 원
선거운동	항의와 시위
집단의 활동	파업과 연좌
정당가입	보이콧
정치가 혹은 공직자 접촉	정치적 폭력
정치토론과 서한 등의 의사전달	테러리즘

출처: Samuel H. Barnes, Max Kaase et al., *Political Action: Mass Participation in Five Western Democracies*, Beverly and London: Sage Publications, 1979.

(2) 비인습적인 정치참여

이 같은 유형화에서 먼저 짚고 넘어가야 할 부분이 정치적 폭력에 대한 것이다. 과연 이것을 정치참여에 포함시켜야 할지 아니면 별개로 취급해야 할지이다. 정치적 폭력은 가장 극단적인 형태로 유형화했을 때 모든 정치활동과 행위는 사실상 모두 정치참여의 범주에 들어가게 될 것이다. 그러나 정치적 폭력을 정치참여와 전혀 다른 별개의 행위유형으로 범주화할 수 있다. 헌팅턴과 넬슨(S.P. Huntington and J.M. Nelson)은 폭력이 하나의 정치참여 형태임을 인정하면서도 폭력사용은 매우 강한 동기화를 요구한다는 점에서 정치참여 연구와 별개의 주제로 다루어야 한다는 입장이다.

무엇이 인습적이냐 비인습적이냐는 나라에 따라 다르다. 또한 비인습적 정치참여의 어느 부분은 인습적 참여활동의 연계선상에서 같은 범주로 들어가는 경우도 있지만, 다른 어느 부분은 인습적 정치참여와 동떨어져 제도권 밖에서만 맴도는 행위의 특성을 가질 수 있다. 또한 비인습적이라고 생각되었던 정치행위의 상당부분들이 현대정치에서 일상적인 것으로 받아들여지는 경우도 있다.[3]

2) 정치참여의 정도

윌슨(F.L. Wilson)은 '누가 정치에 참여하는가?' 라는 문제를 제기하고, 이를 다섯으로 나누어 설명하고 있다.[4] 첫째, 정치참여는 교육수준과 매우 긴밀히 관련된다. 교육수준이 높을수록 그 사람은 적극적 정치참여자가 될 가능성이 높다. 교육받은 사람은 정치적 진행사항을 이해하고, 그것들이 국민생활에 어떻게 영향을 미치는가를 이해하며, 보다 광범위한 정치쟁점에 대해 자신의 의견을 가지고 정치적 토론에 참여하며 정치활동에 참여할 가능성이 크기 때문이다. 둘째, 교육수준이 참여의 주요 요소이지만, 그 밖에도 자신의 태도 · 신념 · 개성과 관련된 개인적인 요소들이 있다. 셋째, 참여에 영향을 주는 다른 요소는 정치적 상황이다. 특히 중요한 것은 정치적 결정들이 개인에게 영향을 미치는

3) 탁진환, "정치참여 지향성의 딜레마," 탁진환 외, 『현대 비교정치의 영역과 경향』, 공익사, 2000, pp. 39-40.

4) Frank L. Wilson, *Concepts and Issues in Comparative Politics*, Prentice-Hall Inc., 1996, 이명남 · 김왕식 역, 『비교정치학』, 동명사, 1999, pp. 96-98.

정도이다. 개인에 대한 영향이 즉각적일수록 참여할 가능성이 크다.[5] 넷째, 사회·경제적 요소들—사회계급, 직업, 부, 성, 인종, 연령 등—역시 참여의 정도에 영향을 미친다. 다섯째, 참여의 가능성은 개인 자신의 정치적 신념에 의해서도 영향을 받는다. 강력한 정치적 신념을 가진 사람이나 어떤 이데올로기를 수용한 사람은 정치적 견해와 헌신이 잘 발전하지 못한 사람보다 정치참여 가능성이 높다.

제 2 절 정책적 참여: 거버넌스

최근 정치학을 중심으로 하는 사회과학자들 사이에 새롭게 논의되고 있는 문제는 거버넌스이론이다. 이는 다시 설명하겠지만 정책적 참여가 그 주된 요지이다. 여기에서는 거버넌스가 무엇인가 하는 개념정의 정도에 만족하고, 국내학자들의 주장을 정리한다.

1. 참여형태의 변화

현대 민주주의의 일반적인 대의제가 민의를 제대로 반영하지 못하고 민주주의의 위기를 가져왔다는 지적은 공공영역이나 시민사회에서 제기되어 왔다. 우리는 일반적으로 대의민주주의의 현실적인 보완으로 참여민주주의를 이야기한다. 참여민주주의는 비록 시민들이 직접 공적인 직무를 담당하지 않더라도 정치과정에 관심을 갖고 참여함으로써 민주주의가 활성화되는 것을 목표로 삼는다.

정책의 정당성과 효율성을 동시에 제고하기 위해서는 정부와 시민사회가 나름대로의 역할을 담당하면서, 상호간의 긴장을 바탕으로 한 협력적 관계를 형성하는 것이 중요하다. 시민사회는 정부와 긴장관계를 유지하면서도 그 긴장이 대항권력을 위한 투쟁으로 나아가지 않고 사회통합에 공헌할 수 있어야 한다는 것이다. 이것을 염두에 둘 때 새로이 요구되는 것은 '공론장 형성'을 위한 참여이다. 즉, 참여란 단순히 정부에 대한 견제와 비판 혹은 공공서비스 제공

5) NIMBY(not in my back yard) 효과가 매우 강력한 동원요소가 되는 것이 이 같은 이유에서이다.

요구를 목적으로 삼는 것이 아니라, 정책과정에서 자신의 의견을 개진하고 토의를 거쳐 상호합의된 결정을 산출하는 것을 지향할 때 보다 도움이 된다는 것이다.[6]

한국의 시민사회는 그 동안 대의정부의 권력남용에 대한 비판과 견제에 중점을 두는 정치참여를 선호하는 경향을 보여 왔다. 그러나 사회가 민주화된 이후 정부에 대한 무조건적 비판만이 아니라 성숙된 자세로 정부의 정책결정과 집행에 참여하고 정책적 대안을 제시하는 '정책적 참여'로 그 방향이 점차 바뀌어 가고 있다.[7] 이러한 협력적 관계의 틀인 거버넌스가 우리 사회에도 나타나고 있다.

2. 거버넌스의 개념

최근 들어 세계화, 민주화, 분권화, 자율화 등의 개념들이 논의되면서 역동적이고 다양하며 복잡해진 사회관계를 전통적 의미의 정부가 조정 · 해결하는데 취약성과 한계가 노출되기도 한다. 대부분의 정부는 정보-정책형성-결정-집행의 과정에서 거의 배타적이고 독점적인 지위를 유지했지만, 사회가 점점 복잡해지면서 더 이상 정책과정에 있어 정부는 독점적 지위를 유지하지 못하고 시민사회의 적극적인 참여를 필요로 하게 된 것이다.[8] 이러한 이유 등으로 새로운 유형의 국정운영 메커니즘으로 다양한 참여가 가능한 거버넌스가 주목을 받고 있다.

거버넌스의 개념을 협의로 보면 통치의 행위나 방식 또는 규제체계, 즉 한 국가의 여러 업무를 관리하기 위해 정치 · 경제 및 행정적 권한을 행사하는 제도와 과정이라 할 수 있다. 넓은 의미로 보면 정부와 민간부문과 시민사회를 포함하여 지속 가능한 인간개발을 위해 상호 참여와 협력을 요구하는 개념으로 이해할 수 있다. 이를 종합하면 거버넌스는 국가운영을 국가라는 제도적 장치에 전적으로 의존하기보다는 다양한 행위자의 참여에 의한 조정(coordination), 조종(steering), 조절(regulation)을 통해 새로운 질서를 형성할 수 있는 새로운 방

6) 이동수, "한국의 거버넌스와 시민사회," 『NGO연구』, 제3권 제1호, 2005. 6, p. 194.
7) 위의 글, p. 195.
8) 임성학, "정책결정의 거버넌스: 이론적 접근," 김석준 외, 『거버넌스의 정치학』, 법문사, 2002, pp. 162-163.

식이라 할 수 있다.[9]

3. 정치과정에서 거버넌스와 함의

이와 같이 거버넌스는 공공문제를 해결하는 데 있어서 종래와 같이 국가라고 하는 제도적 장치에 의존하기보다는 다양한 민간조직과 중간매개적 조직들 간의 연결망에 의거한 협의적 정책결정과 수행을 의미한다. 거버넌스의 행위주체는 정부, 정당, 이익집단, NGO, 기업 등 다양하다. 거버넌스 행위주체들은 상호 대등한 관계로 존재하며, 어떤 공유된 목적 달성을 위하여 자발적인 네트워크를 형성하고, 이를 통해 자원의 교환, 의견조절 등의 과정을 거쳐 협의적 결정에 이른다.[10]

거버넌스가 원활하게 작동되려면 가장 중요한 것이 신뢰이다. 먼저 사회적 신뢰가 조성되면 국민들은 정부영역 행위자들의 정통성을 존중하고, 사회이익 조정을 위한 정부의 정책결정에 보다 광범한 지지를 보낸다. 또한 중요한 것이 행위주체간의 신뢰이다. 이것이 이루어지지 않을 때 결정은 쉽게 이루어질 수 없기 때문이다. 그러므로 신뢰는 사영역과 공영역을 이어 주는 교량이자 상호작용을 원활히 해주는 윤활유이자 또한 같이 묶어 주는 끈이라고 비유할 수 있다.[11]

거버넌스 이론의 등장이 국가중심이론의 쇠퇴를 반영하는 이론적 조류로 인식될 수 있으나, 거버넌스의 정부대체설 등은 과장된 측면이 있다. 거버넌스 하에서도 정부는 여전히 가장 중요한 정치적 행위자이다. 이 문제는 이동수 교수의 다음과 같은 주장에서 그 함의를 찾을 수 있다.

> 거버넌스가 정부가 아닌 대안적 통치양식을 의미한다면 누가 거버넌스의 책임 있는 주체가 될 것인가의 문제가 발생한다. 또한 현대사회가 복잡하며 실제 정부를 둘러싼 정책결정 과정이 복잡하다는 것과 정부역할이 어떠해야 한다는 것 사이에는

9) 서창록 · 이연호 · 곽진영, "거버넌스의 개념: 거버넌스의 개념과 쟁점에 관한 소고," 김석준 외, 『거버넌스의 정치학』, 법문사, 2002, p. 4. 이 글에서 세 교수는 거버넌스를 국내 정치과정에서의 거버넌스, 정치경제학에서의 거버넌스, 국제관계이론에서의 거버넌스로 나누고 있는데, 여기에서의 개념정의는 첫 번째 것에 국한시킨 것이다.

10) 곽진영, "정당과 거버넌스: 정당 쇠퇴론에 대한 대안적 설명 틀로서의 거버넌스," 김석준 외, 『거버넌스 정치학』, 법문사, 2002, pp. 77-81.

11) 임성학, 앞의 글, p. 107.

차이가 있다. 그리고 거버넌스를 정부의 주도하에 두지 않는다면 기존 조직들의 권력관계에 의해 정책이 결정되고 그럼으로써 의도하지 않은 역작용을 낼 수도 있다. 그런 점에서 '정부 없는 거버넌스'는 오히려 위험하다고 볼 수 있다. 따라서 정부와 시민사회의 거버넌스는 기본적으로 '국가중심적 거버넌스'일 수밖에 없다. 그런 점에서 정부와 거버넌스는 서로 배치되는 개념이 아니라 상호보완적인 것으로 이해되어야 한다.[12)]

제 3 절 정치참여의 다른 형태로서 전자민주주의

우리가 사회변화를 의미하는 대명사처럼 자주 사용하는 말은 정보화와 세계화이다. 정보화사회의 도래는 우리의 현실이며 이러한 변화의 물결은 사회의 한정된 영역만을 대상으로 한 선택적인 영향력을 발휘하는 것이 아니라, 전 영역에 걸쳐 광범위한 변화를 유발하고 있다. 이것은 정치에 있어서도 예외가 될 수 없다.

정보통신기술의 발달로 인해 기존의 민주주의가 정보화되면서 변화를 겪게 되는데, 이를 민주주의의 변화된 모습의 부분을 전자민주주의라 부르고 있다. 소위 인터넷시대에 새롭게 형성된 정치영역이 바로 전자민주주의 분야이다.

1. 전자민주주의

토플러(A. Toffler)는 1989년 출간한 『미래의 충격』(*Future Shock*)에서 정보통신기술의 발달이 정치와 정책결정의 형태를 바꿀 것으로 보았다. 즉 소수엘리트에 의한 정치보다는 시민들이 광범위하게 정책결정에 참여하는 준직접민주주의(semi-direct democracy)를 예견하였다. 기존의 엘리트 중심적인 대의민주주의에서 전자민주주의로 전환된다는 것이다.[13)] 여기에서 전자민주주의가 무엇을 의미하는가에 대하여는 '직접민주주의'와 '대의민주주의의 보완'으로 생각해 볼 수 있다.

전자민주주의는 간단하게 "정보통신 기반의 이용을 통하여 정치과정에 대

12) 이동수, 앞의 글, p. 215.

13) Alvin Toffler, *Future Shock*, New York: Random House, 1989, p. 517.

한 시민의 참여가 이루어지는 정보사회의 민주주의"라 정의할 수 있다.[14] 즉, 시민과 정치지도자간의 정보의 교환과 흐름을 보다 활성화하고 원활하게 하기 위하여 인터넷 기술을 활용하는 것을 의미한다. 그러므로 전자민주주의는 시민과 정치지도자간의 의사소통에 있어 시간적 · 공간적 제약을 해제시켜 주고 있으며, 공공정책에 직접 참여할 수 있는 계기를 마련해 주고 있다. 또한 전자민주주의는 신속 · 정확한 정보를 시민들에게 제공함으로써 정치공동체의 업무에 관해 합리적 선택을 할 수 있게 해주며 정치의 투명성을 높여 준다.[15]

황주성 박사는 "전자민주주의의 개념은 정보화와 민주주의의 진전이 결합되면서 형성된 민주주의 구현방식의 새로운 형태로서, 기존의 정치과정에서 중요하지만 실현하기 어려웠던 정책과정의 투명성 확보와 국민참여의 증대를 인터넷 등 정보통신 기반의 활용을 통해 실현 가능케 하는 새로운 정치환경의 요체이다"[16]라고 하고 있다.

2. 전자민주주의의 이상

1) 대의민주주의의 보완으로서 전자민주주의

산업사회에서 정치제도의 근간을 이루어 온 것은 대의민주주의였다. 민주주의를 실현하기 위한 하나의 방법으로 국민들이 대표자를 선출하고, 이들을 통해 국민의 의사를 간접적으로나마 국정에 반영하는 것이 대의민주주의의 본질이었다. 그러나 사회가 다원화되면서 대의제도가 민주주의의 이상을 실현하기에는 근본적인 한계를 지니게 되었다. 특히 대의민주주의가 일반적으로 지역대표성을 띠고 있기 때문에 이익집단이나 NGO의 출현은 다양한 개인들의 이익을 흡수할 수 있는 통로가 되었다.

그러나 정보통신기술의 발달은 이를 더 가능하게 만들었다. 즉, 정보통신기술은 누구에게나 열려 있는 사이버공간을 통해 필요한 정보를 획득하고, 자기의 의사를 표출하고, 동조자를 규합할 수 있게 하는 등 정치활동의 지평을 확대시켰다. 따라서 이론적으로나 기술적으로는 직접민주주의의 실현도 가능

14) 김재영 외, 『새로운 정치학의 이해(제2판)』, 삼우사, 2003, p. 369.
15) 오관석, 『사이버 정치와 e-거버먼트』, 인간과 사랑, 2004, pp. 140-141.
16) 황주성 외, 『인터넷의 정치, 사회적 파급효과 및 대응방안 연구』, 연구보고 01-02, 정보통신정책연구원, 2001, p. 28.

하게 하였다.[17] 시민들은 자신들과 관련된 문제뿐만 아니라 공공정책의 결정과정에 직접적으로 참여하게 되었다.

2) 정치참여 확대와 제도 개선

전자민주주의의 이상은 정보통신기술을 이용하여 국민들의 정치참여를 확대하는 것만으로는 달성될 수 없다. 시민들이 정치적 의사소통과 결정의 중심에 위치하기 위해서는 이와 관련된 정치제도가 함께 변해야 된다. 이러한 문제와 관련하여 토플러(A. Toffler)는 전자민주주의하에서 정치제도의 변화방향을 다음과 같이 세 가지로 요약한다.

첫째, 소수의견 투입의 원칙이다. 그 동안 대의제도는 다수 대중의 다양한 의사를 취합하기 위한 편리한 방법으로 다수결의 원칙을 적용하여 왔다. 다수결의 원칙이 지속되는 한 사이버공간에서 분출하는 다양한 정치적 요구가 정치영역에 반영될 수 없다. 이를 위해서는 소수집단의 의견이 투입될 수 있는 통로가 확보되어야 한다.

둘째, 준직접민주주의의 원칙이다. 대의제 간접민주주의는 더 이상 국민의 의사를 대표하기 어렵다. 정보통신기술이 정치참여비용을 획기적으로 줄인 만큼 이제 결정의 기회와 권한이 국민들에게 주어져야 한다. 현실적 대안으로 직접민주주의와 간접민주주의를 결합한 준직접민주주의가 제안될 수 있다.

셋째, 결정권 분산의 원칙이다. 지금까지의 결정의 권한은 정부 내에서도 중앙에만 집중되어 왔다. 결정의 권한이 중앙에 집중되면 될수록 결정권자의 문제해결 능력이 크게 약화될 뿐만 아니라, 시민들의 요구가 투입될 수 있는 통로도 축소된다. 따라서 사이버공간을 통한 민주주의가 실현되기 위해서는 결정의 권한이 분산되어 국민들에게 다양한 접근점을 제공할 수 있어야 한다.

이를 요약해 보면 정치권력을 '정부에서 시민으로 이전'의 의미를 가지고 있다. 정보통신기술의 발달이 이를 가능하게 하는 핵심요인으로 작용하고 있고, 전자민주주의의 이상이기도 하다.

17) 김재영 외, 앞의 책, p. 376.

3. 전자민주주의의 가능성과 쟁점

인터넷 기술에 기초한 전자민주주의가 시민참여를 효과적으로 형성하고 촉진할 수 있는가? 인터넷 기술에 잠재하고 있는 특성을 중심으로 전자민주주의의 세 가지 이념형을 추출하면 다음과 같다.

1) 전자정보 · 서비스제공 모델

이 모델은 새로운 정보통신기술이 정책정보의 신속한 제공, 공공서비스의 효율적 제공, 공공부문간 거래비용의 절감 등을 위해 활용될 수 있으며, 그로 인해 최종적으로 투명한 정책결정과 효율적인 공공서비스가 확보될 수 있음을 강조한다. 이 모델은 소비자 민주주의에 기인한다. 소비자 민주주의에 의하면, 정치체제는 일종의 시장에 비유된다. 즉, 정치가는 상품을 만들고 유권자는 그들이 원하는 상품을 선택한다.[18] 여기에서 정보는 핵심적 논지이고 정보의 생산과 유통 그리고 소비가 컴퓨터 매개 커뮤니케이션(CMC: Computer Mediated Communication) 이전보다 비교할 수 없을 정도로 증가하여 시민들이 언제든지 접근이 용이함을 전제로 한다. 정부의 주요 정책결정 과정에서 시민들의 참여기회를 증가시킬 요인으로 작용한다. 인터넷과 같은 전자매체는 정치가와 시민들의 양방향 커뮤니케이션이 가능할 것이고, 이는 시민이 정책결정에 참여하거나 영향력을 강화할 수 있는 긍정적인 입장에 있다.

전자민주주의에 있어서 정보제공 모델은 정보의 생산과 유통의 확장에 주목하고 있어, 정보의 접근이 용이하지 못할 때에는 민주주의의 진전보다는 오히려 시민을 소외시키는 도구로 전락하는 문제로 남게 된다.[19]

2) 진자투표 모델

이 모델은 온라인 투표방식을 도입하여 보다 많은 시민들의 정책결정 과정에 있어 직접적인 참여를 강조한다. 이 모델은 모든 시민이 정치엘리트와 동

---

18) 김용철, "인터넷과 의정활동: 이메일 활용과 토론방 운영을 중심으로," 『국회도서관보』, 제41권 제6호, 2004. 6, pp. 40-42.

19) 오관석, 앞의 책, p. 146.

등한 수준에서 지혜를 보유한 것으로 전제한다. 따라서 다수의 의사가 사회의 모든 정책의 영역에 직접적으로 영향을 미치는 직접민주주의의 이론적 지향을 지닌다.

현재와 같은 정치엘리트 중심의 정책결정 방식에서는 소수의 관료와 거대한 이익집단 그리고 일부의 시민단체들이 강한 영향력을 행사하고 있어 일반시민들의 목소리가 제대로 전달될 수 없다는 것이 이 모델의 기본적인 문제의식이다.[20] 시민들의 전자투표가 활성화됨으로써 과거 대표자에게 위임했던 정책결정의 권한을 다시 찾을 수 있다고 보고 있다.

그러나 이 모델이 야기할 수 있는 문제점은 모든 정책을 시민들이 직접적인 참여를 통하여 결정할 경우 선거에 의하여 선출된 대표들을 무력화시킬 수 있다. 이것은 일시적인 흥분과 감정적 분위기에 휩싸여 비이성적인 정책을 산출하는 인기위주의 대중화만을 추구하게 할 수도 있다.

3) 공론화 모델: 전자협의 모델

이 모델은 시민들이 자유롭게 토론에 참여할 수 있는 토론의 장인 사이버 공간에서 정치적 사안이나 정책이 보다 합리적이고 진지하게 의사결정이 이루어진다는 것이다. 민주주의의 기초는 시민들의 의사결정 과정에서 도출되는 제안과 그 결과들에 대하여 질적인 판단을 할 수 있는 권리와 기회를 보장하는 것이 필요하다고 본다. 이 모델에 의하면 민주주의는 투표 이상의 것을 의미한다. 민주주의란 공통의 이해와 관심사에 대한 대화와 토론의 기회가 충분히 주어지고, 상대방의 의견에 대한 존경과 관용의 원칙하에서 심의되고 숙고되는 과정을 거쳐 정책적 합의가 모색됨을 의미한다.

그러나 이 모델도 소수의 의견에 함몰될 위험성을 가지고 있다. 왜냐하면 대부분의 일반시민들은 자신과 직접 관련이 있는 이슈 외에는 정책적 판단에 필요한 충분한 정보와 지식을 가지고 있지 않기 때문이다. 따라서 참여민주주의의 증진수단으로서 공론화 협의모델이 활용되기 위해서는 협의과정에 누가 참여할 것인가, 협의내용과 결과의 구속력은 어디까지로 할 것인가, 그리고 협의과정에서 정부와 정치인들의 역할은 무엇인가를 고민해야 한다.[21]

20) 김용철, 앞의 글.
21) 위의 글.

4. 전자정부와 사이버 거버넌스

1) 전자정부

정보사회에서 정부의 역할과 구조에 관련해서 새로운 행정모형을 모색하는데, 그 중의 하나가 전자정부(e-Government) 모형이다. 그러므로 전자정부는 정보사회의 다양한 정부유형이라기보다는 가장 이상적인 행정의 패러다임으로 인식되고 있다.

전자정부라는 용어가 등장하게 된 것은 두 가지 요소와 관계가 있다. 첫째, 정보통신기술의 급격한 발전이라는 기술적인 동인이 작용했기 때문이다. 즉, 발달된 정보기술을 통해 기존의 정부업무들을 좀더 효율적으로 해결할 수 있게 된 것이다. 둘째, 정보화사회의 도래와 세계화 · 자유화 물결 속에서 기존의 정부조직으로서는 이러한 변화에 대응할 수 없다는 인식이 확산된 사회적 동인이 작용했기 때문이다.

전자정부라는 용어는 미국에서 클린턴 정부의 출범과 함께 사용되었고, 정보고속도로 사업과 행정성 사업에서 그 비전과 전략이 구체화되었다. 여기에서 전자정부를 "효율적인 고객 대응과정을 통해 시민들이 정보 및 서비스에 보다 더 폭넓게, 그리고 보다 더 적시에 접근하도록 해주는 정부"라 하고 있다. 그러므로 전자정부는 위에서 제시한 전자민주주의 모델 중 '전자정보 · 서비스 제공 모델'의 기능에 주안점을 두는 것이다.[22]

이를 바탕으로 전자정부의 구현과 그 내용을 보면 다음과 같다. 첫째, 대국민 행정서비스 혁신이다. 전자정부 구현은 효율적인 행정서비스를 위한 서비스 체계의 구축이다. 전체 민원업무의 70% 이상을 차지하는 주민 · 부동산 · 세금 · 기업분야의 민원업무 처리를 온라인으로 처리하는 전자정부 단일창구의 구축이다. 둘째, 전자정부의 생산성 향상이다. 여기에는 행정정보의 공동이용, 문서업무의 전자화 등이 있다. 셋째, 전자정부의 기반구축이다. 정부고속망 확충 및 고도화, 행정정보 자원의 표준화, 정부전자관인 인증시스템 확충, 전자정부 관련 법 · 제도 정비 등이 여기에 해당한다.

22) 우리나라의 행정부가 내린 전자정부의 개념정의는 "정보기술을 활용하여 행정활동의 모든 과정을 혁신함으로써 정부의 고객인 국민과 기업에게 제공하는 각종 서비스와 정보를 손쉽게 이용할 수 있도록 하고, 행정 및 정책활동의 생산성을 향상시켜 지식정보화를 선도할 수 있는 정부로 재창출하는 것"을 의미한다.

전자정부의 비용대비 효과에 대한 의문 또는 실효성에 대한 비판도 있으나, 대다수의 국가가 관료적 형식주의를 타파하고 인터넷을 기반으로 한 전자정부를 추진하고 있어 행정 전반의 투명성과 민주화를 강화하고 있다.

2) 사이버 거버넌스

사이버 거버넌스(e-Governance)는 사이버공간을 통한 거버넌스의 구현이다. 사이버 거버넌스는 "인터넷 공간에서 서로 다른 특징을 가진 국가, 기업, 시민, NGO 등의 다양한 행위자들이 네트워크를 구성하여 서로 수평적 관계를 유지하면서 다차원적인 세계를 구축"하는 것이다.[23)]

정보사회의 의사결정 모델로 제시되는 사이버 거버넌스는 정보통신기술을 이용한 협의과정을 통해 정책결정 과정의 참여성과 민주성을 높이는 데 그 의의가 있다. 현재 논의되고 있는 사이버 거버넌스의 내용은 앞에서 설명한 '전자투표(e-voting) 모델'과 공론화 모델인 '전자적 협의(e-consultation) 모델' 두 가지로 정리할 수 있다.[24)]

전자투표 모델은 정책결정 과정에 온라인 투표와 같은 방식을 도입하여 보다 많은 시민들의 직접적 투표를 가능하게 한다. 그러나 일반대중의 직접적 참여를 확대하여 전자투표 모델이 야기할 수 있는 문제점도 있다. 모든 정책이 대의기구를 우회하여 국민들의 직접적 참여에 의해 결정될 경우, 선거에 의해 선출된 대표자들을 무력하게 할 뿐 아니라 자칫 포퓰리즘에 빠질 수 있는 위험이 있다.

공론화 모델은 민주적 의사결정을 위해서는 일반시민과 이해당사자들의 정책결정 과정에서 자신들의 목소리를 낼 수 있는 기회를 가질 수 있는 것이 중요하다. 시민들이 단순히 찬성 혹은 반대로만 각종 정책에 대한 입장을 표시하는 것은 바람직하지 않을 뿐더러 오히려 민주주의에 위협이 될 수 있다. 그러나 정책협의 과정에서 시민들이 직접 참여하는 전자협의 모델은 엘리트주의에 빠질 위험이 있다.

---

23) 조화순, "E-Governance 연구동향과 한계," 한국정치학회, 『전자민주주의 주요쟁점과 정책대안』, 한국정치학회 2005년 춘계학술회의 발표논문 IV, 2005, p. 10.

24) 김용철 · 윤성이, "전자민주주의와 E-Governance: 정책결정과정에 있어서 온라인 시민관여의 문제점과 대안," 한국정치학회, 『전자민주주의 주요쟁점과 정책대안』, 한국정치학회 2005년 춘계학술회의 발표논문 IV, 2005, p. 44.

3) 전자정부와 사이버 거버넌스의 비교

사이버 거버넌스는 전자정부와 다른 차원의 것으로 주장된다. 전자정부와 사이버 거버넌스를 구분하면 상술한 바와 같이 전자정부의 구현은 정부 행정서비스 기능을 정보화와 결합시켜 효율성과 접근성을 높이는 데 목적이 있고, 사이버 거버넌스는 한 걸음 더 나아가 주요 정책결정과 집행에 시민이 직접 참여하여 영향력을 행사한다는 의미를 갖는다. 다시 말하여 전자정부가 전자적인 행정서비스 전달, 전자적인 업무처리, 전자적인 생산성을 강조한다면, 사이버 거버넌스는 국가와 시민이 정보기술을 이용하여 전자적인 형태로 이루어지는 상호협의, 통제, 참여, 사회적 인도의 양방향적 정치행위를 의미한다.[25)]

제 4 절 인터넷의 특성과 정치참여 과정

1. 인터넷의 특성과 역할

세계적으로 초고속 정보통신망의 구축작업이 강화되고 있는 시점에서 사이버공간은 더욱 확대되고 있다. 인터넷 관련 정보기술이 급속히 발전함에 따라 컴퓨터 · 방송 · 통신 융합현상이 가속화되고, 정치 · 경제 · 사회 전 분야에 인터넷을 활용하는 비중이 커지고 있는 등 중요성이 급속히 증가하고 있다. 위에서 논의한 전자민주주의나 전자정부 등도 기본적으로 전제되는 것이 인터넷이다. 그러면 인터넷이 어떠한 특징을 가지고 있기 때문에 시민들이 정책결정에 참여하거나 영향을 미치는 공론장으로서의 역할을 하게 되는가를 살펴보자. 인터넷의 특성에 대해서는 제5장 정치커뮤니케이션과 여론에서도 언급을 했는데, 거기에 몇 가지를 덧붙여 본다.

첫째로 양방향성을 들 수 있다. 대중에게 일방적으로 정보를 제공하는 기존의 영상매체나 인쇄매체와는 달리 정보 제공자와 수용자 사이에 상호작용으로 여론이 형성된다는 것이다. 물론 TV나 신문도 수용자의 참여가 가능하기는 하나 사이버공간처럼 즉각적이고 자유로운 반응은 기대하기 힘들다. 이러한 적극적인 참여는 대중이 더 이상 매스미디어를 통한 정보를 수동적으로 받아들여

25) 조화순, 앞의 글.

여론을 형성하는 것이 아니라 능동적으로 동참하여 만들어 내는 것을 뜻하며, 잘못된 정보에 대해 곧바로 수정이 가능하여 올바른 여론형성에 도움이 된다. 이러한 특성은 유권자들로 하여금 정치에 대해 자신이 영향을 끼칠 수 있다는 생각을 갖게 하여 정치참여를 더욱 활성화시킨다.

둘째로 사회구성원들의 상호성이다. 모든 구성원들에게 자유로운 의사소통의 공간을 제공함으로써 구성원들 간의 상호작용이 활발하게 진행되도록 하고, 이는 다수의 의견을 통해서 여론을 형성하게 한다. 보다 많은 사람의 생각과 논의가 오가며 서로간의 차이를 줄이면서 자연스레 여론을 수렴하게 된다. 이러한 상호성도 공중으로 하여금 능동적 · 적극적으로 정보를 수집하고 정치에 참여하게 하기 때문에 민주정치로 이끄는 데 일조한다고 볼 수도 있다.

아울러 이러한 여론수렴 공간은 어떤 잘못된 보도나 조작된 보도를 접했을 때 구성원들의 반론과 재반론 등을 거치면서 옳은 견해를 만들어 내는 '자기정화능력' 이 뛰어나다. 수많은 구성원들 각자가 토론과 정보에 대한 검증을 통해 여론을 수렴해 나가는 과정에서 조작된 정보에 의한 왜곡이 어렵다.[26]

셋째로 정보접근의 용이성과 속보성이다. 사이버공간은 신문이나 방송과 같이 중간에 게이트 키퍼가 없이 정치인 개인 홈페이지나 정치 전문 사이트 등을 통해 정치인과 대중이 직접 접근할 수 있다. 따라서 중간자에 의한 여론조작의 가능성은 현저히 줄어든다. 즉, 정부와 정치인에 대한 정보가 사이버공간에 공개됨에 따라 정보의 접근 · 공개 · 유통에 있어서 획기적인 개선이 이루어져 정치의 투명성을 높여 준다. 따라서 미디어에 의한 여론조작이 어려워지고 이러한 특성은 그 동안의 권력과 언론의 유착문제에 있어서도 긍정적인 변화를 기대할 수 있게 한다. 또한 속보성을 들 수 있다. 인터넷은 그 성격상 제대로 갖추어진 정보제공자만 있다면 기존의 어느 매체보다도 빠르고 광범위하다. 국내외 주요 사건 등에 대해 방송매체나 인쇄매체가 보도하기 전에도 인터넷의 주요 게시판이나 열린 광장을 통한 토론과 논평은 시간의 장벽 없이 자유롭게 진행하게 되어, 여론을 수렴하는 데 있어서도 빠른 양상을 보여준다.

넷째로 익명성을 들 수 있다. 사이버공간의 익명성은 조작된 정보를 바로잡는 데 많은 영향을 끼친다. 공중의 개개인이 자유롭게 자신의 의견을 얼마든지 제시할 수 있으며, 숨겨진 정보의 유통에도 이 '익명성' 은 많은 도움을 준

26) '노사모' 와 같은 정치적 성향이나 주관이 뚜렷한 사이트의 경우 어떤 한 주장에 대한 회원들의 검증은 즉각적이고 동시다발적으로 일어난다.

다. 또한 이러한 익명성은 보다 많은 사람들이 보다 쉽게 자신의 의견을 자유롭게 제시할 수 있어서 공중의 다양한 의견이 더욱 많이 반영되도록 하고 있다.

물론, 익명성을 무기로 무분별한 거짓정보를 제공하는 것 등은 여론조작의 역할이 더 크지 않느냐는 논의도 있다. 그러나 앞서 말했던 여러 가지 특성들로 조작된 정보들에 대해서는 이내 충분한 논의가 뒤따르면서 사실이 검증되고 밝혀지게 마련이다. 또, 일정부분 근거가 존재한다면 바로 사실확인을 하면 되는 것이다. 하지만 근거가 전혀 없는 정보들은 이내 사장되어 버리기 때문에 사이버공간의 익명성은 허위정보 난립이라는 문제점보다는 숨겨진 정보를 제공하는 역할이 더 크다 하겠다.

2. 인터넷의 정치과정 기능

이 같은 특성을 가진 인터넷은 가상공간에서의 활동에 기초하고 있지만, 오프라인상에서 이루어지는 정치과정에서 나타나는 것과 매우 흡사한 정치적 활동을 수행한다. 인터넷을 통한 정치과정의 구체적인 특성은 다음과 같다. 이는 강원택 교수의 『한국의 선거정치』 내용을 중심으로 살펴보았다.[27]

1) 여론형성과 의제 설정

기존 정치권과 더불어 각종 정치관련 단체, 시민단체, 일반시민 및 온 · 오프라인 언론 등이 주체가 되어 인터넷을 통한 정치적 여론형성을 하고 있다. 또한 인터넷은 정치인이나 정당인의 입장에서 보면 정치의 홍보수단으로 활용하기에 충분하다. 정치 웹진사이트들은 자신들의 특정 지지세력을 규합하고 정치적 이슈를 쟁점화하여 정치적 토론과 여론을 공론화하고 있다.

인터넷은 새로운 메체로서 정당, 인론, 이익집단 등의 기존 매체를 대신하여 정치적 의사소통의 수단이 되고 의제설정 기능을 수행하고 있다. 즉, 과거에는 정당이나 언론, 이익집단 등을 통해 조직화된 여론을 형성하여 정책결정에 영향을 미치는 정치과정상의 흐름이 인터넷의 등장 이후에는 이러한 채널에 의존하지 않고 직접 그 과정에 참여할 수 있는 기회가 마련되었다. 의제설정 기능은 인터넷의 확장으로 더욱 강화되었다.

27) 강원택, 『한국의 선거정치: 이념, 지역, 세대와 미디어』, 푸른길, pp. 387-397.

2) 집단형성

인터넷상의 대부분의 집단은 동호회나 친목단체 등 비정치적인 성격을 갖고 있지만, 이러한 경우라도 상황에 따라서는 정치적인 의사를 표현할 수 있는 집단으로의 변신도 가능할 수 있다. 가장 잘 알려진 경우가 바로 '노무현을 사랑하는 모임(노사모)' 일 것이다. 노사모는 원래 노무현이라는 특정 정치인에 대한 인터넷상의 팬클럽이었지만, 노무현이 새천년민주당 국민참여경선에 참여하면서 매우 강력한 지지집단으로 변모하였고, 이후 본 선거과정에서도 노무현의 당선을 위해 적극적인 활동을 하는 정치적 집단으로 활동하였다.

인터넷은 가상공동체 참가자들의 유대를 증진시켜 활발한 집단형성을 가능케 하고, 이는 오프라인상으로도 연결될 수 있다.

3) 이익표출

인터넷이 등장하면서 기존의 정치적 매개집단(시민단체 포함)들이 갖는 영향력이 쇠퇴하고 있는가, 아니면 강화되고 있는가는 주요 논의대상이다. 브루스 빔버(B. Bimber)는 미국정치학회 연례발표에서 인터넷의 등장은 이러한 매개집단의 역할을 축소하기보다는 오히려 그들의 역할을 강화하는 방향으로 진전된다고 하였다. 즉, 시민운동단체와 같은 조직들이 인터넷을 오히려 활발하게 이용하면서 자신의 영향력을 확대해 나가고 있다는 것을 의미한다.[28] 특히 공공이익을 추구하는 시민운동의 경우 자신들이 추구하는 명분의 실현을 위해 필수적인 일반대중의 지지 동원을 위해 인터넷의 활용이 일반화되었다. 그 중에서도 인터넷의 혜택을 상대적으로 많이 보고 있는 집단은 적은 예산으로 불특정 다수의 시민들을 대상으로 활동하는 시민단체이다.

4) 동원 혹은 집단행동

정치과정에서 조직된 여론이 기존 채널을 통해 제대로 반영되지 않는 경우

28) '함께하는 시민행동' 이나 '국감시민연대' 와 같이 활동 자체를 온라인을 중심으로 행하는 곳도 생겨났고, 사이버 연대를 구축하거나 오프라인상에서의 활동을 보조하기 위한 수단으로 인터넷을 활용하는 등 시민운동에서 인터넷이 차지하는 중요성이 매우 높아졌다.

에는 시위와 같은 집단행동을 통해 그 의사를 관철하고자 하는 일이 생겨나게 된다. 그러나 인터넷상의 정치활동은 가상공동체에 기초하여 있다는 점에서 동원의 기능이 오프라인상의 정치과정과 비교해 볼 때 상대적으로 취약한 측면을 갖고 있는 것이 사실이다.[29] 그러나 인터넷상에서도 집단행동을 통한 의사관철의 방식이 전혀 불가능하다고 볼 수는 없다. 특정 사이트에 대한 집중적 접속을 통해 기능을 저하시키거나, 일시적으로 작동불능의 상태로 만드는 것과 같이 '과격한' 집단행동의 가능성도 존재하기 때문이다.[30]

5) 선거운동

정치인들은 이제 홈페이지 없는 정치활동을 생각할 수도 없다. 의정활동 보고서, 여론조사 수단 또는 개인홍보 수단으로 인터넷 정치관련 웹진과 개인 홈페이지를 가지고 정치토론이 이루어지고 있다. 이는 의정활동과 선거과정에서 인터넷을 홍보수단으로 활용하고 있다는 것이다. 그러므로 여러 가지 선거운동방식 중에서 인터넷을 통한 선거운동은 매우 효율적인 수단으로 활용될 수 있다.

인터넷이 정당들의 매력적인 선거운동 수단으로 등장한 기본적인 요인은 인터넷 자체가 지니는 특성에 기인한다. ① 인터넷은 기존 대중매체에 비해 많은 양의 정보를 빠른 속도로 유권자에게 전달할 수 있다. ② 인터넷은 단순한 정보의 제공뿐만 아니라 후보자와 유권자간의 직접적인 접촉의 창구로도 활용될 수 있는 장점을 갖고 있다. ③ 인터넷을 활용한 선거운동은 기존의 대중매체에 비해 값이 저렴하고, 시간과 공간의 제약을 받지 않는다. 인터넷은 유권자의 입장에서 볼 때 정보획득의 비용을 매우 낮춰 주며 후보자의 입장에서는 많은 유권자들에게 시간적 · 공간적 제약 없이 자신의 여러 가지 장점을 폭넓게 알릴 수 있는 기회를 마련해 주기 때문이다.

이 외에도 인터넷을 통한 투표를 생각해 볼 수 있다. 정보사회는 모든 유권자와 정치가 첨단 정보통신망에 연결되고 온라인 토론, 선거, 주민투표 등을 통해 보다 적극적으로 정부의 의사결정 과정에 참여할 수 있다. 개인 홈페이지를 비롯한 인터넷 사이트는 그 수를 헤아릴 수 없을 만큼 많다. 이러한 사이트

29) 강원택, 앞의 책, p. 359.
30) 위의 책.

들은 위에서 설명한 역할과 특성을 가진다. 인터넷을 통한 사이버공간에서의 정치활동이 점차 증가하고, 인터넷과 정치의 관계가 더욱 긴밀해지고 있다.

3. 소셜네트워크 서비스(SNS)와 정치참여

인터넷이 관계맺기의 장으로 거듭나면서 인터넷의 이용은 정보나 오락적인 목적보다는 이용자 자신을 알리고 직접 참여하여 사람들과 관계를 맺는 상호작용적인 이용으로 옮겨 가고 있다. 스마트폰 이용자가 폭발적으로 증가하면서 소셜미디어는 사회적인 문제를 전파해 사회변화의 결정적 역할을 하고 있다. SNS(Social Network Service)는 정치적인 동질감을 가진 사람들을 하나로 묶을 수 있는 인맥망을 형성할 뿐만 아니라, 정치에 관심이 있는 사람들을 쉽게 집단화하거나 정치의 장으로 끌어오는 효과를 발휘할 수 있다.[31] 모든 소셜미디어는 사용자의 참여를 촉진하는 다양한 장치들을 서비스하고 있는데 각각의 특징을 가지고 있다. 트위터는 속보를 전달하고 페이스북은 그룹 단위로 사람들을 연결하거나 토의하는데 유용한가 하면, 유투브는 말로 전달하기 어려운 것을 동영상으로 공유할 수 있는 특징을 가지고 있다. 카카오톡도 중요한 수단으로 활용되고 있다.

SNS에서의 정치이슈에 대한 논쟁과 의견교환은 정치적 이슈에 대한 이해를 도우며 정치에 대한 관심과 정치과정에 참여하려는 욕구를 키워 준다. 정부나 정당, 정치인들이 페이스북이나 트위트 계정을 열어 그들의 정책이나 활동 상황 등을 알리고 의견을 개진함으로써 이용자에게 접근하고 교감을 나눌 수 있다. 정보사회의 정치패러다임의 변화, 그리고 그로 인한 정치행위자의 행태 변화는 민주주의 방식의 변화를 요구한다.

SNS와 정치참여를 논의할 때 제일 먼저 제기될 수 있는 것이 선거일 것이다. 이동훈은 선거 캠페인에서 소셜미디어가 활용되는 방식을 크게 세 가지로 보고 있다.[32] 첫째, 유권자의 대안적 정보교류 체널로서의 역할이다. 트위터, 페이스북 등의 소셜미디어는 주류 언론에서 주목하지 않거나 간과한 이슈의 이면에 관계된 정보를 생산 · 교류한다. 둘째, 적극적인 선거 캠페인 관련 커뮤니케

31) 김유정, "소셜 네트워크 서비스의 의미와 활용," 한국방송학회 방송과수용자연구회 엮음, 『소셜 미디어 연구』, 커뮤니케이션북스(주), 2012, p. 83.

32) 이동훈, "소셜 미디어와 정치커뮤니케이션 체널," 한국방송학회 방송과수용자연구회 엮음, 『소셜 미디어 연구』, 커뮤니케이션북스(주), 2012, p. 314.

인션 채널로서의 역할이다. 이 경우 선거공론장의 역할이 크다고 한다. 셋째, 선거 캠페인에서 소셜미디어가 사회운동 양상을 보이는 경우이다. 이때 소셜미디어를 통해 온라인 공간의 집단화가 현실공간으로 전화되는 현상이 나타난다고 하면서 투표 독려운동, 지지자 모임 등을 들고 있다.

많은 정치인들이 자신의 정책을 홍보하고 국민과 소통하기 위한 도구로써 소셜미디어를 활용하고 있다. 이는 미국 대선이나 영국 총선 그리고 한국의 총선과 대선에서 소셜미디어를 통해 지지층을 확대하였다. 정치인들이 소셜미디어를 적극적으로 활용하는 이유는 유권자와 직접적으로 소통함으로써 친밀도를 높이기 위함이다. 주요 정치인들이 자신의 입장을 표명하기 위해 기존의 보도자료나 기자회견 등의 방식 대신 트위터를 적극적으로 사용하고 있고, 연예인을 중심으로 하는 투표 인증샷 등은 선거참여 캠페인에 영향을 미치고 있다. 그러나 미디어적 기능을 보유한 트위터가 정책이슈보다 정치인이나 유명인의 개인적 홍보 미디어로 전락할 위험성도 충분히 내재되어 있다.

이러한 소셜미디어를 통한 정치참여는 정치과정의 민주화에 기여하여, 시민들의 정치적 의사를 자유롭게 다양하게 표출할 수 있는 순기능을 한다. 이는 시민들이 정치공동체의 업무에 대한 이해를 바탕으로 합리적 선택을 할 수 있게 한다. 그러나 의사결정이 심사숙고보다는 즉흥적으로, 이성적이기보다는 감성적으로 흐를 수 있어 역기능으로 작용할 수 있다. 또한 세대별 · 계층별 정보격차도 문제가 될 수 있다.

제 5 절 한국 웹사이트와 선거에서 인터넷의 영향

1. 한국의 웹사이트

정치에 직접적인 영향을 미치는 온라인 사이트는 온라인 신문 사이트, 정치전문 인터넷기업 사이트, 시민단체 사이트로 나누어 볼 수 있다. 온라인 신문 사이트는 딴지일보, 오마이뉴스, 뉴스보이, 피알한닷컴, 대자보, 프레시안이 있다(다음 〈표 12-2〉 참조).

온라인 신문에서 16대 대선 관련 뉴스 스키마의 가장 큰 특징은 모든 온라인 신문사가 이벤트의 성격에 대한 평가에서 모두 동일한 시각을 지니고 있었

〈표 12-2〉 주요 온라인 신문 사이트

사이트명	사이트 주소	운영주체
딴지일보	www.ddanzi.com	(주)딴지일보
오마이뉴스	www.ohmynews.com	(주)오마이뉴스
뉴스보이	www.newboy.co.kr	(주)뉴스보이
피알한닷컴	www.prhancom.com	(주)피알한닷컴
대자보	www.jabo.co.kr	(주)대자보
프레시안	www.pressian.com	(주)프레시안
시대소리	www.sideosori.com	토론사이트 · 칼럼사이트
서프라이즈	www.seoprise.com	토론사이트 · 칼럼사이트

다. 즉 16대 대선은 지역분열구도하에서 유지되었던 패거리 정치문화를 청산할 수 있는 중요한 정치이벤트이며, 그 형태는 보수 대 개혁세력이라는 대결구도로 이어질 것이라는 평가였다. 또 이 이벤트에 참여하는 후보자에 대한 평가도 유사한 시각을 토대로 담론구성이 이루어진다는 것이었다. 각 정당의 후보자가 결정되기 전의 양상을 보면 반이회창, 반이인제, 노무현 적극지지라는 형태의 담론구조를 지니고 있었다.[33] 주간 시사저널이 2002년 10월 실시한 전문가 집단 조사에서 인터넷 신문인 오마이뉴스는 방송 3사와 조선, 중앙, 동아, 한겨레 신문에 뒤이어 8번째로 영향력 있는 매체로 연속 2년 선정되었다. 2004년 조사에서는 오마이뉴스가 6번째를 차지하였으며, 미디어 다음과 프레시안도 10위권에 진입했다.

정치전문 인터넷기업 사이트로 분류되고 있는 사이트는 정치분야를 주요 사업영역으로 하고 있는 온라인기업이다. 포스닥(www. posdaq.co.kr)으로 대표되는 이 사이트들이 대중적인 호응을 얻게 되면서, (주)ewin communication 등과 같은 정치관련 인터넷기업 사이트들이 생겨났다. 이윈컴의 경우는 정치컨설팅의 실시와 선거 아카데미 운영을 주 수익사업으로 하고 있다. 대부분의 사이트들은 주요 정치현안에 대한 간이여론조사 창구를 개설하여 네티즌의 여론을 수집하여 이를 수록하고 있다. 그러나 많은 경우 정치권에서 민감하게 평가할 사안에 대한 인터넷 여론조사 실시나, 정치인 개인에 대한 홍보성 평가물들을 많이 내고 있다.

33) 백선기, 『정치담론과 인터넷: 한국사회의 주요정치의제와 인터넷 작용』, 커뮤니케이션북스, 2003, p. 75.

시민단체 사이트들은 오프라인상에서 활동하고 있는 시민단체들이 온라인에 홈페이지를 구축한 경우와, 시민단체들이 연합하여 온라인상에 구축한 사이트가 있다. 민주언론운동시민연합, 사이버참여연대, 사이버녹색연합, 평화네트워크 등 시민단체들의 사이트는 특성상 영리를 추구하는 단체가 아니고, 특정한 목적을 가지고 활동하기 때문에 각 사안에 대한 입장표명이 뚜렷하며, 중립적이고 객관적인 내용보다는 설득적인 내용이 대다수를 차지하고 있다.[34] 시민단체는 아니지만 '노무현을 사랑하는 사람들의 모임(노사모)'이 운영하는 사이트(www.nosamo.org)는 제16대 대선 기간 동안 엄청난 폭발력을 발휘하였다. 이러한 동호회 형식의 사이트도 계속해서 개설되고 있다. 정치개혁 · 언론개혁 · 국민통합을 내걸은 생활정치네트워크는 계속 증가하고 있다.

2. 한국 선거에서 인터넷의 영향

1997년 대통령 선거부터 본격적으로 미디어 선거가 시작되었는데, 2002년 대통령 선거에서는 텔레비전, 신문 등 기존의 매체뿐만 아니라 인터넷과 핸드폰을 활용한 온라인 선거운동이 활발하였다. 쌍방향 커뮤니케이션이 가능한 인터넷에서 네티즌들은 처음부터 자신의 이름을 밝힐 필요없이 활발하게 토론을 전개한 후 뜻이 맞는 사람들을 모아 오프라인 참여로 이어졌다.[35]

2001년 민주당 최고위원 선거에 터치스크린 방식의 전자투표시스템을 도입하는가 하면, 2002년 민주당 대통령후보 경선에서 최초로 전자투표가 전국적 단위에서 실시되어 인터넷투표의 원년으로 자리잡기에 충분하였다.[36]

특히 2002년 대통령 선거를 거치면서 우리 사회에서도 인터넷의 정치적 활용과 그 효과에 대한 논의와 관심이 높아지게 되었다. 물론 선거운동에서 홈페이지를 만드는 등 인터넷을 정치인들의 홍보매체로 활용하기 시작한 것은 훨씬 이전의 일이지만, 이러한 인터넷의 정치적 효과의 '위력'이 확인되었고 또 본격적으로 활용되기 시작한 것은 아무래도 2002년 새천년민주당 국민참여경선 과정에서 노사모의 활동을 확인하고 난 이후의 일이라고 생각된다. 노사모는 인터넷이라는 가상공간에서 만들어진 자발적인 정치인의 팬클럽이었지만, 노무현

34) 위의 책, pp. 195-198.

35) 김용호, "2002년 대선 결과와 정치적 의미," 『호남정치학회보』, 제14집, 호남정치학회, 2002, p. 47.

36) 오관석, 앞의 책, p. 193.

후보의 지지를 확산시키고 조직화하는 데 매우 중요한 역할을 수행했다. 이러한 인터넷의 위력은 2002년 대통령 선거 하루 전날 밤 정몽준이 노무현에 대한 지지를 철회한다는 결정을 전격적으로 내린 후, 노무현 지지자들이 자발적으로 인터넷 공간의 여기저기를 찾아다니며 노무현에 대한 지지 규합을 호소하고 다녔고, 그것이 노무현의 당선에 중요한 기여를 했다는 확인되지 않은 세간의 평가로 인해 더욱 확대되는 양상을 띠게 되었다.[37]

특히 인터넷을 이용하는 사람들은 주로 20 · 30대로 이들의 정치성향은 기성세대에 비해 매우 감성적이고, 개인주의적이며, 자유주의적인 성향을 가지고 있다. 이들의 정치적 도구는 인터넷을 비롯한 새로운 정보통신매체로서 사이버 공간에서 시간과 공간을 뛰어넘어 정치에 대한 정보를 입수하고 토론을 벌였다.

온라인은 거대한 정당이 되었고, 엄청난 파괴력을 가진 매체로서 기존의 매체와 경쟁하였다. 기존의 신문과 방송이 젊은 유권자와 소외된 유권자의 목소리를 대변하는 데 인색했던 반면, 새로운 매체들은 이들이 서로 의견을 나누고 집단적인 행동을 할 수 있는 기회를 제공하였다.[38] 이러한 현상은 그 동안 기존의 매체들이 가지고 있던 정치현상에 대한 해석의 독점권이 분산되었다는 것을 의미한다. 인터넷 사용자의 양방향성과 능동성이라는 특성이 기존 언론의 해석을 거부하고, 자기들의 주장을 확산시켰다. 이같이 전자적 가상공간을 활용한 정치적 활동의 증가는 정보의 부재 혹은 정보의 접근이 불가능했던 사람들의 정치적 무관심을 극복하고 정치참여를 통하여 참여민주주의를 확대시켰다는 의미를 가진다.

우리나라 정보통신의 발달속도는 세계적인 수준에 있다. 그러므로 전체 인구당 인터넷의 사용비율은 세계 1위로, 현재 인터넷의 사용인구는 3천만명을 상회하는 것으로 추정되고 있다. 인터넷 매체는 엄청나게 성장했고, 기존 매체의 지형을 바꿔 놓았다는 사실에 대하여는 수긍하지 않을 수 없다. 그러므로 한국의 인터넷 사용인구와 웹사이트 수준 등을 고려하면 사이버 정치참여는 기존의 정당 선거운동방식 등의 정치과정 패러다임을 변화시킬 수 있다.

2010년 트위터를 비롯한 SNS 보급의 폭발적 증가를 계기로, 2010년 2월

37) 2003년 6월 11일 한국선거학회 창립세미나에서 발표한 강원택 교수 "인터넷과 정치과정"의 내용 참조.

38) 김용호, 앞의 글, p. 47.

중앙선거관리위원회는 트위터 규제방안을 발표하였다. 「공직선거법」 제93조에 규정한 "그 밖에 유사한 것"에 트위터 같은 SNS가 해당된다고 생각하여 헌법소원을 제기한 것이다. 이에 헌법재판소는 2011년 12월에 정치적 표현의 자유성과 선거운동 자유의 중요성, 인터넷 매체의 특성을 들어 한정위헌(限定違憲) 결정을 내렸다. SNS를 규제할 수 없다는 결정은 선거문화를 활성화할 수 있는 계기가 되었다고 볼 수 있다. SNS가 가지는 상호작용성과 개방성, 연결성으로 인해 개인의 정치적 효능감을 높이고 스스로 참여하고 결정하려는 욕구는 정치행위자의 행태를 바꿔 놓았다.

그러나 인터넷이 정치과정에서 차지하는 역할이 아무리 커지더라도 이것으로 모든 것을 해결할 수는 없다. 인터넷의 발전이 궁극적으로 기존 정당이나 이익집단, 언론이 수행할 수 있는 역할을 다할 수 없기 때문이다. 그러므로 기존 정치과정에의 참여 패러다임과 인터넷 정치참여 패러다임이 조화될 수 있는 새로운 패러다임에 대한 연구가 필요하다.

제13장
환경문제와 환경정치

제 1 절 환경정치의 대두

언제부터인가 '바이오'(bio)니 '그린'(green)이니 하는 수식어가 정치 앞에도 붙어 '생명권 정치', '녹색정치'라는 용어가 등장하기 시작하였다. 지금까지의 정치가 일반적으로 인간과 인간 사이에서 맺어지는 문제만을 해결하려 고민해 왔다면, 앞으로의 정치는 한 걸음 더 나아가 인간과 자연 사이의 문제를 해결하려는 통찰력과 설득의 논리를 필요로 한다. 생태정치나 환경정치라는 용어가 등장하게 된 것도 바로 이러한 연유에 기인하고, 이는 환경에 대한 우리들의 가치관이 변하고 있다는 것을 말해 준다.

우리 사회에서도 환경에 대한 관심은 대단하다. 이러한 관심을 반영하듯 여기에 관련된 많은 환경단체들이 설립되고 서적, 단체, 식품, 각종 제품의 명칭 등에까지도 환경과 관련된 수식어들이 붙어 있다. 또한 각종 언론매체들도 환경문제에 관심을 보이고 있고, 상품광고에도 그린·바이오·청정이라는 용어들이 범람하고 있는 실정이다.

이렇게 유행처럼 갑작스럽게 높아진 환경에 대한 관심은 그리 오래된 것이 아니다. 우리나라에 환경보전을 위한 기본법인 공해방지법이 제정된 것은 1963년이지만, 당시만 해도 정부제도나 재정이 이 법을 전혀 뒷받침하지 못해 상징적인 것에 불과했다.

1970년대에 들어설 때만 하더라도 자연파괴와 환경오염 문제는 극히 일부 지역의 문제였다. 그러나 인구가 증가되고 산업화와 도시화가 이루어지면서, 공장지대와 도시지역의 하천은 공장폐수와 생활하수로 썩어가고 있고, 수많은 자동차들이 도심의 길을 꽉 메우고 매연을 뿜어대고 있는 것을 흔히 볼 수 있다. 이제 마실 물과 숨 쉴 공기를 걱정하게끔 도처에서 환경문제가 우리의 생활을 시시히 입박해 오고 있다. 그래서인지 몇 년 전부터 환경문제는 한국의 대선, 총선, 지방선거에 단골메뉴로 등장하며 정치인들의 입에 오르내리고 있다. 실제로 쓰레기처리 문제를 둘러싸고 지방자치단체간의 분쟁도 야기되고 있는 실정이다.

환경에 대하여 범람하는 용어나 환경문제의 심각성에 비례하여, 시민들의 의식도 그만큼 높아 가느냐에 대하여는 의문이 제기된다. 환경문제의 심각성에 대하여 어느 정도의 인식은 하고 있으나, 환경문제의 해결을 위하여 실천하려는 의지나 의식은 아주 낮은 상태이다. 모든 것을 남의 탓으로 돌리면서, 내가 아니더라도 누군가 하겠지 하는 무임승차자[1]의 의식이 시민들의 몸에 배어 있다.

지구환경문제에 대한 인식과 접근에 있어 획기적인 전환점이 되었던 것은 1972년 스웨덴 스톡홀름에서 개최된 유엔인간환경회의(UN Conference on Human Environment: UNCHE)이다. 여기에서 지구환경보전을 위한 '인간환경선언'을 채택하였고, 국제환경문제를 유엔의 체제 아래 종합적이고 정치적인 차원에서 검토하게 된 계기를 마련하였다.[2] 그 후 1992년 역사상 최대규모의 리우환경회의가 개최되어 '리우선언'과 '의제 21'을 채택하게 되었다. 리우선언 제1조는 "인간을 중심으로 지속가능한 개발이 논의되어야 한다. 인간은 자연과 조화를 이루며 건강하고 생산적인 삶을 향유하여야 한다"고 밝히고 있다.

20년 후인 2012년 6월 '제2차 UN 지속가능한 발전 정상회의'가 브라질 리우데자네이루에서 개최되었다. 이른바 'Rio+20' 회의에서는 주요 의제로 지속가능한 발전 외에 녹색경제가 상정되었다. 지구환경문제는 특정한 개별 국가에 의해서만 발생하는 것이 아니며, 한 국가의 오염행위가 다른 다수의 국가들에게 피해를 가져다 줄 수 있다. 그러므로 환경문제는 한 나라 한 지역의 문제가 아니라, 인류의 사활이 걸려 있는 지구환경의 위기문제로까지 대두되고 실정이다.

21세기에는 환경문제가 국가생존과 직결된 문제가 될 것이다. 이는 선진공업국에서는 환경문제가 단순한 과학 · 기술상의 과제로만 취급되지 않고, 세계정치의 중심과제들인 남북관계의 장래, 세계무역화 그리고 동서관계와 국가안전보장 등과 마찬가지의 비중으로 대두되기 때문이다. 국제적으로 제기되고 있는 그린라운드(Green Round)[3]는 환경을 제약조건으로서가 아니라, 피할 수 없

---

1) 환경오염은 그로 인한 비용이 눈에 드러나지 않는 잠재적 성격을 띠고 있어, 오염으로 인한 피해나 사회적 비용은 감각적으로 쉽게 탐지되지 않는다. 이러한 상황에서 환경에 대한 피해자는 우리 모두가 되는 것이다. 그러나 누구든지 자신의 노력으로 이 문제를 해결하려고 하지 않는다. 왜냐하면 다른 누군가가 먼저 오염을 제거하기 위한 노력과 비용을 들이게 되면 그 결과 얻어지게 될 깨끗한 환경은 어부지리 격으로 자신도 향유할 수 있으므로 굳이 먼저 나서서 시간과 비용과 노력을 들이려고 하지 않고 서로 미루는 것이다. 이것을 무임승차자의 문제라고 부른다. 최병선, 『정부규제론』, 법문사, 1993, p. 186.

2) UNCHE에는 114개국과 국제기구에서 수뇌들과 환경담당 각료들이 참석하여 "하나뿐인 지구"(Only One Earth)라는 구호로 토양, 물, 광물자원, 모든 살아 있는 유기체와 생존과정, 대기, 기후, 만년설, 심해 등 자연환경의 모든 측면을 관심사로 논의하였다. 중요한 점은 환경에 대한 관심을 서구 산업국가는 물론 개발도상국에 까지 확대했다는 것이다.

3) 이 용어는 미국 몬태나주 M. Baucus 상원의원이 1991년 10월 워싱턴의 국제경제연구소에서 처음으로 사용하였다. 이는 지구환경보전을 위한 각종 국제협약과 일부 선진국의 개별 입법에 의한 무역규제가 증가함에 따라 환경과 무역에 관한 새로운 국제규범을 제정하려는 우루과이라운드

는 새로운 부담과 해결해야 할 중요 과제라는 것을 말해 준다.

환경문제에 대한 인식의 대전환이 어느 때보다도 더 필요하고, 이에 대하여 정치학에서 체계적인 분석과 연구가 진행되어야 한다. 또한 국제환경정치에 대한 연구는 이미 상당부분 이루어져 있고, 앞으로 계속 연구되어야 할 분야인 것이다.

제 2 절 환경문제의 원인

인간은 환경의 일부분으로서 자연이 주는 혜택에 의존하면서 살아왔다. 그러나 무분별한 경제개발은 산업화, 도시화 등으로 자연환경의 파괴를 초래하였고, 그 결과 생태계의 자연스러운 순환이 단절되는 생태학적 위기가 닥쳐왔다. 이러한 상황은 "지구는 단 하나뿐이다", "지구는 사람이 필요하지 않을지 몰라도 사람은 지구를 떠나 하루도 살 수 없다"라는 말들을 무색케 하고 있다. 생태학적 위기는 바로 인간의 위기를 의미하기 때문에, 인간사회는 환경과의 관계에 있어서 위기의 한계에 직면해 있다. 그러므로 오늘날의 환경문제는 단순히 자연세계 내에서의 문제뿐만 아니라, 인간생존의 문제로까지 이어지고 있는 것이다.

환경문제는 새삼스러운 것이 아니다. 환경문제의 뿌리는 인류가 지구 위에 존재하기 시작한 때로 거슬러 올라가야 한다. 인간은 살아남기 위해 자연을 이용해야 했고 파괴해야 했다. 농업혁명, 산업혁명, 도시혁명은 자연의 엄청난 개조를 수반했고, 이것은 생태학의 혁명이라 할 수 있다.

인구가 늘어나고 인간활동이 확대됨에 따라 자연파괴의 범위도 넓어져 갔다. 산업혁명이 절정에 이른 19세기 중엽 그 선두를 달린 영국의 공업지대에서는 이미 심각한 환경오염 증상이 나타났다. 그러나 오늘날 우리가 당면하고 있는 환경문제는 근본적으로 과거의 그것과는 다른 특징을 지닌다. 과거의 환경문제는 문제가 발생한 지역에 국부적인 것으로 그 지역을 벗어나면 피할 수 있는 것이었으나, 오늘날은 지구 전역에서 오염이 진행되는 까닭에 더 이상 피할

이후의 국제적인 다자간 협상을 말한다. 환경보호 문제를 다자간 협상에 올려 국제적으로 합의된 환경기준을 만든 다음 이에 미달하는 무역상품에 대해서는 상계관세 부가 등 각종 제재조치를 가하자는 것으로 미국 등 선진국에서 제기되고 있다. 그린라운드는 환경규제를 이유로 무역을 규제하는 성격을 띠기 때문에 신흥 개발도상국들에게는 또 다른 무역장벽으로 작용할 가능성이 있다.

곳이 없어진 상황이 되었다.

환경학자들은 생태계를 악화시키는 가장 분명한 원인을 하나의 공식으로 설명하고 있는데, 이는 우리가 환경문제를 이해하는 데 큰 도움을 준다. I=P×A×T라는 공식이다. I는 환경에 가해지는 영향(Environmental Impact)이고, P는 인구(Population)이며, A는 물질적 부(Affluence)와 관련된 자원의 처리량, 그리고 T는 기술(Technology)로, 자원을 처리하기 위해 사용된 에너지단위당 환경파괴 영향을 의미한다.[4] 이 공식에 비추어 볼 때 환경문제의 주된 원인은 폭발적인 인구증가의 탓으로 돌릴 수 있으나, 20세기 후반에 환경문제가 떠오른 것은 경제발전을 자원의 처리와 이를 위한 과학의 뒷받침을 받은 기술의 거대한 힘이 복합적으로 작용한 것이다. 환경문제를 야기하는 주요 요인은 인구증가, 산업화, 도시화의 3대 요인이다. 인구증가는 그 자체만으로도 직접적으로 자원을 소모하고 환경을 오염시키는 동시에 산업화와 도시화를 촉진시켜, 다시 2차적으로 자원을 소모하고 환경을 오염시키는 근원이 되고 있다.

1. 인구의 증가

지구상에 일어났던 일 중에서 가장 주목할 만한 변화는 인구의 폭발적 증가이다. 2003년에 지구상의 인구는 62억 9천만명에 이르렀다. 지구상의 인구는 1600년에 5억이었고, 10억명에 다다른 것은 1825년경으로 추정된다. 그러나 다시 10억의 인구가 증가하여 20억명에 도달하는 데에는 그 후 약 100년 정도의 기간밖에 소요되지 않았고, 또 다른 10억의 인구증가는 1925년부터 1960년 사이의 35년 동안에 이루어졌다. 인구증가는 더욱 가속화되어 1940년에 40억, 그리고 1987년에 50억명을 돌파하였다. 이렇게 볼 때 1600년 이후 오늘날까지 인구는 약 14배가 증가되어, 2012년에는 이미 70억명을 돌파했다.

유엔의 장기예측에 따르면 인구안정은 2095년에 100억명의 인구를 돌파할 때 가능하다는 것이다. 그러나 남아시아, 아프리카, 남미 등의 주변부 국가에서 2065년까지 출산율의 저하가 이루어지지 않으면, 2100년에는 인구가 140억명이 된다고 보고 있다.[5]

4) Donella Meadows, Denis Meadows & Jorgen Randers, *Beyond the Limits*, London: Earthscan, 1992, pp. 97-103.

5) 조길영 역, 『환경혁명—새로운 문명의 패러다임을 찾아서』, 동쪽나라, 1996, p. 38.

인구증가와 환경간에 놓여 있는 최대의 문제는 식량부족과 생태계 파괴이다. 그 중에서도 식량문제는 보다 더 현실적이고 절박한 문제이다. 우리 지구촌은 현재 전 인구의 10%에 해당하는 5억 명의 인구가 매년 기아선상에 허덕이고 있으며, 그 중 매년 수십만 명이 굶어 죽고 있다. 앞으로 이 같은 상황이 더 나아지리라는 보장이 없다. 1980년대초 전 세계 농경지의 1ha당 부양인구는 2.6명이었으나 조만간 1ha당 4명으로 그 부양비율이 높아질 전망이다. 또 현재의 기아현상은 지역간 식량분배의 불균형에서 빚어지고 있으나, 앞으로 2000년대의 문제는 식량의 절대량이 전 세계적으로 부족하다는데 그 심각성이 있다. 그러나 이러한 문제는 다른 나라의 문제만이 아니다. 『'96 유엔 세계인구현황 보고서』에 따르면, 경지면적 1ha당 인구는 방글라데시가 823명으로 가장 많다. 한국도 418명으로 세계 7위에 올라 있어 식량자급에 문제가 발생할 수 있는 나라로 분류되고 있다.

지구상의 육지가 넓다고 생각해도 사람이 살 수 있고 농경을 할 수 있는 토지는 생각보다 훨씬 적다. 현재 전 세계 농경지 면적은 유지면적의 약 10%에 해당하는 총 13억 5,000ha로서 앞으로 이를 최대한 경작하더라도 전 세계 농경지 면적은 15억ha에 불과하다.[6] 1950년대 이후 1인당 경작 가능 토지는 급속히 줄어들고 있다. 토지에 대한 인구압력은 지구환경에 중대한 결과를 가져왔다. 먼저 개발도상국이나 선진공업국 모두 단일작물 재배와 기계화 영농, 즉 비료와 농약을 대량으로 사용하는 집약농업으로 전환했다는 사실이다. 화학비료의 소비량을 보아도 1970년 1,400만톤 정도에서 1989년에는 1억 4,600만톤으로 비약적으로 증가했다. 이러한 사실은 토양을 침식시키고 산성화의 원인이 되고 있다. 특히 개발도상국에서 인구증가에 따라 숲을 개발하여 새로운 농경지를 만들고 초지의 조성을 확대해 나가고 있다. 개발도상국에서는 인구압력 때문에 토지자원에 대한 이러한 추세는 더욱 강화될 것이고, 이는 지구상 숲의 황폐화와 사막화 현상을 더욱 가중시켜 나갈 것이다.

인구증가의 문제는 식량공급 문제와 같은 간접적 문제뿐만 아니라, 화석연료를 비롯한 더 많은 천연자원을 소모하여 지구의 자연환경을 손상시키는 동시에 생활폐기물 및 생활하수 등의 직접적인 오염물질의 배출로 환경오염의 직접적인 요인으로 작용한다. 뿐만 아니라 인구의 급증은 여기에서 더 나아가 각 공산품과 서비스 수요를 날로 증대시키고, 증대된 수요만큼 생산활동이 늘어나면

6) 이두호 외, 『인간환경론』, 나남, 1993, p. 112.

서 자원고갈에서부터 에너지 소비의 증대 그리고 각종 환경문제의 야기로 이어지게 된다.

인구가 증가하고 문명이 발달할수록 인구단위당 물자의 한계소비량은 증가하게 된다. 그러므로 급속한 인구증가는 개발도상국의 경제성장을 저해하는 요인이 되며 또한 환경에 미치는 주요 요인이 되고 있다. 이제 인류는 보유자원과 그들이 희망하는 이념과 그리고 인구수를 보다 높은 차원에서 다루어야 할 것이며, 한 국가 또는 세계 전체로서의 적정인구에 관한 신중한 판단을 내려야 할 엄숙한 순간에 직면하고 있다.[7]

2. 산업화와 에너지 문제

산업혁명으로부터 비롯된 산업화는 지난 3세기 동안 같은 기간의 인구증가율을 능가하는 성장률을 지속해 오면서 세계 도처에 대량생산과 대량소비의 산업사회를 이룩해 놓았다. 산업화는 불특정 다수인을 상대로 하는 대량생산을 위해 재생가능자원뿐만 아니라, 재생 불가능한 천연자원까지도 대량으로 소모하게 되었다. 그러므로 공업화로 대표되는 산업화가 환경문제를 일으키는 주요한 요인으로 작용한 것이다.

산업화의 의도된 결과는 인간의 욕구충족을 보다 원활히 하는 것이다. 다시 말하면 산업화는 생활을 편리하게 하려는 인간의 경제적 속성과 남보다 잘 살아 보려는 인간의 욕망에 의하여 가속화된다. 이러한 욕망을 일상적인 용어로 표현한다면 행복의 증진이라 해도 좋을 것이다. 행복의 조건 가운데 가장 기본적이고 보편적인 조건이 건강이다. 건강은 삶의 주체인 유기체 안으로 흐르고 있는 생명의 흐름이 막힘 없이 지속되는 상태인 것이다. 그것은 자유로운 해방된 삶의 상태이며 또한 자연적 흐름인 삶의 특징이기도 하다. 그런데 산업화는 인간에게 건강과 행복의 증진을 획기적으로 가져온 반면에 동시에 의도하지 않은 결과, 곧 건강을 해치는 산출물을 부수적으로 빚어냈다.[8] 산업화의 핵심요소인 물적 자원은 환경으로 되돌아가고 있다. 자연환경으로 되돌아가는 산물 가운데는 생산과정에서 배출되는 오염물질과 효용제로서 인간에 의하여 사용

7) 신현국 · 김낙주, 『환경과학총론』, 동화기술, 1994, p. 34.

8) 배동인, "공업화 환경문제," 시민환경연구소 편, 『환경의 이해』, 환경운동연합출판부, 1993, p. 147.

된 후 버려지는 폐기물이 있다. 과학기술의 개발이 공업생산 부문에 치중되고 오염방지시설 부문이 경시되면 환경문제는 더욱 심화되는 것이다.

오늘날 산업화는 다양한 제품을 생산하기 위하여 높은 에너지를 필요로 하게 되었다. 과거에는 주로 선진공업국이 에너지를 소비했지만 앞으로는 개발도상국들이 에너지 소비증가를 선도할 것이다. 세계 석탄생산량은 1800년에 연간 약 1,500만톤에 불과했던 것이, 1900년에는 7억 100만톤으로 급증하였다. 19세기 말에는 석유와 천연가스가 채취되기 시작하였다. 세계의 석유소비량은 자동차가 등장한 직후인 1890년에는 1,000만톤이었던 것이, 1940에는 2억 9,400만톤 그리고 1970년대에는 연간 25억톤으로 증가하였다.[9] 한국 자동차의 증가추세를 보면 1965년에 4만대에 불과하던 자동차가 1995년도에는 840만대를 초과하여 210배 이상 증가하였고, 2005년 7월 현재 1,500만대를 넘어섰다.

이에 따라 산업화는 재생 불가능한 화석연료의 소비와 관련되어 있다. 문제는 여기에서 배출되는 배기가스이다. 전 세계가 협력하여 에너지 소비를 줄이려는 노력을 하지 않는 이상 세계 탄소배출량은 2020년이 되면 연간 100억톤에서 120억톤에 이른다[10]는 것이다.

산업화로 인해 자연의 순환속도가 급속하게 빨라지고 있는데, 결국 자연이 수백만년에 걸쳐 화석연료에 축적시킨 탄소가 수십년 안에 대기중으로 방출되어 버린다. 에너지 사용량이 증가함에 따라 화석연료의 연소에 의하여 만들어지는 여러 가지 화학합성물이 대기에 방출된다. 기후학자들은 대기중에 있는 이 가스들이 집적되면 서서히 지구의 평균기온을 상승시킨다고 보고 있다. 이것이 온실효과 또는 지구온난화현상이다. 최근 유럽에서 발생한 대홍수로 라인강 유역이 범람하고 유역국가들에 수많은 이재민이 발생하였으며, 중동의 때아닌 폭설과 미국에서의 폭설 · 폭우로 인한 기상재해 등은 지구의 온난화와 관련있는 기상이변인 것이다. 한국에 쏟아지고 있는 게릴라성 집중폭우도 여기에 해당된다. 실제로 오늘날 전 세계적으로 사용되고 있는 화석연료에서 배출되고 있는 기체상 오염물질은 주로 산업이 발달한 북반구의 대기중에 축적되어 있다고 한다.

또한 산업화로 인하여 배출되는 오염물이 대기에만 문제를 야기하는 것이

9) Gareth Porter & Janet Welsh Brown, *Global Environmental Politics*, 2nd ed., Boulder, Colorado: Westview Press, 1996, p. 6.

10) 위의 책.

아니라, 수질오염에 심각한 영향을 미친다. 수질오염의 가장 큰 요인은 산업폐수에 있다고 해도 과언이 아니다. 산업의 다양화 · 규모화 등으로 인하여 각종 중금속을 비롯하여 하수보다 영향이 큰 고농도 유기성 물질, 고도의 처리를 요하는 난분해성 물질 등이 배출되기 때문이다. 중금속 함유 폐수는 생물농축이라는 순환사이클에 의해 결국 인간의 몸으로 되돌아온다.[11]

지구상에서 발생하는 모든 오염물질은 직 · 간접으로 여러 경로를 통하여 결국 바다에 귀착되어 축적된다. 해양오염의 약 80%는 육상에서 기인한 오염물질에 의하여 발생한다. 또한 직접적인 해양사고에 의하여 해상의 생태계가 심각하게 파괴되어 가고 있다. 석유는 공업과 수송을 위한 주요한 에너지원이지만 수송과정에서 직접 바다로 배출되어 오염원이 되기도 한다. 바다에 배출되는 석유의 양이 얼마나 되는지 공식자료는 없다. 다만 1980년대에 수송과정에서 배출된 석유는 150만톤에 이르는 것으로 추정된다.[12] 한국에서도 해양 기름유출 사고는 최근 해상물동량의 증대로 날로 증가하고 있으며 그 피해규모도 대형화 추세에 있다. 1990년~1994년까지 5년간 해양 기름유출 사고를 살펴보면 1,553건 발생에 총 20,919kl 기름이 유출되어 막대한 피해가 발생했다.[13]

1953년 미국의 아이젠하워 대통령이 유엔에서 '원자력의 평화적 이용'을 제창하면서 원자력기술이 세계에 공개되었고, 1956년에는 영국에서 세계 최초로 원자력발전소가 가동되었다. 원자력 발전의 장점은 일차적으로 자원에 크게 의존하지 않으면서 대량에너지를 생산할 수 있다는 점에 있다. 1g의 우라늄-238이 완전 핵분열했을 때 나오는 에너지는 석유 9드럼 혹은 석탄 3톤이 탈 때 나오는 에너지와 같다. 따라서 수송이 유리하고 연료의 비축효과가 매우 커서 연료공급이 차단되는 상황이 발생하더라도 상당기간 버틸 수 있는 안보상의 장점을 가지고 있다. 원자력 발전의 또 다른 장점으로는 지구환경 개선에도 기여할 수 있다는 것이다. 기존 화력발전을 원자력 발전으로 교체할 경우, 지구온난화의 주범인 이산화탄소를 상당부분 줄일 수 있는 것으로 기대된다.

그러나 최근에 와서 서유럽국가들을 중심으로 대부분의 선진국에서는 원자력 발전을 사양 공해산업으로 취급하여 단계적으로 폐쇄해 가는 추세에 있다. 그 이유는 방사성 유출에 대한 안전성 확보비용이 한없이 상승해 가고, 또

11) 이두호 외, 『인간환경론』, 나남, 1993, p. 263.
12) Porter & Brown, 앞의 책, p. 10.
13) 환경부, 『환경백서』, 1995, pp. 247-248.

한 방사성폐기물의 처리방법과 처리장소를 지구촌 내에서는 끝내 찾을 수 없기 때문이다. 원자력발전소에서는 방사능에 오염된 방사성폐기물을 배출하고 있다. 이것은 오염 정도에 따라 저 · 중 · 고준위 폐기물로 분류된다. 원자력 산업으로부터 방사성폐기물이 쌓이기 시작한 지 벌써 반세기가 지났지만, 원자력발전소를 가동하고 있는 25개가 넘는 국가들 가운데 어느 한 국가도 이를 영원히 안전하게 처리할 수 있는 방법을 찾아내지 못하고 있다. 이렇게 하여 축적된 방사성폐기물량 또한 늘어나며 생태계에 심각한 영향을 미치고 있다. 핵폭발에 의한 방사성의 하강물질과 산성비 등과 같이 오염물질이 대기로부터 해양에 유입된다.

3. 도시의 집중화

도시화는 산업화와 더불어 새로운 형태로 나타난 것이다. 산업혁명이 시작되던 1800년 이전의 세계는 도시에 살고 있는 사람들이 전체인구의 2.5%도 안 되는 압도적인 농업사회였다. 대부분의 사람들은 농촌에 거주하였고, 도시의 발달은 극히 저조하였다. 그러나 1980년에 도시에 거주하는 사람의 비율은 전체의 약 43%에 이르게 되었다. 현재 인구 500만명 이상의 거대도시만도 26개에 달한다. 인구가 3배 증가하는 동안에 대도시의 수는 약 25배의 증가를 보이고 있다.[14]

특히 최근에 들어서는 개발도상국에서 도시화가 급격히 팽창추세에 있다. 1950년까지만 하더라도 선진국의 도시인구가 개발도상국 도시인구의 2배였으나, 20세기 후반으로 들어오면서 개발도상국의 도시화율이 선진국의 배로 늘어나 1980년에 이르러서는 개발도상국의 도시인구가 선진국을 능가하게 되었다.[15] 『'96 유엔 세계인구현황보고서』에 따르면 1995년 한국 도시인구 비율은 81%로 인구 5명 중 4명이 도시에 살고 있는 것으로 나타났다. 도시인구 증가율의 경우 최근 한국은 2.1%를 보이고 있어 선진국 평균 0.7%를 훨씬 넘어 세계평균 2.5%에 근접하고 있다. 앞으로 2000년까지 개발도상국의 도시인구는 증가하여 선진국의 도시인구보다 절대치에서 약 7억 5,000만명이나 더 많을 것으로 추계되고 있다.

14) 이창복, "환경의 위기," 시민환경연구소 편, 『환경의 이해』, 환경운동연합 출판부, 1993, p. 42.
15) 이두호 외, 앞의 책, p. 121.

도시화는 인구의 집중과 함께 물자와 기술 및 정보의 집중을 동반하므로 도시의 규모가 클수록 규모의 경제성은 커지므로 많은 물자와 기술정보를 흡입하게 된다. 거대도시화는 국부적 · 지역적 · 전 지구적으로 환경에 영향을 미친다. 국부적으로는 한 지방의 지형의 성질이 변화되고 지상 · 공중 · 지하에 설치되던 벽돌, 콘크리트, 유리, 금속 등과 같은 인조환경으로 대체됨으로써 인공열을 발생시킨다. 인구 25만 명 이상의 도시는 주위의 인접지역보다 더워지는 열섬을 형성한다. 전 지구적으로는 이러한 도시지역들은 유황 및 엄청난 이산화탄소 등과 같은 물질을 배출함으로써 대기오염 문제에 직면하고 있으며, 이산화탄소는 지구온난화의 원인이 되고 있다. 도시와 농촌지역의 경제적 격차가 커지면 커질수록 인구와 산업의 도시집중이 심화되고, 이에 따라 여러 가지 오염물질이 집중됨으로써 환경이 더욱 더 악화되는 결과를 가져온다.[16)]

도시화는 인구의 밀집에 따라 인공시설의 과밀을 가져온다. 오늘날 도시화는 대량생산과 대량이용을 동반하고 이로 인한 비효용적 부산물이 대량으로 배출된다. 여기서 배출되는 오염물이나 폐기물은 자연환경을 오염시키고 파괴하는 한편 도시의 인공환경을 오염시키고 불결한 환경조성의 요인이 된다. 특히 도시로의 인구유입에 따라 거대도시 등 대도시가 형성되면서 거주자와 각종 활동밀도가 높아져 대기와 수질오염은 물론 쓰레기 문제 등 많은 도시환경 문제가 발생한다.

제 3 절 환경에 대한 가치관의 변화와 환경정치학

1. 환경에 대한 가치관의 변화

이상에서 제기한 바와 같이 환경문제는 인간생활의 발전과 더불어 부수된 것으로, 이제 인간생존 자체를 위협하는 문제로 다가오고 있다. 인간은 자연과 더불어 그리고 자연을 지배하면서 살아왔다. 이러한 속에서 인간은 지속 가능한 자연보전과 안전한 삶의 보금자리에 대한 낙관적인 신념을 가졌었다. 그러나 급속한 인구증가와 산업화 등으로 자연환경이 심각하게 오염됨으로써 이러한 환상은 깨지기 시작했다. 이에 따라 환경에 대한 인간들의 가치관도 변해 갔다. 가

16) 조길영, 앞의 책, p. 43.

치변화란 서구의 많은 국가에서 물질적인 양의 풍요를 삶의 가치척도의 제일로 여기던 물질주의적 가치(materialist values)로부터, 삶의 질을 더욱 중요시하는 후기 물질주의적 가치(post-materialist values)로의 전이를 의미한다.[17] 환경문제 역시 이러한 가치변화가 요구되었다. 사람들은 과거의 전통적인 자연관에서 비롯된 인간의 무제한적인 자연수탈이 궁극적으로 인간에게 부정적인 결과를 초래한다는 점에서 과거의 전통적인 자연관을 수정하였다. 그리하여 그들은 자연의 효율성을 극대화시키거나 환경의 질을 높임으로써 인간의 삶을 질을 높인다는 입장으로 변하였다.

환경문제를 해결하기 위한 노력은 여러 측면의 학제적 접근방법의 적극적인 지원을 받게 된다. 환경에 대한 계획이나 환경문제의 해결에는 생태학, 환경공업, 의학, 물리학, 인구학, 지리학 등 여러 과학과 영역간의 학문적 도움 없이는 불가능하다. 그러나 오늘날 환경문제는 워낙 복잡하고 다양하게 얽혀져 있어 그 성격은 과학적 · 기술적 문제일 뿐만 아니라, 동시에 정치적 · 사회적 · 경제적 · 행정적인 문제이기도 하다.

환경문제는 과학적 · 기술적으로만 정의될 수 있는 것이 아니며, 인간의 가치 및 이해관계와 관련된 개념으로 이해되어야 한다. 인간은 우연이든 필연이든 스스로 만든 사회에 구속되어 살아가고 있다. 오늘날은 그 어느 시대보다도 우리 인간 대부분의 삶이 더욱 더 정치와 밀접한 역학관계 속에서 유지되어 가고 있다. 사회과학적 지식을 필요로 하는 대표적인 접근이 환경정치의 측면이다. 환경정치의 영역에서는 환경문제와 경제문제 사이에 존재하는 가치갈등을 해결하고 정책을 결정하고 집행하는 과정에서의 의견조정과 타협점을 찾는 정치적 과정에 관심을 갖게 된다.

인류의 역사는 이데올로기의 종언을 맞이하고 있다고 볼 수 있다. 체제변동이나 민주화를 둘러싸고 일어났던 이데올로기의 갈등은 쇠퇴하게 되었으며 어떤 특정한 이데올로기를 위하여 바쳐졌넌 성지석 열정은 다른 돌파구를 찾아 헤매기 시작했다. 그 결과 이상사회의 건설, 이데올로기와 같은 거대한 문제보다는 사람들의 실생활과 직접 관계가 있으며, 크게 보면 인류의 생존과 직결되어 있는 환경문제가 새로운 정치적 관심사로 떠오르게 되었다.[18] 리프킨(J.R.

17) R. Inglehart, *The Silent Revolution: Changing Values and Political Styles among Western Publics*, New Jersey: Princeton University Press, 1997 참조.

18) Poter and Brown, 앞의 책, p. 52.

Rifkin)은 다음 세기를 위한 새로운 의식으로서 생태권 정치(biosphere politics)를 주장하고 있다. 새로운 유기체적 정치(organismic politics)의 임무는 지역적 차원에서 생태계의 유지를 그리고 지구적 차원에서 생활생태학적 안정성을 보장하는 것이다.[19]

2. 정치이데올로기로서의 환경

녹색정치를 민주주의와 관련시켜 그린 정치사상의 이론을 전개시켜 나가는가 하면,[20] 현대 정치사회에서 이데올로기의 퇴조와 더불어 환경이 그 자리를 점하게 되었다고 많은 학자들이 주장하고 있다. 실제로 이상사회의 건설이나 이데올로기와 같은 거대한 문제보다는, 사람들의 실생활과 직접 관계가 있으며 인류의 생존과 직결되어 있는 환경문제가 새로운 정치적 관심사로 대두되고 있는 것이 현실이다.

환경문제는 인간들의 근원적인 세계관에 기인한 산물이며, 역사성을 가지고 우리 인간사회를 지배해 온 사조와 연결되어 있다. 환경문제를 보는 이념적 시각은 자연과 인간의 관계, 환경보전과 경제개발의 관계 등의 여러 각도에서 유형화할 수 있다.[21] 여기에서는 간단하게 인간중심주의, 생태주의, 사회주의적 환경주의, 지속가능한 발전에 대하여 살펴본다.

1) 인간중심주의

초기의 지배적인 환경관은 과학기술의 발전을 지나치게 신뢰하는 인간중심주의였다. 산업사회가 인류의 삶의 질을 풍요롭고 안락하게 해주었으므로, 산업문명이 자연환경에 끼친 부분적인 폐해만 기술적으로 바로잡을 수 있다면 인

19) Jeremy Rifkin, *Biosphere Politics: A New Consciousness for a New Century*, New York: Crown Publishers, 1991, pp. 286-287.

20) 그린정치사상의 대표적인 문헌으로는 J. Barry, "Sustainability, Political Judgement and Citizenship: Connecting green politics and democracy," Brian Doherty and Marius de Geus(ed.), *Democracy And Green Political Thought*, London and New York: Routledge, 1996.

21) 패러다임이 인간중심이냐, 생태중심이냐에 따라 지향이념이 기본적으로 자본주의냐 사회주의냐 아니면 양자를 모두 거부하는 급진주의적이냐에 따라 개량주의적 환경주의, 반동적 환경주의, 급진적 생태주의(근본생태론, 사회생태론, 에코 페미니즘, 에코 아나키즘), 사회주의적 환경주의(생태마르크스주의, 생태사회주의)로 나뉜다. 이명남, 『정치이데올로기의 주체적 해명』, 전남대학교 출판부, 2000, pp. 410-424.

류사회의 무한한 진보와 더 살기 좋은 미래사회의 건설이 가능하다고 본다.[22)] 이를 기술지향주의(technocentrism)라고 부르는 학자들도 있다.

기술지향주의 입장은 인간의 능력과 기술에는 한계가 없으며, 환경보호론자를 과학기술에 무지하고 무책임한 자이며 경제 · 사회 발전의 저해요인이라고 반박한다. 그들은 자유주의 경제를 신봉하고 환경문제도 시장의 기능에 맡김으로써 자연히 해결된다고 주장하는 보수적인 입장이다. 이러한 입장은 경제적 합리주의를 토대로 발생한 시각으로 과학기술과 전통경제법칙인 비용-편익분석에 대한 신뢰가 크다.

2) 생태주의

이에 대해 정치이데올로기로서 생태주의의 특성은 유한한 지구에서의 '성장의 한계' 에 대한 인식과 인간중심주의를 벗어나 비인간 자연세계에 대한 윤리적 관심에 기초하고 있다. 생태주의는 원래 자연에 대한 무한한 신뢰와 경외를 바탕으로, 자연은 그 자체로서 존재가치를 가지고 있기 때문에 보호할 가치가 있다고 보는 것이다. 인간의 환경파괴를 막기 위하여 인간과 대자연의 조화를 향한 의식의 대전환이 있어야 한다고 주장한다. 그리하여 근대 합리주의적 가치관 및 정치패러다임의 근본적 변동을 촉구하고 있다. 즉, 현재의 정치 · 경제 · 사회적 관행으로는 환경문제를 해결할 수 없으므로, 단지 기술적인 변화뿐만 아니라 정치, 경제, 사회, 문화 등 인간 사회생활의 모든 부문에 걸쳐서 근본적인 변화가 일어나야 한다고 주장하는 입장이다. 이는 기본적으로 물질중심의 가치관에서 정신적인 측면을 중시하는 이데올로기적 특성을 가지고 있다.

생태마르크스주의와 생태사회주의 역시 환경영역의 정치적 확장을 주장하며, 정치경제학적 개념들이나 이론틀의 포괄적 원용에 의한 환경문제의 분석을 강조한다. 정치경제학적 입장에서 환경문제를 논하는 시도들은 기본적으로 자본주의적 산업화를 문제의 근본원인으로 간주하고, 기업들의 이윤추구 또는 무한성장을 요구하는 자본논리 등으로 환경문제가 심화되었다고 주장한다. 이들은 선진 자본주의 국가들이 후진국들에게 공해수출산업과 환경오염 문제를 전가시키는데 주목하고, 선진국과의 불평등을 해소하려는 적극적인 노력이 없는

22) 진미경, "녹색정치와 녹색운동," 아주대학교 사회과학연구소(편), 『생태사회과학—인간, 사회 그리고 환경』, 아주대학교 출판부, 1994, p. 47.

한 '지속가능한 발전' 은 지속가능한 '착취' 가 될 수 있음을 경고한다.[23)]

3) 지속가능한 발전

1980년대 초반에서 중반에 걸쳐 지속가능한 발전이 지금까지의 패러다임을 대체하는 상징으로 등장했다. '지속가능한 발전' 이라는 용어는 유엔 WCED (World Commission for Environment and Development)의 1987년 보고서에서 개념 정의가 이루어졌다. 즉, "미래세대의 수요를 충족시키는 능력을 손상시킴 없이 우리 세대의 필요를 충족시키는 발전" 이다.

이에 대한 논의는 1992년 리우환경회의에서 본격화되기 시작하였다. 2002년에는 남아공의 요하네스버그에서 '지속가능한 발전 세계정상회의' 가 개최되었다. 여기에서는 지구환경 악화에 대한 선진국과 개발도상국간의 '공통의 차별화된 책임' 하에 빈곤퇴치, 지속가능한 생산 및 소비, 에너지 및 화학물질, 자연자원 보전, 세계화, 건전한 관리체제 등이 논의되었다.

지속가능한 발전의 핵심은 인간에 의한 개발행위와 환경보전의 양립 가능성이다. 환경보호와 경제개발을 조화시킬 수 있는 대안으로서 제시된 ESSD (Environmentally Sound and Sustainable Development) 개념은 환경적으로 건전하고 환경이 지속가능한 개발방식을 취해야만 인류생존이 지속적으로 유지될 수 있다는 것이다. 환경문제를 해결하는 데 있어서 선진국과 개발도상국간의 근본적인 입장 차이가 있다. 개발도상국의 입장에서 볼 때 환경보호를 위하여 공업화를 중단하든가 발전을 제한하는 등의 조치는 선진국과의 격차를 영속화시킬 뿐만 아니라, 그들의 생존과 밀접히 관련되어 있다. 더구나 지구오염과 자원고갈의 책임이 지금까지의 공업화와 경제성장을 통하여 엄청난 천연자원을 사용하고 오염원을 배출한 선진국에 있다고 할 때, 개발도상국으로서는 그들의 발전을 저해하는 환경보호정책을 채택하는 것이 불공평한 것으로 간주될 수밖에 없다. 이러한 상반된 입장을 조화롭게 해결할 수 있는 모델로 등장한 것이 지속가능한 발전모델이다.

지속가능한 발전의 패러다임은 개발도상국과 선진국 사이의 형평만이 아니라, 사회 내에서와 세대간에도 형평이 이루어져야 한다. 지속가능한 발전은 미래세대도 지구자원을 이용한 권리를 가지고 있다고 본다. 경제성장과 환경보

23) 이명남, 앞의 책, pp. 399-400.

전의 조화를 이루려면 결과에 대한 대증요법식의 대응보다는 사회 전 분야에 걸친 근본적인 대개혁을 전제로 한 경제개발 방식과 삶의 방식의 전환이 필요하다. 이제 지속가능한 발전의 개념은 사회 모든 분야에 적용되는 새로운 이데올로기로 인식되고 있다.

제 4 절 환경문제와 정치과정

정치학자들이 연구한 환경분야 연구는 예를 들어 정치이데올로기와 환경윤리 외에도 정치경제적 구조와 제도, 정책결정기구의 효율성, 환경문제를 인식하고 행동하는 태도, 개인적 · 체계적 수준의 의사결정 방식 등 다양하다.[24) 레스터(J. Lester)는 호퍼벨트(R. Hofferbert)의 개념도식을 원용하여 환경정책 결정에 영향을 미치는 요인으로 엘리트 행태, 정부제도, 대중의 정치행태, 사회 · 경제적 구성과 역사 및 지리적 조건을 들고 있다. 여기서 중요시되는 행태와 제도란 엘리트, 이익집단, 관료, 법원, 의회, 정당, 여론 등에 초점을 둔 연구이다.[25)] 결국 모든 정치과정에서 환경문제는 중요한 이슈이다.

1. 정치사회화 내용으로서의 환경문제

1) 정치사회화의 새로운 임무

'지구의 위기는 자연의 위기가 아니라, 바로 인간사회의 위기이다' 라는 말이 의미하는 것은 무엇일까? 이는 환경문제는 인류가 공동으로 대처해야 할 자연생태학적 문제이지만, 당위론적 구호나 자연과학적 · 기술공학적 접근만으로는 문제를 해결할 수 없는 정치 · 사회적 성격을 안고 있다는 것을 의미하는 것이다. 오늘날 모두에게 가장 큰 관심사로 떠오른 환경문제의 근원적인 해결을 위해서는 철저한 정치적 조정력이 필요하다. 다시 말하면 인간 스스로가 편리와 개발논리만 우선시하다가 빚어진 환경파괴도 이의 근본적인 치유와 극복을

24) Michael E. Kraft, "Ecology and Political Theory: Broadening the Scope of Environmental Politics," *Policy Studies Journal*, Vol. 20, No. 4, 1992, p. 713.

25) James P. Lester(ed.), *Environmental Politics and Policy: Theories and Evidence*, Durham & London: Duke University Press, 1989, p. 2.

위해서는 정치적 선택에 의존할 수밖에 없다는 것이다.

환경의 이해를 정치사회화와 관련지어야 한다는 것은 다음과 같은 이유에서이다. 현대산업사회가 사회의 현재 제도를 지속하기에는 한계가 노정되고 있다. 현재 진행되고 있는 자원의 개발을 억제하고 소비를 줄인다는 것도 정말로 어려운 일이고, 인구성장에 따른 경제활동의 비율을 유지할 수도 없다. 그러기 위해서는 양자의 성장은 제한되어야 하는데, 이것이 가능한 일인가? 이렇게 볼 때 현대사회의 환경문제는 좋은 기술이나 유용한 법에 의하여 치유될 수 없다. 성장을 제한하고 자연과 더불어 자유롭게 살아야 한다는 지혜를 시민들이 습득하는 것만이 현대사회를 변형시킬 수 있는 방법인 것이다.[26]

이를 좀더 구체적으로 말하면 우리 모두가 환경과 사회 사이의 관련성에 더 많은 주의를 기울여야 한다는 것을 의미한다. 우리는 끊임없이 사회활동이 어떻게 환경에 영향을 미치고, 환경적 실체가 어떻게 형성되어야 하고, 사회가 할 수 있고 또 해야 할 일이 무엇인가를 자문해야 한다. 이것이 오늘날 사회에 직면하는 가장 긴급한 문제이다. 현재와 같은 환경문제가 대두되기까지 사회구성원들은 여기에 직접·간접으로 관련되어 있고, 각자는 환경문제를 인식하고 책임감도 가져야 한다. 그러므로 환경문제에 대한 교육은 정말로 긴급한 우선적 문제이나, 대부분의 사회에서는 불행하게도 이에 대한 인식도 없고 그것을 본격적으로 실행할 의지도 가지고 있지도 않다.[27] 이러한 상황이 환경문제가 정치적이고 정책적인 영역에서 긴급히 부각되어야 할 이유이다. 정치사회화의 중요한 임무가 부과되는 이유도 여기에 있다.

2) 환경교육

환경문제는 정치사회화의 새로운 영역이다. 자로스(D. Jaros)는 정치사회화의 한계를 논의하면서 바로 이 문제에 관심을 두었다.[28] 개발도상국이든 선진국이든 간에 급변하는 사회에서 환경오염은 세계를 파괴할 힘을 가지고 있으므

26) Lester W. Milbrath, "Environmental Understanding: A New Concern for Political Socialization," Orit Ichilov, *Political Socialization, Citizenship and Democracy*, New York: Columbia University, Teacher College Press, 1990, p. 291.

27) Lester W. Milbrath, "The World is Relearning Its Story about How the World Works," Kamieniecki Sheldon(ed.), *Environmental Politics in the International Arena-Movements, Parties, Organizations, and Policy*, New York: State University of New York Press, 1993, p. 38.

28) Dean Jaros, *Socialization to Politics*, New York: Praeger Publisher Inc., 1973, pp. 58-63.

로, 인간이 생존에 적응하기 위하여 새로운 습관이 필요하다. 그러므로 이들 국가에서 환경문제에 대한 변화를 받아들이는 적응규범으로, 더 나아가 이를 극복하려는 노력의 일환으로 정치사회화가 이루어져야 한다는 것이다.

교육은 정치사회화의 구체적인 실천방법이다. '교육이야말로 가장 위대한 자원' 이라는 생각은 환경에 대하여 인간중심주의를 지향하든 생태주의를 지향하든 양자가 가지는 기본적인 생각인 것이다. 인간중심주의에 따르면 생태적인 위험을 피하고 생산체계의 부작용에서 적절히 벗어나기 위해서는 보다 철저하게 탐구해야 한다. 생태지향주의는 교육이 보다 근본적인 문제에 대한 대답을 제공하고 있다고 보는데, 우리는 형이상학적 질병을 앓고 있으므로 치료 또한 형이상학적이어야 한다고 주장한다. "환경이 학대되고 착취된다는 사실이 교육을 통해 널리 알려진다면, 이러한 현상이 고쳐질 것" 이라고 생각하건, 아니면 "좀더 생태적으로 건강한 노선에 따라 완전한 사회로의 재조직에 따른 가치관의 변화가 수반되어야 한다" 고 생각하든 간에 어쨌든 교육은 중요하다는 것이다.[29)]

근래에 들어서면서 정치적 자아의 주요한 이슈로 등장한 것이 환경문제이다. 정치의 궁극적인 목표는 보다 나은 삶을 위한 것이다. 이를 위하여 사람들은 경제적 가치를 최상으로 여겨 왔다. 그러나 이것의 한계를 보여준 것이 환경문제이다. 결국 환경문제는 정치적 자아의 주요 부분으로 자리를 잡게 되었고, 이러한 자아를 발전시키는 정치사회화의 급박한 임무가 된 것이다. 그러므로 사회와 환경 사이의 연관성에 대한 학습은 민주주의가 각 개인에게 내면화되는 것 같이 정치사회화 과정을 통하여 이루어진다. 배리(J. Barry)의 "그린 정치는 생태권의 정치일 뿐만 아니라, 공공선의 정치로서 이해되어야 한다"[30)]는 주장은 이와 같은 맥락에서 이해될 수 있다.

우리가 살고 있는 환경을 보전하여 삶의 질을 높이는 일은 인간들의 가장 중요한 도덕적 의무이고, 이러한 도덕적 의무는 정치사회화 과정에서 철저하게 이행되어야 할 새로운 실천윤리이다. 그러므로 사회와 환경 사이의 연관성에 대한 학습은 민주주의에 대한 학습처럼 정치사회화의 주요한 임무이다. 환경주의는 민주주의의 산물이고 정치사상의 통합분야가 되었다.[31)]

29) 이명우 외 역, 『현대환경론』, 한길사, 1989, p. 354.
30) Barry, 앞의 책, 1996, p. 129.
31) Milbrath, *앞의 글*, 1990, p. 293.

2. 정치과정과 환경정책

한 국가의 환경문제는 그 나라 정치체제가 어떠한 구조적 · 과정적 특성을 지니느냐에 따라 문제의 양상과 그에 대한 대응양식 내지 강도가 다르다. 이처럼 환경정책은 정치체제의 동태적 반응에 크게 의존한다. 즉, 입법행태 · 행정행태 · 사법행태 그리고 이익집단의 행태를 포괄하는 정치과정의 역동성에 크게 영향을 받게 된다는 것이다.

정치체제가 민주적이고 다원적일수록 환경문제의 발생을 미연에 방지할 수 있고, 불가피하게 발생하는 경우에도 원만히 해결할 수 있다. 그러나 정치체제가 권위적이고 관료적일수록 다양한 사회집단의 견해를 무시하고 기득권자의 입장에서 일방적으로 처리한다. 이러한 경우 정책의 방향이 환경을 파괴하는 쪽으로 흐를 가능성이 크다고 가정할 수 있다.[32]

1) 정책결정자와 집행자의 인식

당연히 환경문제를 제기하고 해결하려고 가장 노력해야 할 사람들은 정치가이고 행정관료들이다. 실제로 정치지도자들이 창의성을 발휘하여, 좀더 새롭고 보호적인 환경정책을 고안해 내고 있는 것인가? 거의 모든 나라에서 모든 환경문제에 관한 공공의제를 생각해 내는 것은 일반 시민활동가들이다. 왜 정치지도자들이 환경보호의 필요성을 인식하는 데 그렇게 둔감한가?

대부분의 국가를 지배하고 있는 세계관은 인간은 더 나은 삶을 영위하기 위한 물질을 생산하기 위하여 자연을 통제하고 개발해야 한다는 생각이다. 전형적인 삶의 질은 생활수준을 크게 벗어나지 않는다. 정치지도자들은 이러한 세계관을 유지하는 사회의 지배적인 요소에 젖어 있다. 더군다나 선거에서 당선되기를 희망하는 후보자들은 중심 정책으로서 급속한 경제성장을 해야 한다고 믿고 있다. 단지 환경보호에 대하여 일반대중의 강력한 요구가 있을 때, 그것에 대응하여 움직인다. 대체적으로 그들은 경제성장이 환경보호와 갈등을 일으키지 않는다는 주장을 함으로써 두 가치 사이의 갈등을 책략으로써 처리하려 한다.[33] 우리는 생태계의 완전한 보전에 가장 우선권을 주어야 한다는 것을 인

32) 김병완, 『한국의 행정정책과 녹색운동』, 나남, 1994, p. 25.
33) Milbrath, 앞의 글, 1990, pp. 288-289.

지한다. 그러나 대부분의 정치가와 환경관료들은 이렇게 생각하지 않고, 대신에 성장과 부를 극대화하는 것을 택한다. 그들의 환경문제에 대한 전형적인 접근은 법과 힘있는 기술을 통하여 그 상황을 관리하고 지배하는 것이다.

정치가들이나 행정관료들이 환경문제를 인식하기를 꺼리는 또 하나의 관점은 그것을 인정하는 것이 곧 그들 정책의 부재와 실패를 인정하는 것이기 때문이다. 이들이 이렇게 환경을 무시하는 강력한 힘 때문에, 환경주의자들의 합리적인 주장은 환경문제를 정치적인 의제로 발전시키는 데 거의 도움이 되지 않는다는 것을 알 수 있다. 효과적으로 보이는 유일한 방책은 일반대중 사이에 반향을 불러일으키는 것이다. 정치가들이 만약 적절한 조치를 취하지 않으면 다음 선거에서 표를 잃어버린다고 생각할 때, 그들은 조치를 취할 것이다. 이러한 방법과 책략을 사용함으로써, 환경주의자들은 정책결정자의 생각이나 정책을 바꿀 수 있어 그 흐름을 그들이 의도한 방향으로 끌어갈 수 있을 것이다.[34] 그러므로 환경정책과 같은 규제정책을 둘러싼 문제의 핵심은 정책관계자들 사이의 이해갈등과 상호역학관계라 할 수 있다.

2) 환경정책과 규제

환경규제[35]는 다른 정책에 비해서 정치체제가 경제발전과 환경보호 중 어느 것을 더 중시하느냐 하는 정치체제의 이념적인 영향을 받는 경향이 있다. 즉, 환경정책은 기술적인 방법을 반영할 뿐만 아니라 개인적인 가치와 사회적인 우선순위의 비중을 반영하고 있다. 환경문제는 공해 유발자와 공해 피해자 간에 이해관계가 정면으로 충돌하고 관계자 사이에 이해관계가 복잡하게 얽혀 있기 때문에 환경정책을 수행하는 과정에서 갈등문제가 끊이지 않는다.

정부가 환경규제정책을 수행하는 과정에서 발생하는 문제의 대부분은 그러한 정책문제에 내재된 다양한 이해대립을 충분히 이해하지 못하고, 이를 민주적인 방법으로 원만하게 조정하지 못하는 데서 비롯된다. 이러한 문제는 무

34) 위의 글, pp. 288-289.

35) 환경규제정책은 크게 명령 · 지시적 규제수단과 시장유인적 규제수단으로 나눌 수 있다. 전자는 정부가 개인이나 기업이 따라야 할 또는 지켜야 할 행위기준 또는 규칙을 제정하고 이를 위반하는 기업이나 개인을 처벌하는 방법으로 규제가 이루어진다. 후자는 전자와 마찬가지로 개인이나 기업에 어떤 의무를 부과하기는 하되 그것을 달성하는 방법은 개인이나 기업이 자신의 경제적 판단에 따라 합리적으로 선택할 수 있는 여지를 부여한다. 최병선, 『정부규제론』, 법문사, 1993, pp. 457-458.

엇보다도 규제에 따른 차별적인 효과, 이해집단 사이의 갈등, 정치가와 행정관료의 가치판단과 행동유인에 대한 이해의 부족에서 나온 것이다. 따라서 환경정책의 결정과 집행은 다분히 이해관계의 충돌을 어떻게 무리 없이 조화시키면서, 특정한 정책을 선택하고 수행할 수 있느냐 하는 정치적 기교와 직결된다고 볼 수 있다.[36]

3. 환경운동과 녹색정치

환경에 관한 선택을 하는 데 있어 일반적으로 받아들일 수 있는 합리적 판단기준이 부재한 상태에서 환경문제는 정치적 과정을 통해 해소될 문제이다. 환경문제가 삶의 질의 문제와 직결되면서 각종 선거에서 환경문제가 중요한 이슈로 등장하고 있다. 녹색정치세력은 자신들의 가치를 삶의 질에 두고 있듯이 정치에의 참여 또는 질적으로 변화시켜 내길 원한다. 이러한 욕구는 선거기간에 국한된 참여가 아니라 중대한 사회적 사안들이 발생할 때마다 또는 예상될 때마다 이와 관련된 구체적인 결정과정에 직접 참여하고, 이 결정과정에 영향을 미치는 정보를 구체화한다는 것으로 설명될 수 있다. 이러한 녹색정치의 욕구는 사실상 일면 구체적인 경험들로부터 도출된 것이다.[37]

특히 녹색당의 출현과 이에 대한 시민들의 지지는 이를 반영해 주는 것이다. 환경문제에 대한 녹색당의 조직운동은 생태주의운동의 발달과정에서 대두된 것으로서, 정치적인 행동을 추구하면서 환경정책에 영향을 미치려는 적극적인 행동을 말한다. 이러한 녹색당은 주로 서구유럽을 중심으로 전개되고 있는데, 독일의 녹색당을 대표적으로 꼽을 수 있다. 이 외도 프랑스, 벨기에 등 유럽 각국에서는 활발하게 활약하고 있다. 뉴질랜드의 가치당은 최초의 녹색당이며, 미국에서도 2000년 대통령 선거에서 녹색당 후보가 출마를 했다. 한국의 경우 정치권에서 환경문제에 관한 관심은 증대되고 있으나, 외국과 같이 녹색당이 국회에 의석을 가지고 활동할 정도로까지 되려면 요원한 문제이다. 그러나 환경운동의 정치세력화가 굳이 정당형태를 취해야 하는 것은 아니다. 서구의 경험에서 볼 수 있듯이 환경운동 진영에서 직접 후보를 내거나 친환경적인 후보

---

36) 김병완, 앞의 책, 1994, p. 77.

37) 문순홍, "서구녹색정치의 역사와 환경정책의 제도화," 『환경과 생명』, 창간호, 환경과 생명을 위한 모임, 1994, pp. 47-48.

를 가려 내어 명단을 발표할 수도 있다. 이는 본격적인 녹색당 추진여건이 성숙되지 않는 단계에서 환경운동단체들이 연대하여 실행해 볼 수 있는 대안의 하나이다.[38]

이와 같이 서구를 중심으로 한 녹색운동은 참여적 정치문화의 확대와 시민의식의 변화에 기인한다. 참여적 정치문화는 바람직한 민주적 시민문화를 형성하는 하나의 요인인데, 과거와는 달리 구성원 스스로의 이익표출과 이를 정책결정에 반영하고자 하는 경향이 증대되었다. 그리하여 환경단체와 같은 공익단체에 관심이 증대되었고, 많은 사람들이 여기에 참여하고 있다.

그러나 환경문제는 한 국가 차원에서 아무리 노력해도 문제를 해결할 수 없다는 사실이 분명해졌다. 이러한 이해를 기초로 환경 악화를 방지하고, 악화된 환경을 복구하려는 국제협력이 근래에 확대되고 있는데, 지구환경운동단체라는 새로운 정치세력이 등장하여 국가의 틀을 넘어서 행동하고 있다.[39] 세계의 가장 영향력 있는 환경단체인 그린피스(Greenpeace)와 같은 국제적인 환경단체에서부터 국내 환경단체, 각 지방의 환경단체에 이르기까지 다양하게 존재한다.

이렇게 볼 때 환경에 대한 접근은 국제정치 · 경제적 접근이 필수불가결하다는 사실을 알 수 있다. 위와 같은 요인들에 의하여 환경문제의 정치화는 피할 수 없는 것이다. 거시적으로는 환경문제의 이데올로기화와 환경이 국제정치의 중요한 매개체인 국제환경정치, 미시적으로는 환경을 표방하는 정당의 등장과 각종 이익집단의 활성화, 그리고 시민의식 등에서 볼 때 환경정치는 새로운 신조어가 아니다.

제 5 절 국제환경정치

국제정치 · 경세학 분야에서는 지구환경의 정치 · 경제로 영역화되면서 국제정치학의 특정 현상이자 독립된 영역으로서 국제환경정치학이 발전되고 있다.[40] 여기에서는 세계환경문제의 위기적 상황을 분석하고 이에 따른 국제적 대

38) 이득연, 한국사회학연구소(편), 『환경운동의 사회학』, 민영사, 1998, p. 354.

39) Poter & Brown, 앞의 책, 1996, p. 2.

40) 1990년대에 들어와 대표적인 연구로는 하스(P.M. Haas)의 『지중해의 보존: 국제환경협력의 정치』, 포터와 브라운의 『세계환경정치』, 허렐과 킹스베리(A. Hurrel & B. Kingsbury)의 『국제환경정치론』, 바스카와 글린(V. Bhaskar & A. Glyn)의 『남북환경정치론』 등이 있다.

응태세와 성과 및 이를 둘러싼 정치 · 경제적 쟁점과 국제환경 추이를 고찰하고 있다. 또한 환경레짐의 설립요인과 발전적 특성을 체계적으로 분석하여 향후의 바람직한 방향을 모색하고 있다.

1970년대 초기에 시작한 정책영역으로서 국제환경정치에 관한 연구는 생태학적 문제에 대한 큰 관심을 반영하면서 지난 10년간 괄목할 만한 성장을 보여 왔다. 환경정책에 대한 비교연구들이 환경정치학의 발흥후 시작되었고, 1980년대 중반에는 국제환경정치에 대한 중요한 연구들이 선보였다. 오늘날 국제환경정치에 대한 연구는 정말로 각광받는 분야인 것이다.[41)]

1. 국제환경정치의 대두와 특징

환경위기의 범위가 국지적인 경계를 벗어나 지구화되면서 전 세계가 그 해결을 위하여 다같이 노력하는 것은 정당하고 시급한 과제로 공인되고 있다. 각 국가들은 지구생태계 및 환경파괴 문제를 더 이상 방치할 수 없다는 것을 공감하고 1980년대 이후 유엔 중심의 다자간 · 지역적 · 양자간 수준의 협의와 협력을 활발히 진행시켜 온 것이다. 1987년 9월에는 국제정치사에 획기적이라 할 수 있는 생태학적 국제조약이 체결되었다. '오존층의 해체를 야기하는 소재에 관한 몬트리올의정서' 로 불리는 이 조약은 서명국가들에게 프레온가스와 할론의 사용량을 감량할 국제법적 의무를 지운 것이다. 이 조약의 협상 당시 프레온가스와 할론 소재의 사용량은 수많은 산업분야에서 급증하고 있었고, 이것이 성층권의 오존층을 파괴할 수 있다는 논쟁이 진행되던 때였다. 이 의정서는 전 지구적 차원의 최초의 예방조치였다는 점에서 그 의의를 찾을 수 있다.[42)]

그러나 환경위기라는 전 지구적 이해관계는 여전히 상당부분 정치적 이해관계에 의하여 지배되고 있다. 선진국들은 기존의 환경파괴적인 개발 및 발전방식이 현재의 지구환경위기를 초래하였다고 추정하고, 지구환경 보전을 위해 개발의 규제를 강화하려는 입장을 보이고 있다. 개발도상국들은 당면과제인 산업과 경제발전을 위한 개발은 환경에 다소 무리가 있더라도 지속되어야 한다는 입장이다. 개발도상국들은 지구환경 문제를 순수한 환경문제로 보기보다는, 선

41) Zurn Michael, "The Rise of International Environmental Politics: A Review of Current Research," *World Politics*, Vol. 50, No. 4, July 1998, pp. 617-618.

42) 황태연, 『환경정치학과 현대정치사상』, 나남, 1994, pp. 33-34.

진국 주도의 현 국제정치 · 경제질서를 유지하면서 제한된 지구의 환경용량과 자원을 계속 지배하려는 선진국의 전략이라 보고 있다. 이러한 논의는 환경을 매개로 새롭게 형성되고 있는 국제질서의 제국주의적 속성을 엿보게 한다.

앞으로 국가간에 존재하는 그린라운드(Green Round)라는 환경체제도 중요한 이슈가 될 것이다. 이미 설명한 바와 같이 그린라운드는 일부 선진국가들이 중심이 되어 다자간 협상을 통하여 환경과 무역에 관한 새로운 국제규범을 제정하여 지구환경보호를 목적으로 무역규제 조치를 취하려는 국제적인 움직임을 포괄적으로 지칭한다. 우루과이 라운드와 마찬가지로 개발도상국들은 선진국들이 그린라운드를 통하여 지구환경보호라는 명분을 내세워 그 이면에는 개발도상국보다 비교우위에 있는 산업 및 환경기술 수준을 충분히 활용하여 자국상품의 경쟁력을 강화하려는 의도를 가지고 있다.[43] 이렇게 볼 때 바야흐로 국제환경정치라는 용어는 우리 생활과 무관하거나 생소한 것이 아니고, 오늘날 대부분 사람들의 삶에 깊은 영향을 미치는 것이다.

환경은 국가안보나 경제문제 못지않게 국제정치의 중요 쟁점영역이 되고 있다. 또한 환경에 관한 선택을 하는 데 있어 일반적으로 받아들일 수 있는 합리적 판단기준이 부재한 상태에서 환경문제는 정치적 과정을 통해 해소될 문제이며, 이의 가치의 합의 내지 권위적 배분과 관련하여 정부가 무엇을 하고 안할 것인가를 선택하는 문제이다.

포터(G. Porter)와 브라운(J.W. Brown)은 국제환경정치의 특징을 다음과 같이 네 가지로 이야기하고 있다.[44] 첫째, 국제환경정치에서는 국경을 초월한 환경위험에 대처하기 위해 전 지구적 차원의 합의를 도출하려고 다자간 교섭을 하는 경우가 많다. 지구환경을 둘러싼 교섭은 국가간 환경에 대한 이해가 다르기 때문에 국제협력의 효과를 극대화하는 방향으로 추진된다. 둘째, 세계경제가 국제환경정치에 그대로 반영된다. 예를 들면 경제적으로 강한 국가가 일정한 국제환경문제에 대해 합의를 이룰 경우, 약한 국가가 이에 협력하지 않으면 무역제재라는 위협수단을 동원한다. 셋째, 국제환경정치는 군사력을 기초로 한 힘의 관계가 국가간 환경문제를 둘러싼 대립에 직접적으로 영향을 미치지 못한다. 넷째, 국제규모의 환경 NGO의 중요성이다.

43) 진미경, "녹색정치와 녹색운동," 아주대학교 사회과학연구소(편), 『생태사회과학—인간, 사회 그리고 환경』, 아주대학교 출판부, 1994, p. 53.
44) Poter & Brown, 앞의 책, pp. 13-16.

2. 국제환경정치의 행위자

환경분야의 중요 행위자로 국민국가, 국제기구, 비정부단체, 기업 등을 들 수 있다. 환경문제는 국제정치상 중요 쟁점인 안보나 경제 등 총체적 협력으로 해결될 수 있는 것이며, 어느 한 부문 행위자의 일방적 협력으로는 그 해결이 불가능하기 때문에 이들 모두가 중요한 논의의 대상이 되고 있다. 여기에서는 국가와 국제기구, 비정부기구만 설명한다.

1) 국 가

환경문제의 해결에 있어 가장 중요한 특징은 주권국가의 협력이 매우 어렵다는 점이다. 세계환경정치에서 주권국가들이 수행하는 중요한 역할로 우선 환경레짐 형성에 관여하는 일을 들 수 있다.[45] 국가는 국제법을 제정하는 협상당사자로서 이를 추진 · 지지하거나 유보 · 반대하기도 하고, 또한 국제기구의 회원국에 가입, 국제행동에 직접 참여하는 등 환경정치에 직 · 간접적 영향을 미치고 있다. 그러나 각 주권국가들은 당면한 국내문제와 관련해서 목전의 국가적 목표에 전념하지 않을 수 없고, 이러한 국가적 이해와 갈등이 복잡하게 얽혀 있어 국제사회에서 국가간 협력을 확보하는 일은 결코 쉬운 일이 아니다.

국가행위자가 세계환경문제에 관하여 그들의 이익을 규명하고 역할을 선택하는 일은 주로 국내외 정치 · 경제적 이해와 이데올로기적 흐름에 따라 결정된다.[46] 국가가 환경문제에 관하여 이를 반대 · 지지 혹은 추진하는 일은 먼저, 국내 경제 · 관료세력과 환경 지지자들의 상대적 힘과 영향력에 의존하며 광범위한 국내 정치적 현안문제에 관련된 이데올로기적 역할도 중요하다.[47]

한국은 오존층 보호에 관한 협약을 비롯한 대부분의 주요 국제환경협약에 가입하고 있다.[48] 이에 따른 환경규제의 강화는 단기적으로는 국내 기업의 원가

---

45) 국제레짐은 일반적으로 국제관계상 특정의 쟁점영역에 관하여 정부들이 합의하여 명시한 제반 원칙, 규범, 규칙, 의사결정 절차이며, 이에 따라 국가들이 취하는 집단행동의 형태, 제도화된 협력이다. 국제레짐은 정부에 의한 여러 가지 정도의 지지와 함께 국제조직, 다자간 조약, 제도, 회의 · 협정들이 느슨한 연결망으로 조정되어 특정화된다. 예를 들면, 발틱해의 해양환경보호, 유럽의 광역대기오염규제 또는 생물다양성보존 같은 경우가 이에 해당한다.

46) Porter & Brown, 앞의 책, p. 33.

47) 위의 책, pp. 33-35.

48) 오존층파괴물질에 관한 몬트리올의정서에는 1992년 5월 가입하였고, 멸종위기에 처한 야생동식

부담 가중으로 국제경쟁력이 저하될 위험성이 높다. 다만 장기적으로 볼 때 경제적 유인제도의 도입 등을 통한 규제강화로 그 긍정적인 측면에서 이익을 추구하는 것이 바람직하다는 주장이 있다. 소비자들의 소비패턴이 환경친화적으로 바뀌고 기업의 혁신이 촉진된다면 국내 환경 개선은 물론 잠재성이 큰 환경산업 및 환경친화적인 상품의 수출증대로 이어져 오히려 국제경쟁력을 증대시킬 수 있다는 것이다.[49]

2) 국제기구

국제기구는 국제레짐보다 폭넓은 개념으로 이해할 수 있는데, 환경레짐의 핵심 개념을 이루고 있는 원칙, 규범, 규칙 및 정책결정 절차를 형성·발전시키는 데 중요한 역할을 한다. 국제레짐의 기능도 때로는 국제기구의 도움 없이 이루어지지만 경우에 따라서는 국제기구의 역할에 대하여 보완되기도 한다.[50] 국제기구 중심의 분석을 강조하고 있는 국제기구 이론 모델에 의하면 국제기구는 국제레짐이 운영될 수 있는 여건을 제공해 주며 레짐의 지속성과 변화를 설명하는 데 도움이 된다.

국제기구는 가맹국들이 유엔이나 기타 여러 가지 형태의 지역기구처럼 다양한 목적을 갖고 설립한 경우도 있고, 유엔의 전문기구와 같이 보다 구체적 목적을 위해 조직한 경우도 있다. 국제기구는 1972년 이래로 세계환경정치에 영향력을 증대시키고 있는데, 포터와 브라운은 영향력을 행사하는 방식을 다음 네 가지로 요약하여 설명하고 있다.[51] ① 국제기구는 세계적인 행동을 필요로 하는 의제를 확정하고 국제사회가 다루어야 할 이슈를 결정할 수 있다. ② 국제기구는 국제환경레짐에 관한 협력을 주관하고 영향을 미칠 수 있다. ③ 국제기구는 여러 가지 환경문제에 관하여 규범적 행동규범을 약한 법의 형식으로 발전시킬 수 있다. ④ 국제기구는 국제적 협상이 이루어지지 않고 있는 문제에 관하여 국가의 정책에 영향을 미칠 수 있다.

물의 국제거래에 관한 협약(워싱턴협약)은 1993년 10월 7일 가입하였다. 또한 폐기물투기에 의한 해양오염방지협약(런던협약)은 1993년 12월 21일에 가입하였다.

49) 민병승, "환경문제의 국제화와 국내 정책 대응," 한국환경기술개발원, 『환경포럼』, 제2권(통권24호), 1995, p. 6.

50) 박재영, 『유엔정치론』, 법문사, 1994, pp. 25-26.

51) Porter & Brown, 앞의 책, pp. 41-42.

환경과 관련된 중요한 국제기구들을 열거하면 다음과 같다. 국제환경문제를 다루고 있는 대표적인 국제기구는 유엔환경계획(United Nations Environment Programme: UNEP)이다. UNEP은 국제적으로 광범하게 확산된 심각한 환경문제를 유엔의 테두리 안에서 해결하려는 정책조종의 일종의 촉매제 역할을 수행하는 기관이다. 또한 유엔총회는 지구환경 교섭을 주최하고 스톡홀름 환경회의 20주년을 맞아 유엔 환경개발회의(United Nations Conference on Environment and Development: UNCED)를 발족시켰다. 이 회의는 모든 국가에서 '환경적으로 건전하고 지속가능한 개발'을 촉진하기 위한 방안을 모색, 실천적인 국제협약을 체결하는 것을 목적으로 '개발과 환경에 관한 리우선언', '삼림보전원칙선언', '의제 21'(Agenda 21)을 채택하였다. 이 외에 환경문제 및 환경개발에 관한 활동을 벌이고 있는 유엔기구로 UNESCO, WHO, FAO, ILO, UNGAD, IBRD, IMF 등을 들 수 있다. 유엔 이외의 중요한 국제기구로 지역기구인 유럽연합(EU), 미주기구(OAS), 아프리카단결기구(OAU)와 경제협력개발기구(OECD)가 있어 환경에 관한 공동정책 프로그램을 설치 · 운영하고 있다. OECD에는 환경업무를 담당하는 환경위원회가 있어 전반적인 환경보전 및 개선정책에 대한 검토와 회원국간의 환경정책을 조정 · 제안하는 기능을 수행한다.

3) 비정부기구

비정부기구(Non Government Organizations)가 세계환경정치의 새로운 중요한 세력으로 대두된 것은 지구환경보호의 문제가 세계정치의 중요한 쟁점으로 부각된 것과 때를 같이한다. NGO의 수가 어느 정도인가에 관한 정확한 통계는 없지만, 한 세계환경기구의 통계에 의하면 약 4,000개 이상으로 추산되고 있으며,[52] 이들 단체가 각국에서 각 분야의 환경보호 활동을 벌이고 있다.

그 동안 세계환경 보전분야가 제대로 활성화되지 못하고 있는 것은 국제정치 차원의 기구나 조직의 대응보다도 각국 정부의 지도자나 정책결정자들의 소극적인 대응자세에도 문제가 많다. 이같이 환경문제 극복을 위한 의지와 능력이 부족한 상황하에서 비정부기구 지도자들은 연구와 교육활동을 증진하고 상

52) 그러나 UN이 비영리 · 자원단체로 인정한 NGO는 1982년 15,000개 이상이라는 주장이 있다. John McCormick, *The Global Environmental Movement*, London: Belhaven Press, 1989, pp. 132-133.

호 집단을 이루어 정부에 압력을 가하며, 특히 정보 · 통신의 급격한 발달과 그들 간의 전 세계적 연대로 환경보호 역할을 다하고 있다.

포터와 브라운은 NGO의 활동상황을 크게 보아 선진국과 개발도상국별로 나누고, 특히 선진 공업국가에 있어서 세계환경정치에 참여하고 있는 대부분의 NGO는 다음 세 범위에 해당한다.[53] 즉 ① 국제 NGO에 가입한 조직으로 많은 국가들에 지회를 가지고 있는 단체,[54] ② 주로 국내 환경문제 초점을 두고 있는 대규모 국내조직,[55] ③ 싱크탱크 연구기구로 주로 출판이나 행동을 위한 제의를 발하는 단체 등이다.[56]

개발도상국의 환경 NGO는 주로 빈곤 및 환경문제와 직결된 발전문제에 관심을 쏟고 있다. 그들은 토지이용, 삼림관리, 어업권, 자원의 재분배 등에 중점을 두고 활동한다. 물론 칠레와 아르헨티나의 NGO처럼 오존층에 관심이 있는 NGO 등 예외는 있다. 개발도상국 NGO들도 흔히 국가 차원의 연합을 이루고 있다. 예를 들어 브라질의 NGO포럼은 UNCED가 개최되었을 때 1,000여개의 단체가 이에 연합하였고, 인도네시아의 환경포럼(WACHI)은 전국에 걸쳐 450개 이상의 단체를 포괄하고 있다.

환경 NGO들이 국제환경레짐에 영향력을 행사하는 방법은 다양하나 대개 5개의 유형으로 구분하여 설명할 수 있다:[57] ① 환경문제에 관한 새로운 이슈를 제기하거나 기존 문제를 재구성하여 세계환경문제의 의제 형성에 영향을 미친다. ② 본국 정부 혹은 타 국가의 정부를 상대로 새로운 제안을 내놓거나 소비자 보이콧, 계몽 · 교육캠페인을 벌이고 소송을 제기하는 방식으로 환경정책 개선을 바라는 압력이나 로비활동을 한다. ③ 환경에 관한 회의에 앞서 그 초안을

53) Porter & Brown, 앞의 책, pp. 51-52.

54) 대표적인 NGO는 지구의 벗 인터내셔널(Friends of the Earth International: FOEI), 그린피스(Greenpeace), 유럽환경사무국(European Environmental Bureau: EEB), 세계생물보호기금(World Wildlife Fund: WWF) 등이다. 그린피스(Greenpeace)는 급속하게 성장하여, 현재 500만명의 회원이 가입해 있고 30개 국가에 43개 지부가 설치되어 있다. 상근직원 1,330명, 연간 1억 5,000-7,000달러의 예산으로 운영되고 있고, 환경문제를 다루기 위한 6개 분과가 있어 대기 및 에너지 핵과 폐기물 처리, 해양오염 방지, 삼림보호 등에 집중적인 관심을 갖고 있다.

55) 주로 미국의 대규모 환경단체로 시에라클럽, 오더본협회(National Audubbon Society), 야생생물협회(National Wildlife Federation: NWF) 등을 들 수 있다.

56) 보통 사적인 기부금이나 계약에 의하여 설립되며 전문기술과 연구 프로그램에 의거하여 세계환경정책에 영향을 미친다. 그 적절한 예로 워싱턴에 있는 세계자원연구소(World Resources Institute: WRI), 런던과 부에노스아이레스에 있는 국제환경개발연구소(the International Institute for Environment and Development: IIED)가 있다.

57) Porter & Brown, 앞의 책, p. 54.

작성하여 내놓는다. ④ 국제적 협상과정에서 로비활동을 벌인다. ⑤ 회의의 진행을 청취 · 감시하고 사무국이나 각 정파들에 보고한다.

1980년대말 이래 UNEP, World Bank 및 기타 국제기구들은 시민단체, 운동그룹 등 NGO와의 관계를 보다 긴밀히 하고 그 제도화를 위한 여러 조치를 강구하였다. 가령 1987년 UNEP는 NGO를 위한 인적 자원 · 기금 제공, 아시아 · 아프리카 지역들의 NGO 네트워크 설치 등을 제시하였고, 세계은행도 "NGO와의 협조"라는 업무지침서를 발간하여 개발도상국 NGO들의 참여 역량을 높이는 조치를 취하였다.[58] 특히 1992년 6월 리우회담의 준비과정에서 NGO들의 활동은 괄목할 만한 것이었다. 1991년 제네바에서 열린 UNCED 준비위원회에 약 200개의 NGO들이 공인을 받았으며, 뉴욕의 최종 준비위원회에는 500여개의 NGO들이 1,200여명의 회원을 동원한 바 있다.[59] 지구정상회담에는 150개 국가 이상의 대표자를 비롯하여 약 1,400개 NGO가 참석했고, 1억 8천명이 병행회의인 '지구포럼' 에 참여하였다.[60]

그러나 NGO들의 활동은 그들이 로비를 벌이고 있는 제도 자체의 본질과 활동대상이 가지고 있는 한계를 가지고 있으며, 이들의 활동을 최대한 보장할 수 있는 체제의 여러 가지 속성(예를 들어 정치체제나 법률 형태, 매스컴의 대응 등)에 따라 영향을 받고 있는 것도 또한 사실이다. 국제 NGO가 당면한 문제점으로 다음 다섯 가지 요인을 지적할 수 있다.[61]

첫째, 가장 근본적인 문제는 NGO가 로비활동을 벌인 대상으로서 국제레짐 자체의 영향력에 관한 것이다. 국제 NGO가 UNEP나 FAO, UNESCO 등 국제기구에 강력한 영향을 미친 것은 사실이지만 사실 유엔체제란 모든 회원국들에게 구속력을 가진 결정권이 없을 뿐 아니라 재정, 인력 등 제약요인들 때문에라도 단지 한정된 힘을 가지고 있음에 불과하다. 한 마디로 로비의 대상인 유엔의 힘이 취약하다는 것이다.

둘째, 국제법 자체가 가지고 있는 고유의 약점이다. 국제법이나 국제협약은 야생생물 보호, 대기오염 방지, 수질악화 방지, 유해폐기물 이동, 포경문제 등에 관한 많은 규약 혹은 법률체계를 갖고 있으나 그러한 법의 적용은 일정치

58) 박홍순, "환경, 국제기구 및 국내 정치: 새로운 패러다임을 위하여," 한국정치학회, 『지속적 성장과 환경보호정책』, 1995, p. 117.

59) Porter & Brown, 앞의 책, p. 58.

60) 박홍순, 앞의 글.

61) McCormick, 앞의 책, pp. 131-134.

않다. 국내 NGO와는 달리 국제 NGO는 국제법 시행의 지지를 확보할 만한 반사이익을 갖고 있지 않다.

셋째, 국제 NGO는 그들에게 강력한 정치적 힘을 제공할 지지군을 결여하고 있다. 그린피스나 세계생물보호기금(WWF) 등 상당한 회원을 확보하고 있는 NGO들의 활동도 국내 수준에서 행사했던 그들의 막강한 영향력을 국제 수준의 힘으로 전환하지는 못하고 있다.

넷째, 국제 NGO는 국내 NGO처럼 회원으로부터 지출된 회비나 거래, 여론에의 호소 등 수단을 갖고 있지 않기 때문에 기금 확보에 어려움이 크다.

끝으로 문화적 차이에서 생기는 문제로, 원래 로비활동이나 압력단체란 것은 서구적인 개념으로 비서구 국가들에서 이들의 요구를 받아들여 정책을 형성하고 추진해 나간다는 것은 생소한 것이다. 따라서 북미나 유럽에서 지지를 얻고 영향력을 행사하고 있는 국제환경 NGO들이 아시아나 아프리카, 남미 등에서 정부에 직접적인 영향을 미치리라는 것은 어느 정도 상당한 핸디캡이 뒤따르게 마련이다.

3. 국제환경회의

1992년의 '제1차 지속가능한 발전 UN정상회의' 이후 정부간 협상위원회는 그들이 내놓을 공약과 개발도상국에 대한 재정 · 기술적 지원, 절차 · 제도적 문제점 등을 논의하며 지구온난화 원인인 온실가스 배출을 줄이기 위한 방법을 찾아왔다. 1995년 3월에 유엔기후변화협약(UNFCCC)의 제1차 당사국총회(Conference of the Parties: COP)가 157개국에서 정부대표단과 환경 NGO들이 참석한 가운데 베를린에서 개최되었다. 이 회의에서는 2000년 이후 감축목표에 관한 의정서를 채택하였다. 1997년 일본 교토에서 열린 제3차 당사국총회에서는 선진국의 온실가스 감축방안을 담은 '교토의징서'가 채댁되었다.

1997년 채택된 교토의정서는 기후변화협약에 규정된 '공통의 그러나 차별화된 책임'에 따라 대기중 온실가스 농도 증가에 대한 역사적 책임이 큰 선진산업국들에게 온실가스 감축의무를 지우게 했다. 2008년부터 일차적으로 온실가스 감축의무를 지는 부속서 국가들에 대한 법적으로 구속력 있는 배출량 목표를 포함하고 있다. 이들 국가들은 1990년 수준과 비교하여 2008년부터 2012년까지 6가지 주요 온실가스의 배출량을 평균 5.5% 감축해야 한다. 온실가스 감축 이행과 관련하여 교토메커니즘으로 총칭되는 다양한 방식이 도입되었다. 여기에는 배출권거래제도, 공동이행제도, 자발적 협정, 탄소세, 청정개발체제가 포함되어 있다.

교토의정서는 제11차 몬트리올 당사국총회에서 발효되었으며, 2013년 이후 기후변화체제 논의를 위한 협의체 구성에 합의하였다. 그러나 미국, 중국, 인도의 불참과 선진국과 개발도상국간의 갈등, 캐나다 외에 일본과 러시아의 반발 등 많은 문제점을 도출하였다. 2011년 더반 당사국총회에서는 2012년 만료되는 교토의정서에 대하여 의무이행기간을 추가로 2013년부터 2017년까지 설정하여 연장하기로 합의하였다.

2012년 11월 26일부터 카타르 도하에서 열린 제18차 당사국총회에 190여 개 국가가 참석하여 교토 2차 공약기간을 8년간 연장 2020년까지로 하는 '교토의정서 개정안' 을 채택하였다. 교토의정서가 연장됨에 따라 2012년 중단될 위기에 처해 있던 전 지구적 온실가스 감축 노력은 지속되게 되었다. 그러나 개정된 교토의정서 공약기간에는 제1차에 참여했던 일본, 캐나다, 러시아, 뉴질랜드 등이 이탈하였다. 당사국들은 2020년 새로운 기후변화체제를 출범시키기 위해 2015년까지 새 체제에 대한 협상문을 만들기로 하였다.

한편 2012년 6월 20일부터 22일에 걸쳐 브라질 리우데자네이루에서는 '제2차 UN 지속가능한 발전 정상회의' 가 개최되었다. 이른바 'Rio+20' 회의이다. 1992년 이후 20년만에 열린 이 회의의 주요 의제는 '녹색경제' 와 '지속가능한 발전을 위한 관리체계 강화' 였다. 이 회의는 향후 10년간 환경과 개발에 관한 이정표를 제시한 점과 지속가능한 발전의 달성을 위한 국제공조 및 협력을 재확인했다는 점에서 의의를 찾을 수 있다. 그러나 1992년과 같은 '리오 선언문' 이나 '의제 21' 과 같은 역사적 선언문을 도출하지 못하였다.

제 6 절 환경정치학의 과제와 한국의 환경문제

1. 환경정치학의 과제

그린라운드라고 불리는 국제적 환경규제는 환경을 무시하고 그 희생의 대가로 경제성장을 이룩하려는 국가나 기업들에게 결코 국제경쟁력을 가질 수 없도록 하고 있다. 이미 국제환경정치의 주요한 행위자인 국제기구나 국제적인 NGO들은 각 국가에 압박을 가하고 있는 실정이다.

오늘날 환경문제에 대한 정치적 접근의 주제로는 '정치이데올로기로서 환경', '정치사회화 매체에 의한 시민의식 전환', '환경문제와 NGO', '중앙과 지방정부의 환경정책', '환경과 정당-녹색정치', '세계환경정치와 국제레짐', '국제환경정치의 행위자' 등을 들 수 있다. 결국 환경정치 · 정책의 결과는 의식적이고 집단적인 인간의 선택영역이다. 환경문제에 관련하여 정치학자들이 논의한 내용들을 보면 물론 그들이 제기한 문제영역, 사용한 접근방법, 정치와 정책 및 결론의 방향은 다르겠지만, 환경을 정치문제로서 다루어야 하고 그 연구의 범위를 확대해야 한다는 점에서 서로 같은 입장이다.

그러므로 환경은 또 다른 차원에서 이데올로기화되고 있다고 볼 수 있다. 환경정치는 인간과 인간, 인간과 자연, 국가와 국가 사이의 관계의 규율을 짓는 분야인 것이다.

2. 한국의 환경문제

환경오염의 심화는 1960년대 이후 국가에 의하여 주도된 경제성장정책 및 산업구조 고도화 과정과 밀접한 연관을 맺고 있다. 우리나라는 1962년 제1차 경제개발 5개년 계획에 착수하였다. 환경오염을 산업화 과정의 산물이라 한다면, 그 가능성은 이미 이때 잉태된 것이다. 급속한 경제성장을 위한 대규모 산업 및 도시개발은 도처에서 자연환경을 회복 불가능한 수준으로까지 만들었고, 우리의 주변환경을 대량생산 · 대량소비 과정에서 배출되는 폐기물로 누적 오염시켰다.

20세기 후반에 환경문제가 떠오른 것은 1970년대초 중화학공업 입국선언 이후 경제싱장의 필요에 따라 일본의 공해유빌산입, 사양산업이 한국에 대량으로 도입되었다. 선진국이 버리는 에너지 다소비형 기계설비의 도입이 우리 산업의 구조를 에너지 다소비형으로 만들어 놓은 것이다. 그 후 생활수준의 증가로 에너지의 소비증가는 폭발적이었다. 1971년에서 평균 에너지소비증가율은 꾸준히 증가하였다. 1980년에서 1985년까지의 평균 에너지소비증가율은 5.09%였는데, 특히 1985년부터 1993년까지의 기간에는 연평균 증가율이 10.8%로 거의 2배나 빠른 속도로 증가하였다.

환경문제가 처음 등장하기 시작했을 때 사람들은 이것을 총체적 위기로 인식하지 못했다. 한국에서도 환경문제는 경제성장의 부산물이고 경제성장을 충분히 이루고 난 뒤에 해결해도 늦지 않다는 생각을 정부, 기업 그리고 국민들이 모두 가지고 있었다. 아니 어쩌면 환경에 대한 문제의식이 전혀 없었는지도 모른다. 심지어 1960년대 경제성장을 모든 것에 우선했던 시기에는 공장 굴뚝에서 시커멓게 내뿜은 연기는 발전의 상징으로 여겨지기도 하였다. 즉, 당시 초등학교 교실의 미술시간에 어린이들은 선생님의 설명에 따라 번영하는 조국의 미래를 검은 연기가 나는 공장으로 표현하였다. 공해가 공해로 인식되지 않고 국력의 신장으로 표상되었던 것이다. 결국 이러한 상황이 1970~80년대를 거치면서 심각한 환경문제로 되돌아왔다.

1980년대에 들어서 특히 공단지역을 중심으로 환경오염의 피해가 속출하면서 환경문제에 대한 국민들의 의식도 달라졌다. 구체적으로 1985년 온산공단지역에 환경오염으로 인한 질병이 확산되었고, 이를 '온산병'이라 하였다. 1980년대 중반 이후 피해주민들을 중심으로 주민운동이 일어났고, 이러한 환경운동은 대기 및 식수오염과 같은 생활환경오염의 심화와 함께 도시지역으로까지 확산되어 갔다. 각종 환경단체가 설립되어 적극적인 운동을 펼쳐 나가기 시작한 것도 이때부터이다. 지역주민운동과 전문환경운동단체의 연대가 형성되고 언론을 통하여 환경문제들이 여론화되기 시작하였다.

1993년에는 전국 8개 환경단체가 통합하여 환경운동연합이 결성되었다. 여기에서는 생태계보전운동, 반핵평화운동, 지역주민지원운동, 환경교육사업, 환경감시활동 등과 국제환경단체와의 교류 · 연대활동을 벌이고 있다. 2012년 현재 전국에 51개 지역조직이 있는데, 2002년에는 세계에서 가장 큰 '지구의 벗' 회원단체로 정식 가입하였다.

이제 우리 국민들도 환경문제에 많은 관심을 기울이고 있다. 소위 요즘 유행하는 웰빙도 바로 이와 관련되어 있다. 정말로 중요한 것은 무임승차자가 되려는 마음을 버려야 한다. 다시 생각하지 않을 수 없는 것은 '더 이상의 개발은 자제하여야 하는가?' 하는 문제이다. 천성산 문제, 방사성폐기물 처리장소 선정문제, 새만금 문제들을 보면서, 과연 우리는 인간중심주의에 서야 할까, 아니면 생태주의에 서야 할 것인가, 지속가능한 발전의 입장을 취해야 할 것인가에 대하여 고민을 해왔다.

우리는 이같이 많은 환경문제들에서 갈등을 겪어 왔다. 2011년 3월 일본

동북부를 강타한 지진과 쓰나미에 의한 후쿠시마 원전사고와 방사능 누출은 원자력 발전 문제가 남의 일만은 아니라는 인식을 가지게 되었다. 한국에서는 원전이 전체 전력수요의 약 1/3 정도를 공급하고, 2030년까지 9기의 원전을 더 지어 약 2/3까지 늘려 가려는 전력수급계획을 세우고 있다. 탈원전 문제가 다시금 제기되면서, 신재생에너지에 대한 관심은 더욱 고조되고 있다. 또한 제주도 서귀포의 강정마을의 '제주해군기지 공사'를 보면서도 어디까지가 지속가능한 발전인가를 고민해 본다.

한국은 2012년 녹색기후기금(Green Climate Fund: GCF)을 유치하였다. GCF는 유엔 산하기관으로서 선진국이 개발도상국의 온실가스 감축과 기후변화 적응을 지원하기 위하여 유엔기후변화협약(UNFCCC)을 중심으로 만든 기후변화특화기금을 말한다. 2012년 12월 카타르 제18차 유엔기후변화협약의 당사국총회에서 유치국 선정 결과를 인준하였다. 이제 한국은 환경문제를 비켜 가는 국가가 아닌 주도하는 국가가 되어야 한다.

■ 참고문헌

강승식. "대통령제의 제도적 장점, 그리고 현행 헌법상 대통령제의 개정방향," 『정부형태와 지방분권, 바람직한 개헌 방향은』. 국회 미래헌법연구회 지역순회 전북토론회. 2009.

강원택. 『대통령제, 내각제와 이원정부제』. 인간사랑. 2006.

———. 『한국의 선거정치: 이념, 지역, 세대와 미디어』. 푸른길. 2003.

강준만. "인터넷에 대한 오해와 편견: '탈중심, 탈권위'에 익숙해지자," 『월간 인물과 사상』. 2003년 4월호.

———. 『권력변환—한국언론 117년사』. 인물과 사상사. 2000.

———. 『나의 정치학 사전』. 인물과 사상사. 2005.

———. 『카멜레온과 하이에나—한국언론 115년사』. 인물과 사상사. 1998.

고유환. "북한 사회주의체제의 구조적 위기와 김정일 정권의 진로," 『한국정치학회보』. 제30집 제2호. 한국정치학회. 1996.

공보부. 『헌법개정과 국민투표』. 공보부. 1962.

곽진영. "정당과 거버넌스: 정당 쇠퇴론에 대한 대안적 설명 틀로서의 거버넌스," 김석준 외. 『거버넌스 정치학』. 법문사. 2002.

구본명. 校閱 『孟子』. 현암사. 1965.

권기성 · 최진석 공편. 2000. 『리더십: 이론과 적용(개정판)』. 형설출판사.

권혁남. 『한국언론과 선거보도—정치커뮤니케이션의 현실논리』. 나남. 1997.

김근세. "새로운 정부관리 패러다임: 전문가 정부," 백경남 · 송화중 외. 『새천년의 한국정치와 행정』. 나남. 2000.

김기우. 『정치발전이론』. 박영사. 1988.

김남현 역. 『리더십 이론과 실제(제5판)』. Peter G. Northouse. *Leadership: Theory and Practice*. 경문사. 2011.

김만흠. "민주화와 권력구조: 지역주의적 군주권력에서 민주적 시민권력으로," 국제평화전략연구원 엮음. 『한국의 권력구조 논쟁』. 풀빛. 1997.

김병완. 『한국의 행정정책과 녹색운동』. 나남. 1994.

김순규 외. 『정치학의 이해』. 박영사. 2000.

김승수. 『국민을 위한 언론개혁』. 세계사. 2002.

김승현 · 윤홍근 · 정이환. 『현대의 사회과학』. 박영사. 1994.

김영래. "21세기의 새 정치의 화두: 시민운동," 윤형섭 · 김영래 · 이완범. 『한국정치 어떻게 볼 것인가』. 박영사. 2003.

——. "지방화 시대의 NGO와 민 · 관 파트너십에 관한 연구," 『NGO연구』. 제2권 제1호. 한국NGO학회. 2004.

——. "한국이익집단에 대한 국가의 통제: 조합주의적 이론을 중심으로," 최상룡 외. 『현대한국정치와 국가』. 법문사. 1987.

김영명. 『고쳐 쓴 한국 현대정치사』. 을유문화사. 1999.

김영석. 『여론과 현대사회』. 나남. 1996.

김영태. "내각제 개헌의 의미와 가능성," 『한국정치의 재점: 헌법개정의 방향』. 한국정치학회 특별학술회의 발표논문집. 2011. 4.

김계동외 역. 『비교정부와 정치』. Rod Hague · Martin. *Comparative Government and Politics*. 8th ed.. 명인문화사. 2011.

김용욱. 『정치학: 이슈와 성찰』. 법문사. 2002.

——. 『조선시대 정치체계』. 원광대학교 출판국. 1988.

김용철. "인터넷과 의정활동: 이메일 활용과 토론방 운영을 중심으로," 『국회도서관보』. 제41권 제6호. 2004. 6.

김용철 · 윤성이. "전자민주주의와 E-Governance: 정책결정과정에 있어서 온라인 시민관여의 문제점과 대안," 『전자민주주의 주요쟁점과 정책대안』. 한국정치학회 2005년 춘계학술회의 발표논문 IV. 한국정치학회. 2005.

김용호. "2002년 대선 결과와 정치적 의미," 『호남정치학회보』. 제14집. 호남정치학회. 2002.

김우태. 『정치학원론』. 형설출판사. 1997.

김운태. 『정치학원론』. 박영사. 1988.

김웅진 외. 『정치학방법론』. 명지사. 1993.

김원석 역. 『조지프 나이의 리더십 에센셜』. Joseph S. Nye Jr.. *The Powers to Lead*. 교보문

고. 2008.
김유정. "소셜 네트워크 서비스의 의미와 활용," 한국방송학회 방송과수용자연구회 엮음. 『소셜미디어 연구』. 커뮤니케이션북스(주). 2012.
김정기. "프랑스의 이원집정제," 『정부형태와 지방분권, 바람직한 개헌 방향은』. 국회 미래헌법연구회 지역순회 전북토론회. 2009.
김재영. 『정치사회화론』. 대왕사. 1982.
김재영 외. 『새로운 정치학의 이해(제2판)』. 삼우사. 2003.
———. 『새로운 정치학의 이해(제3판)』. 삼우사. 2010.
———. 『정치문화와 정치사회화』. 형설출판사. 1990.
김진균 편저. 『제3세계와 사회이론(역사와 사회 I)』. 한울. 1985.
김창희. "남북한정치문화의 성격비교: 정치사회화의 내용과 비연속성을 중심으로," 『한국정치학회보』. 제29집 제3호. 한국정치학회. 1995.
김철수. 『헌법학개론』. 박영사. 1999.
김태일. "제4공화국과 제5공화국 헌법 비교: 정치체제의 성격을 중심으로," 한국정치외교사학회 엮음. 『한국정치와 헌정사』. 한울아카데미. 2001.
김하룡 역. 『권력과 사회』. 법문사. 1980.
김호진. 『한국정치체제론(전정4판)』. 박영사. 1994.
———. 『한국의 대통령과 리더십(개정증보판)』. 청림출판. 2006.
대전광역시선거관리위원회. 『미국의 대통령 선거제도』. 대전문화인쇄사. 2008.
리동구. "내각중심제, 내각책임제는 경제사업에 대한 국가의 통일적 지도관리형태," 『김일성종합대학학보: 철학 경제학』. 제47권 제1호. 평양: 김일성종합대학출판사. 2001.
리진규. 『주체의 정치론』. 동경: 구월서방. 1988.
마르크스 지음. 김영민 역. 『자본 I-1』. 이론과 실천. 1987.
———. 김영민 역. 『자본 I-3』. 이론과 실천. 1987.
문순홍. "서구녹색정치의 역사와 환경정책의 제도화," 『환경과 생명』. 창간호. 환경과 생명을 위한 모임. 1994.
민병승. "환경문제의 국제화와 국내 정책 대응," 한국환경기술개발원. 『환경포럼』. 제2권(통권 24호). 1995.
민준기 외. 『한국의 정치(전정판)』. (주) 나남. 2008.
박경산. "한국권력구조개편 1: '대통령제' 개혁과 헌법개정 과제," 박호성 편. 『한국의 권력구조 논쟁 III: 한국형 권력구조의 모색』. 인간사랑. 2003.
박기태. 『현대정치와 커뮤니케이션』. 커뮤니케이션북스(주). 1999.
박사명 외. 『위기극복의 정치리더십』. 이매진. 2007.

박재영. 『유엔정치론』. 법문사. 1994.
박준영. "정치 그리고 정치학," 박준영 외. 『정치학』. 박영사. 2001.
박찬욱. "21세기 한국의 대의제 민주주의 제도: 의회, 정당과 선거," 백경남 · 송화중 외. 『새천년의 한국 정치와 행정』. 나남. 2000.
박홍순. "환경, 국제기구 및 국내 정치: 새로운 패러다임을 위하여," 한국정치학회. 『지속적 성장과 환경보호정책』. 1995.
배동인. "공업화 환경문제," 시민환경연구소 편. 『환경의 이해』. 환경운동연합 출판부. 1993.
백선기. 『정치담론과 인터넷: 한국사회의 주요정치의제와 인터넷 작용』. 커뮤니케이션북스. 2003.
백완기. "정치사회화와 정치문화," 김계수 외 편. 『현대정치과정론』. 법문사. 1985.
서창록 · 이연호 · 곽진영. "거버넌스의 개념: 거버넌스의 개념과 쟁점에 관한 소고," 김석준 외. 『거버넌스 정치학』. 법문사. 2002.
설진아. 『소셜미디어와 사회변동』. 커뮤니케이션북스(주). 2011.
석철진. "프랑스의 권력구조," 국제평화전략연구원 엮음. 『한국의 권력구조 논쟁』. 풀빛. 1997.
성경륭. "중앙집권통치와 지역패권구도의 극복: 연방주의 길," 『창작과 비평』. 제23권 제3호. 1995.
『시민의 신문』. 2003년 2월 17일.
신명순. 『비교정치』. 박영사. 2001.
——. 『비교정치(전정판)』. 박영사. 2010.
——. 『제3세계정치론』. 법문사. 1987.
신윤환. "비교정치와 제3세계의 이해," 강정인 외. 『현대정치의 이해』. 도서출판 오름. 1997.
신정현. 『비교정치론』. 법문사. 2000.
신현국 · 김낙주. 『환경과학총론』. 동화기술. 1994.
심양섭 · 변영우 역. 『성공하는 리더십의 조건』. 명인문화사. 2012.
안병만. 『한국정치론』. 다산출판사. 1985.
안병영. 『현대공산주의 연구』. 한길사. 1982.
안청시. "한국정치문화의 특성과 변화," 『한국정치연구』. 서울대학교 한국정치연구소. 1987.
양승태. "대통령이란 무엇인가?: 한 공직의 실체에 대한 새로운 접근을 위한 시론," 『한국정치학회보』. 제42집 1호. 한국정치학회. 2008.
양춘. 『한국사회 계층구조와 동학』. 고려대학교 출판부. 2000.
어수영. "현대한국의 정치문화," 김운태 외. 『한국정치론』. 박영사. 1999.
——. 『민주주의와 한국정치』. 법문사. 1994.

염홍철 편저. 『제3세계와 종속이론』. 한길사. 1980.

오관석. 『사이버 정치와 e-거버먼트』. 인간과 사랑. 2004.

오명호. 『현대정치학이론』. 박영사. 1992.

오창헌. 『현대정치의 이해(개정판)』. 도서출판 대경. 2012.

오향미. "정치적 '대표(representation)' 개념과 대의제: 독일 입헌군주정의 '대표' 개념을 중심으로," 『한국정치학회보』. 제43집 1호. 한국정치학회. 2009.

원우현. 『여론선전론』. 법문사. 1990.

유세경. 『매스미디어와 현대정치』. 나남. 1996.

윤근식. "정치문화," 정인홍 외 편. 『정치학대사전』. 박영사. 1975.

윤대규. "민주화와 헌법의 역할," 한국정치외교사학회 엮음. 『한국정치와 헌정사』. 한울아카데미. 2001.

윤용희. 『한국정치의 체계분석』. 법문사. 1987.

———. 『한국정치의 체계분석』. 법문사. 1995.

윤형섭 · 김영래 · 이완범. 『한국정치 어떻게 볼 것인가』. 박영사. 2003.

이극찬. 『정치학』. 법문사. 1999.

이규영. "한국권력구조개편 2: '의원내각제' 의 대안 가능성," 박호성 편. 『한국의 권력구조 논쟁 III: 한국형 권력구조의 모색』. 인간사랑. 2002.

———. "독일 의원내각제와 제도적 안정 운영," 박호성 · 이종찬 외. 『한국의 권력구조 논쟁 II: 권력구조의 운영과 변화』. 풀빛. 2000.

이동수. "한국의 거버넌스와 시민사회," 『NGO연구』. 제3권 제1호. 2005. 6.

이동우. "김대중 대통령의 정치리더십 연구," 전북대학교 박사학위논문. 2012.

이동훈. "소셜 미디어와 정치커뮤니케이션 채널," 한국방송학회 방송과수용자연구회 엮음. 『소셜미디어 연구』. 커뮤니케이션북스(주). 2012.

이두호 외. 『인간환경론』. 나남. 1993.

이득연. 『환경운동의 사회학』. 민영사. 한국사회학연구소. 1998.

이명남. "리더십이란?: 창조적 리더십의 이론적 기초," 호남정치학회 엮음. 『2007 대통령후보 리더십 청문회?. 도서출판 부키. 2007.

———. 『정치이데올로기의 주체적 해명』. 전남대학교 출판부. 2000.

이명우 외 역. 『현대환경론』. 한길사. 1989.

이범준 · 신승권. 『정치학』. 박영사. 1997.

이상환. "한국의 바람직한 정부형태: 정치적 정당성과 효율성을 중심으로," 『한국정치 · 정보학회 2008년 동계학술세미나 발표 논문집』. 한국정치 · 정보학회. 2008.

이상회. 『방송론』. 법문사. 1982.

이석연. "개헌의 필요성과 방향," 법제처 · 한국헌법학회 공동학술대회 기조연설문. 2010. 5. 20.

이왕휘. "권력분립의 정치적 기반: 제도적 정합성 및 정치문화," 『한국정치 · 정보학회 2008년 동계학술세미나 발표 논문집』. 한국정치 · 정보학회. 2008.

이인성. "비교정치발전론과 사회주의체제의 민주화과정," 『한국정치학회보』. 제27집 제2호(하). 한국정치학회. 1993.

이정복. 『한국정치의 분석과 이해(개정증보2판)』. 서울대학교출판부. 2008.

———. "한국의 정치제도," 김운태 외. 『한국정치론(제4전정판)』. 박영사. 1999.

이종석. 『새로 쓴 현대북한의 이해』. 역사비평사.

이종찬. "한국 권력구조 개편논의의 허상과 실상: 제도화와 방향," 국제평화전략연구원 엮음. 『한국의 권력구조 논쟁』. 풀빛. 1997.

이중호. "비교 정부형태론," 탁진환 외. 『현대 비교정치의 영역과 경향』. 도서출판 공익사. 2000.

이창복. "환경의 위기," 시민환경연구소 편. 『환경의 이해』. 환경운동연합 출판부. 1993.

이현우. "미국 대통령제와 권력의 공유," 박호성 · 이종찬 외. 『한국의 권력구조 논쟁 II: 권력구조의 운영과 변화』. 풀빛. 2000.

이환구. 『정치사회사상사』. 형설출판사. 1994.

이효성. 『커뮤니케이션과 정치』. 성균관대학교 출판부. 1995.

임성진. "의원내각제와 양원제," 『정부형태와 지방분권, 바람직한 개헌 방향은』. 국회 미래헌법연구회 지역순회 전북토론회. 2009.

임성학. "정책결정의 거버넌스: 이론적 접근," 김석준 외. 『거버넌스의 정치학』. 법문사. 2002.

정철희. 『한국시민사회의 궤적』. 아르케. 2003.

정윤재. 『정치리더십과 한국의 민주주의』. 도서출판 나남. 2003.

———. 『정치리더십과 한국의 민주주의: 한국 대통령 리더십 연구』. (주) 나남. 2012.

조길영 역. 『환경혁명—새로운 문명의 패러다임을 찾아서』. 동쪽나라. 1996.

조명현 편역. 『체계적 정치이론』. 형설출판사. 1986.

조일현. 『미래 한국의 권력구조』. 리북. 2005.

조재관. 『선전여론』. 박영사. 1977.

조중빈 역. 『역사를 바꾸는 리더십』. James MacGregor Burns. *Transforming Leadership*. 지식의 날개. 2006.

조화순. "E-Governance 연구동향과 한계," 『전자민주주의 주요쟁점과 정책대안』. 한국정치학회 2005년 춘계학술회의 발표논문 IV. 한국정치학회. 2005.

조희연. "한국 시민사회단체(NGO)의 역사. 현황과 전망," 김동춘 외. 『NGO란 무엇인가』. 도서출판 아르케. 2000.

지병문 외. 『현대 한국정치의 새로운 인식』. 박영사. 2001.
진덕규. 『현대정치사회학이론』. 삼영사. 1988.
———. 『현대정치학』. 학문과 사상사. 1997.
진미경. "녹색정치와 녹색운동," 아주대학교 사회과학연구소(편). 『생태사회과학—인간, 사회 그리고 환경』. 아주대학교 출판부. 1994.
진영재. "헌법적 권력구조," 한국정치학회 편. 『정치학의 길잡이: 정치과정』. 법문사. 2008.
진영재 · 최선. "'한국적 권력구조'의 기원적 형태: 대한민국임시정부(1919년~1945년)의 헌법개정과 권력구조 변천사 분석," 『한국정치학회보』. 제43집 2호. 한국정치학회. 2009.
차기벽. 『근대화정치론』. 박영사. 1972.
차배근. "정치커뮤니케이션: 하나의 연구분야로서의 그 역사적 배경과 현황," 김기도 편저. 『정치커뮤니케이션 실제: 텔레비전과 이미지, 그리고 선거』. 나남. 1988.
최명. 『비교정치학서설』. 법문사. 1982.
최병선. 『정부규제론』. 법문사. 1993.
최장집 엮음, 박상훈 옮김. 『막스베버 소명으로서의 정치』. 폴리테이아. 2011.
최 진. 『대통령 리더십 총론』. 법문사, 2007.
탁진환. "정치참여 지향성의 딜레마," 탁진환 외. 『현대 비교정치의 영역과 경향』. 공익사. 2000.
한국정치학회 충청지회. 『남북한 정치 지도자의 리더십과 치적 공과』. 남북한 건국 50주년 학술대회 논문집. 1998.
한국정치학회 · 관훈클럽. 『한국의 대통령 리더십과 국가발전』. 인간사랑. 2007.
한규선. "영국 의원내각제와 합의정치," 박호성 · 이종찬 외. 『한국의 권력구조 논쟁 II: 권력구조의 운영과 변화』. 풀빛. 2000.
한배호. 『비교정치론(제3판)』. 법문사. 2000.
홍득표. 『현대정치과정론』. 한국학술정보(주). 2009.
———. 『정치과정론』. 학문사. 1999.
홍성방. 『개정판 헌법학』. (주)현암사. 2003.
환경부. 『환경백서』. 환경부. 1995.
황주성 외. 『인터넷의 정치. 사회적 파급효과 및 대응방안 연구』. 연구보고 01-02. 정보통신정책연구원. 2001.
황태연. 『환경정치학과 현대정치사상』. 나남. 1994.

Albig, W.. *Modern Public Opinion*. New York: McGraw-Hill. 1956.

Almond, G.A.. "Introduction: A Functional Approach to Comparative Politics," G.A. Almond & James S. Coleman(eds.). *The Politics of the Developing Areas*. Princeton: Princeton University Press. 1960.

——————. "Introduction: A Functional Approach to Comparative Politics," G.A. Almond & James S. Coleman. *A Developmental Approach to Comparative Politics*. Princeton University Press. 1966.

Almond, G.A.(ed.). *Comparative Politics Today: A World View*. Boston: Little Brown. 1974.

Almond, G.A. & G.B. Powell. *Comparative Politics: A Development Approach*. Boston: Little Brown. 1966.

Almond, G.A. & S. Verba. *The Civic Culture: Political Attitudes and Democracy in Five Nations*. Princeton, N.J.: Princeton University Press. 1972.

Apter, D.E.. *The Politics of Modernization*. Chicago: University of Chicago Press. 1965.

Almond, Gabriel A., Russell J. Dalton, & G. Bingham Powell, Jr. & Kaare Strom. *Comparative Politcs Today: A World View*(8ed.). New York: Pearson Longman. 2006.

Barchrach, P. & M.S. Baratz. *Power and Poverty: Theory and Practice*. N.Y.: Oxford University Press. 1970.

Barry, J.. "Sustainability. Political Judgement and Citizenship: Connecting green politics and democracy," Brian Doherty & Marius de Geus(eds.). *Democracy And Green Political Thought*. London and New York: Routledge. 1996.

Barber, James. *The Presidential Character: Predicting Performance in the White House*. 4th ed.. Englewood Cliffs, New Jersey: Prentice-Hall. 1992.

Benedict, R.F.. *Patterns of Culture*. New York: Mentor Books.

Bill, James A. & R.L. Hardgrave. *Comparative Politics: The Quest of Theory*. 김기우 역. 『비교정치이론』. 박영사. 1993.

Binder, L. et al.. *Crises and Sequences in Political Development*. Princeton: Princeton University Press. 1971.

Black, C.E.. *Dynamic of Modernization: A Study of Comparative History*. N.Y.: Harper & Row Publishers. 1966.

Booth, D.. *Beyond the Sociology of Development: Economy and Society in Latin America and Africa*. London: Routledge and Kegan Paul. 1976.

Bottomore, T.B.. *Elites and Society*. London: C.A. Walts & Co.. 1964. 진덕규 역. 『엘리트와 사회』. 박영사. 1976.

Buci-Glucksmann, C.. *Gramsci et l'etat*. Paris: Feyard. 1974.

Burns, James MacGregor. *Leadership*. New York: Harper & Row. 1978.

——————. *Transforming Leadership*. New York: Harper & Row. 2003.

Cardoso, F.H.. "Associated-Dependent Development: Theoretical and Practical Implications," A. Stepan(ed.). *Authoritarian Brazil*. New Haven: Yale Univ. Press. 1973.

Carnoy, M.. *The State and Political Theory*. New Jersey: Princeton University Press. 1984.

Chilcote, R.H.. *Theories of Comparative Politics: The Search for a Paradigm*. Boulder, Colorado: Westview Press Inc.. 1981.

Chilcote, R.H. & J.C. Edelstein(eds.). *Latin America: The Struggle with Dependency and Beyond*. Cambridge, Mass.: Sckenkman Publishing Co.. 1974.

Childs, H.L.. *An Introduction to Public Opinion*. New York: John Wiley. 1940.

Coleman, J.S.. "The Development Syndromes," Leonard Binder et al.. *Crises and Sequences in Political Development*. Princeton: Princeton University Press. 1971.

Collins, R.. *Weberian Sociological Theory*. Cambridge University Press. 1986.

Dahl, R.A.. *After the Revolution?: Authority in a Good Society*. New Haven: Yale University Press. 1970.

————. *Pluralist Democracy in the United States: Conflict and Consensus*. Chicago: Rand McNally. 1967.

————. "The Behavioral Approach in Political Science: Epitaph for a Monument to a Successful Protest," *American Political Science Review* 55. December 1961.

Dawson. R.E., K. Prewitt & K.S. Dawson. *Political Socialization*. New York: Little Brown & Co.. 1977.

Deutsch, K.. *The Nerves of Government: Models of Political Communication and Control*. New York: The Free Press. 1963.

Doob, L.W.. *Public Opinion and Propaganda*. New York: Holt Rinehart & Winston. 1966.

Easton, D.. *A Framework for Political Analysis*. Englewood Cliffs, N.J.: Prentice-Hall. 1965.

————. *A System Analysis of Political Life*. New York: John Wiley & Sons, Inc.. 1956.

————. "The Current Meaning of Behavioralism," James C. Charlesworth(ed.). *Contemporary Political Analysis*. New York: The Free Press. 1967.

————. "The Revolution in Political Science," *The American Political Science Review*. Vol. 58, No. 4. December 1969.

Easton, D. & J. Dennis. *Children In Political System: Origin of Legitimacy*. New York: McGraw-Hill Book Co.. 1969.

Emerson, R.. *From Empire to Nation*. Beacon Press. 1960.

Erikson, E.H.. *Childhood and Society*. 2nd ed.. New York: Norton. 1963.

Evans, P.. "Industrialization and Imperialism: Growth and Stagnation on Periphery," *Berkely Journal of Sociology* 20. 1975-1979.

Fichte, J.G., R.F. Johes & G.H. Turnball(trans.). *Address to the German Nation*. Chicago and London: The Open Court Pub. Co.. 1922.

Finer, S.E.. *Comparative Government*. New York: Basic Books Inc. Publisher. 1971.

Frank, A.G.. "The Development of Underdevelopment," *Latin America: Underdevelopment or Revolution Monthly Review Press*. Vol. 18, No. 4. September 1966.

————. *Capitalism and Underdevelopment in Latin America: Historical Studies of Chile and Brazil*. New York: Monthly Review Press. 1977.

Froman, L.A. Jr.. "Personality and Political Socialization," *Journal of Politics*. Vol. 23. 1961.

Furtado, C.. "The Concept of External Dependence in the Study of Underdevelopment,"

C.K. Wilber(ed.). *The Political Economy of Development and Underdevelopment.* New York: Random House. 1979.

Galtung, J.. "A Structural Theory of Imperialism," *Journal of Peace Research.* No. 2. 1971.

Gramsci, A.. *Selections From The Prison Notebook.* edited and trans. Quintin Hoare & Geoffrey Nowell Smith. New York: International Publishers. 1971.

Greenstein, F.I.. *Children in Politics.* New Haven: Yale University Press. 1976.

____________. "Political Socialization," *International Encyclopedia of Social Science.* Vol. 14. New York: The Macmillan Company & The Free Press. 1968.

Gustaffsson, G.. "Political Socialization in Scandinavia," *International Political Science Review.* Vol. 8, No. 3. July 1987.

Hess, R.D. & J.V. Torney. *The Development of Political Attitudes in Children.* Chicago, Ill.: Aldrine Pub. Co.. 1970.

Hirsch, H.. *Poverty and Politicization: Political Socialization in an American Sub-Culture.* New York: Free Press. 1971.

Hohnson, D.. "Dependence and the International System," Cockcroft et al.. *Dependence and Underdevelopment: Latin America's Political Economy.* New York: Doubleday. 1972.

Hughes, E.. *The Impact of TV on American Politics.* R.M: Chistemsom.

Hunter, F.. *Community Power Structure.* Chapel Hill: University of North Carolina Press. 1953.

Huntington, S.P.. *Political Order in Changing Societies.* New Haven: Yale University Press. 1968.

____________. *Political Order in Changing Societies.* New Haven: Yale University Press. 1973.

Hyman, H.H.. *Political socialization.* Glencoe, Ill. The Free Press. 1959.

Inglehart, R.. *The Silent Revolution: Changing Values and Political Styles among Western Publics.* New Jersey: Princeton University Press. 1977.

Jaros, D.. *Politics to Socialization.* New York: Praeger Publishers Inc.. 1973.

______. *Socialization to Politics.* New York: Praeger Pub. Inc.. 1973.

Johnson, D.P.. *Sociological Theory: Classical Founder and Contemporary Perspectives.* New York: John Wiley. 1981.

Joseph, L.B.. "Corporate Political Power & Liberal Democratic Theory," *Policy.* Vol. XV, No. 2. Winter 1982.

Kavanagh, D.. *Political Culture.* New York: The Macmillan Press Ltd.. 1972.

Keane, J.. *The Media and Democracy.* 1991. 주동황 외 역. 『언론과 민주주의』. 나남. 1995.

Kesselman, M., Joel Krieger & Willian A. Josep. *Introduction to Comparative Politics: The Problem of Equivalence.* 2nd ed.. New York: Houghton Mifflin Company. 2000.

Kellerman Barbara. *Political Leadership: A Source Book.* Pittsbrugh, Pa.: University of Pittsbrugh Press. 1986.

Kraft, M.E.. "Ecology and Political Theory: Broadening the Scope of Environmental Politics,"

Policy Studies Journal. Vol. 20, No. 4. 1992.

Langton, K.P.. *Political Socialization*. New York: Oxford University Press. 1969.

Lasswell, H.D.. *Politics: Who Gets What, When, How*. New York: Meridian Books Inc.. 1958.

————. "The Policy Orientation," D. Lerner & H.D. Lasswell(eds.). *The Policy Science: Recent Developments in Scope and Method*. Stanford: Stanford University Press. 1951.

Lasswell, H.D. & A. Kaplan. *Power and Society: A Framework for Political Inquiry*. Yale University Press. 1950. 김하룡 역. 『권력과 사회』. 법문사. 1980.

Lester, J.P.(ed.). *Environmental Politics and Policy: Theories and Evidence*. Durham & London: Duke University Press. 1989.

Lichbach, M.I. & A.S. Zuckerman(eds.). *Comparative Politics: Rationality, Culture, and Structure*. Cambridge University Press. 1997.

Lijphart, A.. *Democracies: Patterns of Majoritarian and Consensus Government in Twenty-One Countries*. New Haven: Yale University Press. 1984.

Linz, J.J. & A. Stepan. *Problems of Democratic Transition and Consolidation: Southern Europe. South America. and Post-Communist Europe*. The Johns Hopkins University Press. 1996.

Lipset, S.M.. "Some Social Requesters of Democracy," *A.P.S.R.*. 53. March 1959.

MacIver, R.M.. *The Web of Government*. New York: The Free Press. 1965.

Macridis, R.C.. *Modern Political Regimes—Patterns and Institutions*. Boston Toronto: Little Brown and Company. 1986. 김강녕 역. 『현대정치체제론』. 인간사랑. 1990.

Marger, M.N.. *Elites and Masses*. New York: D. Van Nostrand Co.. 1981.

Mayer, L.C., John H. Burnett, Suzanne Ogden & John P. Tuman. *Comparative Politics: Nation and Theories in a Changing World*. 3rd ed.. New Jersey: Prentice-Hall Inc.. 2001.

McCormick, J.. *The Global Environmental Movement*. London: Belhaven Press. 1989.

Mcpogall, C.D.. *Understanding Public Opinion*. New York: Macmillan. 1952.

Meadows, D., D. Meadows & J. Randers. *Beyond the Limits*. London: Earthscan. 1992.

Meehan, E.J.. *Contemporary Political Thought: A Critical Study*. Home-wood, Ill.: Dorsey. 1967.

Merriam, C.. *New Aspects of Politics*. Chicago: University of Chicago Press. 1924.

Michael, Z.. "The Rise of International Environmental Politics: A Review of Current Research," *World Politics*. Vol. 50, No. 4. July 1998.

Michels, R.. *Political Parties*. Glencoe: The Free Press. 1915.

————. *Political Parties*. tran. by Eden & Cedar Pau. New York: Free Press. 1962.

Milbrath, L.W.. "Environmental Understanding: A New Concern for Political Socialization." Orit Ichilov. *Political Socialization. Citizenship and Democracy*. New York: Columbia University, Teacher College Press. 1990.

————. "The World is Relearning Its Story about How the World Works," Kamieniecki Sheldon(ed.). *Environmental Politics in the International Arena-Movements,*

Parties, Organizations, and Policy. New York: State University of New York Press. 1993.

Milbrath, L.W. & M.L. Goel. *Political Participation: How and Why Do People Get Involved in Politics?*. 2nd ed.. Chicago: Rand McNally College Publishing Co.. 1977.

Miliband, R.. *Marxism and Politics*. London: Oxford University Press. 1997.

Mosca, G., H.D. Kahn(trans.). *The Ruling Class*. New York: McGraw-Hill. 1939.

Mueller, C.. *The Politics of Communication*. N.Y.: Oxford University Press. 1976. 정형수 역. 『정치와 커뮤니케이션』. 일조각. 1980.

Munck, Gerard L. & Richard Snyder. *Passion, Craft and Method in Comparative Politics*. Baltimore: The Johns Hopkins University Press. 2007.

Organski, A.F.K.. *The Stage of Political Development*. N.Y.: Knopf. 1965.

O'Connell, J.. "The Concept of Modernization," C.E. Black(ed.). *Comparative Modernization*. New York: The Free Press. 1976.

Paige, Glenn D.. "Toward a Theory of Korean Political Leadership Behavior," Suh, Dae-Sook & Chae-Jin Lee. *Political Leadership in Korea*. Seattle and London: University of Washington Press. 1976.

Pareto, V.. *The Mind and Society*. London: Jonathan Cape. 1935

Parry, G.. *Political Elites*. London: George Allen & Unwin. 1977.

Parsons, T. & E. Shils(eds.). *Toward A General Theory of Action*. Cambridge: Harvard University Press. 1951.

Parsons, T. & N. Smelsers. *Economy and Society*. Glencoe, Ill.: Free Press. 1956.

Plato, M.C.(trans.). *The Republic*. New York: Oxford University Press. 1945.

Porter, G. & J.W. Brown. *Global Environmental Politics*. 2nd ed.. Boulder. Colorado: Westview Press. 1996.

Powell, N.J.. *Anatomy of Public Opinion*. Englewood Cliffs. New York: Prentice-Hall Inc. 1951.

Prewitt, K.. "Political Socialization Research in United States: Can We Get Where We Should Be Going From Where Have Been?," *International Journal of Political Education* 1. 1977-78.

Pye, L.W.. *Politics, Personality and Nation Building*. New Haven and London: Yale University Press. 1962.

————. "Political Culture," D.L. Shils(ed.). *International Encyclopedia of the Social Science*. Vol. 12. New York: Macmillan Co. and The Free Press. 1968.

Qualter, T.H.. "The Techniques of propaganda," Alan Wells(ed.). *Mass Media and Society*. California: National Press Books. 1972.

Reischauer, E.O.. "Toward a Definition of Modernization," *Japan-American Forum*. Vol. XI, No. 1. January 1965.

Rifkin, J.. *Biosphere Politics: A New Consciousness for a New Century*. New York: Crown Publishers. 1991.

Riggs, F.W.. "The Theory of Political Development," J.C. Charlesworth(ed.). *Contemporary Political Analysis*. New York: Free Press. 1967.

Rosenbaum, W.A.. *Political Culture*. London: Thomas Nelson and Sons Ltd.. 1975.
———————. *Political Culture*. New York: Praeger Pub. Co.. 1973.
Salisbury, R.H.. "Interest Group," F.I. Greenstein & N.W. Polsby(eds.). *Handbook of Political Science*. Vol. 4. Mass.: Addison-Wesley. 1975.
Santos, T.D.. "The Structure of Dependence," *American Economic Review*. Vol. 60, No. 2. May 1970.
Schmitter, P.C.. "Still the Century of Corporatism?" P.C. Schmitter & G. Lehmbruch(eds.). *Trends Toward Corporatist Intermediation*. Beverly Hills, Ca: Sage Publication. 1979.
Schwartz, D.C. & S.K. Schwartz. *New Direction in Political Socialization*. New York: The Free Press, A Division of Macmillan Pub. Co.. 1975.
Somit, A. & S.A. Peterson. "Political Socialization's Primacy Principle: A Biosocial Critique," *International Political Science Review*. Vol. 8, No. 3. July 1987.
Sunkel, O.. "National Development Policy and External Dependence in Latin America." *Journal of Development Studies*. Vol. 6, No. 1. Oct. 1969.
Suh, Dae-Sook & Chae-Jin Lee. *Political Leadership in Korea*. Seattle and London: University of Washington Press. 1976.
Toffler, A.. *Future Shock*. New York: Random House. 1989.
Tönies, F.. *Community and Society*. New York: Harper Torchbooks. 1963.
van Deth, J.W.. *Comparative Politics: The Problem of Equivalence*. New York: Routledge. 1998.
Tucker, Robert C.. *Politics as Leadership*. Columbia & London: University of Missouri Press. 1981.
Verba,. S.. "Comparative Political Culture," L. Pye & S. Verba(eds.). *Political Culture and Political Development*. New Jersey: Princeton University Press. 1965.
Verba, S. & H. Nie. *Participation in America: Political Democracy and Social Equality*. New York: Harper & Row. 1972.
Verney, Douglas V.. "Parliament Government and Presidential Government," in Lijphart, Alend ed.. *Parliament versus Presidential Government*. Oxford University Press. 1992.
Wallerstein, I.. "The Rise and Future Demise of the World Capitalist System: Concepts for Comparative Analysis," *Comparative Studies in Society and History*. September 1974.
Wiarda, H.J.. "What is Comparative Politics," Howard J. Wiarda(ed.). *Comparative Politics: Critical Concepts in Political Science*. Vol. I. New York: Routledge. 2005.
Wiarda, H.J.(ed.). *New Directions in Comparative Politics*. Boulder and London: Westview Press Inc.. 1985.
Wildavsky, A.. "Changing Forward Versus Changing Back," *Yale Law Journal*. Vol. 88, No. 1. November 1978.
Wilson, F.L.. *Concepts and Issues in Comparative Politics*. Prentice-Hall Inc.. 1996. 이명남 · 김왕식 역. 『비교정치학』. 동명사. 1999.
Wilson, R.W.. "Political Socialization and Moral Development," *World Politics*. Vol. 33, No.

2. 1981.

Lijphart, Alend ed.. *Parliament versus Presidential Government*. Oxford University Press. 1992.

Linz, Juan J.. "Presidential or Parliamentary Democracy: Does It Make a Difference?," in Linz, Juan J. and Arturo Valenzuela(eds.). *The Failure of Presidential Democracy*. Boltimore: The Johns Hopkins University Press. 1994.

Young, O.R.. *Systems of Political Science*. New Jersey: Prentice-Hall. 1969. 진덕규 역. 『정치학이론체계』. 법문사. 1980.

■ 찾아보기

‖ 인 명 ‖

‖ **사 항** ‖

[ㄱ]

저자 약력

전북대학교 정치외교학과
전북대학교 대학원 정치학과(석사, 박사)
미국 미주리주립대학 객원교수
전북대학교 사회과학연구소장
한국정치정보학회 회장
한국정치학회·한국국제정치학회 부회장
한국동북아학회·북한연구학회 부회장
전북대학교 사회과학대학장·행정대학원 원장 역임
(현) 전북대학교 정치외교학과 교수

〈주요 저서〉
정치문화와 정치사회화(공저)
북한의 정치와 사회(공저)
환경정치와 환경정책(공저)
현대사회와 환경(공저)
권력과 리더십(공저)
새로운 정치학의 이해[제3판](공저)
북한정치사회의 이해
김정일의 딜레마
북한정치와 김정은
김정은 정치의 프레임
남북관계와 한반도 평화

저자협의
인지생략

비교정치론 [제2판]

2005년 8월 30일 초판 발행
2013년 2월 25일 제2판 발행
2020년 2월 20일 중쇄 발행

저 자 김 창 희
발행인 조 병 철
발행처 삼 우 사

경기도 고양시 일산동구 장백로 20
동문굿모닝힐 1차 102동 426호
전화 : 718-8553(대) Fax : 718-8554
등록 1994. 9. 23. 제396-2001-00025호

정가 26,000원 ISBN 978-89-91083-69-1 (93340)